BAEDEKER

K

KALIFORNIEN

»

Good, good, good, good vibrations ...

«

The Beach Boys

baedeker.com

INHALT

🟧 DAS IST KALIFORNIEN

8	Traumfabrik Hollywood
12	Natur pur – National Parks
16	Meilenweite Strände
20	Goldgräberstimmung
24	Darauf einen CabSav

🟩 TOUREN

30	Unterwegs in Kalifornien
32	Riesenbäume und Vulkane
34	Durch die Sierra Nevada
37	Rund um die San Pablo und San Francisco Bay
39	Highway 1 – traumhaftes Küstenpanorama
40	Auf der Spur des Goldes
42	Missionen, Wein und Strandvergnügen
44	Extreme Wüsten, verstecktes Leben
46	Pazifik-Metropole mit Hinterland

LEGENDE

Baedeker Wissen
● Textspecial, Infografik & 3D

Baedeker-Sterneziele
★★ Top-Reiseziele
★ Herausragende Reiseziele

INHALT

ZIELE VON A BIS Z

50	★ Anza-Borrego Desert State Park
52	★ Berkeley
56	★★ Big Sur
60	Calistoga
62	Carlsbad
64	★★ Carmel
68	Channel Islands National Park
71	★★ Death Valley National Park
77	★ Disneyland (Anaheim)
84	Eureka
87	★★ Hearst Castle
90	● Hearst Castle
94	★ Inyo National Forest
99	★ Joshua Tree National Park
102	★★ Lake Tahoe
107	★★ Lassen Volcanic National Park
109	★ Lava Beds National Monument
111	Long Beach
113	★★ Los Angeles
146	● Getty Center
156	● Mythos Hollywood
171	★ Mammoth Lakes
172	Mendocino
175	★ Mojave Desert
178	★ Mono Lake
181	★★ Monterey
187	★ Mount Shasta
188	★★ Napa Valley
190	● Wellness im Weinland
195	Newport Beach
198	Oakland
204	★ Palm Springs
209	Palo Alto
212	★★ Pasadena
219	Placerville
221	★ Point Reyes National Seashore
225	Redding
226	★★ Redwood Empire
232	★ Sacramento
238	● Plenty of Gold ... on the Banks of Sacramento
240	Salinas
244	San Bernardino
247	★★ San Diego
262	● Whale Watching an der Küste
269	★★ San Francisco
274	● »If you're going to San Francisco ...«
300	● Golden Gate Bridge
309	San José
314	● Silicon Valley
316	San Luis Obispo
317	★★ Santa Barbara
325	★ Santa Catalina Island
329	Santa Cruz
330	★★ Sequoia & Kings Canyon National Parks
336	● Die Riesen unter den Bäumen
339	Solvang
341	★ Sonoma Valley
346	Sonora
347	★★ Yosemite National Park

INHALT

■ HINTERGRUND

- **358** Das Land und seine Menschen
- **360** ● San-Andreas-Verwerfung
- **368** ● Kalifornien auf einen Blick
- **372** Geschichte
- **374** ● Camino Real
- **384** Kunst und Kultur
- **389** Interessante Menschen

■ ERLEBEN & GENIESSEN

- **400** Bewegen und Entspannen
- **402** ● Die perfekte Welle
- **406** Essen und Trinken
- **408** ● Typische Gerichte
- **418** ● Weinland Kalifornien
- **411** Feiern
- **414** ● »Cinco de Mayo«
- **419** Shoppen
- **422** Übernachten

■ PRAKTISCHE INFORMATIONEN

- **428** Kurz und bündig
- **429** Anreise · Reiseplanung
- **432** Auskunft
- **434** Elektrizität
- **434** Etikette
- **435** Geld
- **437** Gesundheit
- **438** Lese- und Filmtipps
- **439** Maße und Gewichte
- **440** Preise · Ermäßigungen
- **443** Reisezeit · Klima
- **445** Sicherheit
- **445** Sprache
- **452** Telekommunikation · Post
- **454** Verkehr
- **460** Zeit

■ ANHANG

- **461** Register
- **472** Karten und Grafiken
- **473** Bildnachweis
- **474** Impressum

PREISKATEGORIEN

Restaurants
Preiskategorien für ein Hauptgericht
ohne Getränke und Trinkgeld
€€€€ über 35 $
€€€   25 – 35 $
€€   15 – 25 $
€   bis 15 $

Hotels
Preiskategorien für ein Doppelzimmer
zzgl. Steuern (bis 15% des Nettobetrags)
€€€€ über 240 $
€€€   160 – 240 $
€€   80 – 160 $
€   bis 100 $

INHALT

MAGISCHE MOMENTE

57	Panoramatour mit »Wow«
89	Unterm Sternenhimmel
153	Selfies vor urbaner Lichtkunst
170	Hanggliding
197	Vergängliche Schönheit
208	Ballett der Windflügel
257	Chicano Murals
277	Bay Cruise bei Sonnenuntergang
306	Hoffnung und Verzweiflung
407	Frühstück Tag und Nacht
417	Lebendige Bilder

ÜBERRASCHENDES

59	**6 x Einfach unbezahlbar**: Erlebnisse, die für Geld nicht zu bekommen sind
177	**6 x Erstaunliches**: Hätten Sie das gewusst?
297	**5 x Unterschätzt**: Genau hinsehen, nicht daran vorbeigehen, einfach probieren!
328	**6 x Typisch**: Dafür fährt man nach Kalifornien.
354	**6 x Durchatmen**: Entspannen, wohlfühlen, runterkommen

Dana Point erlebt im Winter eine leibhaftige Invasion von Monarchfaltern.

D
DAS IST ...

... *Kalifornien*

Die großen Themen
rund um den Sunshine State.
Lassen Sie sich inspirieren!

Zeppelin »Eureka« schwebt fast lautlos über San Francisco.
Gebaut wurde er in Friedrichshafen am Bodensee ... ▶

DAS IST ...
... KALIFORNIEN

TRAUMFABRIK HOLLYWOOD

Eigentlich ist Hollywood nur ein Stadtteil von Los Angeles, doch schon seit 100 Jahren steht der Name kollektiv für die Filmmetropole mit ihren Studios und der Glitzerwelt von Blockbuster-Filmen und berühmten Stars.

Möchtegern-Filmstars posieren vor Publikum in Hollywood. ▶

DAS IST
... KALIFORNIEN

DAS IST ...
... KALIFORNIEN

DAS Riesenrad haben die meisten schon gesehen, auch wenn sie selbst nie in L. A. waren. Abends leuchten seine blau-roten Lichter weit über den Strand. Filmfans kennen die **Santa Monica Pier**, sie hatte Auftritte in »Iron Man« (2001), der »Glenn Miller Story« (1954), Serien wie »Hannah Montana« und »3 Engel für Charlie« oder in einer Episode der Comic-Serie »South Park« – neben Dutzenden anderer Streifen.

Wie alles begann

Filme, oder besser: Streifen mit bewegten Bildern von wenigen Minuten Länge waren seit Anfang des 20. Jh.s in New York und New Jersey entstanden. Ihr Erfinder **Thomas A. Edison** hatte sich mehrere Patente gesichert, über deren Rechte er aufmerksam wachte. Um seinem Einfluss zu entgehen (und das unbeständige Wetter der nördlichen Atlantikküste gegen die Sonne Südkaliforniens einzutauschen), gingen unabhängige Produzenten wie **William Fox** (1879–1952) und **Marcus Loew** (1870–1927) nach Hollywood und legten damit den Grundstein für die Filmindustrie von Los Angeles.

Produktionsgesellschaften wurden gegründet, von denen einige, wie Universal, Warner Brothers oder Metro-Goldwyn-Mayer noch heute ein Begriff sind. Der Tonfilm brachte mitten in der Weltwirtschaftskrise neuen Aufschwung und neue Schauspieler, die auch mit ihrer Stimme überzeugen konnten. Western, Gangster- oder Musikfilme wurden wie am Fließband abgedreht.

Krise und Blockbuster-Filme

Eine schwere Krise durchlebte die Filmindustrie mit Aufkommen und durchschlagendem Erfolg des **Fernsehens**. Innerhalb kurzer Zeit sanken die Besucherzahlen der Kinos um 80 %, bis die Studios auch Filme fürs TV und heute für Streamingdienste, wie Netflix oder Amazon Prime, produzieren konnten.
Ab den 1960er-Jahren zogen **Blockbuster**-Produktionen wie Stanley Kubricks »2001: Odyssee im Weltraum« (1968) oder das Epos »Der Pate« (1972, 1974, 1990) von Francis Ford Coppola mas-

FILMABEND AUF DEM FRIEDHOF
Auf dem Hollywood Forever Cemetery wurden unter anderem Judy Garland, Peter Lorre, John Huston und viele andere Schauspieler, Regisseure und Musiker bestattet. Da erscheint es durchaus passend, dass hier seit einigen Jahren Musikkonzerte und Sommerfilmabende stattfinden. »Harold and Maude«, »Goonies« oder andere Klassiker stehen dann auf dem Programm. Die rund 4000 Plätze auf mitgebrachten Campingstühlen oder Decken sind immer schnell ausgebucht. (6000 Santa Monica Blvd., www.hollywoodforever.com)

senhaft Zuschauer in die Kinosäle. Wenig später erreichten die Filme Steven Spielbergs wie »Der weiße Hai« (1975), »Unheimliche Begegnung der dritten Art« (1977) oder »E. T. – Der Außerirdische« (1982) neue Publikumsrekorde. Für die »Indiana-Jones«-Trilogie (1981, 1984, 1989; 4. Teil 2008) arbeitete er mit George Lucas zusammen, der mit verschiedenen Versionen der »Star-Wars«-Saga (1977, 1999, 2002, 2005) auch bei der Vermarktung von Merchandise-Produkten, von Figuren bis zur Bettwäsche, neue Maßstäbe setzte.

Kino- oder Hollywoodbesucher sehen meist nur die **Sonnenseite des Business**. Doch die Zahl der arbeitslosen Schauspieler, die sich in L. A. mit Aushilfsjobs oder im Service von Restaurants und Bars über Wasser halten, wird auf knapp 100 000 geschätzt.

Spuren der Stars

Natürlich besteht die Chance, beim Einkaufen oder beim Besuch von Bars und Restaurants dem einen oder anderen Filmschauspieler zu begegnen, doch wer auf Nummer sicher gehen will, begibt sich am besten zum Portal des **Chinese Theatre** (TCL Chinese Theatre) am Hollywood Blvd. , wo seit 1927 bekannte Filmstars Hand- und Schuhabdrücke auf einer feuchten Zementplatte des Vorhofs hinterließen. Mary Pickford und Douglas Fairbanks sind darunter, Maurice Chevalier, Judy Garland, Humphrey Bogart, John Wayne, Sophia Loren, Jack Nicholson, Meryl Streep oder Sandra Bullock – und Donald Duck. Die Platte mit den Abdrücken von Charlie Chaplin wurde wieder entfernt, als er vom »Komitee für unamerikanische Umtriebe« als Sympathisant kommunistischer Ansichten verdächtigt wurde.

Am Walk of Fame vor Mann's Chinese Theatre verewigen sich die Stars.

DAS IST ...
... KALIFORNIEN

DAS IST ...
... KALIFORNIEN

NATUR PUR – NATIONAL PARKS

Mit neun National Parks sowie diversen National Monuments, State Parks und anderen Naturschutzgebieten besitzt kein anderer US-Bundesstaat eine annähernd große Vielfalt an spektakulären oder auch stillen Naturwundern wie Kalifornien.

◂ Annäherung an den Arch Rock vor der Vulkaninsel Anacapa Island im Channel Islands National Park

DAS IST ...
... KALIFORNIEN

NATUR, so weit das Auge reicht. Wer von der leichten Anhöhe am **Zabriskie Point** (▶ S. 73) im Death Valley in die zerfurchte Felslandschaft vor sich schaut oder vom **Moro Rock** die bewaldeten Täler des Sequoia National Park mit dem Mount Whitney und den anderen Sierra-Gipfeln vor Augen hat, kann kaum glauben, dass nur wenige Autostunden entfernt die Mega City Los Angeles die Ebene an der Pazifikküste mit knapp 19 Mio. Menschen füllt.

Ältester Park

Die Naturschönheiten des ▶ **Yosemite National Park,** berühmt wegen seiner rauschenden Wasserfälle und steilen Felswände aus Granit, sind seit 1864 geschützt. Noch während des Bürgerkrieges unterzeichnete Abraham Lincoln ein Gesetz, um zunächst das Yosemite Valley und bald darauf den Mammutbaumhain Mariposa Grove (▶ S. 355) kommerzieller Nutzung zu entziehen.
Schäfer lockten die saftigen Bergwiesen, und die Bau- und Möbelindustrie hatte bereits begehrliche Blicke auf den herrlichen Baumbestand geworfen. Schließlich konnte man mit dem Holz eines einzigen uralten Sequoia (▶ Baedeker Wissen, S. 336) bis zu drei Einfamilienhäuser bauen. Damit war der Grundstein gelegt für einen zweiten US National Park in Kalifornien nach dem Yellowstone National Park in Wyoming. Die Idee erwies sich als erfolgreich.

US-Schutzgebiete

63 National Parks sind über die US-Bundesstaaten verteilt, mit einer Gesamtfläche, die etwa der Deutschlands entspricht. Hinzu kommen mehr als 350 National Monuments, Preserves und Seashores. Die Park Ranger des 1916 gegründeten **National Park Service,** gut erkennbar an ihren breitkrempigen Hüten, kümmern sich als Wildhüter, Landschaftsschützer, Sicherheitspersonal und Informationsquelle um sämtliche Belange der Gäste. Ihre »Campfire Talks«, Gespräche am Lagerfeuer, sind sehr beliebt. Parkbesucher erfahren dort alles über die Natur des Parks und manche verborgene Geheimnisse.

Erfolgreiche Idee

Dabei sind Nationalparks keine Zoologischen oder Botanischen Gärten, sondern **Refugien,** in denen Flora und Fauna auch für zukünftige Generationen bewahrt werden soll. Dies ist nicht immer einfach, denn die Besucherzahlen der National Parks erhöhen sich kontinuierlich. In den letzten 40 Jahren haben sie sich auf 320 Mio. versechsfacht. Parallel dazu steigt auch der Druck von Investoren – für die Errichtung von Hotels und Freizeitanlagen oder die Genehmigung zur Ausbeutung von Bodenschätzen in der geschützten Natur. Nicht nur die weltberühmten, auch die weniger bekannten Naturschutzgebiete Kaliforniens, wie der **Lassen Volcanic Park,** der **Pinnacles National Park** oder der **Joshua Tree National Park** sind unbedingt einen Besuch wert. Und selbst wer sich in einem stark besuchten Gebiet wie Yosemite aufhält, sich aber Zeit zum Spazierengehen und Wandern nimmt (▶ Tipp rechts), wird bald bemerken, dass dort abseits der Durchgangsstraßen oft himmlische Ruhe herrscht.

Blick vom Glacier Point im Yosemite National Park auf die Felskuppel des Half Dome

DAS IST ...
... KALIFORNIEN

PANORAMA TRAIL

Der Panorama Trail (▶ S. 352) verbindet die zwei beliebtesten Aussichtspunkte des Yosemite National Park. Einfacher ist die 13,5 km lange Strecke bergab, vom Glacier Point zum Startpunkt des Mist Trail im Valley. Herrliche Ausblicke gibt es entlang der Strecke, etwa bei den Wasserfällen Illiloutte Falls und dem traumhaften Panorama Point. Wer vor der letzten Etappe weiche Knie verspürt, kann auf den bequemeren Muir Trail ausweichen. Zum Glacier Point fährt ein Bus von der Yosemite Lodge. Im Frühsommer ist die Wanderung am schönsten. Die Temperaturen sind dann schon etwas höher, und die wasserreichen Fälle rauschen über 100 Meter donnernd in die Tiefe.

DAS IST …
... KALIFORNIEN

MEILEN-WEITE STRÄNDE

Die McWay Falls stürzen dekorativ 24 m über eine Granitklippe auf den cremefarbenen Strand und in die Brandung in der Bilderbuchbucht des Julia Pfeiffer Burns State Park. Aus Sicherheitsgründen ist der Abstieg zum Traumstrand von Big Sur nicht gestattet, doch auch der Anblick vom Overlook Trail ist berauschend. Weiter im Süden, ab Pismo Beach und Oceano, werden die Strände länger und breiter. Hier beginnt die Strandkultur Südkaliforniens.

Als ob die Bucht im Julia Pfeiffer Burns State Park nicht schon zauberhaft genug wäre, stürzen noch die McWay Falls in sie hinab. ▶

DAS IST ...
... KALIFORNIEN

DAS IST ...
... KALIFORNIEN

MIT 1359 km Küste ist Kalifornien reich gesegnet. Wilde Felsen und Klippen im **Norden**, an denen sich die Wogen des Pazifik brechen und über die kühle Nebelschwaden ins Landesinnere ziehen, herrliche sandige Sicheln mit eher erfrischenden Wassertemperaturen zwischen Bodega Bay und Big Sur: Badespaß und Surferlebnisse für Abgehärtete oder Besucher in Neopren-Anzügen.

Beach Boy Feeling

Weiter im **Süden**, spätestens bei Santa Barbara, gewinnen wärmere Wassertemperaturen die Oberhand, doch der von den Beach Boys in den 1960er-Jahren besungene entspannt-lockere Lebensstil Südkaliforniens hat seine Heimat von den breiten Sandstränden von Los Angeles bis zur mexikanischen Grenze.

Die Bewohner der Stelzenhäuser von **Malibu** bei Los Angeles besitzen einen Logenplatz direkt am Pazifik, der natürlich nicht ganz ohne Risiko ist. Denn die Villen sind zwar fest mit Betonpfählen verankert, doch bei Sturm fragen die Brecher nicht, ob beliebte Stars wie Lady Gaga, Miley Cyrus, Leonardo di Caprio, Robert Downey Jr. oder Pierce Brosnan in den luxuriösen Strandhäusern wohnen.

»Surfin' USA«

Hier sind natürlich die Surfer zu Hause, schließlich wurde der **Surfrider Beach** nicht weit von der Pier mit seiner perfekten Brandung zum ersten Surfreservat der Welt erklärt. Und wer kennt nicht die Endlos-TV-Serie »Baywatch«, mit der Pamela Anderson und David Hasselhoff ihren weltweiten Ruhm begründeten.

Santa Monica ist zwar in erster Linie bekannt wegen seiner Pier (mit Riesenrad), doch vor allem Familien lieben auch den breiten Strand oder den Bike Trail an der Küste (▶ Tipp).

Huntington Beach noch südlich von Long Beach und **Santa Cruz** liefern sich seit vielen Jahren eine erbitterte Auseinandersetzung um den Titel der »Surf City USA«, der sogar schon vor Gericht

RADELN AM PAZIFIK

Auf dem Marvin Braude Bike Trail (»The Strand«) kann man (auch mit Rollerblades) von Santa Monica wunderbar an der Küste entlang nach Torrance (35 km südl.) radeln. Die Strecke führt vorbei an Venice Beach. Der Strand spielt hier nicht die Hauptrolle, auf der Promenade drängen sich Fast Food Shops, Souvenirs, Tattoo-Artisten und T-Shirt-Verkäufer dicht an dicht. Die eigentliche Attraktion ist und bleibt der »Muscle Beach«, eine Open Air Mucki-Bude, in der (früher) auch Arnold Schwarzenegger gesichtet wurde (▶ S. 165).

DAS IST ...
... KALIFORNIEN

OBEN: Rummel am Santa Monica Pier
UNTEN: Perfekte Surfer-Welle bei Leucadia

getragen wurde. Es geht wohl weniger um die »Perfekte Welle« (▶ Baedeker Wissen, S. 402) als um Marketing und damit um viel Geld. Denn sicher ist: Surfen kann man bestens an beiden kalifornischen Strandorten – wie auch an diversen anderen entlang der Küste.
Im **Santa Cruz Surfing Museum** werden die Helden des Wellenreitens geehrt, zu denen auch die Hawaiianer George Freeth und Duke Kahanamoku gehören, die vor mehr als 100 Jahren einem staunenden Publikum vormachten, wie man mit einem Longboard auf den Wellen reitet. Diverse **Surfschulen** zeigen Anfängern in den Wellen beim Huntington Beach Pier vor dem 16 km langen Sandstrand, wie man seinen Frust überwindet, wenn sich das Brett wie ein bockiger Maulesel verhält, und ermöglichen erste Erfolge, die man später an der Strandbar diskutiert.

DAS IST ...
... KALIFORNIEN

DAS IST ...
... KALIFORNIEN

GOLDGRÄBERSTIMMUNG

Im »Fallon Hotel« trägt ein Page in altertümlicher Livree die Koffer der Gäste zum Zimmer. Gegenüber der Main Street formt ein Schmied mit entschlossenen Hammerschlägen ein Hufeisen. Eine Postkutsche zuckelt vorbei, und im General Store werden Goldpfannen verkauft. Der Columbia State Historic Park erweckt den ehemaligen Goldgräberort mit Darstellern im historischen Outfit zum Leben.

◂ Wie lange steht das Wrack des Chevrolet Coupé wohl schon in der Geisterstadt Bodie? Das Modell ist jedenfalls Baujahr 1937.

DAS IST ...
... KALIFORNIEN

BEIM Ruf »Westward Ho!« setzten sich die Planwagen ruckartig in Bewegung. Auf nach Westen sollte es gehen, in die Freiheit, zu den unbegrenzten Möglichkeiten eines neuen Lebens im fernen Kalifornien. Mehr als 3000 km von Missouri durch die späteren Bundesstaaten Nebraska, Wyoming, Utah und Nevada, ohne Straßen und durch kaum bekanntes Land mit Gebirgen, Wüsten, über Flüsse und durch Siedlungsgebiete und Jagdgründe der Ureinwohner. 1848 hatte man im **American River**, einem Fluss in der Nähe von Sacramento, Gold gefunden.

die Höhe gehalten und die Goldfunde so bestätigt. Sicherlich nicht ohne Hintergedanken, denn der Mexikanisch-Amerikanische Krieg hatte Anfang 1848 für Mexiko mit dem Verlust eines Drittels seines Territoriums geendet, darunter die späteren US-Bundesstaaten Kalifornien, Utah, Nevada, Arizona und New Mexico. In Kalifornien lebten damals etwa **700 US-Amerikaner**, knapp zehnmal so viele »Californios«, Einwohner mexikanischer und spanischer Herkunft, und weit über 100 000 Ureinwohner. Polks Aktion löste eine Völkerwanderung ungeahnten Ausmaßes aus.

California Goldrush

US-Präsident James K. Polk hatte Nuggets aus Kalifornien triumphierend in

Glücksritter und Abenteurer

Aus dem Osten der USA machten sich Glückritter und Abenteurer auf den

Eine Schaufel? Tabak? Patronen? Nostalgischer Laden einer Goldgräberstadt im Columbia State Historic Park

DAS IST ...
... KALIFORNIEN

FEUCHT-FRÖHLICHES VERGNÜGEN

Goldfunde im American River lösten einst den Kalifornischen Goldrausch aus, doch auch der adrenalingesteuerte Rausch beim Tanz stabiler Gummiboote auf den Stromschnellen scheint nicht schlecht zu sein, nimmt man die spitzen Schreie und Jauchzer als Maßstab. Verschiedene Anbieter in Coloma nordwestlich von Placerville organisieren Schlauchboot-Abenteuer auf dem American River, in dessen South Fork sogar Kinder (ab 8 J.) mit an Bord dürfen. (www.coloma.com)

Weg, zu Pferd, mit Kutschen oder Planwagen. Viele segelten Richtung Mittelamerika, überquerten den Isthmus des Kontinents bei Panama, um dort mit einem anderen Schiff nach Norden zu segeln. Einige nahmen gleich die Route um Kap Hoorn im Süden des Kontinents. Europäer mussten zuvor die lange Fahrt über den Atlantik absolvieren, Asiaten erreichten San Francisco per Schiff. Oft gingen die Besatzungen gleich mit von Bord, zum Goldgebiet in die westlichen Ausläufer der Sierra Nevada (▶ Baedeker Wissen, S. 238). Gegen Ende des Jahres 1849 waren aus den 700 US-Amerikanern über 100 000 geworden, überwiegend Männer.

In den **Bergbauorten**, oft nicht mehr als zusammengezimmerte Holzbaracken oder große Zeltlager, ging es wild zu. In Saloons wurde gespielt und getrunken, Bordelle hatten Hochkonjunktur, die Einhaltung von »Law and Order« spielte kaum eine Rolle. Nur langsam stabilisierte sich die Lage. Das an der Oberfläche zugängliche Gold war bald abgebaut. Als Hacke und Schaufel ausgedient hatten, folgte die Stunde der **Kapitalgesellschaften**, die mit Sprengungen und hohen Wasserdruck halbe Berge wegspülten, um an das begehrte Edelmetall zu gelangen.

Da jedoch der Zustrom von Neuankömmlingen nur langsam versickerte, war die Bevölkerung Kaliforniens gegen Ende der 1850er-Jahre auf etwa 400 000 Menschen europäischer Herkunft angewachsen.

Nostalgie und Wildwasser

Heute ist nicht viel mehr geblieben als nostalgische Erinnerungen. Open-Air-Museen wie der **Columbia State Historic Park** bei Sonora führen das Leben im Minengebiet vor mehr als 150 Jahren vor, einige ehem. Bergwerke mit Dutzenden von Kilometern langen unterirdischen Schächten und Gängen können teilweise besichtigt werden.

Der **American River**, in dessen Bett im Januar 1848 das erste Gold entdeckt wurde, gehört heute zu den beliebtesten **Wildwasserstrecken** Kaliforniens. An die Zeiten, als hier die ersten Goldbrocken von Sandbänken des Flusses geborgen wurden, erinnern nur einige Gedenktafeln.

Wenn die Schlauchboote durch die Stromschnellen des American River tanzen und die Gischt die Passagiere durchnässt, geht es um Abenteuer ganz anderer, harmloserer Art.

DAS IST ...
... KALIFORNIEN

DARAUF EINEN CABSAV

Der Brenner faucht furchterregend, doch bläst er nur heiße Luft in die Ballonhülle. Im Korb ein halbes Dutzend Passagiere, die fasziniert die harmonische Landschaft des Napa Valley aus der Vogelperspektive genießen.

◄ Tief unten gleitet die Rebenlandschaft von Napa Valley vorbei.

DER Napa River schlängelt sich durch sein von endlosen Rebstock-Reihen durchzogenes Tal. Aus dem Ballon ähneln sie einer Spielzeuglandschaft, doch hier werden die besten und teuersten Weine der Neuen Welt erzeugt.

Heute führt **Chardonnay**, gefolgt vom roten **Cabernet-Sauvignon**, in Kalifornien meist salopp »CabSav« genannt, die Liste der beliebtesten Weine an, gefolgt von Merlot, Riesling und Zinfandel (»Zin«), in Europa als Primitivo bekannt.

Lange Tradition

»Napa Valley: Wein ist Poesie in Flaschen«, »Sonoma ist wie der Himmel – auf kleinem Raum«: So oder ähnlich preisen Werbeplakate entlang der Straßen im Napa und Sonoma Valley die beiden bekanntesten Weinanbaugebiete Kaliforniens und der USA an.
Neben alteingesessenen Produzenten haben sich Quereinsteiger wie der Regisseur Francis Ford Coppola, in die Weingebiete eingekauft, ebenso europäische Schwergewichte wie Philippe de Rothschild, Freixenet oder Moët & Chandon. Dabei reicht die kalifornische Weinbautradition bis ins Jahr 1769 zurück, als spanische Franziskanermönche begannen, ihren eigenen Messwein zu kultivieren.

Publikumsmagnete

Jährlich steuern mehr als 3 Mio. Besucher die zu Ausflugszielen ausgebauten **Weingüter** an. Gepflegte Blumengärten mit Schatten spendenden Weinreben, überdachte Picknicktische und Bistros mit leichter kalifornischer Küche laden reisende Genießer zur Weinverkostung (»Tasting«) ein.
Im **Napa Valley** liegen die meisten Kellereien und Weingüter zwischen dem Silverado Trail und der State Road 29 (St. Helena Highway), jeweils an der gegenüberliegenden Seite des Napa River (▶ Baedeker Wissen S. 190). Entlang der State Road 128 und dem Dry Creek und der Westside Road im **Sonoma Valley** reihen sich die Güter und Kellereien wie Perlen an einer Kette.

FAHRRADTOUR DURCHS WINE COUNTRY

Entweder schließt man sich einer geführten Fahrradtour, etwa von Sonoma Valley Bike Tours (https://sonomavalleybiketours.com/), an oder mietet sich selbst ein Rad (viele Vermieter bieten Karten mit Routenvorschlägen). Von Sonoma aus geht es auf gut ausgebauten Wegen auf Genusstour, mit selbst gewählter Geschwindigkeit und ohne Stress, vorbei an schnurgerade gezogenen Reben, mit gelegentlichen Stopps an einem Weingut. Doch Vorsicht: Wer Weinproben mit extensivem Weinkonsum verwechselt, kann sich leicht im Straßengraben wiederfinden.

DAS IST ...
... KALIFORNIEN

Was mit Sorgfalt geerntet wird (unten), kommt in der Roblar Winery im Santa Ynez Valley ins Glas (oben).

Nicht nur Napa

Kalifornischer Wein wird aber nicht nur in diesen beiden Regionen angebaut. Die **Mendocino Coast** nördlich von Sonoma hat vor allem wegen ihrer Steillagen einen besonderen Ruf. Ähnlich wie im Sonoma Valley hat hier die Zahl der Bio-Weingüter besonders zugenommen.

Die Region um **Paso Robles** ließ in den letzten Jahren ebenfalls einiges von sich hören. Im Zinfandel und Shiraz Country gedeiht der Rotwein, auch als Syrah bekannt, zu besonderer Qualität. Beliebt ist das dortige Festival mit Weinverkostung.

Ein eigenes Kapitel bildet das **Santa Ynez Valley** im Hinterland von Santa Barbara. In der weiten und sonnigen Tallandschaft, die regelmäßig durch kühlere Nebelschwaden befeuchtet wird, bauen rund 100 Winzer Chardonnay und die nicht unkomplizierte Blauburgundertraube (Pinot Noir) an.

T
TOUREN

Durchdacht, inspirierend, entspannt

Mit unseren Tourenvorschlägen
lernen Sie Kaliforniens beste Seiten kennen.

Der California Highway 1 bei Big Sur ist eine der Traumstraßen
der Welt. Erst recht mit dem richtigen Auto. ▶

UNTERWEGS IN KALIFORNIEN

Mit steilen Granitfelsen und Vulkankegeln, fruchtbaren Ebenen und hügeligen Weinfeldern, mit wilden Canyons, heißen Wüsten und breiten Sandstränden, mit gemütlichen Kleinstädten und spannenden Metropolen präsentiert sich Kalifornien als attraktives Reiseland. Ein gut ausgebautes Straßennetz, Unterkünfte für jedes Budget und jeden Geschmack – der Golden State wartet nur darauf, von unternehmungslustigen Urlaubern erobert zu werden.

Planung ist alles

Eine gute Reiseplanung bleibt unerlässlich, schließlich ist Kalifornien größer als Deutschland, und überall liegen Attraktionen entlang der Route oder ganz in der Nähe. Wer nicht mit dem Eindruck nach Hause zurückkehren will, in einem Road Movie gesessen zu haben, sollte sich realistische Touren mit überschaubaren Etappen überlegen.

Eindrucksvoller Norden

Im Norden des doch als »Sunshine State« besungenen Bundesstaats wartet eine raue, einsame Küste, an der sich von Treibholz gesäumte Sandstrände mit felsigen Ufern abwechseln. Die **Redwood-Wälder** mit gigantischen, bis zu 100 m hohen Baumriesen wären allein Grund genug für einen Trip, doch mit den Vulkanbergen Mount Shasta und Lassen Peak sowie dem Seengebiet der Whiskeytown-Shasta-Trinity National Recreation Area bietet die dünn besiedelte Region Naturliebhabern weitere eindrucksvolle Landschaften.

Die **Sierra Nevada** galt für die Planwagentrecks nach Westen als unüberwindliches Hindernis. Auch heute führen nur wenige Pass-Straßen über das majestätische Hochgebirge. Der klare Hochgebirgssee Lake Tahoe sowie die Nationalparks Yosemite National Park und Sequoia & Kings Canyon National Parks gelten zu Recht als Juwele einer an spektakulären Eindrücken reichen Natur.

Rund um San Francisco

Die San Francisco und die Pablo Bay sind umringt von interessanten Städten, dem unvergleichlichen **San Francisco**, der berühmten Universitätsstadt Berkeley, von Oakland, San José oder Palo Alto. Zusammen machen sie mit mehr als 6 Mio. Einwohnern eines der bevölkerungsreichsten Siedlungsgebiete Kaliforniens aus.

Wein und Traumstraße

Nördlich von San Francisco beginnt mit dem Sonoma und dem Napa Valley eines der berühmtesten **Weinanbaugebiete** der Welt.
Auf dem **Highway 1**, einer der berühmtesten Traumstraßen der Welt, geht es von San Francisco entlang der Küste nach Süden. Kurz hinter Monterey bezaubert die Küstenlandschaft von Big Sur mit grünen Berghängen und Felsen, die direkt ins Meer zu tauchen scheinen.

TOUREN
UNTERWEGS IN KALIFORNIEN

TOUREN
RIESENBÄUME UND VULKANE

Traum und Albtraum

Der Großraum um Los Angeles besteht eigentlich aus einer Reihe verschiedener Städte, deren Grenzen selbst ihre Einwohner meist nicht mehr ausmachen können. Knapp 19 Mio. Menschen leben in der Küstenebene, die vom Pazifik nach Westen, von den San Gabriel Mountains nach Norden und den Santa Ana Mountains nach Südosten begrenzt wird. Die Megalopolis **Los Angeles** selbst ist **Traum und Albtraum** zugleich, mit Problemvierteln und eleganten Einkaufsstraßen, aufregenden Museen, mit Parks und herrlichen Pazifikstränden, aber auch mit einer oft bedrückenden Smog-Glocke im Sommer. Die Strände ziehen sich hinunter bis nach San Diego, einer legeren Millionenstadt, in der man mit der Straßenbahn an die mexikanische Grenze fahren kann, aber auch das östliche Hinterland erkunden kann.

Der heiße Osten

Abgeschirmt durch ein Küstengebirge, breiten sich nach Osten ganz unterschiedliche Wüstenregionen aus, heiß, mit bizarren und einsamen Landschaften von strenger Schönheit. Wer große Hitze nur schwer ertragen kann, sollte sie im Frühling besuchen, wenn sie nach einem Regenguss plötzlich zu einem Blumenmeer mutieren können. Im Hochsommer wird es extrem heiß mit Temperaturen über 40 °C, gemessen im Schatten, den es nicht gibt. Dennoch, und das beweisen verblüffende Exponate im **Death Valley** National Park oder im Anza-Borrego Desert State Park, zeigt sich auch an diese extremen Bedingungen angepasstes, vielfältiges Leben.

RIESENBÄUME UND VULKANE

Start: Mendocino | **Länge der Tour:** 620 mi/998 km | **Ziel:** Red Bluff

Tour 1

Wer abseits der bekannten Top-Attraktionen des Golden State das nördliche Kalifornien erkunden möchte, ist auf dieser Route richtig. Bei Fort Mendocino und Fort Bragg geht es ein Stückchen an der einsamen »Lost Coast« entlang, bald danach lässt ein Spaziergang im Wald der Mammutbäume die meisten vor Ehrfurcht verstummen. Nach einer Fahrt durch endlose Wälder und eine ausgedehnte Seenlandschaft kommt plötzlich der sagenumwobene Mount Shasta in Sicht. Die Blubbertöpfe und Fumarolen des Lassen Peak etwas weiter im Süden verraten, dass dieser Vulkan nur schläft.

TOUREN
RIESENBÄUME UND VULKANE

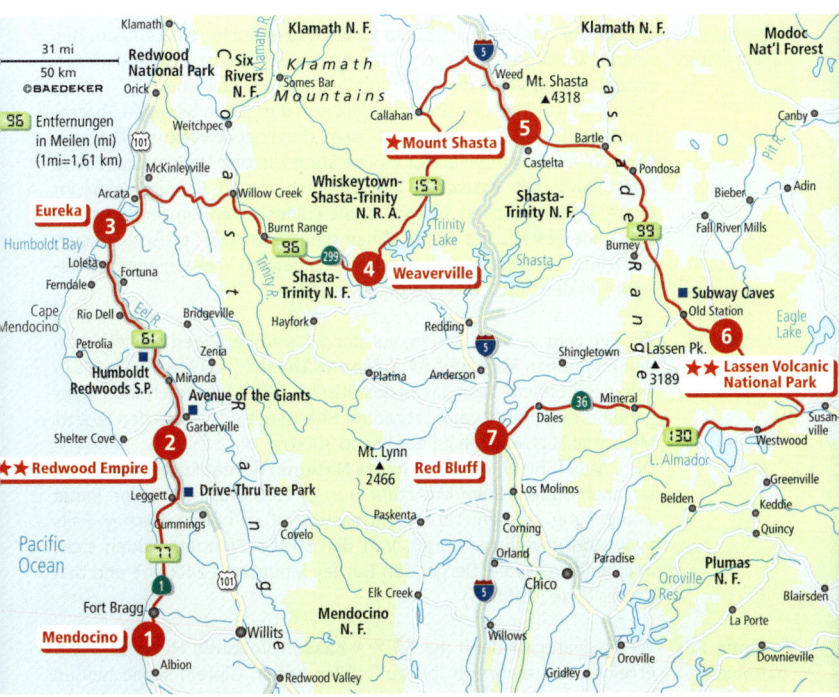

Auf dem Highway 1 nach Norden

Die Tour startet in der Kleinstadt ❶ **Mendocino** (3 Auto-Std. nördl. von San Francisco). Wer auf der CA-128 von Süden anreist, passiert nach Philo eine Reihe von **Weingütern** und Kellereien, die sich besichtigen lassen. Viele Häuser in Mendocino am Pazifik sind im Neuengland-Stil gebaut, **Galerien** stellen Arbeiten der vielen hier lebenden Künstler aus.

Weiter geht es auf der California State Route 1 (CA-1) nach Norden. In **Fort Bragg** sieht man Sägewerke und Lastwagen, die Holz aus den nahen Wäldern abtransportieren. Der Skunk Train, dessen Bahntrasse aus den 1920er-Jahren stammt, transportiert heute keine Baumstämme mehr, sondern befördert Urlauber auf einer Panoramafahrt durch die Redwood Wälder des Noyo River Canyon.

Kurz hinter Rockport mündet die CA-1 in die US-101, bei Garberville beginnt der Redwood Highway durch das ❷ ★★ **Redwood Empire**. Eine Nebenstrecke führt durch den **Humboldt Redwoods State Park** und seine »Avenue of the Giants«. In den Wäldern mit den gigantischen Bäumen (▶ Baedeker Wissen, S. 336) fühlen sich menschliche Besucher wie Zwerge.

TOUREN
DURCH DIE SIERRA NEVADA

Von Eureka nach Osten

Zurück auf der US-101 ist bald ❸ **Eureka** erreicht, ein Zentrum der Holzverarbeitung und -verschiffung. Im Ort selbst dokumentieren viktorianische Villen den Reichtum früherer Holzbarone.

Die kurvenreichen CA-299 schlängelt sich durch den bergigen Shasta-Trinity National Forest erst nach Osten, dann bei ❹ **Weaverville** nach Norden. Im Weaverville Joss House State Historic Park erinnert eine Ausstellung mit kostbaren Wandteppichen und Schnitzereien im ehem. buddhistischen Tempel an die chinesischen Einwanderer, die hier Ende des 19. Jh.s in den Minen schufteten. Die Straße zieht sich am Trinity Lake entlang und erreicht schließlich Yreka, einen Holzfällerort, in dem 1851 Gold gefunden wurde.

Eindrucksvolle Panoramen

Wieder geht es nach Süden, auf der I-5, und bei Weed erblickt man den mächtigen Kegel des ❺ ★ **Mount Shasta** (4317 m) erstmals in voller Schönheit. Wer das majestätische Panorama noch intensiver genießen will, fährt vom Ort Mount Shasta mit dem Auto den Everitt Memorial Highway hinauf auf knapp 3000 m.

Die CA-89 führt durch den **Shasta National Forest** kurvenreich weiter nach Süden. Beim McArthur Burney Falls Park lohnt eine kurze Wanderung zu den 1,5 km entfernten, 40 m hohen Burney Falls (www.burneyfallspark.org). Von der Straße Richtung Süden sieht man eindrucksvolle Berge: den Burney Mountain (2400 m) und den Crater Peak (2650 m).

Gipfel, Fumarolen und rote Felsen

Wenig später ist dann der ❻ ★★ **Lassen Volcanic National Park** erreicht, mit mehreren bis zu 3187 m hohen Gipfeln sowie heißen Fumarolen und Schlammtöpfen. Im Winter und bis in den Mai ist die knapp 50 km lange Straße durch den Park wegen der Schneemassen nicht zugänglich, er lässt sich dann nur umfahren.

Bis ❼ **Red Bluff** ist es noch eine knappe Autostunde auf der CA-36. Die rötlichen Felsen am Ufer des Sacramento River gaben dem Handelsplatz für die Agrarprodukte der Region ihren Namen.

DURCH DIE SIERRA NEVADA

Start: Sacramento | **Länge der Tour:** 636 mi/1024 km **Ziel:** Fresno

Tour 2

Von Sacramento aus geht es nach Osten in die High Sierra. Der Himmel spiegelt sich im klaren Wasser des Lake Tahoe. Weiter im Süden führt der Tioga Pass wieder durch die Sierra Nevada nach Westen zum unvergleichlichen Yosemite National Park.

TOUREN
DURCH DIE SIERRA NEVADA

Weiter geht es nach Süden. Über Oakhurst führt die CA-41 nach Fresno. Von dort sind der Kings Canyon und der Sequoia National Park mit ihren gigantischen Bäumen und Landschaftspanoramen schnell erreicht.

Von **1 ★ Sacramento**, der alten Goldgräbermetropole und heutigen Hauptstadt Kaliforniens, geht es auf der I-80 nach Nordosten. Bei Auburn kreuzt die CA-49, benannt nach dem Jahr 1849, in dem der Goldrausch begann.
Bei Grass Valley nördlich der Strecke, geben der Empire Mine Park und das North Star Mining Museum einen Eindruck von den turbulenten Zeiten vor 170 Jahren. Die Minen im benachbarten Nevada City gehörten zu den ergiebigsten weit und breit. Das Nevada Theater ist das älteste Theater Kaliforniens und spielt seit seiner Eröffnung 1865. Bei Truckee erinnert der **Donner Memorial State Park** an eine Gruppe von 89 glücklosen Auswanderern, die im Winter 1846/1847 hier festsaßen, 42 von ihnen starben.

Ins »Gold Country«

Die CA-89 erreicht nach kurzer Fahrt den **2 ★★ Lake Tahoe**, eine Naturschönheit zu allen Jahreszeiten. Im nordwestlich gelegenen **Squaw Valley** fanden 1960 die Olympischen Winterspiele statt. Die Staatsgrenze von Nevada und Kalifornien verläuft mitten über den Hochgebirgssee. Von seinem Südufer führt eine Panoramastraße (CA-89) kurvenreich durch die High Sierra, bis sie auf den US-395 trifft.

Oase im Hochgebirge

Südlich von Bridgeport lohnt ein Abstecher nach **3 ★ Bodie**. Das einst berüchtigte Goldgräbercamp ist heute eine Geisterstadt. Etwas südlich davon beeindrucken die abenteuerlichen Tuffsteinformationen des alkalischen Salzsees **★ Mono Lake**. Die Straße nach Westen klettert zum 3031 m hohen Tioga Pass, dem Eingang zum **4 ★★ Yosemite National Park**. Bis weit in den Frühling hinein ist die Pass-Straße nicht befahrbar. Wer den Yosemite National Park, seine Granitfelsen, Märchenwälder, Wasserfälle und Bergwiesen länger genießen möchte, sollte die Übernachtung in einer Lodge oder auf einem Zeltplatz mehrere Monate im Voraus reservieren.

Geisterstadt, Kalktuff und gewaltige Natur

Die Straße nach Westen folgt dem Merced River und knickt dann nach Süden auf die Wawona Road ab. Bei **5 Oakhurst**, in den Ausläufern der Sierra Nevada, kreuzt sie die CA-49. Diese verbindet historische Goldgräberorte miteinander (▶ Tour 5). Bei **6 Fresno**, dem landwirtschaftlichen Mittelpunkt im fruchtbaren San Joaquin Valley, lässt sich gut ein Stopp einlegen. Munter geht es dort im hippen Tower District zu, mit seinen Cafés und Bistros.

Ins San Joaquin Valley

Von Fresno geht es scharf nach Osten, direkt zu den Riesenbäumen, Granitfelsen und Wasserfällen im **7 ★★ Kings Canyon National**

Spektakuläre Gebirgslandschaft

TOUREN
DURCH DIE SIERRA NEVADA

Park und im ⑧ ★★ **Sequoia National Park**. Zahlreiche Wanderwege führen zu spektakulären Aussichtspunkten wie dem Moro Rock, einem wuchtigen Granitfelsen 1200 m über dem Tal, und durch die Zauberwälder der Riesenmammutbäume im ★★ **Giant Forest**, Muir und Lost Grove. Die bis zu 3000 Jahre alten Sequoia-Bäume erreichen Durchmesser bis 12 m.

Nach 45 Min. Fahrt ist ❾ **Visalia** erreicht. Von dort sind es noch gut 40 mi/64 km zurück zum nördlich gelegenen ❻ **Fresno**, dem Endpunkt dieser Tour.

RUND UM DIE SAN PABLO UND SAN FRANCISCO BAY

Start und Ziel: San Francisco | **Länge der Tour:** 202 mi/325 km

Von den Hügeln San Franciscos über die Golden Gate Bridge nach Norden an die bezaubernde Pazifikküste des Marin County. San Rafael, Oakland und die Universitätsmetropole Berkeley sind die nächsten Stationen. Im Silicon Valley führt der Weg an den berühmtesten Computer- und Softwareschmieden der Welt vorbei. Die Pazifikküste südlich von San Francisco verspricht noch etwas Entspannung, bevor es wieder in die Metropole am Golden Gate geht.

Tour 3

Von ❶ ★★ **San Francisco** geht es über die Golden Gate Bridge nach Norden. In ❷ **Sausalito** dümpeln noch Restbestände der berühmten Hausbootkolonie aus Flower-Power-Zeiten an der Hafenpier. Vor der Küste – und per Fähre erreichbar – liegt Angel Island, heute State Park und Naherholungsgebiet, früher Sammellager für asiatische Einwanderer. Auf der CA-1 geht es weiter an die Westküste.
Im ❸ ★ **Muir Woods National Monument** stehen uralte Küstenmammutbäume unter Naturschutz. Nicht weit davon entfernt liegen Sonnenhungrige am schönen Sandstrand von Stinson Beach. Auch die ❹ ★ **Point Reyes National Seashore** steht unter Naturschutz. Eine Straße führt zum Leuchtturm an die Spitze der wie ein Haken geformten Halbinsel. Auch hier laden Sandstrände zum (Sonnen-)Baden ein.

Hausboote und Fähren

Kleine Landstraßen – die Point Reyes Petaluma Road, die Nicasio Valley Road sowie der Sir Francis Drake Boulevard – führen ins südöstlich gelegene San Rafael (58 000 Einw.). Von Juli bis September finden im Amphitheater der Dominikaner-Universität und bald in einem eigenen Theatersaal Shakespeare-Aufführungen statt, die Mission San Rafael Archángel (5th Avenue) ist ein Nachbau der historischen Missionskirche. Die CA-37 führt um die San Pablo Bay herum nach ❺ **Vallejo**. Nördlich der einstigen kalifornischen Hauptstadt erfreut der

Nach Osten ins Landesinnere

TOUREN
RUND UM DIE SAN PABLO UND SAN FRANCISCO BAY

Vergnügungspark Six Flags Discovery Kingdom mit Achterbahnen und einem Zoo vor allem Kinder.

Auf der I-80 nach Südwesten ist bald ❻ ★ **Berkeley** erreicht. Vor allem die große University of California mit knapp 45 000 Studenten und bislang 107 Nobelpreisträgern trägt zum munteren Leben in der Stadt bei. Verschiedene **Kunstmuseen** von Rang lohnen einen Besuch.

Östlich der Bay

In der Innenstadt von ❼ ★ **Oakland** wurden zahlreiche Gebäude restauriert, der Jack London Square an der Bay versucht etwas von der Atmosphäre aus der Zeit gegen Ende des 19. Jh.s einzufangen. Das Oakland Museum of California informiert auf unterhaltsame Weise über Geschichte, Natur und Kunst des Golden State. Fremont, etwas weiter südlich an der I-880, entstand im Jahr 1956 aus dem Zusammenschluss verschiedener Gemeinden.

Im Süden der Bucht

Im Süden der Bay breitete sich ❽ ★ **San José** aus. Die »Hauptstadt des Silicon Valley« (▶ Baedeker Wissen, S. 314) gilt als wirtschaftlich dynamischstes Zentrum der San Francisco Bay. Im Tech Interactive (»The Tech«) werden technologische Errungenschaften der letzten Jahre dokumentiert.
Westlich von San José liegt Santa Clara, ebenfalls Sitz bedeutender Computer- und Softwareunternehmen. Als Überlebende einer vergangenen Welt erscheint die Mission Santa Clara de Asis von 1777, die mehrfach um- und wieder aufgebaut wurde.

Forschernachwuchs und Sandstrände

Im Südwesten der Bay geht es um Grundlagenwissen. Die renommierte private ★ Stanford University in ❾ ★ **Palo Alto** gilt als Nachwuchsreservoir für das Silicon Valley und Abonnentin auf Nobelpreise für verschiedene Naturwissenschaften. Die CA-84 führt nun durch die Täler des La Honda und des San Gregorio Creek an die Pazifikküste. Auf dem Highway ist es nicht mehr weit zurück nach ❶ ★★ **San Francisco**. Angenehme Unterbrechungen der Fahrt verheißen nette Sandstrände wie der in der Half Moon Bay.

HIGHWAY 1 – TRAUMHAFTES KÜSTENPANORAMA

Start und Ziel: Santa Cruz | **Länge der Tour:** 326 mi/525 km

Die Rundreise startet in Santa Cruz, bekannt für seine Surfstrände, die Bucht von Monterey schließt sich an, dann folgt Carmel mit seiner berühmten Missionskirche. Die kurvenreiche Route von Big Sur gehört zu den schönsten Küstenstraßen der Welt. An ihrem südlichen Ende steht wie ein Märchenschloss Hearst Castle.

Tour 4

Von ❶ **Santa Cruz** folgt der Highway 1 (eigentl. die California State Route 1; CA-1) der halbrunden Bucht bis ❷ ★★ **Monterey**. Die Cannery Row beim ehem. Fischereihafen, verewigt im gleichnamigen Roman **John Steinbecks**, hat schon lange keine Ölsardinen mehr gesehen. Restaurants und Geschäfte teilen sich die in historischem Ambiente gehaltene Straße mit dem wunderbaren ★★ **Monterey Bay Aquarium**.

Sardinen, Millionärsvillen und Mission

Das gepflegte ❸ ★★ **Carmel** liegt nur einige Meilen entfernt. Auf dem gebührenpflichtigen **17 Mile Drive** kann man den Pazifik und Millionärsvillen bewundern. Die Kirche der ★★ Carmel Mission mit dem Grab des selig gesprochenen Paters Junípero Serra gehört zu den am besten erhaltenen an der Küste.

Südlich von Carmel liegt das ❹ ★ **Point Lobos State Natural Reserve** mit einer Seelöwen-Kolonie. Für den Straßenabschnitt durch ❺ ★★ **Big Sur** sollte man sich Zeit lassen, um die spektakulären Ausblicke auf Buchten, Brücken und die Ausläufer der Santa Lucia Mountains ausgiebig zu genießen.

Fata Morgana auf dem Hügel

Bei San Simeon treten die Berge zurück, dafür erscheint wie eine Fata Morgana ❻ ★★ **Hearst Castle**. Das 100-Zimmer-Traumschloss des schwerreichen Verlegers William Randolph Hearst (▶ Interessante Menschen), das »kalifornische Neuschwanstein«, stammt aus der ersten Hälfte des 20. Jh.s (▶ Baedeker Wissen, S. 90).

An der ❼ **Morro Bay** und ihrem markanten 176 m hohen kegelförmigen Felsen, dem Rest eines Vulkans, führt die Route zuerst weiter über die CA-41 nach Osten und ab Atascadero auf der US-101 nach Norden.

Nach 60 mi/96 km zweigt in King City eine Straße (G13) zum ❽ ★ **Pinnacles National Park** ab mit einer wildromantischen Felsenwelt, die vor rund 23 Mil. Jahren durch vulkanische Aktivität entstand. Wanderungen zwischen einem und 15 km führen zu bis zu 180 m hohen Felszinnen.

37 mi/60km nordwestlich des Nationalparks erfährt man im ★ National Steinbeck Center von ❾ **Salinas** und dem nicht weit entfernten Geburtshaus des Schriftstellers alles Wissenswerte über das Leben und Schaffen des Literatur-Nobelpreisträgers (▶ Interessante Menschen).

Knoblauch-Hauptstadt

Freunde der aromatischen Zwiebel (»garlic«) werden sich den Umweg nach ❿ **Gilroy** (59 000 Einw.) nicht entgehen lassen, der selbst ernannten »Knoblauch-Hauptstadt der Welt«. Auf den Feldern wird die duftende Knolle großflächig angebaut, in einschlägigen Geschäften im Zentrum gibt es umfassende Informationen und Rezeptbücher – und Ende Juli ein Garlic Festival. Zurück geht es schließlich Richtung Westen zum Ausgangspunkt ❶ **Santa Cruz**.

AUF DER SPUR DES GOLDES

Start und Ziel: Sacramento | **Länge der Tour:** 330 mi/530 km

Tour 5

Von Sacramento, der alten Goldgräbermetropole, lässt sich die Geschichte des kurzen kalifornischen Goldrauschs bestens erkunden. Die meisten noch bewohnten oder längst verlassenen Orte, die ein Jahr nach den ersten Goldfunden (1848) von zehntausenden Goldsuchern, Spekulanten und Abenteurern heimgesucht wurden, liegen wie Perlen einer Kette am passend

TOUREN
AUF DER SPUR DES GOLDES

benannten »Golden Chain Highway« aufgereiht. Diese Straße windet sich parallel zum Gebirgskamm durch die Ausläufer der Sierra Nevada (▶ Baedeker Wissen, S. 238).

Knapp 75 mi/120 km nordöstlich von ❶ ★ **Sacramento** liegt ❷ **Nevada City** (90 Min. über CA-70 und CA-20; heute 3000 Einw.). In der »Queen City of the Northern Mines« soll 1849 im Deer Creek mehr als ein Pfund Gold gefunden worden sein. Der Ort hieß daher zunächst »Deer Creek Dry Diggins«. Im restaurierten Chinatown erinnern Gedenktafeln an etlichen Häusern an die vielen Ostasiaten, die hier einst in den Goldminen schufteten.

Queen City of the Northern Mines

In der Umgebung des südwestlich gelegenen ❸ **Grass Valley** sind noch viele grüne Weiden zu finden. Obwohl hier in über 100 Jahren bereits Gold im Wert von 0,5 Mrd. US-$ gefunden wurde, vermuten Geologen noch weitere ergiebige Vorkommen, allerdings in größerer Tiefe.

Als 1848 Gold im Auburn Ravine beim heutigen Städtchen ❹ **Auburn** (heute 14 000 Einw.) gefunden wurde, fielen Goldsucher über die Gegend her und gründeten **Bergarbeitercamps** wie North Fork, Dry Diggings oder Rich Ravine. Auf den Spuren der alten Trails zwischen diesen Camps verlaufen heute Straßen.

Bei ❺ **Coloma**, nur wenige Meilen weiter südlich, fand James Wilson Marshall im Januar 1848 erstmals Gold im Cullomah Valley am Südarm des American River. Der ★ **Marshall Gold Discovery State Historic Park** mit Museum und rekonstruierten Gebäuden erinnert an dieses Ereignis, das Kalifornien in wenigen Jahren dramatisch verändern sollte.

TOUREN
MISSIONEN, WEIN UND STRANDVERGNÜGEN

»Hangtown« Bei ❻ **Placerville** kreuzt die CA-49 den US-Highway 50, der von Sacramento zum Südufer des ★★ **Lake Tahoe** in der Sierra Nevada führt. Früher trug die Stadt den Beinamen »Hangtown«, weil hier zu Zeiten des Goldrauschs nicht wenige Gerichtsurteile auf »Tod durch Erhängen« lauteten. In der Altstadt erinnert noch einiges an jene wilde Zeit.
Im Gold Bug Park & Mine (2635 Goldbug Lane; www.goldbugpark.org) können Interessierte nachempfinden, wie es damals in einer Goldmine zuging.

Mother Lode County In ❼ **Jackson** weiter südlich bietet die stillgelegte Kennedy Gold Mine, die auch zu den Minen des Mother Lode County gehörte, und in der man das Edelmetall aus bis zu 1802 m Tiefe förderte, Touren unter Tage an.

Gold und Springfrösche In ❽ **Angels Camp** (heute 3700 Einw.) lebten einst 4000 Goldsucher. Dieses Camp inspirierte Mark Twain zu seiner Kurzgeschichte »The Celebrated Jumping Frog of Calaveras County« (1865; »Der berühmte Springfrosch von Calaveras«). Noch heute findet dort alljährlich im Mai ein Wettbewerb der besten Springfrösche statt (www.frogtown.org).

Heart of Gold Country Columbia, eine typische Boomtown der 1850er-Jahre, ist als ❾ ★ **Columbia State Historic Park** teils noch im historischen Zustand erhalten – eine Art Open-Air-Museum mit Goldmine, Saloons und Postkutschenfahrten.
Im benachbarten ❿ **Sonora** wurde im Mai 1849 erstmals Gold gefunden. Später spielten Holzwirtschaft und der Eisenbahnbau eine wichtige Rolle in der Stadt, die heute weniger Einwohner zählt als zu Zeiten des Goldbooms.
Folgt man der CA-12 nach Westen und dann der CA-99 nach Norden, erreicht man in gut 2 Stunden wieder ❶ ★ **Sacramento**, den Ausgangspunkt der Tour.

MISSIONEN, WEIN UND STRANDVERGNÜGEN

Start und Ziel: Santa Barbara | **Länge der Tour:** 112 mi/180 km

Tour 6 *Eine der schönsten Missionskirchen steht in Santa Barbara, der im kolonialspanischen Stil wiedererbauten Stadt am Pazifischen Ozean. Von hier aus erkennt man die vorgelagerten, als Ausflugs-*

TOUREN
MISSIONEN, WEIN UND STRANDVERGNÜGEN

ziele sehr geschätzten Inseln des Channel Islands National Park. Im Hinterland von Santa Barbara werden wunderbare Weine erzeugt. Und das malerische Städtchen Solvang überrascht mit dänischer Folklore.

Die Stadt ❶ ★★ **Santa Barbara** mit ihrer zweitürmigen Missionskirche – die Mission Santa Barbara entstand 1786 als 10. der 21 spanischen Missionsstation– , ihrer in kultiviertem spanischen Stil erbauten Innenstadt und ihren herrlichen Badesträndern am Pazifik ist Ausgangs- und Endpunkt dieser kleinen Rundreise.
Bei einigermaßen passablem Wetter lohnt ein Schiffsausflug zum **Channel Islands National Park** auf den vorgelagerten gleichnamigen Inseln. Mit etwas Glück kann man im Santa Barbara Channel Wale und Delfine beobachten.

Spanisches Flair

Von Santa Barbara führt die CA-154 in nordwestlicher Richtung über den 678 m hohen San Marcos Pass und am Stausee Lake Cachuma im geschützten Los Padres National Forest vorbei in das für seine hervorragenden Weine bekannte **Santa Ynez Valley** (▶ Das ist..., S. 27). Einige der dortigen Weingüter kann man besichtigen nud dabei natürlich auch verkosten und einkaufen.

Abstecher ins Weinland

Das Städtchen ❷ **Solvang** versteht sich als eine Art Außenposten Dänemarks in Kalifornien, mit dänischen Läden, Bäckereien, einem Museum zum dänischen Erbe und als Kontrast der spanischen Mission Santa Inés am Stadtrand. Etwa eine halbe Std. Fahrt nordwestlich von Solvang erreicht man den Ort ❸ **Lompoc**. An seinem nördlichen Rand lädt die hier nach völliger Zerstörung nach einem Erdbeben im Jahr 1812 neu errichtete Mission im La Purísima Mission State Historic Park zu einer Besichtigung ein.

Danach fährt man in südöstlicher Richtung hinunter an die Pazifikküste zur Ortschaft ❹ **Gaviota**. Im gleichnamigen State Park direkt am Meer gibt es schöne Strände für Badegäste und Surfer sowie eine von Anglern stark frequentierte Pier, die nach Sturmschäden nur tagsüber zugänglich ist.

Relaxen am Pazifik

TOUREN
EXTREME WÜSTEN, VERSTECKTES LEBEN

Nach einem erfrischenden Bad im Meer folgt man dem Highway 101 in südöstlicher Richtung und entlang der Pazifikküste zurück nach ❶ ★★ **Santa Barbara,** dem Ausgangspunkt der Rundreise.

EXTREME WÜSTEN, VERSTECKTES LEBEN

Start und Ziel: Barstow | **Länge der Tour:** 529 mi/852 km

Tour 7

Heiß, heißer, Death Valley. Über 50 °C werden hier bisweilen gemessen – im nicht vorhandenen Schatten. Und doch gibt es viel zu sehen: Naturschönheiten, Pflanzen, Tiere und Zeugnisse menschlicher Besiedlung. Filmliebhabern werden einige Landschaften bekannt vorkommen.

Informationen vor Fahrtbeginn

❶ **Barstow** ist ein guter Ausgangspunkt für diese Tour ins Mojave Desert: Im dortigen Desert Discovery Center ist vieles zu Geologie, Pflanzen und Tieren, zu Straßen- und Wetterbedingungen zusammengetragen, was zum Verständnis der Wüstenlandschaften unerlässlich ist. Auf der CA-58 geht es zunächst nach Westen, dann bei Kramer Junction auf der CA-395 nach Norden. Die riesige Solarstromanlage nahe der Kreuzung ist unübersehbar.

Raketenstarts und Geisterstädte

Gleich hinter Kramer Junction Richtung Westen beginnt das riesige Areal der ❷ **Edwards Air Force Base**. Diese bietet (bei langfristiger Voranmeldung; ▶ S. 176) Führungen an und informiert über legendäre Flüge mit dem Raketenflugzeug X-15 sowie die Landungen von Raumfähren.

Johannesburg und Randsburg, verwaiste Städte mit einigen Dutzend Einwohnern, haben schon bessere Zeiten gesehen. Vor gut 100 Jahren tobte hier das Leben als in den heute stillgelegten Minen Gold, Silber und Wolfram zu Tage gefördert wurde. Ridgecrest, etwas weiter nördlich, hält sich als Übernachtungs- und Versorgungsort für das nahe gelegene Truppenübungsgelände Naval Lake über Wasser und lebt auch von Film Crews aus Hollywood, die hier gern Außenaufnahmen für Western drehen. Das Maturango Museum informiert u. a. über die bis zu 10 000 Jahre alten Felszeichnungen der Ureinwohner.

Landschaft der Extreme

Auf der CA-178 geht es weiter nach Norden in das als Nationalpark geschützte ❸ ★★**Death Valley** (Tal des Todes). In der Oase von

TOUREN
EXTREME WÜSTEN, VERSTECKTES LEBEN

Furnace Creek (Versorgungsstation und Visitor Center; ▶ S. 74) gibt es Übernachtungsmöglichkeiten, vorausgesetzt, man hat vorher reserviert.

Ein Aufenthalt lohnt sich unbedingt, denn der Park steckt voller Naturwunder: das kristallisierte, scharfkantige Salzlabyrinth des Devil's Golf Course, die farbigen Felsen am Artist's Drive, die erodierten Furchen beim Zabriskie Point oder das spektakuläre Panorama von Dante's View.

Auf der CA-127 geht es nun Richtung Süden. Bei Baker kreuzt der Highway die I-15 und führt Richtung Südosten direkt in die zwischen der I-15 im Norden und der I-40 im Süden gelegene ❹ ★ **Mojave National Preserve**. Zwischen Canyons, Höhlensystemen und Tafelbergen wachsen Joshua Trees, Kakteen und stacheliges Gestrüpp. Bei den Kelso Dunes haben sich 200 m hohe Dünen aufgetürmt. In den Kalksteinhöhlen Mitchell Caverns in den etwas südlich gelegenen Providence Mountains wartet eine drastische Abkühlung auf (angemeldete) Besucher, die hier bei Temperaturen um 9 °C ins Frösteln kommen.

Wüsteneinsamkeit und Kalksteinhöhlen

TOUREN
PAZIFIK-METROPOLE MIT HINTERLAND

Abstecher in den »Wilden Westen«
Die Parkstraße trifft im Süden zwischen den Providence und Granite Mountains auf die I-40, die Richtung Westen auf schnellstem Wege zurückführt. Kurz vor ❶ Barstow bietet sich bei Daggett noch ein Abstecher nach Norden in den Ort ❺ **Calico** an, den der Wilde Westen fest im Griff hat. Das frühere Minenstädtchen hat sich als Zwischenstopp vieler Bustouren herausgeputzt, mit Saloons, Westernshops, Minen- und Geister-Touren.

PAZIFIK-METROPOLE MIT HINTERLAND

Start und Ziel: San Diego | **Länge der Tour:** 203 mi/327 km

Tour 8
Die Pazifik-Metropole San Diego verführt mit traumhaften Stränden, präsentiert ein »historisches« Innenstadtviertel und dazu einen ungewöhnlich kulturreichen Park. Im Landesinneren überraschen Wälder, Apfelplantagen und ein Weltraumteleskop. Weiter im Osten wird es heißer. Im Anza-Borrego Desert State Park glühen die Steine. Doch in Oasen spenden Palmen kühlenden Schatten.

Lässigkeit und Lebensfreude
Ausgangspunkt der Rundreise ist ❶ ★★ **San Diego**, die attraktive Großstadt am Meer im kalifornischen Süden. Im Gaslamp Quarter im Stadtzentrum geht man zu Fuß, der ausgedehnte ★★ Balboa Park etwas weiter im Norden mit seinen Theatern und Museen entspricht auch nicht gerade dem Klischee von amerikanischen Großstädten. Die lässig-sportliche Metropole mit ihren kilometerlangen Sandstränden ist nicht so aufregend wie Los Angeles und nicht so kosmopolitisch wie San Francisco, doch ihre Bewohner lieben sie gerade deswegen.

Die Rundreise führt zunächst nach Norden. Man fährt auf dem Avocado Highway (I-15) bis nach ❷ **Escondido** (ca. 30 mi/48 km). Dort biegt man dann in südöstlicher Richtung ab und erreicht über die San Pasqual Valley Road (CA-78) den ★ San Diego Zoo Safari

TOUREN
PAZIFIK-METROPOLE MIT HINTERLAND

Park des örtlichen Tierparks. Auf dem riesigen Freigelände kann man weit über 3000 wilde Tiere beobachten, darunter Elefanten, Tiger, Nashörner, Zebras und Giraffen. Ein Besuch lohnt unbedingt!

Von Escondido bietet sich ein Abstecher auf den Palomar Mountain an. Man folgt der County Road S6 38 mi/60 km (ca. 1 Std. einfach) in nordöstlicher Richtung zur weltberühmten, vom CalTech (California Institute of Technology) geführten Sternwarte Mount Palomar Observatory und deren großem Hale-Teleskop mits einem 5-Meter-Spiegel.

Zurück in Escondido, geht es auf der CA-78 in südöstlicher Richtung weiter bis Ramona, dann auf kurviger Strecke nach Julian, bekannt für seine Apfelplantagen und leckeren Apple Pies.
Nun sind es noch ein paar Meilen in Richtung Osten, bis man als Etappenziel den ❸ ★ **Anza-Borrego Desert State Park** erreicht. Das Naturschutzgebiet, das mit einer Fläche von 2500 km² zu den größten in den USA gehört, ist abwechslungsreich wie sonst kaum ein anderes Wüstengebiet in der Neuen Welt. Steinige Ebenen, enge Canyons, dann wieder Wälder und Seen prägen das Landschaftsbild. In Oasen wachsen Palmen und sprudeln Quellen.

Abwechslungsreicher Wüstenpark

Vom Ort Borrego Springs im Norden des Anza-Borrego Desert State Park lohnt ein Abstecher auf der S22 in östlicher Richtung zum **Salton Sea**. Der Dammbruch eines Kanals vom Colorado River zum Imperial Valley hatte die über 100 km lange, bis zu 30 km breite und 84 m unter dem Meeresspiegel liegende Senke vor über 100 Jahren mit Wasser gefüllt, das langsam wieder verdunstet (Rastplatz für Wasser- und Zugvögel).

Abstecher zum künstlichen See

Die Rückfahrt erfolgt zunächst auf der landschaftlich reizvollen County Route S2 (»Great Southern Overland Stage Road«) über Agua Caliente bis Ocotillo. Hier erreicht man den Kumeyaay Highway (I-8) und folgt diesem in westlicher Richtung durch schütter bewaldetes Hügelland, vorbei an Descanso, zurück nach ❶ ★★**San Diego**.

Auf der I-8 zurück nach San Diego

Z
ZIELE

*Magisch, aufregend,
einfach schön*

Alle Reiseziele sind
alphabetisch geordnet. Sie haben
die Freiheit der Reiseplanung

Riesig steht der Mond über dem Merced River
im Yosemite Valley. ▶

ZIELE
ANZA-BORREGO DESERT STATE PARK

★ ANZA-BORREGO DESERT STATE PARK

S18–19

| **County:** San Diego | **Höhe:** 5–2370 m ü. d. M. | **Fläche:** 2428 km² |

Steinernes Ödland, tiefe Schluchten, Oasen mit Palmen und kakteengespickte Hügel machen den herben Reiz dieser wilden Landschaft aus. Der spanische Eroberer Juan Bautista de Anza, der 1774 die Einöde im Süden von Kalifornien durchquerte und das spanische Wort für »Schafsbock« (borrego) sind die Namenspaten für den größten State Park von Kalifornien.

Flirrende Sonne und Palmen

Der 85 mi/140 km östlich von San Diego am Rande der Colorado Desert gelegene Park gilt als eine der schönsten **Wüstenlandschaften** Kaliforniens. Sandige Flächen, über denen die Sonne flirrt, Schwemmland, Canyons und erodierte Felsplateaus, die plötzliche Wolkenbrüche und darauf folgende Sturzfluten zurücklassen wechseln mit Palmenhainen, Wüstenblumen und Kakteenblüten im Frühjahr sowie fantastischen Aussichten in eine zerfurchte felsige Szenerie.

Einige Plätze im Anza-Borrego State Park erreicht man auch mit dem Auto. Von der Abbruchkante genießt man die Aussicht auf die Borrego Badlands im Norden.

ANZA-BORREGO DESERT STATE PARK ERLEBEN

VISITOR CENTER
Zwischen Borrego Springs
und Borrego Palm Canyon
Tel. 1-760-767-4205
tgl. 9–17 Uhr, Juni–Sept. nur Sa./
So., 10 $ pro Pkw
www.parks.ca.gov/?page_id=638
Infos zur Wüstenblüte:
Tel. 1-760-767-4684,

RED OCOTILLO €€€
Der moderne, gepflegte Diner serviert hausgemachte Burger, kreative Salate und herzhaftes Reuben Sandwich, dazu gute Cocktails und kalifornische Weine.
721 Ave Sureste, Borrego Springs,
Tel. 1-760-767-7400
http://redocotillo.com

Nur drei **befestigte Straßen** führen von West nach Ost durch das riesige, knapp 2500 km² große Areal. Hinzu kommen rund 1000 km Schotterstraßen, die nur Allrad-Fahrzeuge sicher bewältigen, und markierte Wanderwege. Wer die eindrucksvolle Landschaft abseits der asphaltierten Strecken erkunden will, sollte unbedingt vorher die Park Ranger nach Wetterlage und Straßenzustand befragen.
Wenngleich die Temperaturen im Sommer regelmäßig über 40 °C steigen, täuscht der unwirtliche erste Eindruck. Angepasst an die Hitze sind im Anza-Borrego State Park über **fünf Dutzend Säugetierarten** zu Hause: Mäuse, Wüstenfüchse, Kojoten, in höheren Lagen sogar Rotwild. Dazu haben hier viele Eidechsen und Schlangenarten eine für ihre Bedürfnisse angenehme Umwelt gefunden.

Rund um Borrego Springs

Kunstsinniges Oasenstädtchen
Mitten im State Park und völlig von diesem umgeben liegt das Oasenstädtchen Borrego Springs (knapp 3000 Einw.). Seine Kunstszene ist bemerkenswert, mit mehreren Galerien, einer Kunstshow und einem Art Institute, das Ausstellungen veranstaltet und Kunstkurse anbietet.
Borrego Springs Visitor Center: 786 Palm Canyon Dr.
Tel. 1-760-767-5555 | www.borregospringschamber.com

Borrego Springs

Vogelrastplatz am größten See Kaliforniens
Wer von Borrego Springs auf der CA-78 weiter nach Osten fährt, entdeckt in der Ferne in einer Senke unter dem Meeresspiegel die graublaue Wasseroberfläche eines fast 1000 km² großen flachen Sees. An seinem nördlichen Ufer sind weiße salzige Verkrustungen auszumachen. Die Existenz des Gewässers beruht auf einem Unglücksfall: Nach einer regenreichen Periode vor mehr als 100 Jahren brach ein

Salton Sea

ZIELE
BERKELEY

Damm am Colorado River. Es kam zu Überschwemmungen im Imperial Valley und zur Flutung des historischen Seebeckens in der Salton-Senke. Wegen seiner geringen Zuflüsse trocknet der See sehr langsam aus. Wasser- und Zugvögel jedoch lassen sich davon nicht beeindrucken, über 400 verschiedene Vogelarten nutzen das Feuchtgebiet als saisonalen Rastplatz.

Am Ufer des Salton Sea wurden mehrere Campingplätze mit unterschiedlichem Komfort eingerichtet. Die **Salton Sea State Recreation Area** am Nordostufer des Sees bietet mehrere Plätze in Wassernähe. Von Juni bis September kann wegen der Hitze nicht gecampt werden.

Salton Sea Authority: 82995 CA-111, Suite 200, Indio, CA 92201
Tel. 1-760-863-2695 | https://saltonsea.com
Campingplätze: Tel. 1-760-393-3059 | www.parks.ca.gov/?page_id=639

★ BERKELEY

County: Alameda | **Höhe:** 46 m ü. d. M. | **Einwohnerzahl:** 124 000

F9

Vom Campanile, dem venezianisch anmutenden Turm auf dem Uni-Campus, geht der Blick über die Bay bis nach San Francisco. In der berühmten Hochschule lehren und forschen zehn aktuelle Nobelpreisträger, mehr, als die meisten Staaten der Welt aufbieten können. Jeder zweite Bewohner von Berkeley studiert an der Universität oder ist dort angestellt. Damit nicht genug, wurde im legendären Restaurant »Chez Panisse« von Alice Walters vor bald 50 Jahren die neue kalifornische Küche erfunden, leicht, beschwingt und mit aufregenden Geschmackskombinationen.

Berkeley am nördlichen Ende der Bay Bridge hat eine außerordentlich jugendliche und angenehm lebhafte Atmosphäre. Sehenswert sind der Tilden Regional Park und der **Bancroft Way** mit vielen von Studenten bevorzugten Lokalen und Geschäften. Hauptattraktion ist die weltberühmte **University of California**. Ein Ausflug nach Berkeley vermittelt dem Besucher die ganz besondere Campus-Atmosphäre amerikanischer Universitäten.

Campus-Atmosphäre

★ University of California

Wissenschaft auf höchstem Niveau

Forschungs-Elite

Der hervorragende Ruf der 1873 gegründeten University of California (Telegraph Ave. und Bancroft Way) ist mittlerweile über **110 No-**

ZIELE
BERKELEY

Über den Campus der University of California mit dem Sather Tower geht der Blick auf die Insel Alcatraz und die Golden Gate Bridge.

belpreisträgern zu verdanken, die sich vor allem in den Fachbereichen Physik, Chemie und Wirtschaftswissenschaften profilierten. Zehn Professoren aus dem aktuellen Lehrkörper sind Träger des Preises.

Forscher aus Berkeley spielten eine wichtige Rolle bei der Entwicklung der Atombombe und der Laser-Technologie. Sie entschlüsselten ferner die Wirkungsweise der Photosynthese und isolierten das Polio-Virus. Und auch im Bereich Informatik und IT-Technologie konnte die dortige Wissenschaftselite wichtige Impulse geben.

Ein Glockenturm als Wahrzeichen

Wahrzeichen der Universität ist der Sather Tower oder Campanile genannte Glockenturm im Zentrum des Campus, eine 1914 errichtete Nachbildung des Markusturms von Venedig. Mit 94 m Höhe überragt er alle anderen Gebäude des parkähnlich angelegten Universitätsgeländes. Von oben (Fahrstuhl; Gebühr) bietet sich eine **herrliche Aussicht** auf den Campus der Universität, die San Francisco Bay und die Golden Gate Bridge.

Das **Glockenspiel** (61 Glocken) ist in »normalen Zeiten« mehrmals am Tag zu hören.

Sather Tower

Mo.–Fr. 10–16, Sa./So. 10–17 Uhr | 5 $
https://visit.berkeley.edu/the-campanile/

BERKELEY ERLEBEN

BERKELEY CVB
2030 Addison St., Berkeley, CA 94704, Tel. 1-510-549-7040
www.visitberkeley.com

UNIVERSITY KORET VISITOR CENTER
2227 Piedmont Ave., Goldman Plaza & Memorial Stadium, Berkeley, CA 94720
Tel. 1-510-642-5215
http://visit.berkeley.edu

❶ CHEZ PANISSE €€€€
Hier »erfand« Alice Walters die moderne kalifornische Küche. Immer noch ist es das Spitzenrestaurant der Stadt mit toller Weinkarte und langer Vorausreservierung; Café im Obergeschoss.
1517 Shattuck Ave.
Tel. 1-510-548-5525
www.chezpanisse.com

❷ REVIVAL BAR & KITCHEN €€€
Leckere kalifornische Küche: Ob Austern, Short Ribs oder kreative Salate, hier kommen nur frische und nachhaltige Produkte auf den Tisch.
2102 Shattuck Ave.
www.revivalbarandkitchen.com

❶ GRADUATE BERKELEY €€€–€€€€
Das Haus in bester Lage vis-à-vis der Universität bietet auch ein recht originelles akademisches Ambiente.
2600 Durant Ave., Berkeley
Tel. 1-510-845-8981 www.graduatehotels.com/berkeley

❷ TRAVELODGE BY WYNDHAM BERKELEY €€
Ansprechende Unterkunft der Budget-Hotelkette mit komfortablen Zimmern westlich des Uni-Campus.
1820 University Ave, Berkeley
Tel. 1-510-295-2297
www.wyndhamhotels.com

Rund um den Sather Tower

Weitere Bauten — Südwestlich des Campanile erhebt sich die 1873 im Tudorstil errichtete South Hall. Noch weiter südwestlich steht das Sather Gate, zusammen mit der geräumigen Plaza das Zentrum des Studentenviertels. Das Valley Life Sciences Building westlich des Campanile beherbergt u. a. die zoologische Sammlung (Zutritt nur für Uni-Angehörige). Die Sammlungen im botanischen Garten können mit Reservierung besucht werden (15 $, https://botanicalgarden.berkeley.edu/admission). Interessant sind auch das Zyklotron (Teilchenbeschleuniger) im Nordosten und das California Memorial Stadium (Sportarena mit 63 000 Plätzen) im Südosten.

Wissenschaft, Anthropologie, Kunst und Film

Museen — Die **Lawrence Hall of Science** nordöstlich des Campus ist nach dem Nobelpreisträger und Atomforscher Ernest O. Lawrence benannt. Zu seinen Mitarbeitern gehörte u. a. **J. Robert Oppenheimer**, der wich-

ZIELE
BERKELEY

tige Vorarbeiten zur Entwicklung der ersten Atombombe leistete. Als er sich später dem Bau der Wasserstoffbombe widersetzte, wurde 1953 ein Untersuchungsverfahren wegen angeblich kommunistischer Gesinnung gegen ihn eingeleitet, und Präsident Eisenhower entzog ihm die Erlaubnis, weiter an geheimen Projekten mitzuarbeiten. Die interaktiven Exponate, Ausstellungen und Workshops ziehen über viele Zehntausend Besucher im Jahr an.

Das **Phoebe Apperson Hearst Museum of Anthropology** in der Kroeber Hall im Südosten des Campus präsentiert nach Umbau im Laufe des Jahres 2022 anthropologische Sammlungen mit Funden aus Kalifornien, dem antiken Ägypten, dem Mittelmeerraum, den Anden, Afrika und Ozeanien.

Das seit 2016 in einem neuen, modernen Bau an der Center Street im westlich der Oxford Street logierende **BAMPFA** (Berkeley Art

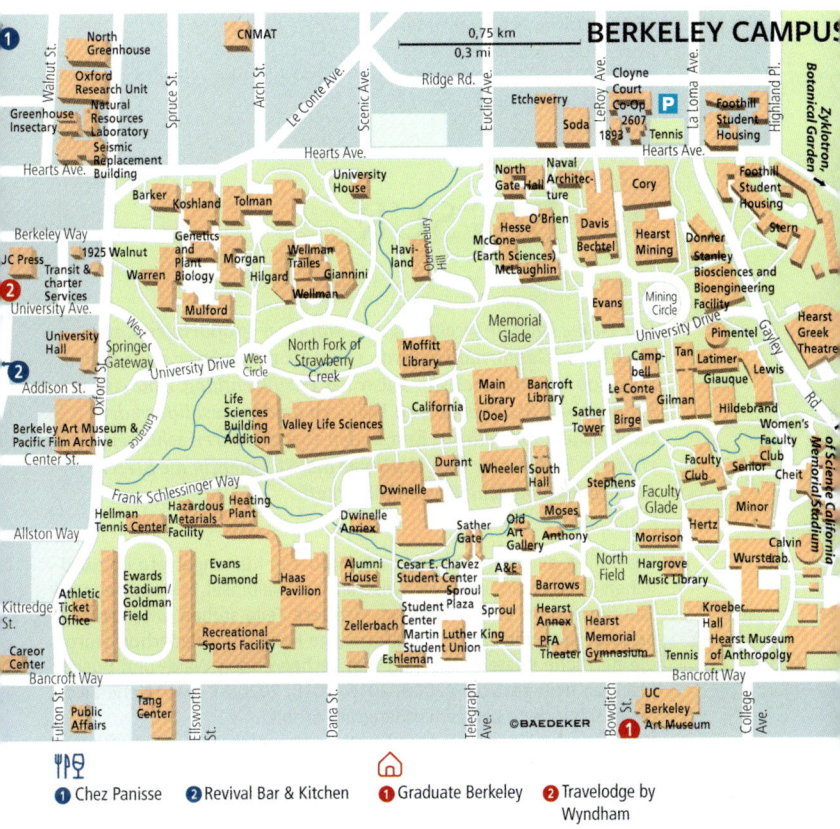

❶ Chez Panisse ❷ Revival Bar & Kitchen ❶ Graduate Berkeley ❷ Travelodge by Wyndham

ZIELE
BIG SUR

Museum and Pacific Film Archive) erwarb sich in der kurzen Zeit seines Bestehens einen ausgezeichneten Ruf. Die erstaunlich großen Bestände des jungen Museums basieren auf seit Gründung (1873) der Universität gesammelter Kunst. Das Museum besitzt eine große Orientalia-Sammlung sowie zahlreiche Gemälde des 18. und 19. Jh.s. Oft finden parallel mehrere Sonderausstellungen zeitgenössischer Malerei, Skulptur und Fotografie statt.

Das **Pacific Film Archive** im Gebäude des Kunstmuseums bietet laufend interessante Filmvorführungen. In seinem umfangreichen Bestand von Filmen und Videos gibt es die größte Zahl von Kopien japanischer Filme außerhalb Japans, avantgardistische und experimentelle US-Filme sowie russische Stummfilme in 35 mm-Kopien.

Lawrence Hall of Science: 1 Centennial Dr. | Mi.–So. 10–17 Uhr 20 $ | www.lawrencehallofscience.org
Phoebe A. Hearst Museum of Anthropology: 103 Kroeber Hall aktuelle Öffnungszeiten s. Website | 6 $, unter 18 J. frei http://hearstmuseum.berkeley.edu
BAMPFA: 2155 Center St. | Mi.–So. 11–19 Uhr | 14 $, unter 19 J. frei https://bampfa.org

★★ BIG SUR

County: Monterey | **Höhe:** 0 – ca. 800 m ü. d. M.

G12

Der Name Big Sur weckt Träume von einer großartigen Landschaft. Der California Highway 1 führt von Monterey nach Süden, etwa 100 km immer an der Küste des Pazifik entlang. Eine einsame Szenerie mit Steilküsten und Wäldern an den Ausläufern der Santa Lucia Mountains. Erst in den 1930er-Jahren schlugen chinesische Arbeiter und Häftlinge aus St. Quentin die Strecke in die unzugängliche Küstenlandschaft.

Traumhafte Küste

Big Sur ist eines der schönsten bewaldeten Küstengebiete im nördlichen Kalifornien, das sich zwischen der Halbinsel ▶ Monterey und San Simeon im Süden erstreckt. Größere Teile stehen unter **Naturschutz**, denn hier brüten Kalifornische Kondore. Wiederholt wurde die herrliche Küstenlandschaft von verheerenden Wald- und Buschbränden heimgesucht (2008, 2016, 2018, 2020/21), von denen sich die geschundene Landschaft langsam erholt.

Wer die schmale, gewundene Straße entlang fährt, kann empfinden, wie die Pazifikküste früher einmal ausgesehen hat. Keine riesigen Werbeplakate, Fastfood-Ketten oder Tankstellen (außer in Big Sur

Village) stören den wunderbaren Natureindruck. Haltebuchten an den schönsten Aussichtspunkten bieten Gelegenheit zum Innehalten oder Fotografieren, mehrere Brücken, wie die **Rocky Creek Bridge** oder die **Bixby Bridge**, überspannen Schluchten, in denen sprudelnde Bäche sich einen Weg zum Meer suchen.

Inspirationsort der Kreativen
Der Name des Küstenstreifens verbindet sich mit einem prominenten Künstler: **Henry Miller** lebte hier 18 Jahre. Ein Freund des großen Schriftstellers richtete eine **Henry Miller Library** ein. **Jack Kerouac**, Literat der »Beat Generation«, pries Landschaft und einsame Bewohner in seinem Roman »Big Sur« (1962). Elisabeth Taylor spielte 1965 mit Richard Burton im Hollywood-Streifen »... die alles begehren« (»The Sandpiper«) eine Künstlerin aus Big Sur, und **Joan Baez** organisierte hier 1969 das Folk Festival »Celebration at Big Sur«.

Prominente Künstler

Henry Miller Library: 48603 Highway 1 (CA-1) | Mi.–So. 11–17 Uhr
Tel. 1-831-667-2574 | frei, Spende erbeten | https://henrymiller.org

PANORAMATOUR MIT »WOW«

Der Highway 1 entlang der Küste von Big Sur ist kein wirklicher Geheimtipp mehr. Anders die Nacimiento-Fergusson Road von King City quer durch das Küstengebirge der Santa Lucia Range, die nach Reparaturen 2023 wieder geöffnet werden soll. Die kurvenreiche schmale Strecke provoziert zu manchem »Aaaa« und »Wow« und verführt zu diversen Stopps, etwa an der Mano Seca Bench, einer Bank mit herrlichem Ausblick auf Berge, Pazifik und den Highway 1.

ZIELE
BIG SUR

See-Elefanten beim Sonnenbaden

Piedras Blancas Nicht weit von San Simeon erreicht man diesen großartigen Aussichtspunkt mit **Leuchtturm**. Von hier aus erblickt man größere Kolonien von Elephant Seals (See-Elefanten), die dicht an dicht am Strand liegen und sich von der Sonne bescheinen lassen.

Küstenmammutbäume und Badestellen

Pfeiffer Big Sur State Park Der 26 mi/42 km südlich von ▶ Carmel gelegene State Park schützt ein Stück Landschaft, in dem noch mächtige Küstenmammutbäume (**Redwoods**) stehen. Außerdem gibt es hier einige fantastische Badeplätze.
Der State Park ist auch ein guter Ausgangspunkt für Erkundungen des bei Bypackern beliebten rauen Hinterlands **Ventana Wilderness**.
47555 CA-1, Sycamore Canyon Rd. (nicht für größere Wohnmobile geeignet!), Big Sur, CA 93920 | 8 Uhr bis Sonnenuntergang
10 $ pro Pkw | www.parks.ca.gov

Redwoods, Wasserfälle und Wale

Julia Pfeiffer Burns State Park Der Zugang zum Julia Pfeiffer Burns State Park liegt rund 10 mi/ 16 km südlich des Pfeiffer Big Sur State Park. Wanderwege führen durch Redwood- und Eichenwäldchen. An einigen erkennt man noch die Spuren der jüngsten Waldbränd. Der Waterfall Trail entlang dem McWay Creek führt zu einem Ausblick auf die spektakulären **McWay Falls**, einem Wasserfall, der sich 24 m in die Tiefe auf den Pazifikstrand ergießt.
Im Dezember und Januar kann man von hier nicht selten **Grauwale** ausmachen (▶ Baedeker Wissen, S. 262), die von Alaska in Richtung Baja California unterwegs sind.
52801 CA-1, Big Sur, CA 93920 | Tel. 1- 831-667-1112 | 10 $ pro Pkw
www.parks.ca.gov

BIG SUR ERLEBEN

BIG SUR CHAMBER OF COMMERCE
Tel. 1-831-667-2100
www.bigsurcalifornia.org

NEPENTHE €€€–€€
Das Café-Restaurant direkt am California Highway 1 ist ideal für eine Rast. Traumhafte Ausblicke auf die Küste, und dann die Geschichten: Orson Welles und Rita Hayworth verbrachten hier verliebte Stunden in einer Blockhütte, und Henry Miller saß an seiner Schreibmaschine.
48510 CA-1, Big Sur,
www.nepenthe.com

BAEDEKER ÜBERRASCHENDES

6x

EINFACH UNBEZAHLBAR

Erlebnisse, die für Geld nicht zu bekommen sind

1.
ROBBEN AM MEER

Am Strand von **Piedras Blancas** liegen oft mehr als 1000 See-Elefanten dicht an dicht. Vom Parkplatz »Friends of the Elephant Seals« an der CA-1 kann man sie ungestört beobachten.
(▶ **S. 58**)

3.
KUNST-TEMPEL

Der Eintritt in die tempelartige Anlage des **Getty Center** von Los Angeles mit ihrer exquisiten Sammlung von Skulpturen, Gemälden, Zeichnungen, Manuskripten und Fotografien ist umsonst. Wer mit dem eigenen Auto kommt, muss allerdings eine Parkgebühr entrichten. (▶ **S. 144**)

5.
FASZINATION CABLE CARS

Wer mit der Cable Car auf die **Hügel San Franciscos** klettern möchte, muss ein Ticket lösen. Um allerdings zu erfahren, wie dieses einzigartige Fahrzeug funktioniert, muss man nichts bezahlen: Der Eintritt ins Cable Car Museum ist gratis.
(▶ **S. 291**)

4.
LOS ANGELES VON OBEN

Den traumhaften Blick auf L. A. von der Plattform am **Griffith Observatory**, besonders in der Dämmerung, kann man nicht mit Geld bezahlen. Muss man glücklicherweise auch nicht. (▶ **S. 161**)

2.
LUNCH YOGA

Von 11–12 Uhr rollen viele ihre Yoga-Matten bei der **Mission Beach** im Norden San Diegos aus. Die Yoga-Stunde ist kostenlos, eine Spende wird aber gern genommen …
(▶ **S. 261**)

6.
TEE IM PARK

Der Japanese Tea Garden gehört zu den Attraktionen im **Golden Gate Park** von San Francisco. Und wer ihn am Montag, Mittwoch oder Freitag vor 10 Uhr besucht, zahlt keinen Eintritt. (▶ **S. 305**)

ZIELE
CALISTOGA

CALISTOGA

County: Napa | Höhe: 110 m ü. d. M. | Einwohnerzahl: 5200

Der Kurort Calistoga ganz im Norden des Napa Valley ist bekannt für seine Mineralquellen, Geysire und Blubbertöpfe. Diverse Spas und Wellness-Anlagen bieten ihre wohltuenden Dienste an. Und in der näheren Umgebung locken einige der besten Weingüter des Landes.

Wellness und Wein

Calistoga liegt nur etwa 75 mi/120 km nördlich von ▶ San Francisco. Der Ort wurde 1859 von Sam Brannan gegründet, der in hiesigen, seit Langem von indianischen Ureinwohnern zu Heilzwecken genutzten Thermalwasser- und -schlammvorkommen ideale Voraussetzungen für den Ausbau zum **Heilbad** vorfand. In den 1870er- und 1880er-Jahren hatte Calistoga – eine Verbindung von »California« und »Saratoga«, einem bedeutenden Badeort im Bundesstaat New York – eine erste Blüte erreicht.

In jüngerer Zeit kamen die heißen Mineralquellen und Heilschlammvorkommen von Calistoga zu neuen Ehren: Am sog. **Silverado Trail** entstanden eine ganze Reihe von Kur-, Wellness- und Beauty-Hotels mit komfortablen **Spas**, die Gäste aus ganz Nordamerika anziehen

Morgennebel in den Weinbergen von Calistoga. Die Lese ist schon vorbei.

CALISTOGA ERLEBEN

CALISTOGA WELCOME CENTER
1133 Washington St.
Calistoga, CA 94515
Tel. 1-707-942-6333
http://visitcalistoga.com

DR. WILKINSON'S HOT SPRINGS RESORT €€€€
Seit 1952 bietet das »Doc« entspannende Anwendungen. Trotz aufwendiger Renovierung verströmt es noch immer nostalgischen Charme. Am schönsten sind die Zimmer und Suiten in der viktorianischen Villa von 1880.
1507 Lincoln Ave.
Tel. 1-707-942-4102
www.drwilkinson.com

(▶ Baedeker Wissen, S. 190). Neben Gesundheitstourismus ist aber auch der **Weinbau** eine wichtige Einnahmequelle für viele Familien in Calistoga (▶ Napa Valley, Plan S. 193).

Wohin in Calistoga und Umgebung?

Blick zurück in die Frühzeit des Kurorts
An der Hauptstraße von Calistoga erinnert dieses Museum mit Fotos, Dioramen und vielerlei Objekten an die Frühzeit des Kurorts. Vor dem Haus wurde eine für die damalige Zeit ganz typische **Badehütte** aufgebaut.
1311 Washington St. | tgl. 12–15 Uhr | Tel. 1-707-942-5911
frei, Spende erbeten | www.sharpsteenmuseum.org

Sharpsteen Museum

Spuren des Abenteuerliteraten
Etwa 8 mi/13 km nördlich von Calistoga erhebt sich der über 1300 m hohe erloschene Vulkan. Hier verbrachten Robert Louis Stevenson und seine Frau Fanny 1880 einen Teil ihrer Flitterwochen. Im landschaftlich reizvollen **Robert Louis Stevenson State Park** erinnert (nur) eine imposante Statue an den berühmten Schriftsteller.
www.parks.ca.gov/?page_id=472

Mount St. Helena

Ein Geysir mit festem Rhythmus
Zwischen den Highways 29 und 128 lässt diese heiße Quelle etwa jede halbe Stunde eine 20 m hohe Fontäne emporschießen. Aufgrund des Überdrucks im Untergrund liegt die Wassertemperatur weit über dem Siedepunkt bei ca. 200 °C! Rhythmusstörungen und unterschiedliche Höhen der Fontänen werden auch durch Luftdruckschwankungen her-

Old Faithful Geyser of California

vorgerufen. Vor Erderschütterungen schießen kleinere Fontänen in kürzeren Abständen in die Höhe, sodass der Geysir auch zur **Vorhersage von Erdbeben** verwendet wird. Seit 1984 erzeugt ein geothermisches Kraftwerk der Pacific Gas & Electric Company bei Calistoga bis zu 66 Megawatt elektrische Energie.
1299 Tubbs Lane | tgl. 8.30–17/18/19 Uhr | 15 $
www.oldfaithfulgeyser.com

Versteinertes Naturwunder

Petrified Forest

Etwa 5 mi/9 km westlich kann man versteinerte Mammutbäume besichtigen, die der Vulkan Mount St. Helena vor Jahrmillionen unter Lava und Asche begrub. Ein Naturlehrpfad erschließt das Gelände.
4100 Petrified Forest Rd. | Do.–Mo. 10–17 Uhr
12 $ (Main Trail, Meadow Trail) | www.petrifiedforest.org

CARLSBAD

County: San Diego | **Höhe:** 15 m ü. d. M. | **Einwohnerzahl:** 114 000

Der Ort an der südlichen Pazifikküste wurde nach dem böhmischen Karlsbad benannt, weil seine Mineralquellen eine ähnliche chemische Zusammensetzung aufweisen. Ausgedehnte Blumenfelder und ein Legoland-Vergnügungspark machen Carlsbad zu einem beliebten Ausflugsziel.

Blüten und perfekte Wellen

Im Frühling ist Blütezeit. Dann steht der **Hahnenfuß** (Ranunculus) auf endlosen Feldern in voller Blüte. Zusätzlich werden hier mehr als vier Dutzend verschiedene **Rosensorten** gezüchtet und in alle Welt verschickt. Man kann die Blumen schon von der Straße aus sehen oder nach Zahlung einer Eintrittsgebühr die Felder und einen Rosengarten besichtigen.

Das ganze Jahr über warten mit Neopren-Anzügen geschützte **Surfer** mit ihren Brettern auf die perfekte Pazifik-Welle. Kurzurlauber aus ▶ San Diego und ▶ Los Angeles kommen besonders gern im Sommer an die hiesigen Strände.

▍ Wohin in Carlsbad und Umgebung?

Themenpark für Familien mit Kindern

Legoland California

Nach europäischem Vorbild des dänischen Spielzeugunternehmens ist auch Legoland California angelegt. Der große Themenpark zieht

ZIELE
CARLSBAD

Warten auf die nächste Welle im Lion Temple im Legoland-Wasserpark

vor allem Familien mit kleineren Kindern an. Über 60 Karussells und **Fahrgeschäfte** neben weiteren Attraktionen, eine Welt aus bunten Legosteinchen und ein **Wasserpark** bieten Kurzweil für Alt und Jung.
Cannon Rd. E | 10–17, tlw. bis 20 Uhr, Nov.–Feb. oft Di., Mi. geschl. ab 90 $ | www.legoland.com/california

CARLSBAD ERLEBEN

CARLSBAD CVB
400 Carlsbad Village Dr. Carlsbad, CA 92008, Tel. 1-760-434-6093
http://visitcarlsbad.com

CARLSBAD INN BEACH RESORT €€€–€€€€
Bewährte und gepflegte Strandferienanlage, gern von Flitterwöchnern aufgesucht, mit renoviertem Boutique-Hotel, gut ausgestatteten Ferienwohnungen, Pool sowie diversen Sport- und Freizeitangeboten. Und gegen Abend können die Urlaubsgäste von der Sunset Terrace filmreife Sonnenuntergänge genießen.
3075 Carlsbad Blvd.
Tel. 1-760-434-7020
www.carlsbadinn.com

ZIELE
CARMEL

Größte der 21 kalifornischen Missionen

Mission San Luis Rey de Francia
Die Mission San Luis Rey de Francia beim wenige Kilometer nördlich gelegenen **Oceanside** (175 000 Einw.) ist nach dem französischen König Ludwig IX. (d. Hl.) benannt. Das Ensemble aus Kirche und Kloster mit Innenhof und einem schönen Kreuzgang ist bestens erhalten.

Der **Friedhof** dokumentiert eindrücklich das Massensterben der an unbekannten Erregern erkrankten Ureinwohner nach dem Kontakt mit den Europäern (▶ Baedeker Wissen, S. 374). Heute dient die Anlage als kirchlicher Seminarort.

Oceanside, 4050 Mission Ave. | tgl. 10–17 Uhr | 7 $
www.sanluisrey.org

 CARMEL

County: Monterey | Höhe: 67 m ü. d. M. | Einwohnerzahl: 3200

Carmel-by-the-Sea wurde 1904 von Dichtern und anderen Künstlern als ländliche Idylle und Rückzugsort gegründet. Noch immer wird jede Neuerung erst nach langen Debatten der Bewohner und hinhaltendem Widerstand eingeführt. Größte Attraktion ist ein noch deutlich älteres Bauwerk: die Carmel Mission von 1771.

Spanische Siedlung
Der Ortsname geht auf den spanischen Seefahrer **Sebastian Vizcaíno** zurück: Er benannte den nahen Fluss nach den Karmelitermönchen, die 1603 mit ihm unweit der zweiten kalifornischen Missionsstation landeten. Von hier aus stieß Vizcaíno im Auftrag des mexikanischen Vizekönigs nach ▶ Monterey vor, dem nördlichsten Punkt seiner Reise. Die Besiedlung Carmels ging langsam vonstatten. Noch zu Beginn des 20. Jh.s war es ein unbedeutendes Dorf, in dessen Umgebung Kühe weideten.

Refugium der Kreativen

Künstlerkolonie
Dann wurde der Ort von **Malern**, **Literaten** und **Fotografen** entdeckt, die es zu ihrem Wohnort wählten – ein Ruhm, der zunächst kaum über die Grenzen Kaliforniens hinausdrang. Die Entwicklung zur touristischen Attraktion vollzog sich erst nach dem Zweiten Weltkrieg. Weltweit bekannt wurde Carmel 1986, als der Filmschauspieler **Clint Eastwood** dort mit großer Mehrheit zum Bürgermeister gewählt wurde. Er blieb nur zwei Jahre im Amt, betreibt aber nach wie vor eine Hotelanlage vor Ort.

ZIELE
CARMEL

Carmel Mission ist ein Musterbeispiel des kolonialspanischen Missionsstils.

Wohin in Carmel?

Aparter Charme altenglischer Bauten

Der andauernde Kampf zwischen Befürwortern größeren Wachstums und solchen die den Status quo beibehalten wollen führte dazu, dass sich Carmel nur langsam veränderte und seinen aparten Charme mit seinen von der englischen Architektur beeinflussten Häusern bewahren konnte.

Stadtbild und Etikette

Vergeblich sucht man hier nach Neonlichtern. Bis heute gibt es nur wenige Bürgersteige. Die Häuser tragen keine Hausnummern, Adressangaben lauten in etwa: »nördlich der Ocean Avenue«, »westlich von San Carlos«. Sendungen holen die Einwohner selbst im Postamt an der Südostecke 5th und Dolores St. ab. Es gibt eine Verordnung gegen

ZIELE
CARMEL

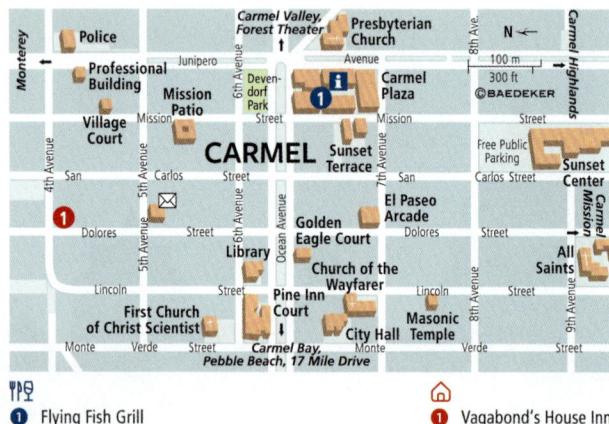

🍴 ① Flying Fish Grill 🏠 ① Vagabond's House Inn

das Tragen hoher Absätze. Restaurantketten sind verboten. Ferner gibt es keine Hochhäuser, Großgaragen und Straßenlaternen.
Das **Parken** an den Straßen ist begrenzt (max. 2 Std.). Besucher können ihre Autos kostenlos auf einem großen Parkplatz am Ortsrand abstellen.

Gemütlichkeit und sanfter Tourismus

Essen, shoppen oder baden

In Carmel gibt es mehr als 50 **Restaurants**, rund 60 **Galerien** und über 300 Immobilienhändler. Die zahllosen Geschäfte und Dienstleistungsbetriebe sind auf Bedürfnisse der Touristen ausgerichtet, die viel Geld im Ort lassen. Die gelungene Verbindung von Gemütlichkeit und Massentourismus ist das eigentliche Geheimnis Carmels. Der größte Teil der Besucher hält sich in dem etwa eine Quadratmeile großen **Ortszentrum** auf. Nur wenige spazieren in die schönen Wohngegenden außerhalb der Innenstadt .
Carmel verfügt nicht über herausragende Attraktionen, sondern wirkt in seiner Gesamtheit und lohnt deshalb einen Besuch. Das Wetter ist das ganze Jahr über mild: 300 Sonnentage jährlich sind die Regel. In den Sommeronaten tritt häufig Morgennebel auf.
Badegäste schätzen den herrlich feinsandigen **Carmel Beach** an der von vielerlei duftenden Blumen, Pinien und Zypressen bestandenen Ocean Avenue.

Carmel Mission

Musterbeispiel des spanischen Missionsstils

Nicht versäumen sollte man einen Besuch der **Mission San Carlos Borromeo del Río Carmelo**, deren Anlage ein Musterbeispiel des kolonialspanischen Missionsstils ist. Ein interessantes **Museum** informiert über die Geschichte der spanischen Missionskirchen (▶ Baedeker Wis-

CARMEL ERLEBEN

CARMEL VISITOR CENTER
Carmel Plaza, Ocean Ave.,
zw. Junipero und Mission St.,
Carmel, CA 93923
Tel. 1-831-624-2522
www.carmelcalifornia.org

❶ FLYING FISH GRILL €€€
Die »fliegenden Fische« landen von Koch Kenny Fukumoto auf japanisch-kalifornische Art bestens zubereitet auf dem Teller.
Carmel Plaza, Tel. 1-831-625-1962
http://flyingfishgrill.com

❶ VAGABOND'S HOUSE INN €€€€
Sehr gemütliche Pension mit 12 Zimmern in einem Haus im Tudor-Stil. Ein leichtes Frühstück, Kaffee, Tee, Sherry sowie nachmittags ein Glas Wein und Käse gehören ebenso zum Service wie die nette Atmosphäre.
Ecke 4th Ave./Dolores St.
Tel. 1-831-624-7738
www.vagabondshouseinn.com

---

sen, S. 374) und die Rolle des 1988 selig gesprochenen Paters **Junípero Serra** (1713–1784), der in der Kirche beigesetzt wurde.
Jedes Jahr im Juli findet hier ein **Bach Festival** statt, zu dem hervorragende Interpreten auftreten.
3080 Rio Rd. | Mi./Do. 10–16, Fr./Sa. bis 17, So. 11.30–17 Uhr (außer kirchl. Feiertage) | 10 $ | https://carmelmission.org
Bach Festival: https://bachfestival.org

Angeln, baden – oder meditieren?
Wer dem Nebel in Carmel entgehen will, schlägt seine Zelte im wenige Meilen südöstlich gelegenen Carmel Valley auf. Im **Carmel River** kann man angeln und baden.
In dem Tal liegt auch das **Tassajara Zen Mountain Center**, das größte Zen-Kloster der USA.
www.sfzc.org/practice-centers/tassajara

Carmel Valley

Schutzgebiet für Seeotter, Robben und Wale
Das herrliche Küstenschutzgebiet mit rauen **Klippen**, **Felsen** und **Höhlen** ist ein bevorzugter Aufenthaltsort für Robben und Seeotter, die sich hier sonnen. Auch kann man von hier aus Wale beobachten, die nahe an der Küste vorbeischwimmen (▶ Baedeker Wissen, S. 262).
Mehrere **Wanderwege** wie der North Shore Trail, der South Shore Trail und der Cypress Grove Trail erschließen das Naturreservat.
CA-1 | 8–17 Uhr | 10 $ | www.parks.ca.gov, www.pointlobos.org

Point Lobos State Natural Reserve

ZIELE
CHANNEL ISLANDS NATIONAL PARK

CHANNEL ISLANDS NATIONAL PARK

K–M
16–17

Counties: Los Angeles, Ventura, Santa Barbara | Höhe: 0–747 m ü. d. M.
Fläche: 1010 km²

Die als Nationalpark geschützten Channel Islands vor der Küste von Santa Barbara sind bekannt für ihre Seelöwen- und Seevogelkolonien sowie für ihre 145 endemischen Tier- und Pflanzenarten. Das Paradies für Naturliebhaber lässt sich am besten von Ventura aus (▶ S. 324) erkunden.

Tauch- und Wander-Paradies

Der Channel Islands National Park schützt die fünf nördlichen der insgesamt acht Südkalifornien vorgelagerten Inseln: Santa Barbara, Anacapa, Santa Cruz, Santa Rosa und San Miguel. Darüber hinaus sind alle Inseln von einer knapp 2 km breiten **Schutzzone** umgeben, in der Ölbohrungen oder gewerbliche Fischerei nicht erlaubt sind. Da hier eine kalte Meeresströmung aus dem Norden auf eine warme aus dem Süden trifft, findet man hier eine selten vielfältige **Unterwasser-Flora und Fauna**. Ranger bieten geführte Wanderungen über die Inseln an. Hier gibt es keine Einkaufsmöglichkeiten, jeder Besucher muss Essen

CHANNEL ISLANDS NATIONAL PARK

68

CHANNEL ISLANDS ERLEBEN

CHANNEL ISLANDS N. P.

Robert J. Lagomarsino Visitor Center
1901 Spinnaker Dr., Ventura
Tel. 1-805-658-5730
8.30–17 Uhr

Outdoors Santa Barbara Visitor Center
113 Harbor Way, 4th Floor
Tel. 1-805-456-8752
tgl. 10.30–16.30 Uhr

Internet
www.nps.gov/chis

ISLANDS PACKERS CRUISES
Schiffspassagen, diverse Kurztrips und Ausflugspakete zu allen fünf Inseln.
1691 Spinnaker Dr., Ventura
Tel. 1-805-642-1393
https://islandpackers.com

SANTA BARBARA ADVENTURE COMPANY
Auf Kajak- und Schnorcheltouren für Anfänger und Fortgeschrittene können Grotten und die Unterwasserwelt erkundet werden.
32 E. Haley St., Santa Barbara
Tel. 1-805-884-9283
www.sbadventureco.com

---

und Trinken vom Festland mit herüberbringen und seine Abfälle dann auch wieder mitnehmen. Nach rechtzeitiger Voranmeldung kann man auf kleinen, einfachen **Campingplätzen** übernachten.

Vorgelagerte Channel Islands

Dreiteiliges Vulkaninselchen mit Aussicht
Das aus drei Teilen bestehende Anacapa (3 km²) liegt nur eine Bootsstunde von Ventura entfernt, schmale Meerespassagen trennen die Vulkaninsel von ihren beiden nur von Vögeln bewohnten Nachbarn. Vom **Arch Rock** bietet sich ein toller Blick über die wenig berührte Natur (bis Mitte 2022 wegen Aufräumarbeiten nach Waldbränden gesperrt).

Anacapa Island

Zelten, Wandern, Kajak fahren
Santa Cruz, mit 245,42 km² die **größte der Inseln**, imponiert mit ihrer großen landschaftlichen Vielfalt – Berge von knapp 750 m Höhe, wilde Schluchten und Strände. Man zählt hier knapp 900 verschiedenen Pflanzen- und Tierarten. Hier leben noch einige Exemplare des endemischen winzigen Inselfuchses (Einschränkungen wegen Aufräumarbeiten nach Waldbränden bis Mitte 2022).
Der Westteil der Insel gehört nicht zum Nationalpark, sondern wird von der Organisation **Nature Conservancy** betreut, die mit der Nationalparkverwaltung zusammenarbeitet.
www.nature.org

Santa Cruz Island

ZIELE
CHANNEL ISLANDS NATIONAL PARK

Einsamkeit und Abenteuer

Santa Rosa Island

Santa Rosa ist die **zweitgrößte Insel** (215,27 km²; Überfahrt 3 Std.). Bis 1998 lebten hier Rinder auf dem Gelände einer Ende des 19. Jh.s etablierten Ranch. Inzwischen erobert die Natur auch lange kultivierte Flächen zurück.

Weit draußen im Pazifik

San Miguel Island

San Miguel (37,74 km²) liegt am weitesten draußen im Pazifik. Nebel und Winde halten viele Besucher ab, ihr einen Besuch abzustatten. An ihren Felsen zerschellten bereits etliche Schiffe.

Kleinste Insel ganz im Süden

Santa Barbara Island

Das kleinste Eiland Santa Barbara (2,62 km²; Überfahrt 2,5–3 Std.) liegt von allen Inseln des Nationalparks am weitesten im Süden. Die Vegetation der grasbedeckten, baumlosen Insel ist lediglich unter der Wasseroberfläche abwechslungsreich. **See-Elefanten**, **Seelöwen** und **Seehunde** räkeln sich auf den Felsen, die auch von diversen Seevögeln als Brutplätze genutzt werden.

Nur eine Stunde dauert die Fahrt zum East Anacapa Island mit seinem markanten Leuchtturm und dem Arch Rock.

ZIELE
DEATH VALLEY NATIONAL PARK

★★ DEATH VALLEY NATIONAL PARK

County: Inyo | **Höhe:** –86 m u. d. M.– 3368 m ü. d. M. | **Fläche:** 13 628 km²

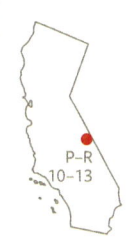

P–R
10–13

Eine Region der Extreme. Im Sommer klettert das Thermometer jeden Tag über 40 °C, der tiefste Punkt liegt 86 m unter dem Meeresspiegel, und mit weniger als 30 mm Niederschlägen im Jahr ist es extrem trocken. Doch die Natur entschädigt mit Panoramen von geradezu überirdischer Schönheit bei Sonnenaufgang am zerfurchten Zabriskie Point oder einem Meer von Wildblumen nach einem Frühlingsregen.

Das heutige Death Valley brach vor etwa 3 Mio. Jahren am Ende des Tertiär ein, zugleich wurden die Grabenränder – im Osten Dante's View (1669 m), Telescope Peak (3368 m) im Westen – emporgehoben. Beiderseits des **Grabens** verlaufen Störungslinien, entlang derer sich einzelne Schollen der Erdkruste bewegen. Während der letzten Eiszeit erfüllte ein **See** den Graben, dessen Uferlinien etwa 120–150 m über dem heutigen Talboden erkennbar sind, und der im Zuge der nacheiszeitlichen Klimaerwärmung verdunstete. Vulkanische Aktivitäten im Norden und am Ostrand des Grabens zeigen, dass die Erdkruste noch immer nicht zur Ruhe kam. Im Death Valley findet man **Gestein** aus allen Perioden der Erdgeschichte. Erst in geologisch junger Zeit entstanden die tonigen Ablagerungen und Sanddünen.

Tief, heiß und trocken

»Brennendes Land« und »Weißes Gold«

Die Ureinwohner nannten das heiße Tal **Tomesha** (»Brennendes Land«). Von weißen Goldsuchern, die auf dem Weg nach Westen eine Abkürzung suchten, wurde die Region 1849 entdeckt. Sie kamen nur mit Mühe und Not wieder heraus, mussten ihre Wagen im Stich lassen und die Ochsen, die sie zogen, aufessen, um nicht zu verhungern. Ihnen folgten später andere, die glaubten, sie würden Gold und Silber finden. Sie entdeckten auch einige Adern dieser wertvollen Metalle, doch tatsächlich lohnte sich ihre Mühe kaum, und sie zogen in andere Gebiete weiter.

Entdeckung

Doch dann wurde **Borax** gefunden, das »Weiße Gold der Wüste«, ein von der Industrie begehrtes Mineral als Grundstoff zur Herstellung von Wasch-, Putz- und Desinfektionsmitteln sowie Flussmittel beim Schweißen und Löten. Heute wird es vor allem bei der Herstellung von Glas und Waschmitteln verwendet. Anfangs benötigten Pferde- und Eselgespanne mit ihrer Borax-Fracht zehn Tage für den 165 mi/264 km langen Weg in den Ort Mojave. Schließlich baute man eine Eisenbahn.

71

ZIELE
DEATH VALLEY NATIONAL PARK

Die aufgehende Sonne am Zabriskie Point bringt die Wüste zum Leuchten.

1881 eröffneten die **Harmony Borax Works** in der Nähe von Furnace Creek. Heute sind die Anlagen teilweise restauriert und für Besucher zugänglich (▶ S. 76).

Das »Tal des Todes« wurde 1933 als National Monument deklariert und 1994 – nach Ausdehnung seiner Grenzen – zum **National Park** erhoben.

Siedlungszeugnisse, Tiere und Pflanzen

Leben in der Wüste
Die imposanten Szenerien dieser geologisch vielgestaltigen Wüste (max. 56,7 °C) mit ihren wundersamen **Fels-Einöden** und **Sanddünen** bergen unerwartet zahlreiche **Quellen** sowie ein hochinteressantes Tier- und Pflanzenleben. Felszeichnungen, Feuerstätten und Versorgungspfade fand man als Zeugnisse frühgeschichtlicher Besiedlung überall im Death Valley.

ZIELE
DEATH VALLEY NATIONAL PARK

Wohin im Death Valley?

Erster Halt Visitor Center
Die Oase von Furnace Creek bietet alles um sich zu informieren, für einen Pausenstopp oder eine Zwischenübernachtung. Die Ausstellung im Visitor Center informiert den verblüfften Besucher über 900 **Pflanzenarten** im Death Valley, **Tierarten** wie Dickhornschafe, Kojoten, Eidechsen, sogar Fische und Krabben, die hier leben, angepasst an die extremen Umweltbedingungen.

Furnace Creek

Aussichtspunkt vor atemberaubender Kulisse
Bei Zabriskie Point südöstlich von Furnace Creek beeindrucken besonders im Licht der Nachmittagssonne die wild zerfurchten und blanken Badlands der lehmig-gelben bis dunkelbraunen Felsfurchen.

Zabriskie Point

DEATH VALLEY NATIONAL PARK ERLEBEN

FURNACE CREEK VISITOR CENTER & MUSEUM
Furnace Creek, CA-190, CA 92328
Tel. 1-760-786-3200, 8–17 Uhr
30 $ pro Pkw, www.nps.gov/deva

ANREISE
Von Los Angeles im Südwesten sind es 300 mi/480 km via I-15 bis Baker, dann weiter via CA-127 bis zum Hinweisschild Dante's View. Dann folgt man der CA-190 zum Visitor Center in Furnace Creek.
Von Lone Pine im Nordwesten (östl. des Sequoia National Park, CA-395) gelangt man via CA-136 und CA-190 ins Death Valley.
Von Nordosten zweigt die NV-267 von der US-95 bei Scotty's Junction ab. Sie führt direkt in den Nationalpark zu Scotty's Castle und zum Ubehebe Crater.
Vom 140 mi/224 km entfernten Las Vegas in Nevada führen die US-95 und die NV-373 bis zur Death Valley Junction. Dort folgt man der CA-190 zum Visitor Center in Furnace Creek.

BESUCHSZEITEN UND SICHERHEIT
Am besten besucht man das Tal des Todes zwischen Ende Oktober und April. Dann sind die Temperaturen angenehm, und man kann kleine Wanderungen unternehmen. In den Sommermonaten immer ausreichend **Trinkwasser** mit sich führen.
Eine Autotour immer mit vollem Tank starten und die befestigten Straßen nicht verlassen. Bei einer Panne nicht zu Fuß weitergehen, sondern am Auto bleiben, die Motorhaube öffnen und auf Hilfe warten.

❶ BADWATER SALOON €€
In Stovepipe Wells präsentiert sich der Saloon wie im Wilden Westen. Im Angebot stehen herzhafte Klassiker, wie Burger, Steak und gute lokale Biere.
51880 Highway 190
Stovepipe Wells Village

❶ THE INN AT DEATH VALLEY €€€€
Gepflegt-luxuriöse, kürzlich renovierte Anlage im Missionsstil, mit Pool und sehr gutem Restaurant.
CA-190, Tel. 1-760-786-2345
www.oasisatdeathvalley.com

❷ RANCH AT THE VALLEY €€€–€€€€
Familienfreundliches Hotel mit Freizeitangeboten und Pool.
Adresse wie Furnace Creek Visitor Center

❸ STOVEPIPE WELLS VILLAGE €€–€€€
Freundliche Herberge, einige Zimmer mit Terrasse und schönem Ausblick
51880 CA-190, Tel. 1-760-786-7090
www.deathvalleyhotels.com

Aussichtsplattform und höchster Punkt

Dante's View — Die Straße Richtung Süden klettert auf 1669 m zur Aussichtsplattform Dante's View (als Anspielung auf das von dem italienischen Dichter geschilderte Inferno). Weit geht der Blick von hier ins Tal und auf **Badwater**, den tiefsten Punkt des amerikanischen Kontinents.

ZIELE
DEATH VALLEY NATIONAL PARK

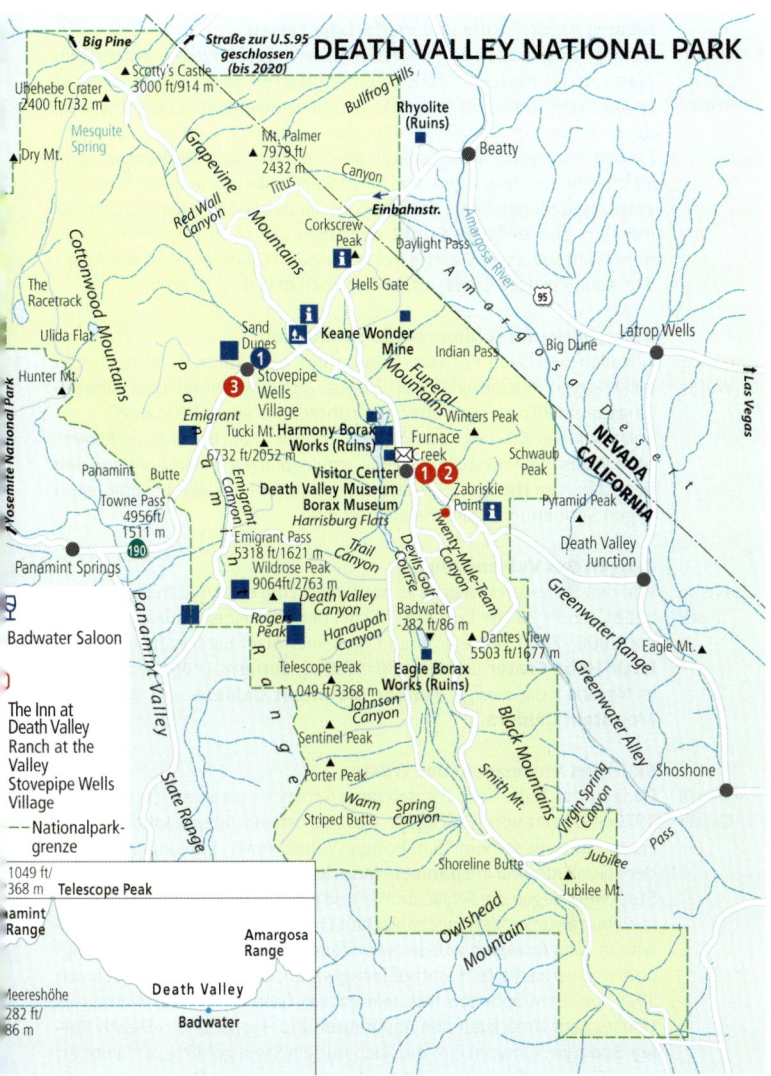

Nur wenige Meilen westlich erheben sich die oft bis in den Juni schneebedeckten Panamint Mountains mit dem **Telescope Peak** (3368 m) als höchstem Punkt.

ZIELE
DEATH VALLEY NATIONAL PARK

Bizarre Salzkristalle und vielfarbige Felsen

Devil's Golf Course, Artist's Drive

Über die East Side Road geht es zum Devil's Golf Course (Teufels Golfplatz), einer riesigen Fläche, die mit bizarren Salzkristallen bedeckt ist. Nächste Station ist Artist's Drive, eine gewundene Einbahnstraße, deren schönster Teil »Maler-Palette« heißt, weil die Felsen in vielen Farben leuchten. Wenig später gelangt man zum **Badwater**, dem kümmerlichen, brackigen, von einer Salzkruste umrandeten Überrest eines eiszeitlichen Sees, der einst das Tal des Todes bedeckt hatte. Er markiert den **tiefsten Punkt der USA**: 282 ft/86 m unter Normalnull. Während es an Dante's Point etwa 20 °C kühler (und windiger) war als in Furnace Creek, ist es hier noch mal 6–8 °C wärmer.

Boraxwerk und schimmernde Sanddünen

Harmony Borax Works

Nördlich der Oase Furnace Creek führt eine kurze Zufahrt zu den stillgelegten Harmony Borax Works. Alte Maschinen und Ausstellungstafeln informieren über die früheren Bergbauaktivitäten.
Folgt man der CA-190 nach Westen, kommt man zur Siedlung **Stovepipe Wells** mit Tankstelle, Laden, Campingplatz und Herberge und den benachbarten **riesigen Sanddünen** (Sand Dunes), die am schönsten gegen Sonnenuntergang beleuchtet sind.

Zeugen des Vulkanismus

Ubehebe Crater

Von den Boraxwerken geht es nordwärts zum etwa 122 m tiefen Ubehebe Crater (732 m; Durchm. 722 m) der nach einem Vulkanausbruch vor 2000–7000 Jahre entstand. In seiner Nachbarschaft liegen der **Little Hebe Crater** und etwa 50 mi/80 km entfernt (nördl. von Beatty in Nevada) die riesige **Timber Mountain Caldera** und die **Black Mountain Caldera**.

Skurriles Anwesen in der Wüste

Scotty's Castle

Ganz in der Nähe liegt das seltsame Scotty's Castle, errichtet in den 1920er-Jahren vom Chicagoer Geschäftsmann Albert Johnson. Das Haupthaus mit seinem 15 m hohen Wohnzimmer, Stallungen und andere Gebäude sind in **spanisch-maurischem Stil** gehalten. Im oberen Stockwerk liegen die Schlafzimmer und ein ungewöhnlicher Musikraum mit einer prunkvollen mechanischen Orgel (1600 Pfeifen) mit Musikwalzen. Das Anwesen wurde nie vollendet: Bevor Garten, Swimmingpool und verkachelter Lichthof fertig waren, kam der Börsenkrach von 1929, bei dem Johnson fast sein ganzes Geld verlor. Der Name des Hauses geht zurück auf den Abenteurer und Hochstapler »**Death Valley Scotty**«. Obwohl ihm nie auch nur ein Stein gehörte, erzählte er, er sei Besitzer dieses Haus und Johnson »nur« sein Bankier.
Im Oktober 2015 wurde Scotty's Castle nach ungewöhnlich heftigen Regenfällen überschwemmt und ist voraussichtlich erst 2022 wieder zugänglich.
www.nps.gov/deva

ZIELE
DISNEYLAND (ANAHEIM)

★ DISNEYLAND (ANAHEIM)

County: Orange | **Höhe:** 49 m ü. d. M.
Einwohnerzahl Anaheim: 3 471 000

Kaum zu glauben, doch sie scheinen nicht zu altern. Seit über 50 Jahren sind Mickey, Minnie, Donald und Daisy in Anaheim zu Hause und begeistern die Kinder jeder Generation aufs Neue. Schon 1955 eröffnete Walt Disney den Vergnügungspark Disneyland, der vom ersten Tag an ein voller Erfolg war. Deutsche Einwanderer hatten Anaheim schon 100 Jahre vorher gegründet und Weinreben angebaut. Als diese von einer Blattkrankheit dahingerafft wurden, pflanzten sie Orangenbäume, die unter der Sonne Südkaliforniens prächtig gediehen.

Wer Anaheim und ▶ Los Angeles in einen Topf wirft, hat Recht und zugleich Unrecht. Denn die benachbarten Städte sind im Laufe der Jahre so eng zusammengewachsen, dass nur Eingeweihte die exakte Grenze zwischen beiden noch ausmachen können. Und doch hat sich in **Anaheim** ein eigenes Zentrum herausgebildet, mit Museen, Wolkenkratzern und einem großen Kongresszentrum.

Heimat der Maus

Im Süden der Stadt liegt Disneyland, der berühmteste Vergnügungspark der Welt und die Attraktion von Anaheim. Der Prinz, der den schläfrigen Marktplatz für Orangen 1955 wach küsste, hieß **Walt Disney** (▶ Interessante Menschen). Nachdem er beschlossen hatte, Anaheim zum Standort für seinen Vergnügungs- und Freizeitpark zu machen, ging desse Entwicklung mit Riesenschritten voran.

Disneyland Resort

50 000 Besucher täglich

Disneyland Resort ist die alles überstrahlende Attraktion von Anaheim. Nach einer aufwendigen Erweiterung gehören Disneyland Park, Disney California Adventure Park, Downtown Disney und drei Disney-Hotels dazu. Zusammen mit etlichen weiteren Hotels und dem Convention Center nennt sich der Vergnügungs- und Tagungskomplex im Zentrum **Anaheim Resort District**.

Mehr als 50 000 Besucher täglich suchen in Disneyland unbeschwertes Vergnügen. Und die Vermutung seines Gründers Walt Disney, dass der Park nie fertig werden würde, hat sich bewahrheitet. Denn immer wieder werden neue Attraktionen auf dem begrenztem Raum entwickelt.

Themenparks und Attraktionen

ZIELE
DISNEYLAND (ANAHEIM)

Spaß für Kinder und Erwachsene

Disneyland Park

»Disneyland«, das Herzstück des Vergnügungsparks, gliedert sich in **neun Themenbereiche**, in denen über 50 Attraktionen, 30 Geschäfte und ebenso viele Restaurants auf die Besucher warten. Der Eingang führt durch eine alte Bahnstation. Hier besteigt man einen Zug (Monorail), der den ganzen Park umkreist.

Main Street U.S.A stellt eine amerikanische Kleinstadt anno 1890 dar, mit Geschäften, Feuerwehr und Theater. Auch die **Electrical Parade** mit mehr als 100 Darstellern von Disney-Figuren bewegt sich abends die Main Street hinunter.

Adventureland lässt mit viel Fantasie, üppiger Natur und technischen Tricks die Dschungelwelten von George Lucas und Tarzan wieder auferstehen. Die »Jungle Cruise« führt auf eine Abenteuerreise durch einen tropischen Regenwald: Auf den Spuren von Indiana Jones rum-

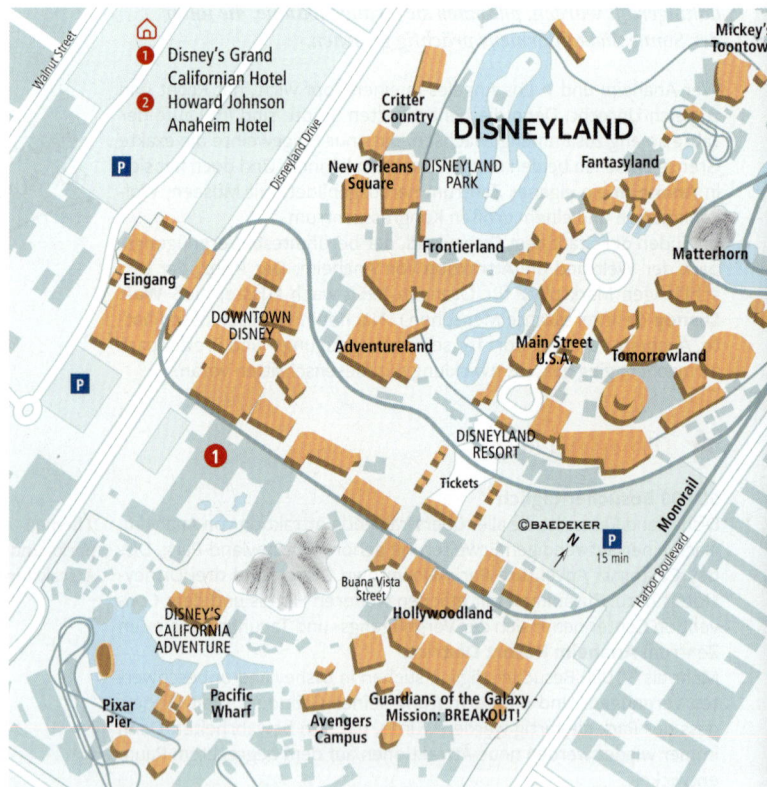

DISNEYLAND ERLEBEN

VISIT ANAHEIM
2099 S State College Blvd.,
Suite 600, Anaheim, CA 92806,
Tel. 1-714-765-2800
http://visitanaheim.org

DISNEYLAND
Günstigste Besuchszeit sind die Monate Juni–Sept. (längste Öffnungszeiten). Das im Sommer besonders an Wochenenden übliche Schlangestehen vor den Attraktionen umgeht man am besten Di. und Mi., wenn der Besucherstrom am geringsten ist.
Infos: 1313 Disneyland Dr., Anaheim, CA 92802
Tel. 1-714-781-4636, tgl. ab 8 (je nach Saison und Wochentag), Sa., So. bis max. 24 Uhr,
https://disneyland.disney.go.com

EINTRITTSPREISE
Mit einem **Magic Key Pass** kann man für verschiedene Attraktionen Discount Tickets buchen.
Tageskarte je Park: ab 104 $; 2-, 3-, 4- und 5-Tage-Hopper-Tickets günstiger, Informationen: https://disneyland.disney.go.com/passes

PARKGEBÜHREN
Pkw: 30 $, Wohnmobil: 35 $

THE RANCH RESTAURANT €€€€
Feine Küche, ausgezeichnete Weine, elegantes Restaurant mit Bar.
1025 E Ball Rd., Anaheim
www.theranch.com

FELIX CONTINENTAL CAFÉ €€
Ausgesprochen schmackhafte kubanisch-spanische Küche, das »Cuban Sandwich« ist weithin bekannt.
36 Plaza Square, Orange
www.felixcontinentalcafe.com

❶ DISNEY'S GRAND CALIFORNIAN HOTEL & SPA €€€€
Familienfreundliches First-Class-Hotel mit direktem Zugang zum Park »Disney's California Adventure«.
1600 S Disneyland Dr., Anaheim
Tel. 1-714-635-2300
https://disneyland.disney.go.com/hotels/

❷ HOWARD JOHNSON ANAHEIM HOTEL €€€
Tolle Lage, direkt vis-à-vis von Disneyland, herrliche Pool-Anlage, von den oberen Etagen sieht man das abendliche Disney-Feuerwerk.
1380 S Harbor Blvd., Anaheim
Tel. 1-714-776-6120
www.hojoanaheim.com

---

pelt ein Jeep zu alten Tempelruinen, wird von Lava-Eruptionen und rollenden Steinkugeln bedroht.
An Adventure Land schließt sich der **New Orleans Square** an, mit den typischen, französisch anmutenden Straßen der Stadt um 1850 und

ZIELE
DISNEYLAND (ANAHEIM)

ihren Geschäften, Restaurants, Cafés und Balkonen. Vom New Orleans Square fahren **Boote** ab, wie sie in den Sümpfen von Louisiana verwendet werden. Unterwegs erlebt man – als farbenprächtige Revue – den Kampf um einen Piratenschatz und die Abenteuer von Jack Sparrow (»Pirates of the Caribbean«) und eine Spukschau in einem verwunschenen Haus mit Geistern, die keine Ruhe finden.

Bitte gut festhalten! Micky, Minnie oder Pu der Bär?

Ein Fußweg führt nach Norden ins **Critter Country**, der Heimat von Winnie the Pooh (Pu dem Bären). Die **Flussfahrt** in einem Einbaum durch die Welt der Brüder Tiger, Bär und Kaninchen endet mit einer rasanten Tour durch wilde Stromschnellen und über einen Wasserfall.

Das gegenüberliegende **Frontierland** zeigt eine Disney-Version der Goldgräberzeit des Wilden Westens: Eine Bergwerksbahn fährt durch die Wüste in die »Rainbow Caverns«, der Raddampfer »Mark Twain« auf dem Mississippi des 19. Jh.s.

Von beiden Themenbereichen erreicht man das 2019 errichtete spektakuläre »**Star Wars: Galaxy's Edge**«. Die neue Attraktion begeistert mit einer detailgetreuen Star Wars Kulisse. Ob als Pilot im Millenium Falcon Raumschiff oder als Mitglied der Resistance im Kampf gegen Stormtroopers, hier kommen alle Altersgruppen voll auf ihre Kosten. Auch lebensgroße AT-ATs (All Terrain Armed Transports) – die spektakulären vierbeinigen Kampfläufer, die unter Fans Kultstatus genießen – sind natürlich dabei.

Der 2021 eröffnete **Marvels Campus** ist wiederum ganz den Marvel Superhelden gewidmet. So helfen Besucher im interaktiven Ride »WEB SLINGERS: A Spider-Man Adventure« die entwischten Spider Bots wieder einzufangen. In »Guardians of the Galaxy: Mission Breakout!«, einem »Free Fall«-Fahrgeschäft, erkunden Besucher die Marvel-Welt der beliebten Weltraumhelden und helfen dem Waschbären Rocket bei einer Mission, die in einem außer Kontrolle geratenen Fahrstuhl endet.

Im **Fantasyland**, Kernstück des Freizeitparks, werden aus Disney-Produktionen bekannte Märchenfiguren (Schneewittchen und die sieben Zwerge, Mickey Mouse, Alice im Wunderland) zum Leben erweckt. Hinter dem vom bayerischen Schloss Neuschwanstein inspirierten »Sleeping Beauty Castle« begeistern Karussells mit Figuren wie Peter Pan, Schneewittchen oder Dumbo die kleinsten Besucher. Die Matterhorn-Achterbahn rast wie auf einer Bobbahn durch eine Alpenlandschaft. Und in **Mickey's Toontown** trifft man Comic-Figuren wie Mickey Mouse, Goofy, Donald Duck oder Daisy.

Tomorrowland schließlich präsentiert futuristische Ideen und Weltraumabenteuer. In einem U-Boot taucht man auf der Suche nach Nemo in die Tomorrowland-Lagune und in »Buzz Lightyear Astro Blasters« kämpfen die Besucher mit Laserkanonen gegen angreifende Aliens.

Träume und Hoffnungen rund um Kalifornien
Der zweite Disney-Themenpark spielt mit den Träumen und Hoffnungen, die sich um Kalifornien ranken. Auf der **Buena Vista Street** taucht man in die idealisierte Welt von Old Hollywood ein und kann sich von Red Car Trolleys herumkutschieren lassen, inspiriert von elektrischen Eisenbahnwagen der kalifornischen 1920er-Jahre (aktueller Einsatz s. Website).

_{Disney's California Adventure}

Pixar Pier, ein künstlicher Pier an einem See, entführt in die Zeit der Karussells und Vergnügungsbuden mit Achterbahnen und einem Riesenrad.

Hollywood Land vermittelt anhand nachgebauter Filmstudios Einblicke in die Rolle der regionalen Unterhaltungsindustrie. In einer »Animation Academy« kann man lernen, wie die Disney-Figuren gezeichnet werden. Die Show »World of Color« zieht am Abend mit aufwendigen Wasser- und Farbspielen jeden in ihren Bann. Beim »**Grizzly River Run**« am Grizzly Peak geht es auf einer feuchten Wildwasserfahrt durch einen der Natur nachempfundenen kalifornischen Fluss des Sierra Nevada-Gebirges.

Im **Cars Land** fährt man in einem der Autos des Pixar-Animationsfilms »Cars« (aus der Trickfilmsparte der Walt Disney Co.) durch fantasievoll gestaltete Naturkulissen.

Auf der **Mendocino Terrace**, dem mediterranen Ambiente von Napa Valley nachempfunden, können kalifornische Weine gekostet werden, ebenso in der Wine Country Trattoria mit Restaurant nebenan. Sie liegen im **Pacific Wharf District**, wo sich alles um Gaumenfreuden dreht, wie im »**Ghirardelli Soda Fountain and Chocolate Shop**« mit unwiderstehlichen Eis- und Schokoladen-Kreationen oder bei der »Boudin Bakery Tour«, auf der Besucher erfahren, wie das berühmte San Francisco-Sauerteigbrot gebacken wird.

| Rund um Anaheim

Von der Beerenfarm zu Spaß und Spiel

Buena Park — Die dicht bebaute Siedlung Buena Park (84 000 Einw.) wenige Meilen nordwestlich von Anaheim war einst Produktionszentrum für Avocados, Lima-Bohnen und Orangen. In den 1930er- und 1940er-Jahren entwickelte sich aus einem Beerenverkaufsstand einer der ersten großen Vergnügungsparks der Vereinigten Staaten.

Ältester Vergnügungspark Kaliforniens

Knott's Berry Farm — Der älteste Vergnügungspark Kaliforniens liegt südlich des Santa Ana Freeway (I-5)/Artesia Freeways und 7 mi westlich von Disneyland. Um 1920 eröffnete Walter Knott hier einen Obststand, später ein Restaurant. Daraus entwickelte sich der heutige Themenpark, der ständig um neue Attraktionen bereichert wird.

Aus der **Ghost Town** entwickelte sich ein vielseitiger Parkbereich mit diversen Shows, großer Holzachterbahn (»Ghost Rider«) und weiteren »Action Rides«. Im Sommer lädt das Ghost Town Alive! zu einer interaktiven Reise in den Wilden Westen mit Banditen, Cowboys und »Shootouts« ein..

Bei den **Calico River Rapids** rasen Flöße die schäumenden Stromschnellen hinunter. Im **Camp Snoopy** regiert der schlaue Beagle mit

ZIELE
DISNEYLAND (ANAHEIM)

In dieser Limousine ließ sich Richard Nixon chauffieren.

seinem Kumpel Charlie Brown und der ganzen Comicfiguren-Truppe des Zeichners Charles M. Schulz.

Bekannt ist der Vergnügungspark nicht zuletzt wegen seiner **atemberaubenden Achterbahnen**. Die wildesten und schnellsten stehen am Boardwalk: »Xcelerator«, »Montezooma's Revenge« oder »Silver Bullet« können in der Sommersaison durch die spektakulären Wasserrutschen des separaten **Knott's Soak City** Wasserpark ergänzt werden.

8039 Beach Blvd., Buena Park | Tel. 1-714-220-5200
Mo.–Fr. ab 10, Sa./So. ab 8 Uhr, versch. Schließzeiten, im Sommer länger (▶Website) | ab 64 $ (online) | www.knotts.com

Geburtshaus eines Präsidenten

In Yorba Linda (68 000 Einw.), nordöstlich von Anaheim, liegt der frühere US-Präsident **Richard Nixon** begraben. Sein Geburtshaus und die neu eröffnete Presidential Library mit interaktivem Museum informieren über sein Leben und seine unrühmlich endende Amtszeit.

Yorba Linda

Richard Nixon Library & Museum: 18001 Yorba Linda Blvd.
Tel. 1-714-983-9120 | 10–17 Uhr | 23 $ | www.nixonlibrary.gov

EUREKA

County: Humboldt | **Höhe:** 0–13 m ü. d. M. | **Einwohnerzahl:** 27 000

Die hübschen viktorianischen Häuser im Ortszentrum, in denen sich heute Kunstgewerbeläden, Cafés und Restaurants einquartiert haben, erinnern an Eurekas Blütezeit um 1900. Fischfang und Holzwirtschaft dominieren die bedeutendste Hafenstadt zwischen San Francisco Bay und dem nördlichen Bundesstaat Oregon.

Lebensfrohe Hafenstadt

Im Zuge des California Gold Rush Mitte des 19. Jh.s wurde auch Eureka gegründet. Auf Gold kann sich der griechische Ortsname »Ich hab's gefunden!« allerdings eher nicht beziehen, dafür brachten Fischfang und Holzindustrie im späten 19. Jh. Geld in die Stadt. Auch der **Tourismus** nimmt seit Jahren zu: Immer mehr Reisende machen hier Station, bevor sie in die Redwood-Wälder weiter nördlich aufbrechen.

Rückblicke

Woodley Island Marina
In der Woodley Island Marina gleich hinter der **Samoa Bridge** haben Dutzende von Fischtrawlern angedockt. Eine mit Kupfer verkleidete Statue erinnert hier an die auf See gebliebenen Fischer.

Das **Samoa Cookhouse Museum** (im Gebäude des gleichnamigen Restaurants) zeigt historische Fotografien zur Geschichte von Eureka als Holz- und Fischereihafen.

▍ Wohin in Eureka und Umgebung?

Historisches Zentrum am Meer

Old Town
Das am Wasser gelegene Stadtzentrum erinnert mit seinen hübschen Häusern an die Blütezeit der Stadt um 1900. »Queen Ann«, »Colonial Revival« und »Greek Revival« sind Stilformen, die bei Liebhabern historischer Architektur die Herzen höher schlagen lassen. Vor allem die 2nd Street, die 15th Street und die O Street säumen historische Holzvillen. Meistfotografiertes Gebäude ist die **Carson Mansion** (2nd, M Sts.; nicht zugängl.). Sie wurde 1886 im verspielten Queen Ann Style mit drei Stockwerken und reich verziertem Turm für den Holz-Magnaten William Carson ganz aus Redwood-Holz errichtet.

Traditionelle Handwerkstechniken

Blue Ox Historic Village
Das Blue Ox Historic Village lohnt schon deshalb einen Besuch, weil Handwerker dort demonstrieren, wie mit dem Werkzeug des 19. Jh.s Möbel und Häuser gefertigt wurden.
1 X St. | Tel. 1-707-444-3437 | Mo.–Fr. 9–17, Apr.–Nov. auch Sa. bis 16 Uhr | 12 $ | www.blueoxmill.com

ZIELE
EUREKA

OBEN: Genau hinschauen: kein Triumphbogen, sondern ein monumentales Wandgemälde (Mural) von Duane Flatmo (geb. 1957) am Arkley Center for the Performing Arts, einer beliebten Konzertarena.

LINKS: Im Blue Ox Historic Village demonstriert dieser Herr traditionelles Handwerk.

Kunst aus Kalifornien

Morris Graves Museum of Art

Das vom Humboldt Arts Council betriebene Kunstmuseum zeigt neben Arbeiten junger Künstler aus der Region die Werke des Malers **Morris Graves** (1910–2001), der bis zu seinem Tod im Norden Kaliforniens gelebt hatte.

636 F St., | Mi.–So. 12–17 Uhr | 5 $ | http://humboldtarts.org

Traditionen der Ureinwohner

Clarke Historical Museum

Das in einem neoklassizistischen Gebäude von 1912 untergebrachte Museum beschäftigt sich in seinem »Native American Wing« mit den traditionellen Kulturen der einst hier lebenden Yurok, Karok, Hupa und Wiyot.

240 E St. | tgl. 10–17 Uhr, Native American Wing Mo. geschl. | 5 $ | www.clarkemuseum.org

Ein viktorianisches Schmuckstück

Ferndale

Etwa 20 mi/32 km südlich von Eureka liegt das 1852 von dänischen Einwanderern gegründete Ferndale (1300 Einw.). Viktorianische Häuser säumen die Main Street und erinnern an die Zeit als die Milchwirtschaft viel Geld in die Kassen spülte und die »**Butterfat Palaces**« genannten Residenzen finanzierte.

Das örtliche **Ferndale Museum** dokumentiert die »gute alte Zeit« anhand historischer Fotografien und anderer Objekte.

515 Shaw St. | jeweils aktuelle Öffnungszeiten s. Website | frei, Spende erbeten | https://ferndalemuseum.com

EUREKA ERLEBEN

HUMBOLDT COUNTY CVB
Visitors Bureau: 322 1st St. Eureka, CA 95501, Tel. 1-707-443-5097, Mo.–Do. 10–16 Uhr
www.visitredwoods.com

EUREKA VISITOR CENTER
Im Gebäude des Clarke Historical Museum (240 E St.)
https://visiteureka.com

SAMOA COOKHOUSE €€
Essen wie die Holzfäller vor über 100 Jahren: An langen Tischen werden Platten mit dampfenden Speisen aufgetragen. Hier steht niemand hungrig auf! Auch ein **Museum** zur Holzwirtschaft gibt es hier.
908 Vance Ave. (nahe Samoa Bridge), Tel. 1-707-442-1659
www.samoacookhouse.net

SHAW HOUSE INN BED & BREAKFAST €€€
Bestens schläft man in der 1854 erbauten schönen viktorianischen Stadtvilla.
703 Main St., Ferndale, CA 95536
Tel. 1-707-786-9958
https://shawhouse.com

ZIELE
HEARST CASTLE

★★ HEARST CASTLE

County: San Luis Obispo | Höhe: 0–457 m ü. d. M.
Einwohnerzahl (San Simeon): 660

An Prachtvillen herrscht entlang der Pazifikküste Kaliforniens sicherlich kein Mangel, doch was sich Pressezar und Industriemagnat William Randolph Hearst seit Beginn der 1920er-Jahre in den Ausläufern des Küstengebirges bei San Simeon errichten ließ, ist weit und breit ganz ohne Beispiel. Als Hearst 1951 starb, war der Palast mit Terrassen, Gärten, Pools und 165 Zimmern noch immer unvollendet. Heute kann man die luxuriöse Anlage als State Park besichtigen.

George Hearst, Bergbauunternehmer und Politiker, hinterließ bei seinem Tod 1891 ein Vermögen von mehr als 18 Mio. US-$. Er hatte eine Ranch an der San-Simeon-Bucht erworben, die nach weiteren Zukäufen schließlich 920 km² Land umfasste.
Als seine Ehefrau 1919 verstarb, wurde sein einziger Sohn **William Randolph Hearst** (▶ Interessante Menschen) Alleinerbe. Der Medien-Tycoon und mächtige »Yellow-Press«-Verleger beschloss, sich auf dem Gelände eine prunkvolle Residenz zu errichten, zum Gedenken

Neuschwanstein in Kalifornien

Kunst oder Kitsch? Den 35 m langen Neptune Pool von Hearst Castle umgibt »Antikes«.

HEARST CASTLE ERLEBEN

Wegen Sturmschäden ist das Hearst Castle bis voraussichtlich Herbst 2022 geschlossen.

HEARST SAN SIMEON STATE HISTORICAL MONUMENT
750 Hearst Castle Rd.
San Simeon, CA 93452
Touren ab 9 Uhr, Abendtouren im Frühling und Herbst, Tagestour ab 25 $, Abendtour 36 $, aktuelle Öffnungszeiten s. Website; Tickets im Voraus (!) reservieren: Tel. 1-800-444-4445 oder www.reservecalifornia.com, http://hearstcastle.org
www.parks.ca.gov

SAN SIMEON CHAMBER OF COMMERCE
250 San Simeon Ave., Suite 3A, San Simeon, CA 93452
Tel. 1-805-927-3500, 9–17 Uhr
https://visitsansimeonca.com

SOW'S EAR CAFÉ €€–€€€
Das Lokal ist bekannt für gepflegte amerikanische Küche und leckere Fischgerichte.
2248 Main St., Cambria
nur abends
www.thesowsear.com

CAMBRIA PINES LODGE €€€
Auf dem großen hügeligen Gelände in Cambria gibt es rustikale Cottages, aber auch elegante Suiten und Hotelzimmer. Das Frühstücksbüffet im Haupthaus ist im Übernachtungspreis enthalten. Man kann im rustikalen Esszimmer auch zu Abend speisen.
2905 Burton Dr., Cambria
Tel. 1-805-927-4200
www.cambriapineslodge.com

MARINA STREET INN B & B €€€
Freundliche Unterkunft in Morro Bay mit vier komfortablen, geschmackvoll eingerichteten Suiten. Opulent ist das »Gourmet Breakfast«.
305 Marina St., Morro Bay
Tel. 1-888-683-9389
www.marinastreetinnboutiquehotel.com

---

an seine Mutter und um der von ihm protegierten Schauspielerin Marion Davies (1897–1961), mit der ihn über lange Jahre eine Affäre verband, eine standesgemäße Unterkunft zu schaffen. Er beauftragte daher die prominente kalifornische Architektin **Julia Morgan**, in den Santa Lucia Mountains auf 500 m Höhe, fast 10 km von der Küste entfernt, ein Gebäude zu errichten (▶ Baedeker Wissen, S. 90), das auch genügend Platz für seine Kunstsammlungen bieten sollte.

Stein gewordener »American Dream«

Baugeschichte
Mit dem riesigen Anwesen wurde 1922 begonnen. Zunächst entstanden die **Gästehäuser** »Casa del Mar« (Haus am Meer), »Casa del Monte« (Haus am Berg) und »Casa del Sol« (Haus an der Sonne). Im ersten und größten der drei Bauten wohnte zunächst Hearst selbst, bis das **Haupthaus** »Casa Grande« fertiggestellt war.

ZIELE
HEARST CASTLE

Der gesamte Komplex, den Hearst selbst »La Cuesta Encantada« (Bezaubernde Anhöhe) nannte, war von einem 0,48 km² großen **Park** mit kleinem Zoo umgeben; außerhalb auf dem Hügel weideten Zebras, Bergziegen und Schafe.
Sieben Jahre nach Hearsts Tod (1951), der bereits den 1930er-Jahren in finanzielle Engpässe geraten war, überließ die Familienstiftung Schloss und Ländereien im Gegenzug für den Erlass erheblicher Steuerschulden dem Bundesstaat, der hier das **Hearst San Simeon State Historical Monument** einrichtete.

Kitsch und Kunst Hand in Hand

Es wurde nie bekannt, welche Geldsumme Hearst insgesamt in seinen Lebenstraum investiert hatte; nach Schätzungen waren es 30 Mio. US-$ (heute mind. 300–400 Mio.). Baumaterial und Kunstobjekte mussten damals von einem **extra angelegten Hafenpier** an der Küste bei San Simeon bis auf die Höhe des Hügels gebracht werden. Zahlreichen Gemälden und **Kunstwerken** aus der Sammlung begegnet man inzwischen in anderen kalifornischen Museen wie dem Los Angeles County Museum of Art (▶ S. 152). Doch auch ohne sie wirken viele der Räume mit Kitsch und Kunst – gotischen Kaminen, Büchern, Gemälden und Perserteppichen, antiken Statuen, etruskischen Vasen, ägyptischen Figuren und Ritterrüstungen – geradezu überladen.

Aufwand und Wirkung

Römisch-gotisches Capriccio

Im **Erdgeschoss** des Hauses liegen der Speisesaal, der Empfangsraum, das Billardzimmer, Kino und Küche sowie die Anrichten.
Im **Ersten Stock** sind Hauptbibliothek und Schlafzimmer untergebracht, eine halbe Etage tiefer die »**Dogen-Suite**« im venezianischen Stil samt einem Wohnzimmerbalkon mit Vierblattbögen nach Vorbild des Dogenpalasts in Venedig.

Räume und Bäder

UNTERM STERNENHIMMEL

Die Abendtour ist die umfangreichste aller Führungen in Hearst Castle. Je nach Route muss man dabei 150 bis 400 Treppenstufen erklimmen. Bequeme Schuhe sind also unbedingt von Vorteil. Damit genießt man die phantastishe Stimmung auf dem mit Hunderten von Lampen erleuchteten Gelände erst recht.

HEARST CASTLE

Im Hearst Castle, dem »Neuschwanstein Kaliforniens«, ließ Zeitungskönig William Randolph Hearst Millionen von Dollars verbauen. Als er 1951 starb, war es nach 30-jähriger Bauzeit immer noch nicht fertig. Doch trotz seiner mehr 165 Zimmer reichte der Platz nicht aus, um all die Kunstwerke unterzubringen, die der Magnat im Laufe seines Lebens zusammengetragen hatte.

❶ Casa Grande
Das Haupthaus mit seinen Zwillingstürmen war zum Zeitpunkt von Hearsts Tod auf 100 Räumlichkeiten angewachsen: u. a. 38 Schlaf-, 31 Bade- und 14 Wohnzimmer, 2 Bibliotheksräume, Speisesaal, Küche, Theater- und Kinosaal und eine große Empfangshalle.

❷ Speisesaal
Der 30 m lange, 7 m hohe Speisesaal ist geschmückt mit flämischen Gobelins und alten Kirchenstühlen. Die aus Italien eingeführte handgeschnitzte Decke zeigt Darstellungen von Heiligen.

©BAEDEKER

❸ Gotische Suite
In der prächtigen »Gothic Suite« hielt sich Hearst selbst in der Regel auf. Zu ihr gehören ein Arbeitszimmer und eine Bibliothek.

❹ Himmlische Suite
Die beiden Türme des Gebäudekomplexes werden durch die »Celestial Suite« verbunden. Von dort und von den Türmen genießt man einen fantastischen Blick auf den Pazifik.

❺ Theater- und Kinosaal
Die Wände dieses Saales sind mit Damast überzogen, die Lampen leuchten auf vergoldeten Karyatiden.

ZIELE
HEARST CASTLE

Im **Zweiten Stock** liegen Hearsts eigene Räumlichkeiten, »Gotische Suite« genannt. Die beiden Türme werden von der »Himmlischen Suite« eingenommen.

Zwei Schwimmbäder gehören ebenfalls zum Schloss: Den Hintergrund des **Neptun Pool** im Freien bildet eine griechisch-römische Tempelfassade, etruskische Säulen an beiden Enden und weiße Marmorstatuen runden das antik anmutende Bild ab. Als Anregung für das **Römische Bad** soll Hearst bei einem Besuch Ravennas das Mausoleum der Galla Placidia (5. Jh.) gedient haben.

Auf den Spuren illustrer Gäste

Führungen

Beim **Visitor Center** am Fuß des Hügels warten Tourbusse, die Besucher zum Schloss hinauffahren (Tourdauer: 1–1½ Std.). Ein Film informiert mit Originalaufnahmen über den Bau, die Partys und die illustre Gästeschar, die oft an Wochenenden auf dem Privatflugplatz eingeflogen wurde, darunter Winston Churchill, George Bernard Shaw, Clark Gable und Carole Lombard, David Niven oder Charlie Chaplin. Besonders das Römische Bad soll es Cary Grant angetan haben. Es sei ideal, um jemanden besser kennenzulernen, scherzte er.

Ein großartiger Strand für einen kleinen Ort wie Cambria

ZIELE
HEARST CASTLE

Rund um Hearst Castle

Künstlerrefugium und Sommerfrische

Cambria

Nur 6 mi/10 km südlich vom Ort San Simeon, nicht weit vom Cabrillo Highway (CA-1), liegt die Ortschaft Cambria (6200 Einw.). Wegen ihrer ruhigen Atmosphäre, aber auch des schönen Strandes ist sie eine beliebte Sommerfrische. Nicht wenige Künstler haben hier ihr Refugium. Extravagante Boutiquen und größere Geschäfte mit teils originellem Warenangebot säumen die Hauptstraße.
In einem ehem. Schulhaus von 1881 residiert das **Cambria Center for the Arts** der **Allied Arts Association**. Diese organisiert Ausstellungen, Lesungen und andere Einblicke in das Schaffen der hiesigen Künstler.
1350 Main St. | Sa., So. 11–16 Uhr | frei | https://cambriaarts.org

Ruhige Bucht und geschützte Marschen

Morro Bay

Ort (10 700 Einw.) und Bucht sind benannt nach dem Morro Rock, den kuppelförmigen Überresten eines **Vulkans**, der sich vor 20 Mio. Jahren 175 m aus dem Meer hob und seitdem die Bucht bewacht. Südlich der Stadt liegt der **Morro Bay State Park** mit Marina, Golf-, Picknick- und Campingplatz sowie einem naturhistorischen **Museum**.

ZIELE
INYO NATIONAL FOREST

In den Salzwassermarschen tummeln sich vielerlei Vögel, darunter Pelikane und Schmuckseeschwalben.
Bei der Marina am Embarcadero starten **Schiffsausflüge** in die Bucht und entlang der Küste.
Morro Bay Tourism: 695 Harbor St., Morro Bay, CA 93442
Tel. 1-805-225-7411 | Mo.–Fr. 8–16 Uhr | www.morrobay.org
Morro Bay State Park: www.parks.ca.gov

Vieles intakt

Mission San Miguel Arcángel

Nördöstlich von Morro Bay im Landesinneren liegt im Ort **San Miguel** (2300 Einw.) nahe am US-101 die Mission San Miguel Arcángel. Die Kirche der Missionsstation wurde 1797 geweiht. Im Gegensatz zu anderen Missionskirchen sind in diesem Gotteshaus noch viele originale Einrichtungsgegenstände vorhanden und schöne Fresken und Gemälde erhalten.
775 Mission St., San Miguel | Museum Do.–Mo. 10–16 Uhr, Kirche je nach Messzeiten | frei, Spende erbeten | www.missionsanmiguel.org

★ INYO NATIONAL FOREST

County: Inyo | Höhe: 1130–4420 m ü. d. M.

N–O 10–11

Ein herrliches Hochgebirgspanorama mit großartigen Aussichten, eindrucksvolle Naturwunder, geheimnisvolle Bergseen, wildromantische Bachläufe, blauer Himmel und gute Luft, all das findet man reichlich im Inyo National Forest, der sich am östlichen Rand der Sierra Nevada ausbreitet.

»Wohnsitz des Großen Geistes«

Über 8000 km² erstreckt sich das Waldgebiet, dessen Name in der Sprache der Ureinwohner »Wohnsitz des Großen Geistes« bedeutet, etwa parallel zu den Highways US-395 und US-6. Ganz im Norden reicht es noch ein Stück ins Gebiet des Bundesstaates Nevada hinein.
Es gibt Hunderte Seen und Flüsse, dazu mächtige Berggipfel, wie den **Mount Whitney** (4421 m; ▶ S. 97) als höchste Erhebung – nur etwa 120 km Luftlinie entfernt von der niedrigsten Stelle, dem 86 m unter Meeresspiegel gelegenen Badwater im Tal des Todes (▶ S. 71). Der **Palisade Glacier** an der Grenze des Inyo National Forest zum Kings Canyon National Park ist der **südlichste Gletscher** der USA.

ZIELE
INYO NATIONAL FOREST

Ein Methusalem-Baum im Ancient Bristlecone Pine Forest

Fantastischer Ausblick

Für Übernachtungen sind Erlaubnisscheine (**Permits**) der Forstbehörde notwendig (▶ Website, S. 96). Wanderungen sind problemlos möglich, wenn man die Hinweise der Park Ranger beachtet.
Die verschneite **Sierra Nevada** verführt auch im Inyo National Forest zum Wintersport mit Skipisten im Gebiet der ▶ Mammoth Lakes und mit mehr als 230 km gespurten Trails für Snowmobil-Piloten, Langläufer oder Wanderer im Sommer.
Das **Visitor Center** der Eastern Sierra Interagency für den Inyo National Forest liegt südlich von Lone Pine. Bei gutem Wetter bietet sich von seiner Veranda ein fantastischer Blick auf den Mount Whitney.

Wandern und Wintersport

Bergtouren in die Sierra Nevada

Das 4000-Einwohner-Städtchen Bishop (1264 m) liegt am Nordende des Owens Valley zwischen den beiden höchsten Bergketten Kaliforniens. Bergsteiger unternehmen von hier aus Touren in den östlichen Teil der Sierra Nevada.

Bishop

Kiefern biblischen Alters

Bishop ist auch ein guter Startpunkt, um in den Ancient Bristlecone Pine Forest mit den ältesten Bäumen Kaliforniens zu gelangen. Eine dieser **Bristlecone Pines** (Langlebige Kiefer, Pinus longaeva), der man den Namen **Methuselah** gab, soll laut Untersuchungen des Wissenschaftlers Dr. Louis Schulman von der Washington Univer-

★
Ancient Bristlecone Pine Forest

ZIELE
INYO NATIONAL FOREST

INYO NATIONAL FOREST ERLEBEN

EASTERN SIERRA VISITOR CENTER
Kreuzung US-395/CA-136 (südl. von Lone Pine), tgl. 8–17, Nov.–April Do.–Mo. 8.30–16.30 Uhr
www.fs.usda.gov/main/inyo

EASTSIDE GUESTHOUSE & BIVY
€€
Idyllisch gelegenes Gästehaus mit sieben freundlich eingerichteten Zimmern und einem Apartment.
3777 North Main St., Bishop
Tel. 1-760-784-7077
https://eastsideguesthouse.com

---

sity in St. Louis **mehr als 4600 Jahre alt** sein. 2012 wurde sogar eine 5000-jährige Kiefer entdeckt. Der Standort der uralten Bäume ist vorsichtshalber nicht markiert.

Von Bishop aus folgt man dem US-395 südwärts bis **Big Pine** und biegt dann östlich auf die CA-168 ab. Etwa 13 mi/20 km von Big Pine entfernt steigt eine weitere Straße bis auf 3500 m in das Gebiet der Bristlecone Pines hinauf. Die Entfernung von Big Pine bis zur **Schulman Grove** (Methuselah Grove) beträgt gut 35 mi/54 km, eine Strecke, die zwar schwierig ist, für die man jedoch keinen Geländewagen benötigt.

Nach weiteren 14 mi/22 km erreicht man **Patriarch Grove** mit mehreren uralten Bristlecone Pines. Nur selten sind sie höher als 7 m, ihre Stämme knorrig. In dem rauen Klima und angesichts der geringen Niederschläge können sie wahrscheinlich nur deshalb ein so hohes Alter erreichen, weil sie die geringen Wasservorräte nicht mit anderen Pflanzen teilen müssen.

Am Schulman Grove startet ein 4 mi/6,5 km langer **Rundweg**. Beste Zeit für die Wanderung ist der Sommer.

Rückblick in die Eisenbahngeschichte

Laws Railroad Museum

Eine weitere Sehenswürdigkeit ist das Eisenbahnmuseum, das etwa 4,5 mi/7 km nordöstlich am US-6 liegt. Hier sind die alte **Bahnstation Laws** der Southern Pacific Narrow Gauge Railroad von 1883 samt Nebengebäuden, alten Lokomotiven und Waggons zu bewundern, ebenso das über 100 Jahre alte Postamt.

10–16 Uhr | frei, Spende erbeten | https://lawsmuseum.org

Ausgangspunkt für Bergtourismus

Lone Pine

Von dem an der CA-395 gelegenen Ort Lone Pine (1138 m; 2000 Einw.) bieten sich – insbesondere bei Sonnenaufgang – fantastische Blicke auf den Mount Whitney und die benachbarten schneebedeckten Gipfel der westlichen Sierra Nevada.

ZIELE
INYO NATIONAL FOREST

Durch den Mobius Arch bei Lone Pine zeigt sich in der Ferne der Mount Whitney.

Von Lone Pine aus brechen Wanderer zu **Bergtouren** in die Alabama Hills und die Sierra Nevada auf.

Höchster Berg der USA außerhalb Alaskas
Der Mount Whitney (4421 m) ist die höchste Erhebung der USA südlich der kanadischen Grenze. Das Bezwingen seines Gipfels, der erstmals 1873 bestiegen wurde, ist nur etwas für trainierte und geübte Bergwanderer und Kletterer (mind. 3 Tage). Der Höhenunterschied zwischen dem Ort Lone Pine und seinem Gipfel beträgt mehr als 3000 m!

Mount Whitney

Farbenprächtige Westernkulisse
Die Alabama Hills waren einst Schauplatz heftiger Auseinandersetzungen zwischen **Paiute**, die sich dort gut verstecken konnten, weißen Siedlern und amerikanischen Streitkräften. Dank ihres farbigen Aussehens dienten die orange schimmernden bizarren Felsen als Kulisse diverser Western-Filme.

Alabama Hills

Ureinwohner und ein Internierungslager
Das **Eastern California Museum**, das Objekte der Paiute und aus der Pionierzeit zeigt und über den Naturraum des Owens Valley und das Internierungslager Manazar informiert, findet man in Independence (16 mi/26 km nördl. an der CA-395), dem Hauptort des Inyo County.
155 N Grant St. | 10–17 Uhr | frei, Spende erbeten
www.inyocounty.us/ecmsite

Independence

ZIELE
INYO NATIONAL FOREST

Manzanar War Relocation Center

Ein bitteres Kapitel amerikanischer Geschichte

Viel ist nicht zu sehen in Manzanar südöstlich von Independence, und doch verbirgt sich hinter der schlichten **Gedenksäule** und mehreren Baracken bittere Geschichte, die Tausende **japanischstämmige Amerikaner** erleben mussten. Auf dem kleinen Obelisken steht in japanischen Schriftzeichen: »Die Seelen der Toten mögen durch diesen Gedenkstein getröstet werden.«

Bis zu 10 000 Menschen waren während des Zweiten Weltkrieges zwischen 1942 und 1945 in diesem **War Relocation Camp** interniert. In zehn ähnlichen Lagern in den USA wurden zusammen etwa 120 000 Menschen gefangen gehalten. Ihren Besitz mussten sie zurücklassen oder verkaufen. Nach dem 1941 erfolgten Angriff der Japaner auf den US-Stützpunkt Pearl Harbour galten sie ihrer Herkunft wegen als Gefahr für die Sicherheit der Vereinigten Staaten.

Erst in den 1980er-Jahren entschuldigten sich die USA offiziell für ihr Verhalten und zahlten den Überlebenden Entschädigungen. Die eingezäunten Barackensiedlungen wurden nach dem Krieg aufgelöst. Manzanar im Owens Valley am Ostrand der Sierra Nevada gehört zu den wenigen Orten, die an dieses düstere Kapitel der jüngeren Geschichte der USA erinnern.

Visitor Center: 5001 US-395 | Fr.–Mo. 11–16 Uhr | frei | www.nps.gov/manz

Wie Prophet Josua recken die Yuccas ihr »Arme« in die Höhe.

ZIELE
JOSHUA TREE NATIONAL PARK

★ JOSHUA TREE NATIONAL PARK

Counties: Riverside, San Bernardino | **Höhe:** 300–1800 m ü. d. M.
Fläche: 3200 km²

Eindrucksvolle Granitbuckel wechseln sich ab mit steppenartigen Landschaften und puscheligen Cholla-Kakteen (Cylindropuntia cholla), die man jedoch besser nicht anfassen sollte. Anders als Nationalparks mit spektakulären Aussichtspunkten liegt hier der besondere Reiz in Einsamkeit und innerer Ruhe, die sich schon bei kurzen Wanderungen abseits der Durchgangsstraßen wie von selbst einstellt. Der charakteristische Joshua Tree, eine Yucca-Art, gab dem Park seinen Namen.

S–U
16–17

Der v. a. im ▶ Mojave Desert wachsende **Joshua Tree** erhielt seinen Namen von Mormonen, die in seinen Ästen die ausgestreckten Arme des Propheten Josua erkennen wollten. Die Joshua-Bäume erreichen eine Höhe von bis zu 18 m und gehören zur Familie der Yucca (Yucca

Baum des Propheten

brevifolia), einer Palmlilienart, die im April und Mai weiße Blüten trägt. Manche dieser Bäume sollen mehrere Hundert Jahre alt sein.

Ideal an die Wüste angepasst

Flora und Fauna

Der 3200 m² große Nationalpark erstreckt sich im Übergangsbereich der 1500 m hoch gelegenen Mojave-Wüste und dem sich etliche 100 m tiefer ausbreitenden Colorado Desert. Im trockenen Klima erhält der Boden lediglich in den Sommermonaten durch starke Gewitter die lebensnotwendige Feuchtigkeit. Diesen unwirtlichen Bedingungen haben sich erstaunlich viele Pflanzen und Tiere angepasst. So breiten Pflanzen entweder ihre **Wurzeln** unter der Erde weit aus, um das versickernde Wasser einzufangen oder treiben tiefe, bis an das Grundwasser heranreichende Wurzeln. Die **Blätter** mancher Pflanzen sind mit Wachs überzogen, um Wasserverlust zu vermeiden. In den Oasen wachsen Palmen, vor allem die berühmte **Fächerpalme** (Washingtonia filifera).

Am Tag bekommt der Besucher nur kleine Tiere wie Eichhörnchen und gelegentlich auch einen Coyoten zu sehen. **Giftige Spinnen** und fünf verschiedene Arten von **Klapperschlangen** sind hier heimisch. Vorsicht ist geboten, denn bei Hitze halten sich diese gern an schattigen Stellen unter Felsen und Büschen auf.

Buckelige Felsen

Wonderland of Rocks

Die bei Kletterern aus aller Welt beliebten buckligen **Felsformationen** erhielten ihre Form durch starken Druck und hohe Temperaturen, unter denen der Gneis an die Erdoberfläche gepresst wurde. Es gibt auch Felsen aus weißlichem und rötlichem Quarz, das als Magma,

JOSHUA TREE NATIONAL PARK ERLEBEN

JOSHUA TREE NATIONAL PARK
Der Park ist durchgehend geöffnet, die Besucherzentren (je nach Jahreszeit) tgl. von 8/8.30 bis 16/17 Uhr.
30 $ pro Pkw
www.nps.gov/jotr

29 PALMS VISITOR CENTER
73484 Twentynine Palms Hwy., Twentynine Palms, CA 92277, 10–16, Sa./So. 9–14 Uhr, Tel. 1-760-358-6324
https://visit29.org

ANREISE
Drei Haupteingänge führen in das 1994 vom National Monument zum National Park erhobene Naturschutzgebiet: im Norden (CA-62) Twentynine Palms, im Süden (US-10) Cottonwood Springs (40 km östl. von Indio) und im Nordwesten der Eingang Joshua Tree.
Dazu gibt es mehrere Nebeneingänge, die aber für Autofahrer als Sackgasse enden (u. a. Indian Cove, Fortynine Palms). An den Haupteingängen kann man Landkarten und Informationsmaterial erwerben.
Oasis Visitor Center: 74485 National Park Dr., Twentynine Palms, CA 92277, Tel. 1-760-367-5500

Joshua Tree Visitor Center: 6554 Park Blvd., Joshua Tree
Cottonwood Visitor Center: Cottonwood Springs
Black Rock Nature Center: 9800 Black Rock Canyon Rd., Yucca Valley, nur Okt.–Mai

Man sollte sich vor einer Fahrt unbedingt in den umliegenden Siedlungen Twentynine Palms, Joshua Tree, Yucca Valley oder Indio mit Treibstoff versorgen. Tankstellen gibt es im ganzen Joshua Tree National Park nicht. Wasser gibt es außer an den beiden Eingängen nur in der Indian Cove Ranger Station westlich von Twenty-Nine Palms im Blackrock Campground, nicht weit von Yucca Valley im Westen des Parks. Wasservorräte mitzunehmen ist daher eine gebotene Vorsichtsmaßnahme.

Dei Nationalparkverwaltung unterhält 9 Campingplätze im Park, außerhalb liegen zahlreiche private Plätze (Infos auf der Webseite des National Parks).
Wer im Hotel übernachten möchte, muss auf eines in Twentynine Palms ausweichen. Infos erhält man im 29 Palms Visitor Center.

---

also in geschmolzenem Zustand, in den Gneis eindrang und sich dort verfestigte.

Spektakuläre Panoramen
Bei milderen Temperaturen , also nicht gerade im Hochsommer, bieten Wanderungen im **Hidden Valley**, auf dem **Cap Rock Natural Trail** oder dem **Mount Ryan Trail** fantastische Ausblicke. Vom **Keys View** zeigt sich ein spektakuläres Panorama mit dem Coachella Valley (▶ S. 209) in der Tiefe.

Wanderungen

 LAKE TAHOE

County: El Dorado | **Höhe:** 1897 m ü. d. M. | **Fläche:** 496 km²

Ein spektakuläres Panorama: In dem saphirblauen Hochgebirgssee spiegeln sich die Berge der Sierra Nevada im Westen und der Carson Mountains im Osten. Dutzende Bäche plätschern die bewaldeten Berghänge herab und ergießen sich in das auch als »See in den Wolken« genannte Gewässer.

»Großes Wasser«

Als der spätere Bürgerkriegsgeneral Charles Frémont und sein deutscher Kartograf Charles Preuss 1844 den Lake Tahoe als erste Weiße zu Gesicht bekamen, trafen sie hier auf einheimische **Washoe**, die den Gebirgssee »Großes Wasser« nannten. Zu Beginn des 20. Jh.s entstanden am Ufer herrschaftliche Sommerhäuser reicher Familien aus San Francisco.

In den 1960er-Jahren entdeckten Skiläufer die traumhaften schneebedeckten Hänge in den Seitentälern des Sees. Nach den VIII. Olympischen Winterspielen 1960 in Squaw Valley entstanden rund um den See mehrere **Skigebiete** mit komfortablen Hotels und leistungsfähigen Liftanlagen.

Idyllischer See in majestätischer Bergwelt

Lage und Klima

Das 35 km lange, bis zu 19 km breite Gewässer bedeckt eine Fläche von 518 km² und ist bis 501 m tief. Es birgt so viel Wasser, dass es (theoretisch) ganz Kalifornien mit knapp 40 cm Wasser bedecken könnte. Der weitaus größere Teil des Sees gehört zu Kalifornien, ein knappes Drittel zu Nevada. Das Wasser ist außerordentlich klar, in ihm leben zahlreiche Fische.

Das **Klima** ist im Sommer gemäßigt warm, im Winter frostig kalt. Durchschnittliche Temperaturen: Frühling 3 °C, Sommer 16 °C, Herbst 7 °C und Winter – 7 °C. Die jährliche Niederschlagsmenge beträgt bis 1000 mm. Im Winter werden bis zu 5 m Schnee gemessen. Die Wassertemperaturen können im Sommer 20 °C erreichen.

Alles für die Freizeit

Seeufer und ★★ Panoramastraße

Am Nord- und am Westufer des Sees herrscht eine ruhigere, beschauliche Atmosphäre. Hier findet man kleineren Ortschaften und Buchten.

Das **Südufer**, besonders bei South Lake Tahoe und dem benachbarten Stateline, ist mit diversen Hotels und Freizeiteinrichtungen auf größere Besucherzahlen eingestellt. Von der Staatsgrenze zu Nevada blinken die Neonlichter großer Casino-Hotels herüber.

Zwei Routen führen um den See: eine 72 mi/116 km lange **Panoramastraße**, die immer wieder fantastische Aussichten bietet, und der

164 mi/264 km lange **Tahoe Rim Trail**, ein spektakulärer Bergwanderweg, der sich an Kammlinien und Gipfeln entlang zieht.

Rund um die schimmernde blau-grüne Bucht

Am Ufer der von Nadelwald gesäumten Emerald Bay mit ihrer winzigen Insel – der einzigen im Lake Tahoe – lässt sich die 38-Zimmer-Sommervilla **Vikingsholm** besichtigen, 1929 im Stil einer mittelalterlichen norwegischen Festung errichtet.

Emerald Bay

Vom Parkplatz Eagle Falls ist es ein kurzer Spaziergang zu den Kaskaden der **Eagle Falls**, über die bis in den Juli hinein die Schmelzwasser der Berge in den See rauschen.

Weiter nördlich, im Sugar Pine Point State Park, dürfte die 1902 erbaute **Hellman-Ehrman Mansion** Kinobesuchern recht bekannt vorkommen. Die Villa samt Seepanorama diente im Hollywood-Film »Der Pate II« von Francis Ford Coppola als dekorative Kulisse.

Vikingsholm: Juni–Sept. 10.30–16 Uhr;
Führungen alle 30 Min. | 15 $ | http://vikingsholm.com
Hellman-Ehrman Mansion: Tel. 1-530-583-9911 (Ehrman Foundation); Juni–Sept. 10.30–15.30 Uhr
12 $, Parkgebühr 10 $ | https://sierrastateparks.org

Smaragdgrün und saphirblau schimmert der »See in den Wolken«.

ZIELE
LAKE TAHOE

Die Skifahrer in Diamond Peak (Nevada) haben gerade keinen Blick für die Crystal Bay und die Sierra Nevada.

Seerundfahrten und Panorama-Seilbahn

Ausflüge

Rundfahrten auf dem See unternehmen kann man auf der »Tahoe Paradise« und der »Dixie II« (ab Zephyr Cove, NV). Ab Sand Harbor und North Tahoe starten Motorboote zu erlebnisreichen Ausflügen. Von South Lake Tahoe gelangt man mit der Seilbahn **Gondola at Heavenly Valley** hinauf in luftige Höhen. Auf 2540 m Höhe genießt man einen herrlichen Panorama-Ausblick auf den See und die Gipfel der Sierra Nevada.

Lake Tahoe Cruises: Fahrplan Tel. 1-775-589-4907 | ab 75 $
www.zephyrcove.com
Gondola at Heavenly Valley: 10–16 Uhr (wetterabhängig) | ab 81 $
www.skiheavenly.com

Wintersportgebiete um den Lake Tahoe

»Alpine Matten«

Alpine Meadows

Bei günstiger Witterung hat man von diesen »Alpinen Matten« einen herrlichen Blick hinunter auf den Lake Tahoe. Auf den rund 50 km Piste in unterschiedlichem Terrain und einer Superpipe für Snowboarder kommt es nur selten zu Gedränge.
Anreise: ab Tahoe City via CA-89 u. Alpine Meadows (6 mi/10 km)
Skisaison: Ende Nov.–April | www.palisadestahoe.com

ZIELE
LAKE TAHOE

Sonnenverwöhnt

Rund um den Lake Tahoe liegen zahlreiche herausragende Wintersportgebiete. Am bekanntesten ist das oft sonnenbeschienene Squaw Valley an den Osthängen der Sierra Nevada, wo 1960 die **VIII. Olympischen Winterspiele** ausgetragen wurden. Heute werden in Squaw Valley über 80 Pistenkilometer präpariert, von extremen Steilhängen bis zu sanften Anfängerabfahrten.

Squaw Valley

Anreise: ab Tahoe City via CA-89 u. Squaw Valley Rd. (8 mi/13 km)
Skisaison: Mitte Nov.–April | www.palisadestahoe.com

»Himmlisches Tal«

Ein wahrhaft »Himmlisches Tal« finden Skiläufer am Südrand des Lake Tahoe. Hier gibt es feinsten Schnee, knapp 90 km bestens präparierte Pisten, einige Off-Piste Runs und Après-Ski mit Spielkasinos im nahen Stateline (Nevada).

Heavenly Valley

Anreise: wenige Meilen südöstl. oberhalb von South Lake Tahoe
Skisaison: Mitte Nov.–April | www.skiheavenly.com

Pistenparadiese abseits des Rummels

Dieser (etwas) ruhigere Wintersportplatz liegt nur eine knappe Autostunde südwestlich von South Lake Tahoe und damit abseits des Rummels. Hier werden gut 50 km Pisten aller Schwierigkeitsgrade gepflegt.

Kirkwood

Anreise: ab South Lake Tahoe via US-50, CA-89 und CA-88 (Alpine State Hwy.; 35 mi/56 km)
Skisaison: Nov.–April | www.kirkwood.com

Ruhiges Ziel für Familien und Snowboarder

Vor allem Familien mit Kindern und Snowboarder schätzen diesen eher beschaulichen Wintersportplatz südlich von South Lake Tahoe als Tagesausflugsziel. Hier gibt es gut 30 Pistenkilometer überwiegend leichten bis mittleren Schwierigkeitsgrads und ein paar Waldabfahrten für Könner.

Sierra-at-Tahoe

Anreise: ab South Lake Tahoe via US-50 (El Dorado Freeway) und Sierra-at-Tahoe Rd. (12 mi/19 km)
Skisaison: Nov.–April | www.sierraattahoe.com

360°-Panorama

Wenige Autominuten nordöstlich des Lake Tahoe und bereits im Bundesstaat Nevada liegt das höchstgelegene Skigebiet der ganzen Gegend (2517–2957 m), das 60 mittelschwere bis leichte Pisten bietet. Von hier oben hat man einen tollen 360°-Rundumblick auf den Lake Tahoe, die Sierra Nevada im Westen und auf die nur 30 mi/50 km weiter nördlich liegende Spielkasino-Stadt Reno.

Mount Rose Ski Tahoe

Anreise: ab Incline Village via NV-431 (Mt. Rose Hwy.; 7 mi/11 km)
Skisaison: Nov.–April | http://skirose.com

LAKE TAHOE ERLEBEN

TAHOE CITY VISITORS INFORMATION CENTER
100 North Lake Blvd.,
Tahoe City, CA 96145
Tel. 1-530-581-6900
www.gotahoenorth.com

TAHOE CHAMBER
169 US-50, Stateline
NV 89449
Tel. 1-775-588-1728
https://tahoechamber.org

ANREISE
Von Kalifornien ist der Lake Tahoe über zwei Hauptstraßen erreichbar. Vom I-80 führen die CA-89 und die CA-267 ans nördliche Seeufer. Im Süden erreicht die US-50 von Sacramento kommend den See bei South Lake Tahoe, führt nach Nordosten am See entlang und biegt dann nach Carson City in Nevada ab.

EVAN'S AMERICAN GOURMET CAFÉ €€€€
Kreative kalifornische Küche, gute Auswahl an Westküstenweinen. Reservierung erforderlich!
536 Emerald Bay Rd., South Lake Tahoe, Tel. 1-530-542-1990
https://evanstahoe.com

WOLFDALE'S CUISINE UNIQUE €€€€
Kreative Köstlichkeiten in Seenähe.
640 N Lake Blvd., Tahoe City
Tel. 1-530-583-5700
www.wolfdales.com

TAHOE HOUSE BAKERY & GOURMET €
Schweizer Gastlichkeit mit eigener formidabler Bäckerei und preisgünstigen Gerichten.
625 W Lake Blvd., Tahoe City
Tel. 1-530-583-1377
www.tahoe-house.com

YELLOW SUBMARINE €
Hier gibt es dick belegte Sandwiches und Wraps, gut und günstig.
983 Tallac Ave.,
South Lake Tahoe
Tel. 1-530-541-8808

THE JEFFREY HOTEL €€
Nettes und gepflegtes Hotel in guter Lage und mit Self-Check-In.
4074 Pine Blvd., South Lake Tahoe, Tel. 1-530-208-0999
https://thejeffreyhotel.com

FRANCISCAN LAKESIDE LODGE €€€–€€€€
Mehrere komfortable Cottages und Studios direkt am See.
6944 N Lake Blvd., Tahoe Vista
Tel. 1-530-546-6300
http://franciscanlodge.com

TRUCKEE DONNER LODGE €€€–€€€€
Gut geführte und ausgestattete Lodge in der Nähe des Donner Memorial State Park.
10527 Cold Stream Rd., Truckee
Tel. 1-530-582-9999
www.truckeedonnerlodge.com

STATION HOUSE INN €€
Gemütliche Herberge mit gutem Restaurant und saisonalem Pool nahe des Sees und der Grenze zu Nevada.
901 Park Ave., South Lake Tahoe
Tel. 1-530-542-1101
www.stationhouseinn.com

ZIELE
LASSEN VOLCANIC NATIONAL PARK

Holzfällerstadt als Outdoor-Ziel

Viele Häuser aus dem 19. Jh. an der Main Street des nach einem Häuptling benannten ehem. Eisenbahner- und Holzfällerorts (16 000 Einw.) nördlich des Sees schmücken sich wie zu Western-Zeiten mit falschen Fassaden.
Der Tourismus – Bergwandern, Angeln und Mountainbike-Fahren im Sommer, Schneeschuhwandern, Ausflüge mit Hundeschlitten und Skilaufen im Winter – hat die traditionellen Wirtschaftsbereiche inzwischen an Bedeutung überholt.
Truckee Chamber of Commerce: 10065 Donner Pass Rd., Truckee, CA 96161 | Tel. 1-530-587-2757 | https://truckee.com

Truckee

Gedächtnispark für die »Donner Party«

In diesem State Park an der Donner Pass Road westlich von Truckee wird an die unglückliche Gruppe von 89 Siedlern erinnert (»Donner Party«), deren Treck auf dem Weg nach Westen die Abkürzung über die Sierra Nevada versuchte. In einem schweren Schneesturm im Winter 1846/47 blieben die Menschen in der Nähe des Passes stecken. Nur 47 Mitglieder der Gruppe konnten gerettet werden.
Sonnenauf- bis -untergang
Visitor Center & Museum: 10–17 Uhr | 10 $ pro Pkw, im Winter 5 $
www.parks.ca.gov

Donner Memorial State Park

Beliebtes Wintersportresort

Dieses von sportlichen Winterurlaubern geschätzte Resort südlich von Truckee gehört zu den bekannteren Destinationen im Einzugsbereich des Lake Tahoe. Hier werden im Winter knapp 80 km Pisten und elf Parks für Snowboarder gepflegt.
Mitte Nov.–Mitte April | www.northstarcalifornia.com

North Star California Resort

★★ LASSEN VOLCANIC NATIONAL PARK

Counties: Shasta, Lassen, Plumas | **Höhe:** 1720–3187 m ü. d. M.
Fläche: 429 km³

Kochende Schwefelquellen, blubbernde Schlammtöpfe und zischende Geysire gehören zu den wundersamen Anblicken in dem 429 km² großen Nationalpark im Norden Kaliforniens. Sie zeigen, dass die Erde hier noch nicht zur Ruhe kam. Eruptionen sind jederzeit möglich.

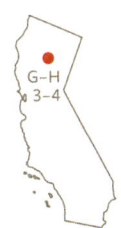

G–H
3–4

ZIELE
LASSEN VOLCANIC NATIONAL PARK

Unruhige Erde

Der 3187 m hohe **Lassen Peak** (Mount Lassen) ist Teil des pazifischen »Ring of Fire«, zu dem auch die Vulkankegel des Mount Rainier und des Mount St. Helens im Bundesstaat Washington, der Mount Hood in Oregon sowie der Mount Shasta in Kalifornien gehören. Mehrere tausend Jahre lag er im Tiefschlaf.

Doch nach drohendem Rumpeln war es dann so weit. Bei der **größten Eruption** der Neuzeit stieg 1915 eine gewaltige Aschewolke bis zu einer Höhe von 11 km auf. Lava ergoss sich in glühenden Zungen die Hänge hinab. Auf der Südwestseite des Berges floss sie 300 m weit, kühlte ab und erhärtete. Nach Nordosten rann sie in großen Strömen und verursachte das Schmelzen einer großen Schneemenge. Das Wasser entwickelte sich zusammen mit den Überresten früherer Eruptionen zu einer Schlammlawine, die sich ins Tal ergoss. Ein erneuter Ausbruch riss einen neuen Krater in den Berg.

Größter Lavadom-Vulkan der Erde

Lassen Peak

Der Lassen Peak (3187 m), südlichster Vulkan der Cascade Range, ist der stattliche Überrest des einst höheren, längst eingestürzten Mount Tehama, dessen Caldera (Krater) nachfolgende Eruptionen wieder auffüllten. Er wurde nach seinem europäischen Entdecker, dem dänischen Auswanderer **Peter Lassen,** benannt.

★★
Bumpass Hell

Es zischt und stinkt
Holzplanken führen über das geothermische Feld von Bumpass Hell. Überall zischen Fontänen aus der Erde, steigen Fumarolen in kochendheißem Wasser auf, brodeln weißgraue Schlammtöpfe bedrohlich um die Wette. Dabei sticht intensiver Schwefelgeruch in die Nase. Man spürt die hohen Temperaturen des Untergrunds geradezu.

LASSEN VOLCANIC NATIONAL PARK ERLEBEN

KOHM YAH-MAH-NEE VISITOR CENTER
Im modernen Besucherzentrum am südwestl. Parkeingang kann man sich über die Natur- und Kulturgeschichte der unruhigen Vulkanlandschaft informieren. Park Ranger bieten Vorträge und naturkundliche Führungen an.
21820 Lassen Peak Hwy, Mineral, CA 96063, Tel. 1-530-595-4480
tgl., Winter Mi.–So. 9–17 Uhr
30 $ pro Pkw, im Winter 10 $
www.nps.gov./lavo

ANREISE
Der **Highway 89** (im Winter geschl.) durchzieht den Nationalpark in Nord-Süd-Richtung.

❶ MANZANITA LAKE CAMPING CABINS €€–€
Rustikale, spartanisch eingerichtete Holzhäuschen. Beizeiten reservieren!
39489 Highway 44 E, Shingletown
Tel. 1-530-779-0307
https://lassenlodging.com/manzanita-camping-cabins//

ZIELE
LAVA BEDS NATIONAL MONUMENT

Aufstieg auf den Lassen Peak

Wanderwege

Eine beliebte Wanderung führt auf den Gipfel des **Lassen Peak**, ein schattenloser Weg von der CA-89 in der Nähe des **Lake Helen** mit einer Steigung von etwa 2600 m auf 3187 m (Auf- und Abstieg ca. 5 Std.). Von der Spitze des Berges kann man bei klarem Wetter den 4317 m hohen ▶ **Mount Shasta** weit im Norden ausmachen.

★ LAVA BEDS NATIONAL MONUMENT

Counties: Siskiyou, Modoc | **Höhe:** 1460 m ü. d. M. | **Fläche:** 188 km²

Die Landschaft ist überzogen mit einer Schicht schwarzer Asche. Das Seltsamste sind Dutzende röhrenförmiger Höhlen, in denen vor vielen Tausend Jahren flüssige Lava zur Erdoberfläche strömte. Die eindrucksvolle Höhlenwelt ganz im Norden Kaliforniens diente den Modoc 1872/73 als letzte Zuflucht vor der US-Kavallerie. Heute lässt sich das als National Monument geschützte Areal besichtigen.

ZIELE
LAVA BEDS NATIONAL MONUMENT

Uralte Lavafelder

Das 188 km² große Gebiet mit Jahrtausende alten Lavaformationen liegt nur wenige Meilen von der Grenze zu Oregon entfernt, zwischen der CA-139 und dem US-97. Kahle, teilweise über 100 m hohe Aschekegel mit steil abfallenden Kratern geben der Landschaft ein unheimliches Aussehen.

Lava-Höhlen und -Röhren

Letzter Zufluchtsort der Modoc
Das Gewirr von über 200 Höhlen und Röhren, Felsen und Schluchten war entstanden, nachdem vor Jahrtausenden zähflüssige Lava zwar an der Oberfläche erkaltet war, sich darunter jedoch noch weiter bewegte. Diese **Lava Tubes** dienten den Ureinwohner 1872/73 bei ihren letzten Kämpfen gegen die US-Armee als Versteck, aber auch als kleine Festungen. Gegen die weitaus überlegenen US-Streitkräfte konnten sie sich dadurch sechs Monate lang behaupten.
Einige der bekannteren Höhlen tragen Namen wie **Sentinel Cave** (Wächterhöhle), **Catacombs Cave** (Katakombenhöhle) oder **Skull Cave** (weil dort Schädel von Bergschafen gefunden wurden).

Bakterien bringen die Wände in der Golden Dome Cave zum leuchten.

ZIELE
LONG BEACH

LAVA BEDS NATIONAL MONUMENT ERLEBEN

LAVA BEDS NATIONAL MONUMENT
1 Indian Wells, Tulelake
CA 96134, Tel. 1-530-667-8113
25 $ pro Pkw
www.nps.gov./labe

WINEMA LODGE €€
Freundliche Unterkunft mit netten Gästezimmern.
5215 Hill Rd., Tulelake
Tel. 1-530-667-5158
www.winemalodge.com

Ausrüstung tut not
Im Besucherzentrum im Süden des Parks informiert man sich über die Natur- und Kulturgeschichte dieser Landschaft. Park Ranger bieten Führungen und Vorträge an. Hier kann man auch Taschenlampen und sehr hilfreiche Schutzhelme für Höhlenbegehungen ausleihen.
Am Visitor Center beginnt auch die **Cave Loop Road**, an der mehrere Lava-Röhren unterschiedlicher Schwierigkeitsgrade zur Erkundung geöffnet sind.
10–16 Uhr | Geführte Touren in die »Crystal Ice Cave« und die »Fern Cave« saisonal mit Reserv. möglich | www.recreation.gov/

Visitor Center

LONG BEACH

County: Los Angeles | **Höhe:** 0–9 m ü. d. M.
Einwohnerzahl: 467 000

Wer heute durch die ausgedehnten Hafenanlagen fährt, könnte vergessen, dass die siebtgrößte Stadt Kaliforniens ihren Namen dem einst knapp 10 km langen, bis zu 150 m breiten »Langen Strand« entlang der San Pedro Bay verdankt.

Die 1881 als **Sommerfrische für Los Angeles** gegründete Kommune ist längst mit der nördlich gelegenenen Metropole zusammengewachsen. Ohne Pause nickende Pumpen und Fördertürme prägen die Landschaft und weisen auf Erdölvorkommen an Land und auf dem Meeresboden hin, die seit Langem ausgebeutet werden.
Das Zentrum um den **Ocean Boulevard** und den **Broadway** ist mit Hotels, Büros und Grünanlagen ansprechend angelegt, der **East Village District** entwickelt sich zu einem kunstorientierten Viertel mit Galerien und Geschäften.

Hafenriese mit großem Nachbarn

LONG BEACH ERLEBEN

LONG BEACH AREA CVB
301 E Ocean Blvd., Suite 1900,
Long Beach, CA 90802
Tel. 1-562-436-3645
www.visitlongbeach.com

Am Rainbow Harbor werden täglich Hafenrundfahrten und im Sommer Touren zum Whale Watching angeboten.
https://tickets.harbor-cruises.com

Am Anlegeplatz nebenan fahren tgl. **Fähren** nach ▶ Santa Catalina Island ab.
www.catalinaexpress.com

HOTEL ROYAL €€–€€€
Sympathisches kleines Hotel im East Village mit kostenlosem Fahrradverleih.
431 E. Broadway, Long Beach
Tel. 1-562-283-8755
www.hotelroyallb.com

Wohin in Long Beach?

Hotel-Restaurant der besonderes Art

»Queen Mary«   Nach einer vor Jahren erfolgten Renovierung präsentiert sich der am südlichen Mündungsufer des Los Angeles River fest vertäute frühere **Luxusdampfer** »Queen Mary« mit 365 Kabinen als Denkmal einer Zeit, in der Nordatlantik noch per Schiff überquert wurde.

10 000 Meerestiere

Aquarium of the Pacific   Das Aquarium of the Pacific, eines der größten Aquarien der USA, präsentiert über 10 000 Meeresbewohner des südlichen Kaliforniens, des Nordpazifiks und des tropischen Pazifik, darunter Seeotter, Riesenkraken und über 550 Fischarten.
Ein **Acryltunnel** führt durch das große Wasserbecken, sodass man die Fische aus nächster Nähe beobachten kann. Ferner gibt es u. a. eine Hai-Lagune.
100 Aquarium Way | 9–18 Uhr | 37 $, Kinder 27 $
www.aquariumofpacific.org

Zeitgenössische Kunst Lateinamerikas

Museum of Latin American Art (MOLAA)   Das schon äußerlich imposante Museum widmet sich (in permanenten und wechselnden Ausstellungen) nicht etwa der Folklore, sondern der modernen und zeitgenössischen Kunst Lateinamerikas. In großzügig dimensionierten Räumen sind Arbeiten des Kolumbianers Fernando Botero, des Argentiniers Carlos Cruz-Diez, des Kubaners

ZIELE
LOS ANGELES

Wifredo Lam, des Mexikaners Javier Marin, des Chilenen Roberto Sebastian Matta und zahlreicher weiterer Künstlerinnen und Künstler zu sehen. Auch ein **Skulpturenpark** lädt zum Besuch ein.
628 Alamitos Ave. | Mi.-So. 11-17 Uhr | 10 $| https://molaa.org

Adobe alt
Von Interesse ist auch die von 1806 stammende historische Ranch Rancho Los Alamitos, eines der ältesten Adobe-Häuser Kaliforniens. Das Mobiliar stammt jedoch aus späterer Zeit.
6400 E Bixby Hill Rd. | Mi.-So. 13-17, im Winter 12.30-16.30 Uhr frei | www.rancholosalamitos.com

Rancho Los Alamitos

Zurück in die 1880er-Jahre
Gegenüber der Marina wurde südlich des Convention Center eine Hafensiedlung im Stil der 1880er-Jahre nachgebaut. Im Shoreline Village kann man an etwa 40 Geschäften und Restaurants entlang bummeln, an Sommerwochenenden zu Live-Musik.

Shoreline Village

★★ LOS ANGELES

County: Los Angeles | **Höhe:** 9-1530 m ü. d. M.
Einwohnerzahl: 4 Mio. (Metropolitan Area: 13 Mio.)

Jeder kennt Los Angeles. Auch wer das erste Mal durch die Mega-City streift, trifft auf Vertrautes und Bekanntes. »Dieses Café, jene Straßenkreuzung habe ich doch schon einmal gesehen?« Natürlich, denn »La La Land« Los Angeles spielt in vielen Hollywood-Filmen mehr als eine Nebenrolle. Immerhin hatten Filmproduktionsfirmen schon vor 100 Jahren erkannt, dass Außenaufnahmen in einer Region mit 320 Sonnentagen günstig zu drehen waren. Doch es gibt so viel mehr: eine dynamische Wirtschaft, einen der betriebsamsten Airports und einen der bedeutendsten Häfen der USA. Spitzenmuseen, Orchester sowie eine lebendige Musikszene. Wer dem Trubel entfliehen möchte, kann sich unter den 100 km langen Sandstränden zwischen ▶ Long Beach und Malibu (▶ S. 167) sein Lieblingsplätzchen aussuchen.

O 16-17

Nicht weit vom Flughafen, für viele der erste Kontakt mit L. A., überraschen Ölpumpen, die jahraus, jahrein mit nickenden Bewegungen **»Schwarzes Gold«** aus dem Untergrund der Stadt pumpen. Sie gehören seit Ende des 19. Jh.s zum Stadtbild. Auch die Dunstglocke, die man von den San Gabriel Mountains im Norden oder von Bord eines

Mega-City

Ausflugsschiffs nach Santa Catalina Island deutlich sieht, ist für viele Angeleños Begleiter seit Kindheitstagen.

Wenn die Behauptung, die **Kultur** von Los Angeles finde bequem in einem Joghurtbecher Platz, einst ein Körnchen Wahrheit enthalten mochte, muss sie längst revidiert werden. Schließlich besitzt die Stadt etwa 100 Museen und über 200 Theater, mehr als manch mittelgroßes Land. Und noch immer eröffnen regelmäßig neue Kulturtempel, wie 2015 das eindrucksvolle Museum mit Wabenmuster ‚The Broad' für moderne Kunst ab 1950 und 2021 die Erneuerung des **Academy Museum of Motion Pictures** durch Star Archtitekten Renzo Piano. Und voraussichtlich 2023 widmet George Lucas im Exposition Park sein Lucas Museum of Narrative Art der visuellen Erzählkunst.

Größte Stadt des Bundesstaats

Noch vor einigen Jahren war Los Angeles' Innenstadt **Downtown** ein seelenloses Konglomerat von Banken, Versicherungen und anderen Bürohochhäusern. Kaum zu glauben, doch heute wohnen wieder mehrere Tausend Einwohner in zu Wohnungen umgebauten Großraumbüros, gibt es Supermärkte, Bars und Restaurants, die nicht nur zur Lunchpause der Angestellten gut gefüllt sind. Dabei ist die Stadt internationaler als je zuvor. *Multikulturell*

Wenn am Pershing Square Tausende türkischstämmiger Einwanderer gegen die Politik Erdogans protestieren, in anderen Vierteln nur Urdu oder Armenisch gesprochen wird, ist das für L. A. normal. Und in einer Stadt, in der Zuwanderer aus Mexiko die größte ethnische Gruppe ausmachen, verwundert es nicht, wenn sich in der spannenden kulinarischen Landschaft der Stadt der Trend, »**Alta California Cuisine**«, verbreitet hat, der seine Basis in den Regionalküchen des südlichen Nachbarlandes Mexiko findet.

»Die Stadt der Engel« ist die größte Stadt des Bundesstaates Kalifornien und die zweitgrößte der Vereinigten Staaten. Das Siedlungsgebiet dieser städtischen Ballungsraum dehnt sich über 160 km weit von West nach Ost und rund 100 km von Nord nach Süd. Los Angeles liegt im südlichen Teil Kaliforniens mit einigen Vororten direkt an der Pazifikküste zwischen dem Hafen San Pedro und den San Gabriel Mountains.

Der **Großraum Los Angeles** erstreckt sich über fünf Counties. Zu den rund 4 Mio. Stadtbewohnern kommen weitere 9 Mio. Menschen, die in 80 selbstständigen Gemeinden und Städten des Los Angeles County wohnen. Weitere 6 Mio. leben in den anderen vier angrenzenden Counties Orange (im Süden), Ventura (im Norden) sowie Teile der Counties Riverside und San Bernardino im Osten. Das riesige Gebiet wird mithilfe einer sehr komplexen bürokratischen Struktur verwaltet und regiert.

Nach einem anstrengenden Sightseeing-Tag in L. A. ist ein Sundowner in der Cocktail-Bar »Idle Hour« in North Hollywood genau das Richtige.

ZIELE
LOS ANGELES

Von der spanischen Siedlung zum Kulturkonglomerat

Stadtgeschichte

Die Geburtsstunde von Los Angeles schlug 1781, als spanische Kolonisten auf dem Land der hier ansässigen Gabrilenos die Ortschaft **El Pueblo de Nuestra Señora La Reina de Los Angeles de Porciuncula** gründeten, die bald nur noch »Los Angeles« genannt wurde. 1822 erlangten die Mexikaner nach ihrer siegreichen Revolution gegen die spanische Kolonialmacht Kontrolle über das dünn besiedelte Land und etablierten auch in Los Angeles ein Rancho-System mit Großgrundbesitzern.

Den Angriffen der USA hatten die mexikanischen Soldaten später wenig entgegenzusetzen. Alta California und auch Los Angeles wurde 1847 von diesen annektiert und 1850 zum neuen US-Bundesstaat. Die Ankunft der transkontinentalen Eisenbahn markierte 1876 den Beginn schnelleren Wachstums. In San Pedro (▶ S. 170) wurde ein Hafen für Hochseeschiffe gebaut, der Warenumschlag nahm zu. Die Entdeckung von **Erdöl** 1892 auf dem Grundstück von Edward Doheny löste Bohrtätigkeit im ganzen Stadtgebiet und einen Zustrom von Migranten aus. Bald darauf drohte der **Mangel an Süßwasser** das

Ursprünglich gedacht, um Immobilienkäufer anzulocken, entwickelten die berühmten Buchstaben in den Hügeln oberhalb von L. A. ein Eigenleben.

stürmische Wachstum zu hemmen. Als Lösung wurden Wasserläufe aus dem Norden in den Süden umgeleitet. Mit dem Bau des ersten Filmateliers und dem Umzug der Filmindustrie aus New York begannen wenige Jahre später Mythos und Glamour **Hollywoods**.
Der Kriegseintritt der USA nach der Bombardierung von Pearl Harbor 1941 durch die Japaner brachte nach der Weltwirtschaftskrise einen Wirtschaftsaufschwung und die Ansiedlung von Unternehmen der Flugzeugindustrie.
Rassenunruhen gipfelten 1965 in schweren Auseinandersetzungen im hauptsächlich von Afroamerikanern bewohnten Stadtteil Watts. Grund waren hohe Arbeitslosigkeit und desolate Lebensverhältnisse. Als Polizisten 1992 einen Afroamerikaner wegen eines Verkehrsdelikts stoppten und ihn vor laufender Kamera zusammenschlugen, kam es in South Central erneut zu gewalttätigen Ausschreitungen. Probleme bereiten nach wie vor Drogenkriminalität, Bandenunwesen und illegale Einwanderung.
2022 zeigt sich Los Angeles als ein **Konglomerat der Weltkulturen**, in dem mehr als 200 verschiedene Sprachen gesprochen werden und allein über 100 christliche und viele Dutzend andere Glaubensrichtungen vertreten sind. Latinos, vor allem aus Mexiko, machen inzwischen fast die Hälfte der Stadtbevölkerung aus.

140 ethnische Gruppen

Die vielfältige Herkunft der Bewohner ist nicht zu übersehen. Über 140 ethnische Gruppierungen sind in der Stadt vertreten. Los Angeles ist nach Mexiko City und Guadalajara die Metropole mit der **größten mexikanischstämmigen Bevölkerung** außerhalb von Mexiko. Einwanderer aus Japan, China und Korea leben in Stadtvierteln, die von ihrer Kultur geprägt sind. So findet man heute in Los Angeles buddhistische Tempel und chinesische Supermärkte, koreanische Billardräume und armenische Mamoul-Bäckereien, mexikanische Clinicas (Arztpraxen) und Yerbarias (Obst- und Gemüsegeschäfte), vietnamesische Akupunktur-Praxen und Bars mit guatemaltekischen Liebestränken. Nachfahren von Europäern machen nur noch weniger als ein Drittel der Gesamtbevölkerung aus.

Bevölkerung

Führende Wirtschaftsmetropole der USA

Mehrere Bahnstrecken und Interstate Highways machen Los Angeles zum Umschlagplatz für Waren aller Art. Der an der Wende zum 20. Jh. erbaute Hafen von San Pedro gewann weltweit Bedeutung. Automobil-, Chemie- und Bau-, dazu Betriebe der Luft- und Raumfahrtindustrie gehören zu den wichtigen Wirtschaftszweigen. Und seit über 100 Jahren wird im Raum Los Angeles Erdöl gefördert.
Hinzu kommt ein wachsender Dienstleistungssektor. Millionen jährlicher Besucher, die in Hotels wohnen, Restaurants und Attraktionen besuchen, schaffen zahlreiche Arbeitsplätze. Schließlich ist Los

Wirtschaft

Angeles mit Hollywood nach wie vor wichtigster Standort der **Filmindustrie** weltweit mit etwa 160 000 Arbeitsplätzen in LA County. Problematisch blieb bis heute die **Wasserversorgung**. Schon Mitte des 19. Jh.s reichten die eigenen Süßwasserreserven nicht mehr aus, man errichtete lange Aquädukte, um Wasser von weit her in die Stadt zu transportieren.

Kulturhauptstadt des 21. Jahrhunderts

Bildung und Kultur

Los Angeles gehört mit gut 30 öffentlichen und privaten Universitäten und Colleges zu den **bedeutenden Hochschulorten** der USA. In den benachbarten Städten der Region kommt noch einmal die gleiche Anzahl hinzu. Allein die University of California in den Ausläufern der Santa Monica Mountains zählt 46 000 Studierende. Über die Hälfte aller Studierenden im Großraum L. A. kommen aus dem Ausland. Die Zeiten sind längst vorbei, in denen Greater L. A. als kulturelle Wüste geschmäht wurde.

Die Stadt begreift sich inzwischen als amerikanische **Kulturhauptstadt** des 21. Jh.s. Neben der über 100 Jahre alten Filmindustrie gehört die Westküstenmetropole inzwischen in vielen Bereichen der Kunst und Kultur zu den Spitzenreitern der USA. Sie steht nicht mehr in erster Linie für ausgedehnte Flachdachbungalow-Siedlungen, sondern eher für **spektakuläre Bauten** eines Frank O. Gehry oder anderer Architekten, die auch in L. A. für Aufsehen sorgen.

Mit dem Los Angeles County Museum of Art, dem Getty Center auf den Brentwood Hills und mit vielen weiteren Institutionen verfügt L. A. heute über ein breites Angebot an hochkarätigen **Kunstsammlungen**. Sinfonieorchester, Oper und Kammerensembles finden in hochmodernen neuen **Konzertsälen** wie der Walt Disney Concert Hall ideale Bedingungen vor.

Hinzu kommen die neuen musikalischen Impulse, die von zahlreichen **Klubs** und **Musiklokalen** ausgehen und bis zur Verschmelzung von Hip-Hop und klassischer Musik reichen. Neben den etwa ein Dutzend größeren **Bühnen** von L. A. existiert eine große Zahl kleinerer Theater, in denen zahlreiche Schauspieler auftreten, die auf ihre Entdeckung für Film und TV warten.

Traum und Albtraum für Gescheiterte

Endstation Sehnsucht

Noch immer ist Los Angeles jährlich Ziel Tausender von **Zuwanderern**. Sie kommen aus vielen Ländern der Erde in der Hoffnung, hier Arbeit und Freiheiten zu finden, die ihnen die alte Heimat nicht geben wollte, oder aus anderen Gegenden der USA, weil sie dort ihre Ideen nicht verwirklichen konnten oder ihre persönlichen Lebensvorstellungen diskriminiert wurden. So ist Los Angeles aber auch Traum und Albtraum für die Gescheiterten zugleich, ein Ort, an dem Menschen aus aller Welt und mit den unterschiedlichsten Auffassungen zusammenleben.

ZIELE
LOS ANGELES

LOS ANGELES ERLEBEN

IM INTERNET
www.discoverlosangeles.com

DOWNTOWN LOS ANGELES VISITOR INFORMATION CENTER
Union Station, 800 N Alameda St., Los Angeles, CA 90012, 9–17 Uhr

HOLLYWOOD INFORMATION CENTER
6801 Hollywood Blvd.
Tel. 1-323-467-6412, 9–22, So. 10–19 Uhr

FLUGHÄFEN
LOS ANGELES INTERNATIONAL AIRPORT
Der Flughafen (IATA-Kürzel: LAX), auf dem jährlich über 70 Millionen Passagiere abgefertigt werden, liegt im Westen der Stadt, nicht weit vom Meer, zwischen Marina del Rey und Manhattan Beach.
Tel. 1-855-463-5252
www.flylax.com

Über 60 Jahre alt und immer noch eine Ikone der Architektur ist das futuristische Theme Building von 1961 am Los Angeles International Airport.

ZIELE
LOS ANGELES

KLEINERE FLUGHÄFEN
Hollywood Burbank Airport (BUR; hollywoodburbankairport.com); Long Beach Airport, L. A. (LGB; www.longbeach.gov/lgb/); Ontario International Airport, Ontario (ONT; 35 mi/56 km östl. von Downtown L. A.; www.flyontario.com).

FLUGHAFENZUBRINGER
LAX FLYAWAY
Schnellbusse im 30-Min.-Takt zwischen L. A. Int. Airport und Bahnhof Union Station.
Tel. 1-714-507-1170
www.flylax.com/flyaway-bus

METROSHUTTLE
Metro-Busse zwischen L. A. Int. Airport und den nächstgelegenen U-Bahn-Stationen.
Tel. 1-323-466-3876
www.metro.net

SUPERSHUTTLE
Supershuttle-Busse zwischen Flughafen LAX und Stadt.
Tel. 1-800-258-3826
www.supershuttle.com
Hotels und Mietwagenfirmen unterhalten eigene Flughafen-Zubringerdienste, meist mit Kleinbussen.

FERNBUSSE
Greyhound-Busse starten vom Autobushof an der 1716 E 7th St. in verschiedene Richtungen.
Tel. 1-214-849-8100
Busterminal 1-213-629-8401
www.greyhound.com

BAHN
Von der Union Station (800 N Alameda St.), dem Hauptbahnhof der Bahngesellschaft **Amtrak**, starten neben Vorortzügen auch Langstreckenverbindungen nach Seattle und San Diego entlang der Pazifikküste, über Albuquerque nach Chicago sowie über Texas und New Orleans bis nach Florida.
Tel. 1-800-872-7245 (intern.: 1-215-856-7924)
www.amtrak.com

ÖFFENTLICHER NAHVERKEHR
METRO
Die Los Angeles County Metropolitan Transit Authority betreibt Busse und die Los Angeles Metro. Die innerstädtischen Verbindungen kosten 1,75 $. Express-Busse verlangen je nach Entfernung einen höheren Preis. Mit der Metro TAP Card, die einmalig 2 $ kostet, kann man seine Fahrten speichern und bezahlen (www.taptogo.net).
Tel. 1-323-466-3876
www.metro.net

METRORAIL
Die Blue Line verkehrt oberirdisch zwischen Long Beach und Downtown Los Angeles (▶ Plan S. 121). Die Green Line verbindet Redondo Beach im Westen mit Norwalk im Osten. Die Purple Line teilt sich sechs Stationen mit der Red Line und geht im Westen bis zur Wilshire Area. Die Züge der Red Line pendeln unterirdisch zwischen Union Station und Hollywood/ Universal City. Die Gold Line verkehrt zwischen Pasadena im Osten und Downtown Los Angeles.

STADTBUSSE
Das städtische Busnetz umfasst gut 200 Linien. Ferner verkehren DASH-Busse (Downtown Area Short Hop; 50 Cent) in Downtown L. A., Hollywood sowie im Westen von Los Angeles, die auch Hotels und touristische Attraktionen ansteuern (u. a. Music Center, Chinatown, Pueblo de los Angeles).

TAXI
Taxis stehen bei den Flughäfen, vor der Union Station und vor großen Hotels. Außer im Zentrum reagieren die Taxi-Chauffeure selten auf Winken am Straßenrand. Daher sollte man ein

ZIELE
LOS ANGELES

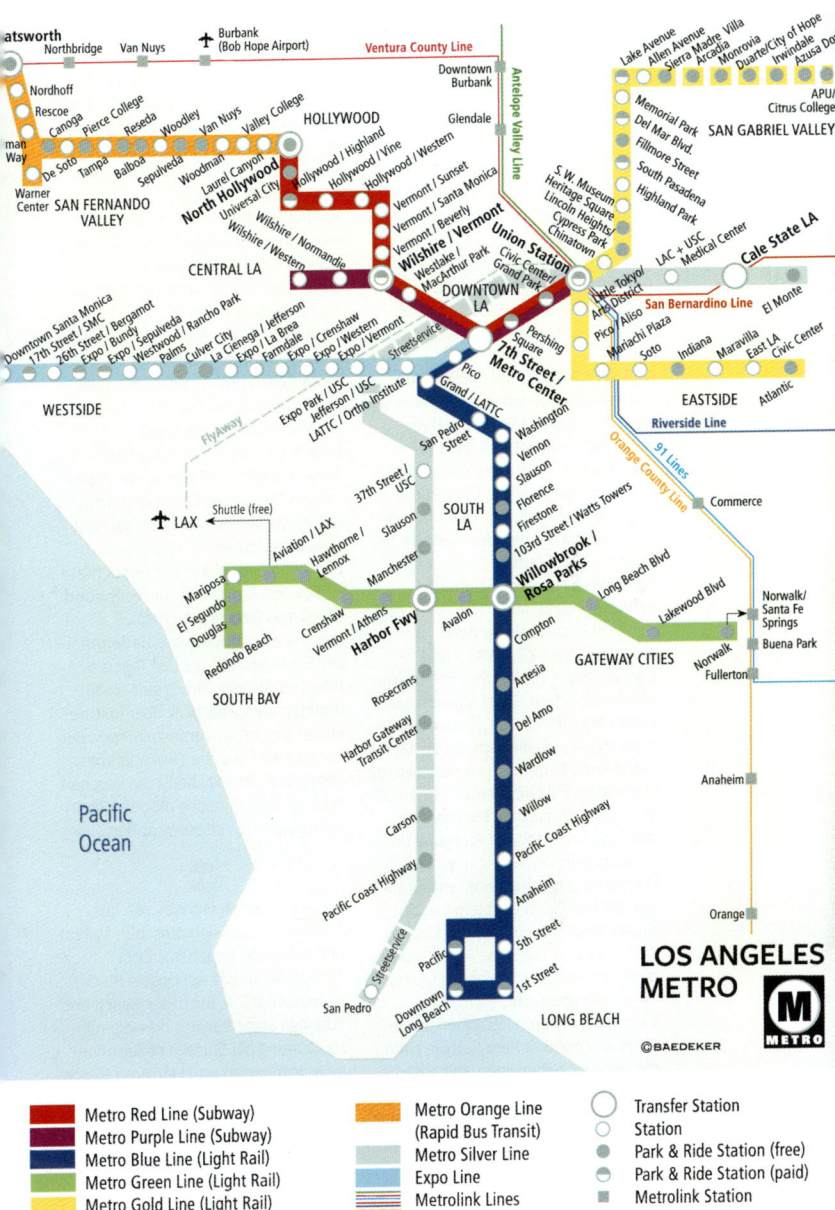

ZIELE
LOS ANGELES

Taxi per Telefon oder online bestellen. Taxifahrten sind auch in L. A. nicht billig, die Entfernungen oft beträchtlich.
Independent Cab Co.:
Tel. *1-800-521-8294
http://lataxi.com/new/
United Taxi: Tel. 1-323-653-5050
https://unitedtaxila.com
LA City Cab: Tel. *1-888-248-9222
www.lacitycab.com
(* = gebührenpflichtig)
Private Fahrdienste wie Uber, Lyft oder Opoli lassen sich nur über die jeweilige App reservieren.

MIT DEM AUTO IN DER STADT

Die meisten Besucher und Bewohner von Los Angeles fahren mit dem Auto, nicht mit öffentlichen Verkehrsmitteln. Mietwagenunternehmen verfügen fast alle über Büros an den Flughäfen, die größeren betreiben zusätzlich eine oder mehrere Stationen in der Stadt.

Ein dichtes Netz von Stadtautobahnen (insges. rund 1000 km) kann den Verkehrsinfarkt zu den morgendlichen (7–9 Uhr) und abendlichen (16–19 Uhr) Stoßzeiten nicht verhindern. Es ist sinnvoll, vor einer Fahrt durch L. A. genau die Karte zu studieren und sich die Straßennamen und Nummern zu notieren, da Ungeübte und Ortsfremde nur zu oft ihre Autobahnausfahrt verpassen oder gar in die falsche Richtung unterwegs sind.

Die Parkplatzsuche beim Restaurantbesuch kann zum Problem werden. Viele Lokale bieten Valet Parking an (10–30 $ pro Tag). Die Autos werden zu einem Parkplatz gefahren und später wieder gebracht.

Wer mit mehreren Personen unterwegs ist (mind. 2 Pers./Auto), kann die weniger befahrenen, mit einer weißen Raute markierten Spuren für High Occupancy Vehicles (HOV) auf den Autobahnen nutzen. Wer sie allein im Auto benutzt, riskiert hohe Bußgelder.

Chinesisches Neujahrsfest im Jan./Feb. mit großer Umzugsparade. Ende April findet die Fiesta Broadway im alten Theater- und Kinodistrikt von Downtown statt (http://allaccess-la.com/fiesta-broadway/).
Anfang Mai feiern die Angeleños mexikanischer Herkunft den Cinco de Mayo, Ende Mai steigt an der Universität das renommierte UCLA Jazz & Reggae Festival.
Ende Juli/Anfang Aug. treffen sich die besten Surfer des Bundesstaats in Hermosa Beach und Manhattan Beach zum International Surf Festival (https://www.surffestival.org/).
Ende Sept. finden an den Watts Towers traditionell zuerst der Watts Towers Day of the Drum und dann das Watts Towers Jazz Festival statt (www.wattstowers.org).
Zu Weihnachten lädt der erleuchtete Hollywood Boulevard zur Hollywood Christmas Parade ein (https://thehollywoodchristmasparade.org/).
Die Sonntagsausgabe der Tageszeitung Los Angeles Times gibt einen umfassenden Überblick über kulturelle und sportliche Veranstaltungen der kommenden Woche (www.latimes.com). L. A. Weekly heißt die Wochenzeitung, die zahlreiche aktuelle Veranstaltungen mit Adressen notiert.

Besucher und Bewohner von Los Angeles können sich zwischen Malibu und Redondo Beach aus über 100 km Strand ihr schönstes Fleckchen auswählen. Surfrider Beach und Topanga State Beach sind wegen ihrer Dünung bei Surfern beliebt, Venice, Manhattan und Hermosa Beach gefallen Badenden und Surfern gleichermaßen.
An allen öffentlichen Stränden sind Rettungsschwimmer im Einsatz. Parkplätze: meist 10–15 $ pro Tag.

ZIELE
LOS ANGELES

Surf-Wettbewerbe finden vor allem am Manhattan Beach statt, Segeln kann man z. B. in Marina del Rey, Plätze für Golf und Tennis gibt es Dutzende in der Region.
Die Los Angeles Kings (www.nhl.com/kings) spielen Eishockey in der Crypto.com-Arena in Downtown, an gleicher Stelle wird Basketball gespielt von den L. A. Lakers (www.nba.com/lakers/) und den L. A. Clippers (www.nba.com/clippers/) sowie der Damenmannschaft der L. A. Sparks (https://sparks.wnba.com/).
Die Profi-Mannschaft der Los Angeles Dodgers spielt Baseball im eigenen Dodgers Stadium (www.mlb.com/dodgers).
LA Galaxy spielt Fußball im Dignity Health Sports Park südlich von Downtown (www.lagalaxy.com), der Los Angeles Football Club im Banc of California Stadium im Exposition Park (www.lafc.com).

Ob abgelegte Kleider von Filmstars, Art-Deco-Antiquitäten oder schrille T-Shirts, in L. A. kann man es kaufen. Die Geschäfte haben unterschiedliche Öffnungszeiten, Downtown oft Mo.–Sa 10 –18/20 Uhr, in den Malls oder der Nähe bekannter Besucherattraktionen oft länger und auch So.
Im »Goldenen Dreieck« von Beverly Hills mit seinem Rodeo Drive sind die Edelmarken von Gucci bis Louis Vuitton zu Hause.
Wer nach Film-Memorabilia sucht, dürfte in West Hollywood fündig werden. In der leicht schrägen Melrose Avenue gibt es u. a.
Second-Hand-Klamotten, Modeschmuck, coole Sonnenbrillen und Ähnliches. In Venice Beach reihen sich am Kinney Boulevard Läden für Second-Hand-Mode, originelle Mitbringsel, Kunst und Kunsthandwerk aneinander, aufgelockert durch nette Restaurants und Cafés.
Auch in Downtown L. A. kann man gut shoppen: Auf dem Grand Central Market am Broadway beispielsweise können Besucher seit einem Jahrhundert aus einer Riesenauswahl von Früchten, Obst und Gemüse wählen.
In der bunten Olvera Street beim Pueblo des los Angeles gibt es neben viel Kitschigem auch mexikanisches Kunsthandwerk zu kaufen.
In diversen Malls wie dem »Hollywood & Highland Center« in Hollywood, dem neuen »The Bloc« in Downtown L.A., dem renovierten Westfield Century City, dem ebenfalls kürzlich renovierten Beverly Center in Beverly Hills und dem »The Grove« ggü dem Farmers Market im Fairfax District gibt es jeweils zahlreiche Boutiquen.
Den Farmers Market mit mehreren Dutzend Marktständen und diversen Geschäften findet man seit 1934 nahe dem Wilshire Boulevard an der Fairfax Avenue (Öffnungszeiten ▶ S. 154).
Noch weiter im Westen, um den Westwood Boulevard von Westwood Village, gibt es gute Cafés, Restaurants, Kinos und diverse Geschäfte und Boutiquen, die auch bei Studenten der nahe gelegenen Universitäten beliebt sind.

❶ MICHAEL'S €€€€
Michael McCarty gehört nach wie vor zu den Besten seiner Zunft, vor allem was fantasievolle Kreationen der California Cuisine betrifft. In seiner Küche legt man Wert auf frische Produkte aus der Region. Übrigens: Michael McCarty ist auch ein begeisterter Winzer mit eigenem Rebgarten bei Malibu.
Santa Monica, 1147 3rd St.
www.michaelssantamonica.com

ZIELE
LOS ANGELES

❷ DUKE'S €€€
Hawaiianische Küche mit herrlichem Pazifikblick. Fleisch- und Meeresspezialitäten, leckere Tacos, Desserts und fantastische Cocktails.
Malibu, 21150 CA-1 (Las Flores Canyon Rd.), www.dukesmalibu.com

❸ NORAH €€€
In dem hellen, freundlichen Lokal in West Hollywood serviert man einen Mix aus kalifornischen Gerichten und Südstaaten-Küche.
W Hollywood, 8279 Santa Monica Blvd.
www.norah.la

❹ RÉPUBLIQUE €€€
Chef Walter Manzke bietet ambitionierte kalifornische Küche mit französischem Touch.
624 S La Brea Ave.
https://republiquela.com

❺ A.O.C. €€€–€€
Zu köstlichen Weinen werden viele kleine Tapas-Leckereien gereicht.
8700 W 3rd St., Hollywood
www.aocwinebar.com

🍴
❶ Michael's
❷ Duke's
❸ Norah
❹ République
❺ A.O.C.
❻ Frida
❼ Rossoblue
❽ Gjusta
❾ Banh Oui

🏠
❶ The Beverly Hills Hotel
❷ Hollywood Roosevelt
❸ The Ambrose
❹ Carlyle Inn
❺ Freehand
❻ See Shore Motel
❼ Orange Drive Hostel

ZIELE
LOS ANGELES

❻ FRIDA €€€–€€
Authentische mexikanische Küche in großer Vielfalt, nicht nur Taco Chips.
Beverly Hills, 236 S Beverly Dr.
https://fridarestaurant.com

❼ ROSSOBLU €€€
Vollendete norditalienische Küche und ausgezeichnete Pasta im Fashion District.
124 San Julian St., Downtown
www.rossoblula.com

❽ GJUSTA €€–€
Beliebter Deli mit Bäckerei für morgens, mittags und frühen Abend, mit Sandwiches, saisonalen Gerichten und Desserts.
320 Sunset Ave., Venice
https://gjusta.com

❾ BANH OUI €
Sandwiches, Bowls und Salate in schmackhaften asiatisch-kalifornischen Kombinationen.
1552 N Cahuenga Blvd., Hollywood
www.banhoui.com

❶ THE BEVERLY HILLS HOTEL €€€€
203 Zimmer und Bungalows. Die elegante Nobelherberge lässt keine Wünsche offen. Exzellenter Service.
Beverly Hills, 9641 Sunset Blvd.
Tel. 1-310-276-2251
www.dorchestercollection.com/en/los-angeles/the-beverly-hills-hotel/

❷ HOLLYWOOD ROOSEVELT €€€€
305 Zimmer und Suiten. Hier fand 1929 die erste Oscar-Verleihung statt. Nach einer aufwendigen Restaurierung ist das Haus gegenüber dem TCL (Grauman's) Chinese Theatre schöner als zuvor.
7000 Hollywood Blvd.
Tel. 1-323-856-1970
www.thehollywoodroosevelt.com

❸ THE AMBROSE €€€€
Das preisgekrönte, elegante und ruhig gelegene »Boutique Hotel« mit seinen 77 komfortablen Gästezimmern liegt nur einen Block vom Wilshire Business District entfernt. Zum Strand und zur Third Street Promenade sind es nur wenige Autominuten.
Santa Monica, 1255 20th St.
Tel. 1-310-315-1555
www.ambrosehotel.com

❹ CARLYLE INN €€€€–€€€
32 Zimmer und Suiten. Gepflegtes, ruhiges Hotel im Westen von L. A.
1119 S Robertson Blvd.
Tel. 1-310-275-4445
www.carlyle-inn.com

❺ FREEHAND €€€–€
Im trendigen Hotel mit Dachterasse nebst Pool in Downtown L.A. gibt es Zimmer & Suites für jede Preisklasse.
416 W 8th St., Tel. 1-213-612-0021
https://freehandhotels.com/los-angeles/

❻ SEA SHORE MOTEL €€
Der Name ist nicht ganz wörtlich zu nehmen, denn das Meer ist zwei Blocks von dem freundlichen 20-Zimmer-Motel entfernt. Dafür stimmt das Preis-Leistungs-Verhältnis.
Santa Monica, 2637 Main St.
Tel. 1-310-392-2787
www.seashoremotel.com

❼ ORANGE DRIVE HOSTEL €
25 Einzel-, Doppel- und Mehrbettzimmer in einer ansprechenden Budget-Herberge, einen Block vom Hollywood Boulevard entfernt. In der Teeküche kann man sich auch kleine Mahlzeiten zubereiten.
1764 N Orange Dr., Hollywood
Tel. 1-323-850-0350
www.orangedrivehostel.com

ZIELE
LOS ANGELES

Wohin in Downtown?

Wo die Hochhäuser in den Himmel ragen

Wolkenkratzer und spektakuläre Architektur

… konzentriert sich Downtown L. A. Die Verwaltungsgebäude von Banken und Versicherungen, dazu Business Hotels nicht weit vom Messegelände und der Multifunktionsarena **Staples Center** ergänzen seit einigen Jahren neue Wohn- und Geschäftshäuser. Hinzu kommen lebhafte ethnisch geprägte Stadtteile wie **Koreatown** oder **Chinatown** sowie spektakuläre Neubauten, wie die Walt Disney Concert Hall oder die gewaltige Kathedrale des katholischen Erzbistums. Ein Visitor Information Center (InterContinental, 900 Wilshire Blvd.) hält Informationsmaterial zu Los Angeles bereit.

Ägyptisch, griechisch, römisch

City Hall

Die 1926–1928 errichtete City Hall, das Rathaus, überschritt als erstes Gebäude die bis dahin für Los Angeles geltende Höchstgrenze von 13 Stockwerken. Der eklektisch-monumentale Baustil zeigt sich vor allem an dem pyramidenförmigen Turm mit seinen ägyptischen, griechischen und römischen Stilelementen. Im Inneren des Gebäudes wurde nicht an edelsten Baustoffen gespart: Eine gekachelte Kuppel über der Eingangsrotunde sowie Marmorsäulen sind kennzeichnend für die luxuriöse Ausstattung des Gebäudes.
Per Aufzug (gratis) kommt man hinauf zum **Observation Deck**, von dem sich ein toller Blick über die Stadt bietet.
200 N Spring St. | Mo.-Fr. 10–17 Uhr | frei
www.laconservancy.org/locations/los-angeles-city-hall

Ein Palast für Bücher

Los Angeles Central Library

Das im alten Glanz restaurierte Gebäude der Zentralbibliothek (630 West 5th St.) entstand 1922–1926 und stellt mit seinem pyramidalen Turm eine Mischung aus Beaux-Arts- und orientalischen Stilelementen dar. Neben Homer und Shakespeare wird auch Goethe mit seinem Namenszug an der Fassade als Literaturgröße geehrt.
Interessant gestaltet sind die Innenräume, die z. T. mit **Wandgemälden** zu Ereignissen aus der Geschichte Kaliforniens geschmückt sind. Die Central Library mit ihren Millionen von Büchern und historischen Fotografien sowie 10 000 Zeitschriften ist die drittgrößte Universalbibliothek der USA.

Pausenplatz und Konzert-Location

Pershing Square

Die gepflegte Parkanlage ist v. a. als Pausenplatz bei Angestellten der umliegenden Büros beliebt. Im Juli und August werden finden kostenlose Filmvorstellungen und **Sommerkonzerte** statt. Eine Statue von Beethoven, ein Memorial zum Krieg gegen Spanien von 1898 und **Wasserspiele** mit purpurrotem Wasser erfreuen die Besucher.

ZIELE
LOS ANGELES

»Times Square of the West«

Im Bereich Olympic Boulevard – Figueroa Street, nicht weit vom Staples Center entstand 2005–2010 dieser milliardenteure **Unterhaltungskomplex** mit TV-Sendestudios, Konzert- und Theatersälen, Kinos, Luxushotel, Restaurants, Cafés, Clubs und noblen Stadtwohnungen, der schon heute als »Times Square of the West« gilt.

L. A. Live

Als die L. A. Central Library gebaut wurde, hatten die USA 48 Bundesstaaten. Nachzuzählen am Leuchter in der Kuppel der Rotunda.

L. A. Live

Zentraler Treffpunkt ist der **Microsoft Square,** eine große Freiluft-Arena. Neben diversen, viel Publikum anlockenden Veranstaltungen finden hier auch Filmpremieren mit illustrem Star-Aufgebot statt.
Im **Microsoft Theater**, in dem u. a. die Primetime Emmy Awards verliehen werden, finden über 7000 Zuschauer Platz. Im **Club Novo** können bis zu 2300 Besucher hochkarätige Musik- und andere kulturelle Darbietungen genießen (www.lalive.com/play).
Auf Etage 27–52 ist das Nobelhotel **Ritz-Carlton** eingerichtet, von dessen Zimmern und Suiten man – besonders abends und nachts – einen atemberaubenden Blick über Los Angeles hat.
Die Geschichte der Pop-Musik erleben Besucher im **Grammy Museum**, einer hochmodernen interaktiven Ausstellung, in der sie sich selbst wie Pop-Stars fühlen können. Eine Sonderpräsentation informiert über die Grammy Awards.
L. A. Live: www.lalive.com
Grammy Museum: Ecke Olympic Blvd./Figueroa St. 12–17, Sa. 11–18 Uhr, Di. geschl. | 15 $ | https://grammymuseum.org

Maya, Porno, Rock

Mayan Theater

Im Westen von Downtownliegt die ehem. Show- und Musical-Bühne Mayan Theater (802 S Hill St.). 1927 eröffnet, wurde sie dem präkolumbischen Maya-Stil nachempfunden. Die Fassade des Hauses ist mit Steinfiguren verziert – darunter der Azteken-Gott Huitzilopochtli – und geometrischen Mosaiken, die Funden in den auf der Halbinsel Yucatán ausgegrabenen Tempelstädten Uxmal und Chichén Itzá nachgebildet wurden. Die Kacheln im Foyer ähneln Fundstücken aus einem Sonnentempel in Guatemala. Nach einer ziemlich trostlosen Zeit als Pornokino wird das 1000 Sitzplätze fassende »Mayan« inzwischen als Dance Club und Veranstaltungsraum für **Rockkonzerte** genutzt.
www.themayan.com

▌ Little Tokyo

Relativer Wohlstand

Größte japanische Enklave

Südöstlich der City Hall gelangt man zu Fuß in die japanische Enklave von Los Angeles. Im Gegensatz zu Chinatown oder Koreatown dokumentiert Little Tokyo mit seinen zahlreichen Neubauten den relativen Wohlstand der japanischstämmigen Amerikaner.
Um die 1st Street, zwischen Main und Alameda Street gelegen, entstand hier das Viertel **Japanese Village Plaza** mit Kulturzentrum, Dutzenden japanischer Geschäfte und Restaurants sowie einem großen Einkaufszentrum. Die wenigen erhaltenen Häuser aus dem 19. Jh. fügen sich gut in das Straßenbild ein. In Los Angeles und dem umliegenden County leben heute über 130 000 Amerikaner japanischer Abstammung. Nur auf Hawaii ist ihre Zahl außerhalb Japans größer.

ZIELE
LOS ANGELES

Japans Kultur
Im Theater des **JACCC** (Japanese American Cultural & Community Center) treten von Zeit zu Zeit japanische Kabuki- und Noh-Gruppen sowie das Bunraku-Puppentheater auf. Die George J. Doizaki Gallery zeigt Wechselausstellungen japanischer Kunst.
Die Plaza vor dem Center wurde von dem amerikanisch-japanischen Bildhauer Isamu Noguchi entworfen. Dort steht eine Felsskulptur, die den »Issei«, der Generation der japanischen Einwanderer, gewidmet ist. (Ihre in Amerika geborenen Nachkommen heißen »Nisei«.)
JACCC: 244 S San Pedro St. | Gallery Di.–So. 12–16 Uhr, Büro tgl. 9–18 Uhr | Theater Info 1-213-680-3700 | www.jaccc.org

Japanisches Kulturzentrum

Geschichte japanischer Einwanderer
Das benachbarte **Japanese American National Museum** informiert in einem modernen Pavillon über die wechselvolle Geschichte japanischer Einwanderer in den USA.
100 N Central Ave. | Di.–So. 11–17 Uhr | 16 $ | www.janm.org

JANM

Music Center
135 N Grand Ave. | www.musiccenter.org

Vier Gebäude für Musik
Westlich des Civic Center erstreckt sich das **Music Center** (offizielle Bezeichnung: Performing Arts Center of Los Angeles County) auf dem höchsten Punkt des **Bunker Hill** (▶ S. 131). Es wurde 1964–1967 aus Sandstein erbaut und erinnert an das zur gleichen Zeit entstandene Lincoln Center in New York. Eine Plaza verbindet die vier Gebäude.

Performing Arts Center of Los Angeles County

Konzerte, Opern und Musicals
Im Dorothy Chandler Pavilion finden Konzerte, Opern und Musicals statt. Die 3200 Sitzplätze sind fast jeden Abend belegt. Die **Los Angeles Music Center Opera** bietet hier ein spannendes Repertoire an klassischen und modernen Vorstellungen.
www.laopera.org

Dorothy Chandler Pavilion

Theater, Musicals und Gastspiele
Im Ahmanson Theatre, einem der größten an der Westküste (2100 Sitzplätze), werden Musicals und Theaterstücke aufgeführt, auch Gastspiele der New Yorker Broadway-Theater und Eigenproduktionen der **Center Theatre Group**.
www.centertheatregroup.org

Ahmanson Theatre

Zeitgenössisches Theater
Im halbkreisförmigen Mark Taper Forum (740 Sitze) zeigt die **Center Theatre Group** vorwiegend zeitgenössische Theaterstücke, dar-

Mark Taper Forum

ZIELE
LOS ANGELES

unter auch Uraufführungen, von denen eine ganze Reihe den Weg zum Broadway fanden und gilt es als eines der erfolgreichsten Regionaltheater der USA.
www.centertheatregroup.org

Walt Disney Concert Hall

Geniale Akustik
Südlich schließt das 2003 eröffnete spektakuläre Konzerthaus mit weichen Kurven und futuristischen Zinnen aus rostfreiem Stahl an. Die neue Heimstatt des Orchesters Los Angeles Philharmonic (»LA Phil«; www.laphil.com) wurde vom Stararchitekten **Frank O. Gehry** entworfen. Die dekonstruktivistische Architektur fand keine ungeteilte Anerkennung, wohl aber die Akustik.
111 S Grand Ave. | Audio-Touren ab Lobby tgl. 10–14 Uhr, außer an Matinee-Tagen | www.musiccenter.org

Wo geht's rein? Frank O. Gehrys Walt Disney Concert Hall ist ein verschachteltes »Musikschiff«.

Privatmuseum zeitgenössischer Kunst

Weiter südwestlich zeigt das 2015 eröffnete Museum des Milliardärsehepaars Eli und Edythe Broad etwa 2000 Werke zeitgenössischer Kunst in einem vom New Yorker Architekturbüro Diller Scofidio + Renfro konzipierten Bau.

The Broad

221 S Grand Ave. | Mi.-Fr. 11-17, Sa./So. ab 10 Uhr | Dauerausstellung frei | www.thebroad.org

Bischofssitz

Die sandfarbene, vom spanischen Architekten **José Rafael Moneo** entworfene und 2002 eingeweihte Kathedrale östlich des Ahmanson Theatre ist Sitz des katholischen Erzbischofs von Los Angeles. In dem Sakralbau mit seinen eindrucksvollen Alabasterfenstern finden 1900 Besucher Platz.

Cathedral of Our Lady of the Angels

555 W Temple St. | tgl. 8-18, Sa. ab 9, So. ab 7 Uhr | Führungen s. Website | frei, Spende erbeten | https://olacathedral.org

▌ Wohin in Bunker Hill?

Viktorianische Häuser und eine alte Kabelbahn

Das Stadtgebiet Bunker Hill rund um das heutige Civic Center war um die vorletzte Jahrhundertwende die Wohngegend der wohlhabenden Angeleños, die sich dort **viktorianische Villen** errichten ließen.

Wohngegend der Reichen

Um 1901 wurde hier eine offene Kabelbahn nach Vorbild der »Cable Cars« in San Francisco in Betrieb genommen, um das Erklimmen des Hügels zu erleichtern. Nachdem die Gleise der Bahnstrecke mit dem schönen Namen **Angels Flight** (»Engelsflug«) 1969 im Zuge einer Umgestaltung von Bunker Hill demontiert wurden, hat die instand gesetzte Bahn ihren Betrieb im Sommer 2017 wieder aufgenommen.

351 S Hill St. | 6.45-22 Uhr | pro Fahrt 1 $ | www.angelsflight.org

Moderne Kunst in mehreren Gebäuden

Das Kunstmuseum wurde 1986 als »ein privates Museum mit einem öffentlichen Gewissen« eröffnet. Das Hauptgebäude entstand auf dem letzten unbebauten Gelände der **California Plaza**, einem großen Komplex von Büro- und Wohnhäusern, Einkaufszentren und Restaurants zwischen der City Hall und der eigentlichen Innenstadt. Bis zur Gründung des MOCA gab es in Los Angeles kein eigenständiges Museum für zeitgenössische Kunst seit 1940. Vor seiner Eröffnung fanden die Ausstellungen in einem von der Stadt zur Verfügung gestellten Lagerraum statt, der vom Stararchitekten Frank O. Gehry in mehrere Galerien umgestaltet wurde.

Museum of Contemporary Art (MOCA)

Der Museumsbau in der Central Avenue, der während der Errichtung des neuen Hauptgebäudes als Interimslösung »Temporary Contem-

ZIELE
LOS ANGELES

OBEN: Auf der California Plaza stimmt diese Installation von Nancy Rubins auf die moderne Kunst im MOCA ein.

RECHTS: Diese Skulptur von Robert Therrien steht im Privatmuseum The Broad – besser nicht anstoßen.

porary« diente, fand so großen Anklang, dass er als **MOCA Geffen** (Geffen Contemporary at MOCA) weitergeführt wird.

In dem von dem Japaner Arata Isozakis errichteten Hautgebäude **MOCA Grand Avenue** aus Rotsandstein sind dank seiner pyramidalen Aufbauten, Würfel und Zylinder, die das niedrige Gebäude fest im Boden verankern und es gleichzeitig höher erscheinen lassen, die natürlichen Lichtverhältnisse äußerst vorteilhaft. Dies gilt auch für das MOCA Geffen: Die Unterteilung des alten Lagerraums in kleine und große Galerien mit Rampen und Treppen lässt verschiedenste Gestaltungsmöglichkeiten zu.

In der Zwischenzeit wurden dem Museum zwei wichtige **Sammlungen** geschenkt: 80 Arbeiten aus dem Besitz des italienischen Grafen Giuseppe Panza di Biumo sowie 64 Werke aus dem Nachlass des Sammlers Barry Lowen (Minimalisten der 1960er- und 1970er-Jahre, Neoexpressionisten, Post-Minimalisten der 1980er). Mit Schenkungen einzelner Werke verfügt das Museum damit über einen Bestand von über 400 Gemälden, Skulpturen, Grafiken, Handzeichnungen, Fotos und Installationen. Vertreten sind Ikonen der Moderne wie Franz Kline, Claes Oldenburg, Louise Nevelson, Cy Twombly, Jasper Johns und Mark Rothko.

MOCA Grand Ave.: 250 S Grand Ave. | www.moca.org
MOCA Geffen: 152 N Central Ave.
beide: Do.-So. 11-17 Uhr | Eintritt frei (dank einer Großspende)

 El Pueblo de Los Angeles

Wo Los Angeles entstand

Am nördlichen Rand von Downtown erstreckt sich der denkmalgeschützte historische Stadtkern von Los Angeles. Der Park (Historical Monument) wird begrenzt von der Alameda Street im Süden, dem Sunset Boulevard und der North Spring Street im Osten und Norden sowie vom Hollywood Freeway im Westen. Auf diesem Areal – wo genau, lässt sich nicht mehr feststellen – wurde Los Angeles von einer Gruppe spanischer Siedler gegründet. Erst 1953 wurden 27 **historische Gebäude** restauriert, zehn davon sind der Öffentlichkeit zugänglich, fünf präsentieren sich als Museen.

Keimzelle der Metropole

https://elpueblo.lacity.org

Zu den mexikanischen Ursprüngen

In einer interaktiven Ausstellung im **Vikrey Brunswig Building** und im **Plaza House** der LA Plaza de Cultura y Artes erfahren Besucher einiges über die Gründungsgeschichte der Stadt und den Beitrag der mexikanischen Kultur zu deren Entwicklung.

LA Plaza de Cultura y Artes

501 N Main St. | Mo., Mi.-Fr. 12-17, Sa./So. ab 10 Uhr | frei
https://lapca.org

ZIELE
LOS ANGELES

Map: EL PUEBLO DE LOS ANGELES HISTORICAL MONUMENT

1. Brunswig Laboratory (1924)
2. Beaty Bldg.
3. Brunswig Annex (1897)
4. Vickrey/Brunswig Building (1883)
5. Plaza House (1883)
6. Brunswig Warehouse (etwa 1912; Juvenile Cours Building)
7. La Placita (1815-1822)
8. Masonic Hall (1858)
9. Merced Theatre (1870)
10. Pico House (1869/70)
11. Garnier Building (1890)
12. 425 North Los Angeles Street (1898)
13. Turner Building (1960)
14. Hellman/Quon Building (1900)
15. Firehouse (1884)
16. Founder's Plaque
17. King Carlos III of Spain
18. Plaza (1825 bis 1830)
19. Felipe de Neve
20. Indian Garden (1986)
21. Placita de Dolores (1979)
22. Leo Politi Mural (1978)
23. Biscailuz Building (1926)
24. Plaza Methodist Church (1925/1926)
25. Olvera Street Crc
26. Simpson/Jones Building (1894)
27. Jones Building (ca. 1880)
28. Ameria Tropical Interpretive Cent & Mural (1887)
29. Sepulveda House (1887)
30. Pelanconi House (1855 bis 1857)
31. Hammel Building (1909)
32. Siqueiros Mural (1932)
33. Italian Hall (1907/08)
34. Water Trough (1930)
35. Path of Zanja Ma
36. Old Winery (ca. 1870 bis 1914)
37. El Pueblo Park Offices (1914)
38. Old Winery (ca. 1870 bis 1914; El Paseo Inn)
39. Avila Adobe
40. Park Offices (Exhibits)
41. Plaza Substation (1904)

Avila Adobe

Kolonialspanischen Familienleben
Das Haus des damaligen Bürgermeisters (Alcalde) wurde um 1818 in dem für den Südwesten der USA typischen Baustil aus ungebrannten Adobe-Lehmziegeln errichtet. Hier kann man den Lebens- und Wohnstil einer begüterten kolonialspanischen Familie um 1840 nachempfinden.

10 Olvera St. | Di.-So. 10-13 Uhr | frei | https://elpueblo.lacity.org

La Placita

Älteste Kirche der Spanier
Das älteste erhaltene Gotteshaus der Stadt, Our Lady Queen of Angels (auch La Placita Church), auf der Plaza (535 N Main St.), entstanden 1818–1822, gehört zur Erzdiözese Los Angeles. Ursprünglich im Adobe-Stil erbaut, wurde es mehrfach restauriert und erweitert.

Als die Chinesen kamen

Im 1890 errichteten **Garnier Building** (425 N Los Angeles St.), dem letzten erhaltenen Gebäude der alten China Town, die erst später an ihren heutigen Ort verlegt wurde, zeigt eine Ausstellung auf drei Etagen die Geschichte der chinesischen Einwanderer in Los Angeles.

Chinese American Museum

425 N Los Angeles St. | Fr.–So. 10–15 Uhr | 3 $ | https://camla.org

Ein (zu) kritisches Wandgemälde

Das Info-Zentrum im **Sepulveda House** erzählt die Geschichte des Wandgemäldes (Mural) »América Tropical« von David Alfaro Siqueiros, das einst wegen seiner sozialkritischen Aussagen übermalt worden war.

América Tropical Interpretive Center

Nördl. der Plaza, zw. N Main und Alameda St. | Di.–So. 10–15, im Winter bis 12 Uhr | https://theamericatropical.org

Der letzte mexikanische Gouverneur

Das Pico House (430 Main St.) wurde 1869/70 von Pio Pico (1801–1894), dem letzten mexikanischen Gouverneur Kaliforniens, im Stil eines italienischen Palazzo erbaut. Viele Jahre war es das vornehmste Hotel der Stadt und wird heute für Kunstausstellungen und Veranstaltungen genutzt.

Pico House

Eines der ersten

Eines der ersten Ziegelshäuser der Stadt (1855–1857) ist das Pelanconi House (17 W Olvera St.), benannt nach seinem zweiten Eigentümer, dem Italiener Antonio Pelanconi. Seit 90 Jahren beherbergt es das mexikanische Restaurant »La Golondrina«.

Pelanconi House

www.casalagolondrinacafe.com

Mexikanischer Markt

Die Olvera Street wurde 1930 nach der Restaurierung von Alt-Los Angeles als mexikanischer Markt eröffnet. Neben Ständen und Souvenirläden mit mexikanischem Kunsthandwerk gibt es hier auch zahlreiche Restaurants. Die Straße wurde nach dem ersten Richter von Los Angeles County, Agustin Olvera, benannt.

Olvera Street

Union Station und Chinatown

Ein echter Großstadtbahnhof

Östlich des Pueblo trifft man auf die in den 1930er-Jahren im Spanish Mission Style erbaute Union Station (800 N Alameda St.), einen der letzten Großstadtbahnhöfe seiner Art in den Vereinigten Staaten und Gemeinschaftsprojekt der drei privaten Eisenbahngesellschaften Southern Pacific, Santa Fe und Union Pacific. Dafür wurde die alte Chinatown abgerissen und nicht weit entfernt wieder neu errichtet.

Spanish Mission Style

Eindrucksvoll sind der über 15 m hohe **Wartesaal** mit einer schönen Holzbalkendecke, die Marmorböden und die zahlreichen Bogengänge. Mit dem Rückgang des Personenzugverkehrs verlor der Bahnhof an Bedeutung.

Klein-China à la Hollywood

Restaurants, Banken und Geschäfte

Von der Olvera Street erreicht man zu Fuß die nördlich gelegene Chinatown. Mittelpunkt ist die Plaza (951 N Broadway) mit Restaurants, Banken und Geschäften, die teilweise im **Pagodenstil** errichtet wurden.

In Chinatown leben heute auch zahlreiche Vietnamesen. Viele gut situierte Chinesen aus Taiwan und Hongkong dagegen wohnen inzwischen in den Vororten, vor allem in Monterey Park und Alhambra im San Gabriel Valley weiter im Norden, wo inzwischen chinesische Enklaven mit chinesischen Supermärkten, Restaurants und Buchhandlungen entstanden sind.

▌ Broadway

High Life am Wochenende

Wo sich Latinos amüsieren

Vor allem am Wochenende tobt hier das pralle Leben. Nicht nur Latino-Familien mit und ohne Kinder kaufen ein, bummeln die muntere **Einkaufsstraße** mit auch am Sonntag geöffneten Geschäften entlang und genehmigen sich einen Imbiss. Auch das Glücksspiel ist gut vertreten.

Erinnerungen an die große Zeit des Kinos

Historische Kinopaläste

Am Broadway liegen interessante historische Kinopaläste, von denen einige in Büros oder Kaufhäusern umgewandelt, andere jedoch zu alter Pracht restauriert worden wurden. Das **Palace**, Eröffnung 1913, (611 S Broadway, www.palacedowntown.com) wird als Kino genutzt. Im 1926 eröffneten **Orpheum** (842 S Broadway, https://laorpheum.com) kommen Shows, Konzerte oder Burlesque zur Aufführung.

Das 1927 eröffnete **United Artists Theatre** (921 S Broadway, https://acehotel.com/los-angeles/theatre), heute im ACE-Hotel, wird als Kino genutzt und das reich geschmückte **Million Dollar**, Eröffnung 1918, in dem der Filmschauspieler und Unternehmer **Sid Grauman** (▶ S. 158) seine Karriere begann, wird bei Halloween oder anderen Special Events von verschiedenen Veranstaltern genutzt. Der gesamte Kino-Distrikt steht heute unter Denkmalschutz.

www.laconservancy.org

Hier wartet man doch gerne auf den Zug: die Halle der Union Station.

ZIELE
LOS ANGELES

Bradbury Building

L.A.s ältester Lift
Das 1893 von dem Geschäftsmann Louis Bradbury in Auftrag gegebene Bürogebäude wirkt von außen eher schlicht. Das Innere überrascht mit offenen Treppen, einem vier Stockwerke hohen Innenhof mit Oberlicht, das die reich verzierten gusseisernen Geländer und die schönen Holzpaneele erhellt. Der älteste noch in Betrieb befindliche Fahrstuhl von Los Angeles befördert die Besucher nach oben.
Filmfans werden sich an den legendären »**Bladerunner**«-Film mit Harrison Ford von 1982 erinnern und den Szenen aus dem Innern des eindrucksvollen Baus.
304 S Broadway | Lobby 9–17 Uhr | frei | www.laconservancy.org

Gusseisen und Holz geben dem Bradbury Building seinen Charakter.

EXPO Center

Rosenpracht im Freizeitpark
Dem Harbor Freeway nach Südwesten folgend, gelangt man zum Exposition Center. Hier entstanden Museen und Sporteinrichtungen wie das Los Angeles Memorial Coliseum (1923) und die L. A. Sports Arena. Im knapp 3 ha große **Rosengarten** blühen 190 Rosenarten. Das Exposition Center war bereits zweimal Schauplatz **Olympischer Sommerspiele**, 1932 und 1984, und soll es 2028 noch einmal werden.

Sport- und Freizeitgelände

www.laparks.org/expo
Rosengarten: 701 State Dr., Mitte März–Dez. 8.30 Uhr bis Sonnenuntergang | frei | www.laparks.org

Geschichte und Kultur der Afro-Amerikaner
Das **California African American Museum** am Harbor Freeway bietet zahlreiche sehr eindrucksvolle Exponate zur Geschichte, Kultur und Kunst der Afro-Amerikaner in Nord- und Südamerika.

CAAM

CAAM: Ecke Figueroa St./Exposition Blvd. | Di.–Sa. 10–17, So. 11–17 Uhr | frei, Parkgebühr 15 $ | https://.caamuseum.org

Dioramen, Saurier und Schmetterlinge
In den Sälen und Galerien des heutigen Naturkundemuseums beeindrucken **Dioramen** mit präparierten Vögeln, Insekten, Reptilien und Säugetieren. Besonders imposant sind die **Saurierskelette**, kostbar die Sammlung von Mineralien, Halbedel- und Edelsteine. Sonderpräsentationen zeigen die Veränderungen der Lebensbedingungen in Kalifornien und im Südwesten der USA seit dem 16. Jh.

Natural History Museum

Im Sommer können sich Besucher an Hunderten von Schmetterlingen erfreuen, die im **Butterfly Pavilion** umherflattern.
900 Exposition Blvd. | Mi.–Mo. 9.30–17 Uhr (Butterfly Pavilion Mitte März bis Anf. Sept.) | 15 $ | https://nhm.org

Begeisterndes Wissenschaftsmuseum
Hier machen Naturwissenschaften der ganzen Familie Spaß. Besucher können in mehreren Hundert **Experimenten** austesten, mit welchen Wechselwirkungen Industrie und Umwelt voneinander abhängen, wie Flugzeuge fliegen, oder wie das Leben in einem Dschungel aus Seetang aussieht. Tess, das 15 m große Modell einer Frau, demonstriert die komplizierte Aufgabenverteilung der inneren Organe.

California Science Center

In der **Air & Space Gallery**, einem Bau von Frank O. Gehry, werden Flugzeuge präsentiert und eine Gemini-Kapsel, mit der Astronauten in den 1960er Jahren die Apollo-Missionen zum Mond vorbereiteten.
Ein **IMAX-Theater** zeigt auf einer gigantischen Leinwand spektakuläre Filme von der Mikrobiologie bis zu Weltraumexperimenten.
700 Exposition Park Dr. | 10–17 Uhr | frei; IMAX 9 $
https://californiasciencecenter.org

ZIELE
LOS ANGELES

Koreatown

Touristenattraktion im Werden

Viertel der Koreaner

Eines der ethnischen Viertel, das sich in den letzten Jahren immer stärker ausgeweitet hat, ist Koreatown. Mehr als 100 000 Koreaner leben inzwischen in einer Gegend westlich von Downtown, die rund 200 Straßengeviere umfasst. Überall gibt es koreanische **Läden**, auch solche, die medizinische Kräuter, geröstete Algen, Kimchi (fermentierter Weißkohl, ähnlich wie Sauerkraut) und koreanische Importartikel wie Porzellan-Spieldosen anbieten.
Der **Thal Mah Sah**, ein buddhistischer Tempel, steht an einer der Hauptstraßen (3505 W Olympic Blvd.). **Koreanische Lokale** gibt es natürlich in Hülle und Fülle – vom Imbiss mit koreanischem Streetfood bis zum Familienrestaurant. Die Eröffnung eines **Korean American National Museum** ist für 2022 geplant.
www.kanmuseum.org

Watts

Ungelöste Probleme

Straßenkämpfe

Ein Problemquartier mit langer Tradition liegt südlich des Stadtzentrums. Hier wohnen vorwiegend Schwarze und Mexikaner. Die unterschwelligen sozialen Spannungen explodierten im August 1965 bei den **Watts-Unruhen**, bei denen 34 Menschen den Tod fanden und über 1000 verletzt wurden. Arbeitslosigkeit, schlechte Wohnverhältnisse, Diskriminierung durch die Polizei und ein Gefühl allgemeiner Frustration waren die Ursachen, konkreter Auslöser die Verhaftung eines Schwarzen wegen angeblicher Trunkenheit am Steuer durch einen weißen Polizisten. Da die Polizei der Lage nicht Herr wurde, kam die bewaffnete Nationalgarde zum Einsatz, die erst nach sechs Tagen die Ruhe wiederherstellte.
Inzwischen hat die Stimmung in Watts deutlich beruhigt, doch **Spannungen** sind geblieben. Nächtliche Besuche des Stadtquartiers auf eigene Faust sollte man besser vermeiden.

Italo-kalifornischer Gaudí?

Watts Towers of Simon Rodia State Historic Park

1921 begann **Simon Rodia**, ein aus Neapel eingewanderter Bauarbeiter und Fliesenleger, mit dem Bau »seiner« Türme aus Zement, Stahlstangen und Maschendraht, verkleidet mit etwa 70 000 Muscheln, Glas-, Kachel- und Spiegelscherben. In 34-jähriger Arbeit vollendete er vier Türme, von denen zwei 34 m hoch sind.
Rodia schuf eigenhändig, ohne ausgebildeter Künstler oder gar Architekt zu sein, ohne Gerüst oder Maschinen ein fast gotisch anmutendes Konstrukt, das manche mit Werken des Katalanen Antoni Gaudí vergleichen, und schmückte es mit leeren Flaschen, Schalen von Meeres-

tieren und Keramik. Als die Türme 1955 fertig waren, schenkte er sie einem Nachbarn und zog nach Martinez, einer Stadt bei San Francisco. Nach Jahren des Verfalls wurde der Skulpturenkomplex zum **Kulturmonument** erklärt. (Solange die Skulpturen restauriert werden, kann man den eingezäunten Komplex vorübergehend nur von außen besichtigen, die Touren dafür aber umsonst in Anspruch nehmen.)
1765 E 107th St. | Führungen: Do.–Sa. 10.30–15, So. 12–15 Uhr | 7 $
www.wattstowers.org

Westside und Beverly Hills

Vornehm und begehrt

Die »**Westside**« umfasst die noblen Gemeinden und Stadtteile im Westen des Großraums Los Angeles: Beverly Hills, West Hollywood, Bel Air, Brentwood und Westwood mit der University of California UCLA und Century City mit seinen zahlreichen Filmstudios und dem attraktiven Einkaufszentrum **Westfield Century City**.
www.westfield.com/centurycity

Die noblen Stadtteile

Prominenten-Siedlung in den Hügeln

Obwohl eine selbstständige Stadt (34 000 Einw.), ca. 12 mi/19 km westlich von Downtown L. A., ist Beverly Hills ganz vom Gebiet der Stadt Los Angeles umgeben und so eng mit ihr verwachsen, dass Touristen selten registrieren, wenn sie sich in der jeweils anderen Gemeinde aufhalten. Die Siedlung in den Hügeln an der damaligen Peripherie von Los Angeles entwickelte sich trotz Errichtung des **Beverly Hills Hotel** (1912) zunächst nur zögerlich.

Beverly Hills

Erst als die Filmindustrie im nahen Hollywood an Bedeutung gewann, ließen sich auch namhafte **Filmgrößen** in den Vorbergen der Santa Monica Mountains prachtvolle Villen errichten. **Pickfair** (1143 Summit Dr.), der vom Schauspieler-Ehepaar Douglas Fairbanks und Mary Pickford errichtete Wohnsitz, war 1920–1935, als sich das Paar scheiden ließ, der gesellschaftliche Mittelpunkt der Filmkolonie. Ein anderes schönes Gebäude ist **Greystone Mansion** (905 Loma Vista Dr.), die sich Ölmillionär Edward L. Doheny erbauen ließ. Hier war vorübergehend das American Film Institute untergebracht.

Beverly Hills ist eine der **reichsten Gemeinden** der Vereinigten Staaten. Das durchschnittliche Jahreseinkommen liegt mit rund 107 000 $ um ein Drittel über dem amerikanischen Haushaltsdurchschnitt. Hier gibt es die gepflegtesten Straßen und die bestbewachten Bezirke, die modernsten Feuerwehrautos und die am besten funktionierende Müllabfuhr, 3000 private Pools, 420 Tennisplätze, 140 Juweliergeschäfte, erstklassige Restaurants sowie diverse Schönheitssalons, Wirtschafts- und Scheidungsanwälte sowie Arztpraxen, Psychologen und Psychiater.

ZIELE
LOS ANGELES

Beverly Hills hat seine eigenen, manchmal seltsam anmutenden Gesetze. Spaziergänger sind in den Villenstraßen nicht gern gesehen. Bürgersteige gibt es kaum, als Fußgänger erregt man Aufsehen. Und natürlich besitzt Beverly Hills ein eigenes **Visitor Center**.
9400 S Santa Monica Blvd., Suite 102 | Tel. 1-310-248-1015
9/10–17 Uhr | https://lovebeverlyhills.com

Eine der teuersten Shopping-Meilen

Rodeo Drive

Neben den Villen, der 1932 im spanischen Barockstil erbauten City Hall (Ecke 450 N Crescent Dr./Santa Monica Blvd.) und dem Beverly Hills Civic Center kann man das Ambiente dieser höchsten Wohlstand ausstrahlenden Stadt nirgendwo besser beobachten als am **Rodeo Drive** zwischen den Boulevards Wilshire und Santa Monica. In dieser drei Häuserblocks langen, wohl teuersten Shopping-Meile der Welt drängen sich Dutzende Luxusgeschäfte und Restaurants
https://rodeodrive-bh.com

Stylish, glamourös, liberal und offen

West Hollywood

Das benachbarte West Hollywood ist seit 1984 eine eigenständige Gemeinde (36 000 Einw.). Fastfood-Ketten sind hier verpönt, dafür gibt es elegante Restaurants und Boutiquen. Shopping-Enthusiasten kommen in der legendären, leicht schrägen **Melrose Avenue** voll auf

»Walk of Style«: Am Rodeo Drive glitzert Beverly Hills.

ZIELE
LOS ANGELES

ihre Kosten. In »WeHo« fühlt sich auch eine größere Gemeinde von schwulen und lesbischen Bewohnern zu Hause.
Informationen zu Sehenswürdigkeiten, Hotels, Restaurants und Einkaufsmöglichkeiten erhält man im **West Hollywood Travel & Tourism Board**.
1017 N La Cienega Blvd.. Suite 400 | Tel. 1-310-289-2525
www.visitwesthollywood.com

Designklassiker

Das **PDC** ist in einem siebenstöckigen Gebäude mit kobaltblauer Glasfront untergebracht, in L. A. als »Blue Whale« bekannt. Auch ein zweites Gebäude mit grüner Glasfront gehört dazu. Die Ausstellungsräume fungieren als »Showroom« für renommierte Inneneinrichter und Hersteller. Designklassiker europäischer und amerikanischer Künstler sind wie in einem Museum ausgestellt, doch kann man sie hier auch kaufen. *(Pacific Design Center)*
8687 Melrose Ave. | Mo.-Fr. 9-17 Uhr | frei , Showrooms nur für Fachbesucher zugänglich | www.pacificdesigncenter.com

Auf den Spuren von Holocaust und Rassismus

Südlich von Beverly Hills veranschaulichen im Museum of Tolerance des **Simon Wiesenthal Center** multimedial aufbereitete Exponate die Geschichte von Diskriminierung und Vorurteilen, beginnend mit der Judenverfolgung im Dritten Reich bis zur Bürgerrechtsbewegung in den Vereinigten Staaten oder der ethnischen Säuberung in Bosnien. Innerhalb des musealen Schwerpunkts Holocaust werden auch die »Appeasement«-Politik der Westmächte gegenüber Hitler-Deutschland und das Tagebuch der Anne Frank thematisiert. *(Museum of Tolerance)*
Ein »Social Lab« widmet sich Themen wie Ausgrenzung, globalen Krisen, Antisemitismus und der Verantwortung des »American Dream« im täglichen Leben.
9786 West Pico Blvd. | Do./Fr., So. 10-17 Uhr | 16 $
www.museumoftolerance.com

Promi-Wohngegend

Das nördlich von Westwood und westlich von Beverly Hills gelegene, in den 1920er-Jahren entstandene Bel Air gehört zu den elegantesten Stadtvierteln von Los Angeles mit den schönsten und teuersten Villen. Fußwege sind an den steil ansteigenden und gewundenen Straßen kaum zu finden. In Geschäften kann man Straßenkarten mit den Adressen hier residierender Schauspieler kaufen. *(Bel Air)*
In der Stone Canyon Rd. 701 residiert mit dem »**Bel Air**« eines der teuersten Luxushotels der Stadt. Großzügig im spanischen Missionsstil angelegt, liegt es inmitten einer idyllischen Parkanlage, wo es nach Bougainvilleas, Magnolien und Avocado-Holz duftet.
www.dorchestercollection.com/en/los-angeles/hotel-bel-air

 The Getty Center

1200 Getty Center Dr. | Tel. 1-310-440-7300 | Di.–So 10–17.30 Uhr | frei. Die computergesteuerte »**Getty Center Tram**« bringt Besucher vom Parkplatz (Parkgebühr: 20 $) auf den Museumshügel | www.getty.edu/visit/center

Eine Tempelstadt der Kunst

Museumskomplex

Da das Gebäude des Getty Museum in Malibu zu klein geworden war und für die Antikensammlung von Grund auf restauriert werden sollte, erwarb die Getty-Stiftung 1980 ein 40 ha großes Areal in den südlichen Ausläufern der Santa Monica Mountains. Neben dem Ausstellungskomplex des Museums (▶ Baedeker Wissen, S. 146) finden sich hier Verwaltungs- und Servicegebäude sowie zwei Institute, die sich der Förderung der Künste und Geisteswissenschaften verpflichtet haben.

Aus der Ferne mutet das von Stararchitekt Richard Meier entworfene **Kunstmuseum** aus hellem Travertinstein wie ein moderner Palast an. Die hier ausgestellten Objekte ziehen zusammen mit der Getty Villa jährlich rund 2 Mio. Besucher an, die in den lichten Galerieräumen eine erlesene Kunstsammlung mit Bildern von Rembrandt, van Gogh oder Monet bewundern. Dazu kommen antike Kunst, französische Impressionisten, wertvolle Manuskripte, französisches Interieur, zeitgenössische Fotografie oder Grafik.

Vom Museumsgelände genießt man bei klarem Wetter herrliche **Ausblicke** auf die Wolkenkratzer von Downtown, die San Bernardino Mountains und die Los Angeles Bay am Pazifik. Der Weg durch die nach Epochen angeordneten i**Galerien** führt immer wieder über verglaste Brücken oder durch offene Terrassen und bietet Ausblicke in die Landschaft.

Genießen Sie auch die exzellente, leichte Küche des **Restaurants** (Reservierungen: Tel. 1-310-440-6810) im Getty Center mit einem herrlichen Blick über die Santa Monica Mountains und den Pazifik!

Ölmagnat und leidenschaftlicher Kunstsammler

Sammlung und Stiftung

Die Getty-Sammlung wurde mit der Eröffnung des Getty Museum 1954 in der Villa des Ölmagnaten **Jean Paul Getty** (1892–1976) in Pacific Palisades erstmals einer breiten Öffentlichkeit zugänglich gemacht. 1973 wurde sie nach Malibu verlegt (▶ S. 168). Zunächst wurden dort nur griechische und römische Skulpturen, dekorative Kunst, vornehmlich Möbel aus Frankreich, und europäische Kunst (15.–18. Jh.) gesammelt.

Nach Gettys Tod 1976 und Regelung der Erbstreitigkeiten war die **Getty-Stiftung** mit einem Vermögen von 4,5 Mrd. $ die reichste Kunststiftung der Welt. Um ihren steuerrechtlichen Status nicht zu verlieren, muss sie in drei von vier Jahren 4,25 % des Vermögens für Ankäufe ausgeben. Keine leichte Situation für andere Museen, die gegen Finanziers dieser Größenordnung nicht mehr mithalten können. So wurden für

ZIELE
LOS ANGELES

OBEN: Natürliches Licht fällt durch Glassteinwände ins Innere des vom Stararchitekt Richard Meier entworfenen Getty Centers.

LINKS: Jean Paul Getty investierte sein mit Öl gemachtes Vermögen in Kunst.

★★ GETTY CENTER

Wie eine postmoderne Tempelanlage, in der man der Kunst huldigt, liegt der 1984–1997 errichtete hell leuchtende, milliardenteure Bau des Stararchitekten Richard Meier auf einer Kuppe der Brentwood Hills. Die Innenräume wurden von dem Innenarchitekten Thierry Dupont gestaltet.

❶ Bahnstation
Eine Tram pendelt zwischen der riesigen Parkgarage und den Museumsgebäuden. Ein paar Schritte den Hügel hinauf erreicht man das Getty Center.

❷ Museumsfassade
Rund 16 000 t italienischer Travertin wurden für die raue hell-beigefarbene Plattenverkleidung verwendet – in Kontrast zu glatt geschnittenem Stein und getöntem Metall, das an gerundeten Flächen und den übrigen Bauten vorherrscht.

❸ Lobby
Die als Rundbau angelegte, lichtdurchflutete Lobby bietet Ausblick auf einen Brunnenhof, um den vier Ausstellungspavillons angeordnet sind.

❹ Sammlungen in den Pavillons
Jean Paul Getty (1892–1976) erwarb sein Vermögen im Ölgeschäft und investierte es in seine Sammlung europäischer Malerei, Skulptur und kunsthandwerklicher Arbeiten – mit Schwerpunkt auf Werken von Renaissance bis Postimpressionismus. Im Familienraum (family room) des Erdgeschosses können Kinder von 5-13 Jahre Kunst entdecken. In der Sketching Gallery im 1. OG können angemeldete Besucher selbst Skiz-

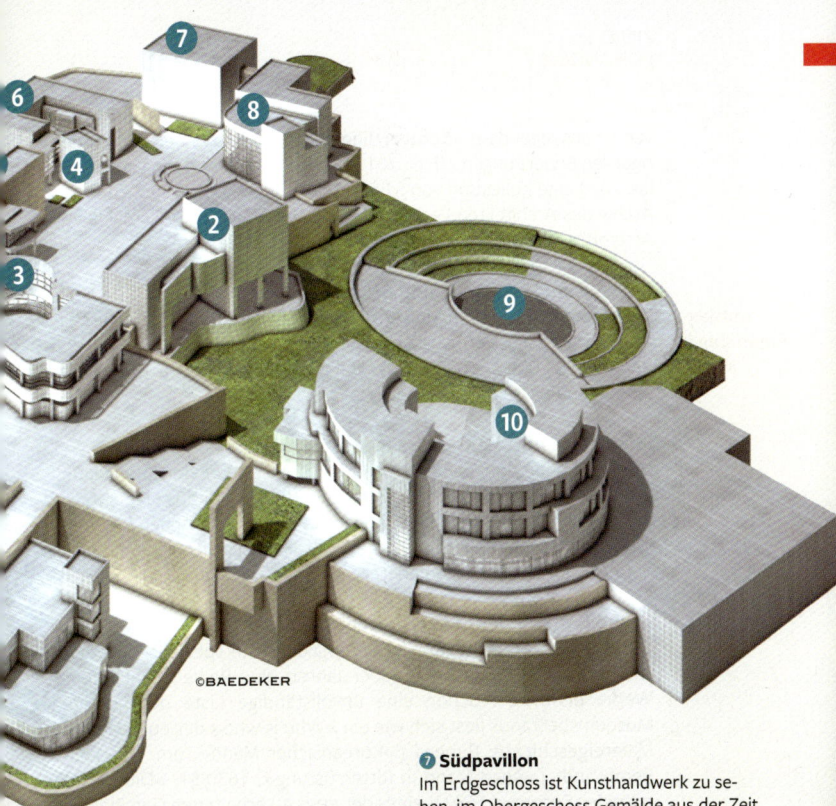

zen von Gemälden und Skulpurabgüssen anfertigen, Materialen werden gestellt.

❺ Nordpavillon
Mit Handschriften aus dem 6.–16. Jh. sieht man hier Meisterwerke aus byzantinischen und ottonischer Zeit sowie aus Romanik, Gotik und Renaissance, Skulpturen, Kunsthandwerk, Bilderhandschriften, Gemälde sowie wechselnde Ausstellungen.

❻ Ostpavillon
Kunstwerke von 1600–1800, im Erdgeschoss Skulpturen und Kunsthandwerk, im Obergeschoss Gemälde. Von diesem Pavillon hat man auch einen schönen Blick auf Bel Air und den San Diego Freeway.

❼ Südpavillon
Im Erdgeschoss ist Kunsthandwerk zu sehen, im Obergeschoss Gemälde aus der Zeit von 1600–1800.

❽ Westpavillon
Dieser Pavillon ist der Kunst nach 1800 gewidmet, präsentiert werden Skulpturen, Kunsthandwerk, Fotografie, Zeichnungen und Gemälde.

❾ Zentraler Garten
In dem von Robert Irwin angelegten Garten gedeihen Hunderte Azaleen. Über eine Stufenwand fällt Wasser in ein Becken.

❿ Forschungsinstitut
In diesem Gebäude werden interessante Wechselausstellungen gezeigt.

⓫ Auditorium
Das Programm zu den Vorlesungen, Filmvorführungen und Musikdarbietungen erhält man in der Eingangshalle.

van Goghs legendäre »**Schwertlilien**« fast 54 Mio. $ bezahlt. Zu den neueren Erwerbungen zählen 2019 Arbeiten der Fotografin Laura Aguilar, 2020 eine Kollektion von frühen Zeichnungen Rembrandts und das Archiv des Architekten Paul Revere Williams sowie 2021 Gemälde von Artemisia Gentileschi, Mondrian und Gustave Caillebotte.

Etruskische, römische und griechische Kunst

Antikensammlung in Malibu

Die umfangreiche Sammlung etruskischer, römischer und griechischer Antiken ist in der Getty-Villa in Malibu zu bewundern (▶ S. 168). Von den etwa 44 000 Exponaten werden allerdings nur etwa 1200 in der ständigen Ausstellung präsentiert.

Illustrierte mittelalterliche Handschriften

Aus der Sammlung Ludwig

Die Sammlung von Handschriften aus der Zeit vor der Entwicklung der Buchdruckerkunst hat einen beträchtlichen Umfang erreicht, wie die deutschen, französischen, italienischen und englischen Exponate im Obergeschoss bezeugen. Nahezu alle Handschriften stammen aus dem Ankauf der Sammlung Peter Ludwig aus Aachen.

»Who is who« der Malereigeschichte

Gemälde

Obwohl Getty dem Ankauf von Gemälden kein spezielles Interesse widmete, hatte er in den 1930er-Jahren eine Reihe hochkarätiger Werke erworben. Schon eine unvollständige Liste des heutigen Museumsbestands liest sich wie ein »Who is who« der europäischen Malereigeschichte: Rubens (»Koreanischer Mann«, um 1617) und Rembrandt (»Alter Mann in Ritterrüstung«, 1630/31; »Die Entführung der Europa«, 1632), eines der etwa 40 erhaltenen Gemälde von Georges de la Tour, Goya, Gainsborough, die französischen Impressionisten und Nachimpressionisten Pissarro, Renoir (»La Promenade«), Monet (»Heuschober im Schnee, morgens«, 1891), Degas, Cézanne (»Stillleben mit Äpfeln«, 1900), van Gogh (»**Schwertlilien**«, 1898) und Gauguin sowie Henri de Toulouse-Lautrec.

Grafische Sammlung und Kunsthandwerk

Zeichnungen

Die im Obergeschoss untergebrachten Zeichnungen stammen von herausragenden europäischen Künstlern wie Dürer (»Der Hirschkäfer«, 1505), Raffael, del Sarto und Veronese, Rembrandt und Rubens, Poussin und Watteau. Unter den **Möbeln** fällt vor allem ein für König Ludwig XIV. hergestelltes reich verziertes Kabinett ins Auge: Über seiner Tür ist ein Bronze-Medaillon des Monarchen angebracht, umgeben von Militärtrophäen.

Umfangreiche Fotosammlung

Fotografien

Die ältesten Fotos der umfangreichen Fotosammlung stammen aus den 1830er-Jahren. Neben anderen Werken des 19. Jh.s findet man Klassiker der Fotografiekunst wie Man Ray oder August Sander.

University of California at Los Angeles (UCLA)
International Visitors Bureau: 11347 Bunche Hall
Tel. 1-310-206-0866 | www.international.ucla.edu/

Eine der weltweit angesehensten Hochschulen

Mit rund 46 000 Studierenden ist der Campus in Los Angeles (Westwood, 405 Hilgard Ave.) der größte im Verband der **University of California** (UC). Diese ist mit rund 285 000 Studierenden, verteilt auf verschiedene Standorte – u. a. in Berkeley und San Diego –, neben der California State University der zweite große kalifornische Hochschulverband.

Aus einer 1882 gegründeten Normal School hervorgegangen, begann der eigentliche Aufstieg der University of California mit dem Kauf des heutigen Campusgeländes im Stadtteil **Westwood**.

1929 wurden die rechteckig angeordneten **Hochschulgebäude** neu eröffnet. Zu den vier ursprünglichen nach italienischen Vorbildern gestalteten Bauten kamen in den vergangenen sechs Jahrzehnten mehrere Dutzend weitere hinzu.

Autos sind auf dem Campus nur auf den Hauptstraßen zugelassen, sodass man die Sehenswürdigkeiten zu Fuß erkunden muss.

Hilfreiche Übersichtskarten, mit denen Besucher den UCLA-Campus auf eigene Faust erkunden können, liegen im **Visitors Bureau** des Hochschulgeländes aus.

Geschichte und Bedeutung

Konzerte, Ausstellungen und Skulpturen

Der 1,6 km² große Campus gilt als einer der schönsten von Kalifornien. In seinen Gartenanlagen wachsen zahlreiche exotische Pflanzen. Ein in einem Canyon angelegter **Botanischer Garten** ist als ungewöhnliche Waldlandschaft gestaltet.

Im Auditorium der **Royce Hall**, einem der vier ursprünglichen Uni-Gebäude, finden häufig Konzerte statt, ebenso in der **Schoenberg Hall**, benannt nach dem 1933 emigrierten österreichischen Komponisten und Begründer der Zwölftontechnik Arnold Schönberg, der mehrere Jahre an der UCLA lehrte.

In der Haines Hall gleich nebenan ist das **Fowler Museum at UCLA** (Museum of Cultural History) untergebracht, das fortlaufend Ausstellungen zu verschiedenen Kulturen, vor allem Asiens, Afrikas und Lateinamerikas, anbietet.

Im 2006 eröffneten **Broad Art Center** der Eli and Edythe Broad Art Foundation finden regelmäßig Ausstellungen statt.

Im angrenzenden **Franklin D. Murphy Sculpture Garden** verteilen sich Dutzende Statuen und Skulpturen, darunter Werke von Henry Moore, Auguste Rodin und Joan Miró.

Fowler Museum: 308 Charles E. Young Dr. N | Mi. 12–20, Do.–So. 12–17 Uhr | frei | https://fowler.ucla.edu
The Broad Art Center: https://broadfoundation.org

Auf dem Campus

Am Wilshire Boulevard

Kunstmuseum und Kulturzentrum

Hammer Museum

Das Museum an der UCLA stellt in einem modernen Gebäude Kunst aus der persönlichen Sammlung des 1990 verstorbenen Ölmagnaten Armand Hammer (1898–1990) aus, die dieser der Hochschule gestiftet hatte, darunter Werke von Rembrandt, Degas, van Gogh und Toulouse-Lautrec. Ein Schwerpunkt des Kulturzentrums liegt auf Förderung und Vermittlung von zeitgenössischer Kunst. So machte sich das Museum einen Namen durch herausragende **Wechselausstellungen** zur Kunst der Avantgarde.
10899 Wilshire/Ecke Westwood Blvd. | Di.–So. 11–18 Uhr | frei
https://hammer.ucla.edu

Paläontologische Forschung im Teer

La Brea Tar Pits & Museum

Die Teergruben (»tar pits«) von Rancho La Brea gestatten einen ungewöhnlichen Blick in die Vergangenheit. **Fossilien** von vorzeitlichen Tieren wurden hier gefunden für die sich der Teer als ausgezeichnetes Konservierungsmittel erwies (in vorgeschichtlicher Zeit wurden die Tiere in den Teergruben wie in Fallen gefangen und im Laufe der Jahre mit Sedimenten überdeckt). Geborgene Knochenteile von mehr als 400 verschiedenen Tier- und rund 140 Pflanzenarten sowie das **9000 Jahre alte Skelett** einer Frau sind im Museum ausgestellt. Von einigen Tieren konnten die kompletten Skelette rekonstruiert werden. Man kann Paläontologen bei der Arbeit zusehen, wie sie Funde aus den Teergruben reinigen, bestimmen und katalogisieren. Eine Multi-Media-Schau informiert über die Tierwelt des Eiszeitalters.
5801 Wilshire Blvd. | Mi.–Mo. 9.30–17 Uhr | ab 15 $ (Museum)
https://tarpits.org

Das Auto im American Way of Life

Petersen Automotive Museum

Wo, wenn nicht in Los Angeles, wäre ein Museum besser aufgehoben, das die Rolle des Autos im US-amerikanischen »Way of Life« dokumentiert? Auch besondere Aspekte rund ums Auto, wie die Geschichte der Autobahnen oder die Bedeutung von Autobahnkapellen, werden dargestellt. **200 Oldtimer**, zum Teil Leihgaben prominenter Einwohner der Stadt, sowie wechselnde Sonderausstellungen mit Fahrzeugen der James Bond Filme oder der Formel 1 machen den Besuch dieses Museums für Autoliebhaber zum Erlebnis.
6060 Wilshire Blvd./Ecke S Fairfax Ave. | 10–17 Uhr | ab 21 $
www.petersen.org

Die Oscar-Verleiher

Filmakademie (AMPAS)

Die **Academy of Motion Picture Arts and Sciences** wurde 1927 gegründet. Ihre Mitglieder küren alljährlich die **Oscar-Preisträger**, die während einer pompösen und weltweit übertragenen Zeremonie

Hinter dieser Fassadenverkleidung von Kohn Pedersen Fox geht es um das Auto im American Way of Life.

übergeben werden. Seit Emil Jannings für seine Rolle im Film »Der Weg allen Fleisches« 1929 den Oscar als bester Hauptdarsteller erhielt, wird dieser jährlich vergeben (▶ Hollywood, S. 154; ▶ Baedeker Wissen, S. 156).
Die Academy hat 2021 im Herzen von Los Angeles nahe des historischen Gebäude der Wilshire May Co. ein neues **Museum zur Filmgeschichte** nach Plänen des Stararchitekten Renzo Piano sowie wechselnde Sonderausstellungen, mit Fahrzeugen der James Bond Filme oder der Formel 1,.
6067 Wilshire Blvd./Ecke S Fairfax Ave. | 10–18, Fr./Sa. bis 20 Uhr 25 $ | www.academymuseum.org

Filmkulissen und die Ära des Kalten Kriegs
Weiter südlich, im Städtchen Culver City (40 800 Einw.), werden von **Sony Pictures** TV-Serien und Spielfilme produziert. Eine kurzweilige zweistündige Tour durch die Kulissen kann man dort unternehmen.

Culver City

Am 25. Jahrestag des Falls der Berliner Mauer wurde in Culver City das **Wende Museum** eröffnet, auf Initiative und mit Exponaten aus dem schier unerschöpflichen Fundus des kalifornischen Historikers Justinian Lampol. Es vermittelt Besuchern Einblicke in Alltag und Kultur der ehem. DDR und in die Zeit des Kalten Kriegs. Nach dem Um-

zug in die Armory, einen ehem. Atombunker und Zeughaus der Nationalgarde der US-Armee, wurde es 2018 wieder eröffnet.
Sony Pictures: Sony Plaza | Mo.–Fr. ab 10.30 Uhr und wechselnde Zeiten s. Website | Reservierung Tel. 1-310-244-8687 | 50 $ (Kinder ab 12 J., Lichtbildausweis erforderl.) | www.sonypicturesstudiostours.com

The Wende Museum: 10808 Culver Blvd. | Fr. 10–21, Sa., So. bis 17 Uhr, Führungen: Fr./Sa. 13 Uhr und wechselnde Zeiten s. Website | frei | www.wendemuseum.org

★★ Los Angeles County Museum of Art (LACMA)

5905 Wilshire Blvd. | Mo., Di., Do. 11–17, Fr. 11–20, Sa., So. 10–19 Uhr | 25 $ | www.lacma.org

Größtes Kunstmuseum an der Westküste

Geschichte und Gebäude

Das Museum mit seiner Sammlung von über 110 000 Einzelobjekten aus der Zeit vom Altertum bis in die Gegenwart genießt Weltruhm und ist für alle kunstinteressierten Besucher von Los Angeles ein Muss. Seine sechs getrennten, unterirdisch miteinander verbundenen Gebäude sind um einen großen Innenhof angeordnet. Obwohl es erst 1965 eröffnet wurde, reicht seine Geschichte zurück bis 1913, als das damalige Los Angeles County Museum of History Science and Art eingeweiht wurde. Die Ausstellungsräume wurden jedoch bald zu klein. Langwierige Auseinandersetzungen um zusätzliche Bauten führten 1965 zum Erfolg. Umfangreiche Neubaupläne nach Entwürfen des Schweizer Kultarchitekten **Peter Zumthor**, die mehrere der bisherigen Gebäude, wie auch das Ahmanson und das Art of the Americas Building ersetzen, sollen 2024 abgeschlossen sein. Inzwischen werden wechselnde kleinere Ausstellungen an verschiedenen Orten gezeigt (s. Website). Auch die **Watts Towers** (▶ S. 140) werden vom LACMA betreut.

Die Plaza zwischen den Gebäuden dekorierte ein Ensemble von über 100 Palmen sowie die **Urban Light Sculpture** von Chris Burden aus über 200 gusseisernen Straßenlaternen aus dem Großraum Los Angeles. Nach dem Umbau des LCMA soll es wieder in den Ausstellungskomplex integriert sein.

Japanische Kunst im dekorativen Pavillon

Pavilion for Japanese Art

Im dekorativen japanischen Pavillon ist japanische Kunst aus der Zeit von 3000 v. Chr. bis ins 21. Jahrhundert zusammengetragen. Darunter sind Wandschirme und Schriftrollen aus der Edo-Zeit (17. Jh.) zu sehen, dazu Druckgrafik, Keramik, Kimonos und Skulpturen. Die einmalige Sammlung kunstvoll gearbeiteter Netsuke-Figuren aus Holz oder Elfenbein dürfte Verehrer japanischer Kunst entzücken.

ZIELE
LOS ANGELES

SELFIES VOR URBANER LICHTKUNST

Das muss erst mal jemand nachmachen: 202 alte Straßenleuchten bringen es unter dem Hashtag #urbanlight allein auf Instagram auf 34 000 Posts. Seit 2008 haben nicht nur die Besucher des Los Angeles County Museum of Art ihren Spaß mit der Urban Light Sculpture von Chris Burden. Machen Sie mit: Das Lichtensemble erhellt abends den Platz vor dem Museum, verführt zu Selfies, Yoga-Posen und anderen (Selbst-)Inszenierungen.

Farmers Market

Nicht nur für »Foodies«

Lebens‑
mittelmarkt
Die Geburtsstunde des Marktes schlug 1934, als sich 18 Farmer auf dem Höhepunkt der Depression zusammentaten, um auf einem unbebauten Gelände nahe dem Wilshire Boulevard Verkaufsstände zu errichten und ihre Produkte dem Verbraucher direkt anzubieten.
Aus eineinhalb Dutzend sind inzwischen über 100 Obst-, Gemüse- und Lebensmittelhändler geworden, rund **20 Restaurants** und viele andere, zum Teil erstklassige Fachgeschäfte. Der Farmers Market ist ein beliebter Treffpunkt der Angeleños. Mit etwas Glück sieht man hier auch Prominente aus dem Filmgeschäft. An manchen Tagen besuchen gut 40 000 Menschen den Markt.
6333 West 3rd St./Ecke S Fairfax Ave. | So.–Do. 10–20, Fr./Sa. bis 21 Uhr | frei | https://farmersmarketla.com

Hollywood und der Norden

Hollywood

Sehnsuchtsort der Illusionen
Der Stadtteil Hollywood liegt im Vorgebirge der Santa Monica Mountains, den sog. **Hollywood Hills**. Bis heute strömen hoffnungsvolle Schauspieler aus aller Welt hierher, um den Durchbruch zu Weltruhm zu schaffen. Dabei ist Hollywood als Filmstadt heute selbst Illusion, die meisten Produktionsfirmen sind längst in die Westside oder nach Burbank im Norden gezogen.
Hollywood Visitor Information Center: 6801 Hollywood Blvd., 2nd floor, Hollywood, CA 90028 | Tel. 1-323-467-6412
www.discoverlosangeles.com

Die Geburt der »Filmhauptstadt«

Geschichte
1887 von dem Grundstücksmakler Harvey Wilcox aus Kansas als billiges Öd- und Ackerland erworben, wurde Hollywood nach der gleichnamigen Ranch und den damals offenbar im Überfluss vorhandenen **Stechpalmen** (»holly«) benannt.
Geschäftstüchtige Filmleute wie **Samuel Goldfish** (später: Goldwyn) aus Russland, **Carl Laemmle** aus dem schwäbischen Laupheim und **William Fox** aus New York gründeten in alten Pferdeställen die ersten Filmateliers – die Geburtsstunde der »Filmhauptstadt« (▶ Das ist …, S. 10), die ideale Bedingungen bot: Patentbestimmungen, die Edison-Filmkameras betreffend, konnten wegen der Entfernung Südkaliforniens zur Ostküste leichter umgangen werden, und es gab billige Arbeitskräfte in großer Zahl. Dazu kam der fast ununterbrochene Sonnenschein und damit beste Bedingungen für Außenaufnahmen und der – im Notfall – kurze Fluchtweg nach Mexiko. Schließlich genossen die risikofreudigen

ZIELE
LOS ANGELES

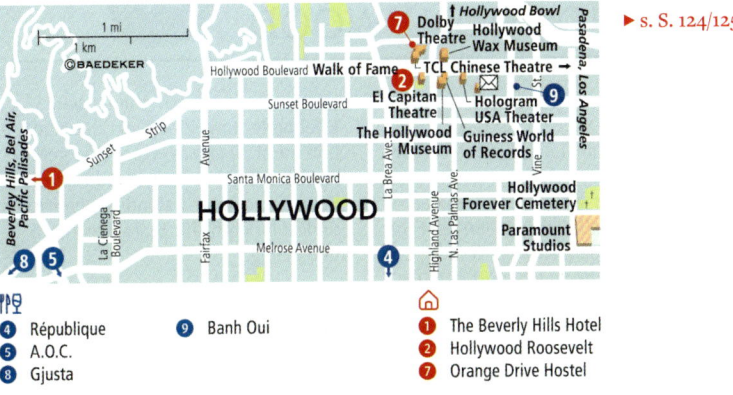

▶ s. S. 124/125

🍴🍷
❹ République
❺ A.O.C.
❽ Gjusta

❾ Banh Oui

🏠
❶ The Beverly Hills Hotel
❷ Hollywood Roosevelt
❼ Orange Drive Hostel

Filmleute wegen ihrer lockeren Moralvorstellungen keinen guten Ruf. Schilder wie: »Zutritt für Hunde und Schauspieler verboten!« auf Golfplätzen waren damals keine Seltenheit.

Empfang durch ein Kultsymbol

Bei der Anfahrt nach Hollywood wird man von dem berühmten Schriftzug in Riesenlettern (16 m hoch) empfangen, der abends beleuchtet wird. Die an ein Pop-Art-Kunstwerk erinnernden Buchstaben wurden 1923 als Werbemaßnahme von Grundstücksmaklern auf Holzgerüste montiert. Inzwischen sind sie Kultsymbol, sodass die bei der Renovierung von 1977 entstandenen Splitter und Bruchstücke fast wie Reliquien gehandelt wurden.

HOLLY-
WOOD-
Schriftzug

Die große Zeit extravaganter Kinos

Der Hollywood Boulevard, wichtigste Ost-West-Achse Hollywoods, wurde wegen seines Nachtlebens oft mit dem New Yorker Broadway verglichen. Doch hatte Hollywood keine Theater, sondern nur extravagante Kinos zu bieten, wie das von Sid Grauman in den 1920er-Jahren errichtete **Chinese Theatre** (heute: TCL Chinese Theatre) und das **Egyptian Theatre** am Hollywood Boulevard (Nr. 6712; www.americancinematheque.com).

Nach jahrelangem Verfall wurde der Hollywood Boulevard wieder aufgepeppt. Neue Restaurants entstanden, historische Hotels und Gebäude aus der **Art-Deco-Zeit** sind inzwischen restauriert. Das moderne **Hollywood & Highland Center** (www.hollywoodandhighland.com) mit schickem Veranstaltungs- und Einkaufszentrum und dem angeschlossenen **Dolby Theatre** (www.dolbytheatre.com), in dem alljährlich im Frühjahr die **Oscars** verliehen werden, ist Symbol für den Wiederaufstieg des weltberühmten Stadtteils.

Hollywood
Boulevard

MYTHOS HOLLYWOOD

Hollywood und seine Hauptstraßen Hollywood Boulevard, Sunset Boulevard, Melrose Avenue und Vine Street leben von ihrem früheren Glanz und den Legenden der weltberühmten Traumfabrik. Seit Gründung des ersten Filmstudios 1911, dem viele weitere folgten, ist Hollywood zum Inbegriff der Filmproduktion geworden, auch wenn die großen Studios inzwischen fast alle in die weiter nördlich gelegenen Viertel Burbank und Universal City gezogen sind.

»Hollywood« verbinden die meisten weniger mit dem Stadtteil von Los Angeles als mit der US-amerikanischen Filmproduktion sowie mit einem **Filmstil**, der durch handwerkliches Können und direkte Erzählmanier Illusionen erzeugt, um zu unterhalten.
Das amerikanische Kino ist vor allem ein **Filmstar-Kino**, in dem der idolisierte »Stern« durch dramatische Erlebnisse zum Höhepunkt des Films und meist zu einem Happy End geführt wird. Der Mythos Hollywood wird durch Selbstinszenierung ständig aufgefrischt und ist Inbegriff für Stars, Reichtum und Erfolg.

»Oscar«-Nacht

Der Mythos Hollywoods kulminiert in den **Academy Awards**, nach den Goldstatuetten »Oscars« genannten Auszeichnungen (ein unbekleideter Ritter mit Schwert auf einer Filmrolle), die Douglas Fairbanks am 16. Mai 1929 erstmals im Blütensaal des Roosevelt Hotel am Hollywood Boulevard verlieh. Seither werden alljährlich 24 Oscars von den Mitgliedern der Filmakademie (Academy of Motion Picture Arts and Sciences; ▶ S. 150), für die **besten**

Er muss sich seinen Stern auf dem »Walk of Fame« am Hollywood Boulevard noch verdienen.

künstlerischen Leistungen in Darstellung, Regie, Drehbuch, Musik, Kostüm und Filmtechnik für englischsprachige Spielfilme vergeben. Oscars erhalten auch je zwei Dokumentar- und Kurzfilme, dazu wird der beste fremdsprachige Film des Jahres ausgezeichnet.

Ein **Komitee von Fachleuten** gibt den Akademiemitgliedern in einer Vorauswahl in jeder Kategorie fünf preisverdächtige Empfehlungen. Bedingung ist, dass der Film im betreffenden Kalenderjahr in einem Kino in Los Angeles aufgeführt wurde.

Auszeichnungen für die wichtigsten Kategorien, vor allem für den »Besten Film des Jahres«, lassen die Einspielergebnisse dramatisch ansteigen. Zudem kurbeln sie den Verkauf auf Streaming-Plattformen an, und die Filme werden für den weltweiten Verkauf an Fernsehanstalten interessant. Für alle Akteure der Filmbranche bedeuten sie einen Höhepunkt ihrer Karriere. Einige der »Besten Filme des Jahres« wurden **Klassiker**: »Vom Winde verweht« (1939), »Casablanca« (1943), »Jenseits von Afrika« (1985), »Schindlers Liste« (1993), »Forrest Gump« (1994), »Titanic« (1997), »12 Years a Slave« (2013) oder »Nomadland« (2020).

Wirtschaftsfaktor

Die Filmbranche Hollywoods ist ein wichtiger Wirtschaftsfaktor für den Raum Los Angeles. Etwa 150 größere der insges. etwa 700 Filme im Jahr spielen weltweit rund 11 Mrd. US-$ ein. Die **großen Action-Spektakel** werden mit immer größerem Aufwand produziert, mit entsprechendem Risiko, sollte sich der Film an den Kinokassen als Flop erweisen.

Inbegriff des Stars: Marilyn-Lookalike am »Walk of Fame« in Hollywood

Der Verkauf von Film-DVDs ist in den letzten Jahren geradezu abgestürzt, der Umsatz von Streaming-Angeboten in gleichem Maße gestiegen. Ein wachsender Anteil von Filmen wird inzwischen exklusiv für Netflix und Co. produziert und gelangt gar nicht mehr in die Kinos.

Lifting für Hollywood

Die riesigen Buchstaben des Hollywood-Zeichens in den Hollywood Hills grüßen Besucher schon von fern. In den letzten Jahren gelang es der Stadt, den weiteren Verfall des Stadtteils Hollywood zu stoppen. Am Hollywood Boulevard wurden mehrere **historische Filmpaläste** restauriert, eröffneten neue Geschäfte und Hotels. Und jedes Jahr im Frühling steigt im großen, mit altmodischem Plüsch dekorierten Theatersaal des Dolby Theatre die Spannung, wenn der Umschlag mit dem Preisträger geöffnet wird: »And the winner is …«.

ZIELE
LOS ANGELES

Monumentale Eröffnung

TCL Chinese Theatre

Das nach einem chinesischen Konzern benannte TCL Chinese Theatre (früher: Grauman's Chinese Theatre bzw. Mann's Chinese Theatre) wurde 1927 erbaut und mit Cecil B. DeMilles biblischem Monumental-Stummfilm »King of Kings« eröffnet. Wie das Egyptian Theatre am Hollywood Boulevard und das Million Dollar am Broadway von Los Angeles ist auch das Chinese Theatre eine Schöpfung von **Sid Grauman** (1879–1950), der eine Vorliebe für Exotik hegte.

Schon der Eingang wird von zwei riesigen chinesischen Himmelshunden bewacht, um böse Geister fernzuhalten. Im Vorhof stößt man auf die größte »**Autogramm-Sammlung**« der Welt: Fuß- und Handabdrücke von mehr als 200 Filmpersönlichkeiten samt ihren Unterschriften. Dabei begann alles mit einem kleinen Unfall. Der Stummfilmstar Norma Talmadge soll während der Bauzeit versehentlich in den nassen Zement getreten sein und damit Grauman zu diesem originellen Unterfangen inspiriert haben. Nicht weit entfernt zieren Terrazzo-Sterne von rund 2700 Berühmtheiten der Filmbranche den »**Walk of Fame**« genannten Weg am Hollywood Boulevard.

6925 Hollywood Blvd. | Tel. 1-323-461-3331, Führungen n.V. (Film-)Tickets: www.tclchinesetheatres.com

Schatzkammer für Filmfans

Hollywood Museum

In dem 1935 im Art-Deco-Stil errichteten **Max Factor Building** erzählt das Hollywood Museum die Geschichte der Filmindustrie anhand originaler Text-, Ton- und Filmdokumente. Zahlreiche Kostüme, Drehbücher berühmter Filme, dazu alte Kameras und Filmpreise machen es zu einer Schatzkammer für Filminteressierte.

1660 N Highland Ave./Ecke Hollywood Blvd.
Tel. 1-323-464-7776 | Mi.–So. 10–17 Uhr | 15 $
https://thehollywoodmuseum.com

»Konzerte unter den Sternen«

Hollywood Bowl

Das nördlich des Hollywood Boulevard an der Highland Avenue gelegene **natürliche Amphitheater** bietet bis zu 30 000 Personen Platz, von denen allerdings 10 000 stehen müssen. Von Anfang Juli bis Anfang September veranstaltet das **Los Angeles Philharmonic** (»LA Phil«) mehrmals wöchentlich Konzerte, u. a. die gern besuchten »Konzerte unter den Sternen«. Auch der Sonnenaufgang-Gottesdienst am Ostersonntag ist mit Konzerten, Chören und Musikern seit 100 Jahren Tradition.

2301 N Highland Ave. | Konzert-Tickets: Tel. 1-323-850-2000
www.hollywoodbowl.com

Ein kurzer Halt vor China à la Hollywood am TCL Chinese Theatre

⭐ Griffith Park

Größer als der Central Park

Die Anlage (1620 ha) im östlichen Teil der Santa Monica Mountains ist der größte Stadtpark der USA, nicht etwa der New Yorker Central Park. Sie bietet Platz u. a. für den Los Angeles Zoo, die Griffith-Sternwarte und ein Planetarium, ein Griechisches Amphitheater (4000 Plätze), ein für die Olympischen Spiele von 1984 geschaffenes Reitzentrum sowie Golf- und Tennisplätze.
Mehrere abwechslungsreiche **Wanderwege** und in die Berge führende Straßen bieten schöne **Ausblicke**. Der Park trägt den Namen des Bergbau-Tycoons Griffith, der 1896 den größten Teil des Geländes der Stadt Los Angeles schenkte.

Parkgelände

Artenschutz im Landschaftspark

In dem fast 50 ha großen Zoogelände leben rund 2200 verschiedene Tierarten in ihrem natürlichen Lebensraum nachgestalteten Gehegen. Besonders gern besucht werden das Schimpansen-Gehege, das Koala-Haus und der Kinderzoo.
5333 Zoo Dr. | 10–17, im Sommer bis 18 Uhr | 22 $ | www.lazoo.org

Los Angeles Zoo & Botanical Gardens

Blick über das Lichtermeer der Stadt

Das Teleskop der Sternwarte gestattet an klaren Abenden einen einmaligen Blick in den Sternenhimmel. Kleinere, frei zugängliche Teleskope laden zur Sternensuche ein. Im Planetarium führt ein großer Zeiss-Projektor Naturerscheinungen wie Sonnen- und Mondfinsternis, Nordlicht und die Sternzyklen vor. In der Ahmanson Hall of the Sky werden astronomische Phänomene, in der Wilder Hall of the Eye die Eroberung des Weltraums durch den Menschen erklärt. Die Ausstellungen im Erdgeschoss widmen sich den Tiefen des Universums. Spannende Filmvorstellungen und Shows runden den Besuch ab. In der Abenddämmerung bietet sich vom Observatorium aus ein herrlicher Blick über das Lichtermeer von Los Angeles.
Neben dem Observatorium erinnert eine Bronzebüste an den früh verstorbenen Schauspieler **James Dean**. Vor dem Planetarium spielte die Schluss-Szene des Films »... denn sie wissen nicht, was sie tun« (»Rebel Without a Cause«, 1955).
2800 E Observatory Rd. | Fr. 12–22, Sa./So. 10–22 Uhr, aktuell s. Website | frei | https://griffithobservatory.org

Griffith Observatory & Samuel Oschin Planetarium

Sommerkonzerte im Amphitheater

In dem Freilicht-Amphitheater finden von Frühling bis Herbst Jazz-, Pop- und Rockkonzerte mit bekannten Solisten statt.
2700 N Vermont Ave. | www.lagreektheatre.com

Greek Theatre

Warten auf die Abenddämmerung am Griffith Observatory

ZIELE
LOS ANGELES

Im »Wilden Westen«

Autry Museum of the American West

Hier ist der »Wilde Westen« zu Hause. Über 80 000 Exponate zur Geschichte des amerikanischen Westens, seiner Ureinwohner und seiner Eroberung durch weiße Siedler werden in dem Museum aufbewahrt.

In verschiedenen Galerien erfährt man u. a., wie Hollywood den Wilden Westen filmisch verarbeitete. Zu sehen sind **frühe Wildwestfilme** mit Buffalo Bill, die Nachbildung eines Filmateliers oder Filmkostüme.

4700 Western Heritage Way (geg. Zoo, nahe Kreuzung I-5/CA-134) Di.–So. 10–17 Uhr | 14 $ | https://theautry.org

★★ Universal Studios Hollywood

100 Universal City Plaza, San Fernando Valley
variable Öffnungszeiten, s. Website, Sommer 9–22 Uhr | ab 109 $
www.universalstudioshollywood.com

Erste Filmstudios in Hollywood

Frühe Studio-Touren

Mehr als 9 Mio. Besucher jährlich besichtigen die Filmateliers der **Universal Studios** (westl. des Themenparks; Hollywood Fwy., Ausf. Lankershim Blvd.), die 1915 von dem deutsch-amerikanischen Filmpionier **Carl Laemmle** auf dem Gelände einer Hühnerfarm gegründet wurden. Laemmle ließ zunächst zwei Bühnen bauen, auf denen die ersten Stummfilme im Freien gedreht wurden. Als frühe Werbemaßnahme führte er einstündige **Besichtigungsfahrten** für 25 Cent ein, mit denen er den Besuchern die Entstehung eines Films zeigte.

Shows mit filmischen Spezialeffekten

High-Tech-Vergnügungspark

Das Studiogelände ist längst mit einem **Themenpark** kombiniert, der erfolgreich mit filmischen Spezialeffekten dem Zuschauer die Illusion vermittelt, in die Geheimnisse der Filmprofis eingeweiht zu werden. Hauptattraktion ist eine **Studio Tour** durch das zweiteilige Gelände (60 Min.; regelmäßig erweitert und verändert), die mehrere **Filmsets** passiert und immer wieder von Adrenalin treibendem **Actionspektakel** unterbrochen wird. Dabei wird man auch Zeuge von aktuellen Filmen im Produktionsstadium.

Man macht Bekanntschaft mit King Kong in »**King Kong 360-3D**« oder entgeht nur knapp dem mechanischen Hai aus dem Film »**Jaws**«. Eindrucksvoll präsentiert sich auch das Wrack einer Boeing 747 aus der Kulisse von Steven Spielbergs »**Krieg der Welten**«. Oder man kommt an Alfred Hitchcocks »**Psycho**«-Haus vorbei.

Vor den Augen der Besucher spielen sich Naturkatastrophen ab, etwa ein Erdbeben der Stärke 8,3 in einer Metro-Station. Das Finale der Tour bildet das actiongeladene Special »**Fast & Furious: Supercharged**«. Abseits der Tour werden aufregende Shows und Rides mit

ZIELE
LOS ANGELES

Ein Hard Rock Café muss natürlich sein in den Universal Studios.

Stunts und Special Effects angeboten. In »**The Simpsons Ride**« begegnet man während einer 3-D-Fahrsimulation Marge, Bart, Lisa, Maggie und Homer Simpson. In der 2016 eröffneten »**Wizarding World of Harry Potter**« können junge und alte Fans Hogsmeade mit seinen Geschäften und dem Bahnhof sowie die Mauern von Hogwarts auf einem Felsen bestaunen.

Beim Eingang zu den Universal Studios passiert man den Universal City Walk, einen Einkaufsboulevard mit Restaurants, gigantischem Hard Rock Café, Indoor Skydiving, Musik-Clubs und dem Universal Cinema (IMAX- und 18 weitere Kinosäle; www.universalstudioshollywood.com/web/en/us/things-to-do/citywalk).

Forest Lawn Memorial Park

1712 S Glendale Ave. | 8–17 Uhr | frei
https://forestlawn.com/parks/glendale/

Oase der Ruhe
Der Friedhof Forest Lawn im Ort Glendale (200 000 Einw.) nördlich von Los Angeles zieht alljährlich 1 Mio. Besucher an. Gegenüber der Hektik der Riesenmetropole findet man hier eine Oase der Ruhe.

Glendale

ZIELE
LOS ANGELES

Schlichte Gräber

Friedhofs- gelände
Der Unternehmer Hubert Eaton erwarb im Jahr 1917 ein Gelände in Glendale, das er im Lauf der Jahre nach seinen Vorstellungen in einen fröhlichen und weitläufigen Friedhofspark umgestalten ließ. Als Vorbild dienten ihm englische und schottische Kirchenfriedhöfe des 10. und 14. Jahrhunderts.

Leonardo da Vincis »Letztes Abendmahl« ziert als Glasfenster den **Memorial Court of Honor**. Im **Court of Freedom** beschwört die Mosaik-Nachbildung des Gemäldes von der Unterzeichnung der Unabhängigkeitserklärung den amerikanischen Patriotismus. Neben einer Nachbildung von **Michelangelos** überlebensgroßem »David« (und weiteren Repliken seiner Skulpturen) ist hier ein 29 m x 13,5 m großes Panoramagemälde der »Kreuzigung« zu sehen.

Die **Gräber** dürfen nur eine einfache Plakette oder Skulptur tragen, die von einem eigens für diesen Zweck geschaffenen Kunstkomitee genehmigt werden muss. In den Worten seines Gründers: »Ich will einen großen Park gestalten, ohne hässliche Monumente und andere Zeichen des Todes, aber voll von hohen Bäumen, den grünsten Rasenflächen, sprudelnden Fontänen und edlen Denkmälern«.

Who is who der Unterhaltungsindustrie

Grabstellen Prominenter
Zahlreiche Stars wurden hier beigesetzt, darunter Clark Gable, Alan Ladd, W. C. Fields, Charles Laughton, Jean Harlow, Errol Flynn, Humphrey Bogart, Spencer Tracy, Michael Jackson und die 2011 verstorbene Elisabeth Taylor.

Wohin im San Fernando Valley?

»Boulevard der Dämmerung«

Mulholland Drive
Der Mulholland Drive, Handlungsort des gleichnamigen Mystery Thrillers von David Lynch (2001), verläuft als kurvenreiche **Panoramastraße** entlang der Santa Monica Mountains vom Cahuenga Boulevard bei der US-101 im Osten bis zum Coldwater Canyon Drive im Westen. Er ist benannt nach dem Wasserbauingenieur William Mulholland, Leiter des »Water Bureau«, der um die Wende zum 20. Jh. Los Angeles mit Wasser aus weiter im Norden gelegenen Flüssen und Seen versorgen ließ und damit einen wichtigen Beitrag zur Stadtentwicklung leistete.

Besonders eindrucksvoll ist eine Fahrt in der **abendlichen Dämmerung**, wenn die Sonne im Pazifik versinkt und die Lichter der Großstadt nach und nach angehen.

Blick hinter Filmkulissen

Burbank
Nicht weit entfernt in den nördlichen Ausläufern der Santa Monica Mountains liegen die **Warner Bros. Studios** in Burbank (107 000

Einw.). Hier werden keine Shows für Besucher inszeniert, deshalb ist der Eindruck vom Filmgeschehen bei den Studio-Touren so authentisch.
Warner Bros. Studios: 3400 Warner Blvd., Burbank
Touren Do.-Mo. 9-15.30 Uhr, im Sommer länger | Tour-Ticket ab 69/erm. 59 $ | Tel. 1-818-977-8687 | www.wbstudiotour.com

Siebzehnte der 21 kalifonischen Missionen
Weiter im Norden erreicht man die 1797 gegründete, bereits mehrfach durch Erdbeben heimgesuchte spanische Missionsstation **San Fernando Rey de España**, Namensgeber der Stadt San Fernando (25 000 Einw.). Die Mission herrschte einst über 6000 km² Weideland und 1500 Ureinwohner. Hier wurde der 2003 verstorbene legendäre Komiker **Bob Hope** begraben. San Fernando
15151 San Fernando Mission Blvd., Mission Hills | 9/10-16/16.30 Uhr 5$ | www.missionscalifornia.com

»Thrill Rides« der Superlative
Wer den schnellen Nervenkitzel sucht, sollte sich auf den Weg nach Valencia machen (Ortsteil von Santa Clarita, 55 km nordwestlich von Downtown L. A.). Der Freizeitpark **Six Flags Magic Mountain** bietet aufregende superschnelle »Thrill Rides« wie »Apocalypse«, »Superman« oder »Viper«. Für die kleineren Besucher gibt es Akrobatikshows, Paraden und Spielplätze. Santa Clarita
26101 Magic Mountain Pkwy. (I-5, Ausf. Valencia)
Tel. 1-661-255-4100 | 10.30-17/18 Uhr, Sommer u. WE länger | 90 $
www.sixflags.com/magicmountain/

| Wohin in der Küstenregion?

Lässiges kalifornisches Küstenflair
Die **Pier** mit Riesenrad ist das Wahrzeichen der westlich gelegenen eigenständigen Gemeinde Santa Monica (92 000 Einw.), die gleichzeitig unlösbar mit L. A. verbunden ist. Und der breite **Sandstrand** ist einer der beliebtesten im Großraum. Santa Monica
Auf der kurvigen **Strandpromenade** sind häufig Skateboarder, Biker und Fahrradfahrer unterwegs. Auf der weltberühmten **Pier**, die mit ihren Karussells, Imbissbuden, Restaurants und Anglern in diversen Hollywoodstreifen eine unübersehbare Nebenrolle spielte, tummeln sich gleichermaßen Einheimische und Urlauber. Die Pier ist gleichzeitig Endpunkt der historischen Route 66.
Die als Fußgängerzone hergerichtete **Third Street Promenade** lädt mit diversen Geschäften und Restaurants zum Shoppen und Verweilen ein. Zahlreiche Wandgemälde an Hausfassaden, Skulpturen auf öffentlichen Plätzen und Museen verliehen Santa Monica den Ruf einer

ZIELE
LOS ANGELES

kunstbeflissenen Gemeinde. Dazu bei trägt sicherlich auch das **Bergamot** bei, das ein Theater und 20 Galerien aller Art beherbergt.
Visitor Information Center: 2427 Main St., Santa Monica, CA 90405 Tel. 1-800-544-5319 | Mo.–Fr. 9–17.30, Sa., So. bis 17 Uhr
www.santamonica.com
Bergamot: 2525 Michigan Ave. | verschiedene Zeiten je nach Galerie frei | https://bergamotstation.com

Exilort deutscher Emigranten

Pacific Palisades

Der zu Los Angeles gehörende Stadtteil Pacific Palisades liegt nordwestlich der Stadt, zwischen Pazifikküste und östlichen Ausläufern der Santa Monica Mountains. Einst kirchlich geprägt, hat er sich längst zu einem Viertel äußerst wohlhabender Angeleños entwickelt.
Pacific Palisades wurde hierzulande als Exilort namhafter deutscher Schriftsteller bekannt. Hier lebten **Thomas Mann**, Emil Ludwig und **Lion Feuchtwanger**. Dessen Haus **Villa Aurora** fiel nach dem Tod seiner Witwe Marta 1987 an die University of Southern California und dient heute als Begegnungsstätte für Kunst und Künstler aus den USA und Deutschland.

Am Abend wird es ruhiger an den legendären Stränden von Malibu:

ZIELE
LOS ANGELES

Das **Thomas Mann House** (1550 San Remo Dr.) wurde im Jahr 2016 von der Bundesrepublik Deutschland erworben und im Juni 2018 als transatlantische Begegnungsstätte mit Fellowship-Programm eröffnet.
Villa Aurora: 520 Paseo Miramar, Pacific Palisades, CA 90272
Besuch nur mit Voranmeldung: Tel. 1-310-454-42 31
www.vatmh.org/en/ (mit Infos zum Thomas Mann House)

Einige der schönsten Strände Kaliforniens

Wie das westlich angrenzende Pacific Palisades gehört auch das zwischen den Santa Monica Mountains und der Pazifikküste am Highway 1 liegende Malibu (10 000 Einw.) zu den wohlhabenden Gemeinden im Großraum Los Angeles. Der Ortsname geht zurück auf die Chumash-Siedlung Humaliwo auf dem Gelände des heutigen Malibu Lagoon State Beach Park (Malibu Lagoon Museum).

Malibu

Hier gibt es einige der schönsten Strände am Pazifik, an denen man schwimmen, surfen oder sonnenbaden kann. Dazu gehören der **Topanga State Beach**, ein schmaler Strand am Ausgang des Topanga Canyon (mit Verkehrslärm vom Highway, aber auch den richtigen Wel-

Heimfahrt auf dem Pacific Coast Highway.

ZIELE
LOS ANGELES

len für Surfer), der relativ schmale Las Tunas State Beach, der berühmte **Surfrider Beach** im Malibu Lagoon State Park für Wellenreiter und die Paradise Cove, in der man ausgezeichnet schwimmen kann. Beliebt sind auch der Sandstrand des Zuma Beach (Vorsicht: hoher Wellengang!) und der Nicholas Canyon Beach. Weiter nördlich erstreckt sich der **Leo Carrillo State Park**, ebenfalls mit besonders schönem Strand.

Malibu Chamber of Commerce: 23706 Malibu Rd., Malibu, CA 90265 | Tel. 1-310-456-9025 | www.malibu.org
Malibu Lagoon State Beach: www.parks.ca.gov
Leo Carrillo State Park: www.parks.ca.gov

Antikensammlung im herkulanischen Ambiente

Getty Villa

Hauptsehenswürdigkeit von Malibu (und einer der beiden Standorte des J. Paul Getty Museums) ist die Villa von **Jean Paul Getty**. Die **Architektur** des Prachtbaus für den Ölmagnaten ist der durch den Vesuv-Ausbruch 79 n. Chr. begrabenen römischen Villa dei Papiri in Herkulaneum nachempfunden. Hier werden ausschließlich Objekte zur ägyptischen, griechischen, etruskischen und römischen Antike ausgestellt.

Sehenswerte Exponate sind die auf Holz gemalten **ägyptischen Mumienporträts**, jahrtausende alte Helden-Statuen und Skulpturen aus dem östlichen Mittelmeerraum, Kunstwerke der Römerzeit, darunter Terrakotten, Statuetten, Bronzen, Vasen und Amphoren sowie antike Gold- und Silberarbeiten.

Ein Highlight der Ausstellung ist die Statue des **Lansdowne Herakles** (2. Jh.) aus der gleichnamigen Londoner Sammlung, die man in der Villa des Kunstliebhabers Kaiser Hadrian in Tivoli bei Rom gefunden hatte: Der überlebensgroße Marmorheld hält in seiner Linken die Keule, mit der er dem Mythos zufolge den Nemeischen Löwen erschlagen hatte, in seiner Rechten dessen Fell.

17985 CA-1 | Tel. 1-310-440-7300 | tgl. außer Di. 10–17 Uhr frei (Internet-Reservierung!); Parkgebühr 20 $
www.getty.edu/visit/villa/

Hiker- und Reiter-Paradies

Santa Monica Mountains

Die Santa Monica Mountains National Recreation Area erstreckt sich als gern besuchtes Erholungsgebiet vom Griffith Park (▶ S. 161) in westlicher Richtung. Die Gipfel sind etwa 1000 m hoch. Ein Netz von **Wanderwegen** durchzieht das durch mehrere State Parks und als National Recreation Area geschützte Gelände.

Das Anthony C. Beilenson Interagency **Visitor Center** des National Park Service Calabasas hält Informationsmaterial zu Wander- und Reitwegen sowie über die Flora und Fauna des Gebiets bereit.

26876 Mulholland Hwy., Calabasas | Tel. 1-805-370-2301 | Park rund um die Uhr, 9–16 Uhr | frei | www.nps.gov/samo

ZIELE
LOS ANGELES

Skatepark von Venice Beach: Hauptsache Publikum

Boulevard der Eitelkeiten

Der **Ocean Front Walk** von Venice Beach ist bekannter als der Ort und der Strand. Biker, Sonnenanbeter, Rollschuhfahrer, oft fantasievoll ausstaffiert, dazu Jongleure, Zauberer und ein Fitness-Studio unter freiem Himmel mit selbstverliebten Muskelmännern, die die Blicke der vielen Zuschauer sichtlich genießen. Ein amüsanter Boulevard der Eitelkeiten, unterhaltsamer als manches Theaterstück. An der Promenade reihen sich Geschäfte, Boutiquen und Imbissrestaurants aneinander, vor allem nachmittags und an Wochenenden ein idealer Ort zum »People watching«. An einem Abschnitt des Ocean Front Walk haben Obdachlose versucht, eine temporäre Bleibe zu etablieren.

Venice Beach wurde bereits um die Wende zum 20. Jh. gegründet – mit dem Plan, ein Netz von Kanälen wie im fernen Venedig zu schaffen. Von den Kanälen blieben zwar einige erhalten, wichtiger aber ist die schräge Atmosphäre, die Lebensfreude, die man sich bis heute bewahrt hat.

★ Venice Beach

Die Riviera von Los Angeles

Südlich von Venice erstreckt sich die Riviera von Los Angeles, Marina del Rey, mit dem größten **künstlichen Jachthafen** der USA, wo in der Hochsaison bis zu 5000 Boote vertäut sind.

Marina del Rey

ZIELE
LOS ANGELES

Zwischen Marina del Rey an der Mündung des Ballona Creek und den Hügeln von Palos Verde liegt der 6 km lange **Dockweiler State Beach** am Internationalen Flughafen (LAX) von Los Angeles, gefolgt von den drei legeren und beliebten Strandorten **Manhattan Beach**, **Hermosa Beach** und **Redondo Beach** mit breiten Sandstränden und guten Wellen für Surfer.

Wichtiger Hafen-Umschlagplatz

San Pedro Der bedeutendste Hafen und größte Container-Umschlagsplatz an der Westküste der USA liegt 40 km von der Innenstadt von Los Angeles entfernt. Mit dem Ausbau des natürlichen Hafens wurde in den 1850er-Jahren begonnen. Erst 1909 kam San Pedro zu Los Angeles, mit dem es durch einen schmalen Kanal verbunden ist.
San Pedro und das benachbarte ▶ Long Beach bilden zusammen den **Los Angeles & Long Beach Harbor**, einen der wichtigsten Hafen-Umschlagplätze Nordamerikas.

HANGGLIDING

Am Internationalen Flughafen von Los Angeles starten Jumbos und Airbusse im Minutentakt. Ganz in der Nähe am Dockweiler State Beach kann man sehen und erleben, wie sich die ersten Flugpioniere gefühlt haben mögen. Jeder, der stehen und gehen kann, kann es lernen, mit Anlauf und unter einem Dreieckssegel sicher vom Dünenkamm hinunter zu schweben – so zumindest die Lehrer der verschiedenen **Flugschulen** (www.windsports.com).

ZIELE
MAMMOTH LAKES

★ MAMMOTH LAKES

County: Mono | **Höhe:** 2377 m ü. d. M. | **Einwohnerzahl:** 7200

K–L7

Schon seit mehreren Jahrzehnten gehört die Seenlandschaft an der Ostflanke der Sierra Nevada zu den beliebtesten Wintersportgebieten der USA. Doch auch im Sommer oder Herbst bietet sie Aktivurlaubern ein Paradies für Ausflüge in die Bergwelt Kaliforniens – zum Bergwandern, Klettern, Mountainbiking und Reiten.

Die Stadt Mammoth Lakes liegt etwa 600 km nördlich von ▶ Los Angeles und etwa 500 km östlich von ▶ San Francisco im Schatten des **Mammoth Mountain** (3368 m). Die Wintersportsaison des schneereichen Areals dauert von November bis Mai mit allem, was der Wintersport hergibt: Alpin- und Langlaufski, Snowboarding, Schneeschuhwandern oder Hundeschlittenausflüge.

Naturrefugium rund ums Jahr

Auch im Sommer wird diese wenig erschlossene Bergwelt mit ihren duftenden Nadelwäldern und ihren tiefblau schimmernden Seen immer beliebter. Außerdem lohnen in der schneefreien Zeit **Ausflüge** in die Sierra Nevada, zum ▶ Mono Lake, nach Bodie (▶ S. 180) oder in den ▶ Yosemite National Park.

Am Teufelspfahl
Der als National Monument geschützte Devil's Postpile (»Teufelspfahl«) ist eine 20 m hohe, senkrechte Felswand sechseckiger Basaltsäulen aus erstarrter Vulkanlava. Eine kurze Wanderung (ca. 9 km) führt zum 30 m hohen Wasserfall **Rainbow Fall** des San Joaquin River. Im Sommer verkehren von Read Meadows bis zum Devil's Postpile **Shuttle-Busse** (www.estransit.com, 15$ Tagespass); im Winter ist die Strecke für den Straßenverkehr gesperrt.

Devil's Postpile National Monument

Visitor Center Ranger Station: Mitte Juni bis Mitte Okt. 9–17 Uhr 15$ inkl. Shuttlebus | www.nps.gov/depo

MAMMOTH LAKES ERLEBEN

MAMMOTH LAKES WELCOME CENTER
2510 Main St., Mammoth Lakes, CA 93546, 8–17 Uhr
Tel. 1-760-924-5500
www.visitmammoth.com

THE MAMMOTH CREEK INN €€
Gemütliche Herberge im Alpen-Look mit Spa und Fitness Center.
663 Old Mammoth Rd.
Tel. 1-760-934-6162
www.themammothcreek.com

ZIELE
MENDOCINO

MENDOCINO

County: Mendocino | **Höhe:** 0–47 m ü. d. M. | **Einwohnerzahl:** 860

Das Paradies der Blumenkinder aus den 1960er-Jahren ist noch immer ein idyllisches Künstlerrefugium an der Pazifikküste nördlich von ▶ San Francisco. Am Strand findet man eigentümlich runde Steine, so groß wie Bowling-Kugeln.

Auf dem felsigen Kap, wo sich vor rund 100 Jahren hier reich gewordene Holzhändler hübsche Villen im viktorianischen Stil erbauen ließen, entwickelte sich ab den 1950er-Jahren eine **Bohème**, die Künstler aus ganz Nordamerika anzog – Galerien zehren noch heute von diesem Ruf.

Später gedieh hier im Hinterland auf versteckten Flächen Marihuana, das dem »Summer of Love« die entsprechende Würze gab.

▌ Wohin in Mendocino und Umgebung?

Wiege der Künstlerkolonie

Mendocino Art Center
In dem 1959 ins Leben gerufenen Kunstzentrum mit mehreren Galerien – der Wiege der Künstlerkolonie – finden Ausstellungen, Konzerte und Theateraufführungen statt. Künstler bieten Unterricht in verschiedenen Techniken an. Einige der Künstler werden in einem Artists-in-Residence-Modell vom Zentrum gefördert.
45200 Little Lake St. | 11–16 Uhr | frei | www.mendocinoartcenter.org

Reminiszenzen an die Holzfällerära

Main Street
Zahlreiche Boutiquen in der Main Street und deren Nebenstraßen runden das kulturelle Verkaufsangebot ab. Von den vielen Kneipen für die Holzfäller und Hafenarbeiter – in Mendocino gab es in der zweiten Hälfte des 19. Jh.s über ein Dutzend Bordelle – blieben nur alte Geschichten übrig. Das 1878 erbaute **Mendocino Hotel** dagegen stammt noch aus der Holzfäller-Ära.
In einem der ältesten Häuser aus dem Jahr 1854, dem **Ford House** an der Main Street, befindet sich ein Visitor Center mit interessanter Ausstellung über die Region.

Häuschen eines Holzbarons

Kelley House Museum
Das 1861 für den Holzbaron William Henry Kelly erbaute Haus ist heute als Museum zugänglich. Hier bleibt keine Facette der Ortsgeschichte unerwähnt.
45007 Albion St. | Do.–So. 11–15 Uhr | frei, Spende (5$) erbeten
www.kelleyhousemuseum.org

MENDOCINO ERLEBEN

FORD HOUSE VISITOR CENTER & MUSEUM
45035 Main St., Mendocino,
CA 95460, Tel. 1-707-937-5397
11–16 Uhr, www.mendoparks.
org/visitor-centers

Pudding Creek Express: Etwa 4 Std. dauert die längste Zugfahrt von Fort Bragg. Es geht über 39 Brücken und durch die Redwood-Wälder des Noyo River Canyon bis nach Willits (Mai–Dez.). Es gibt auch kürzere (und günstigere) Fahrten mit Zügen oder Railbikes.
Skunk Train: 100 W Laurel St., Fort Bragg, Tel. 1-707-964-6371
84 $, www.skunktrain.com

CAFÉ BEAUJOLAIS €€€
Die feine amerikanisch-französische Küche verarbeitet organisch erzeugte Lebensmittel.
961 Ukiah St.
Mi.–So. 11.30–22 Uhr
www.cafebeaujolais.com

TRILLIUM CAFÉ €€€
Nettes Restaurant im Zentrum von Mendocino. Besonders lecker sind die Fish Tacos und die Reuben Sandwiches. Sehr freundlicher Service.
10390 Kasten St.
http://trilliummendocino.com

SEA-PAL COVE €
Einfacher, aber guter Imbiss am Fisherman's Harbor mit leckeren Fish 'n' Chips und Muschelsuppe.
Fort Bragg, 32390 N Harbor Dr.
Tel. 1-707-964-1300

ELK COVE INN & SPA €€€€
Etwa 12,5 mi/20 km südlich von Mendocino, direkt am Meer. Ruhe und Komfort, Wellness und ein kleines Restaurant mit feinen Gerichten.
Elk, 6300 S CA-1, Tel. 1-707-877-3321
https://elkcoveinn.com

MENDOCINO HOTEL & GARDEN SUITES €€
Freundliches Hotel mit 50 geschmackvoll eingerichteten Zimmern und Suiten sowie viktorianischem Dining Room.
45080 Main St., Tel. 1-707-937-0511
www.mendocinohotel.com

Eine Nacht beim Leuchtturmwärter
Seit 1909 warnt der 2 mi/3,2 km nördlich von Mendocino gelegene, inzwischen liebevoll restaurierte Leuchtturm vor Klippen und Untiefen an der hiesigen Pazifikküste.
Das benachbarte **Haus des Leuchtturmwärters** (# 41) und einige kleinere sind als Ferienunterkunft (B&B) buchbar (www.mendocinovacations.com).
Light Station: Point Cabrillo | 11–16 Uhr | 5 $ | http://pointcabrillo.org

Point Cabrillo Light Station

Im »Tiefen Tal«
Auf dem Highway 101 gelangt man zum Städtchen Ukiah (16 000 Einw.) südöstlich von Mendocino, 3 mi/5 km vom Stausee **Lake Mendocino**

Ukiah

ZIELE
MENDOCINO

Wer in Mendocino an den Strand möchte, muss steile Klippenwege hinabsteigen.

entfernt. Die Hauptstadt des Mendocino County liegt in einem fruchtbaren Tal, das die Ureinwohner Yokaya oder Ukiah nannten, südliches oder tiefes Tal, und ist der Umschlagplatz für die landwirtschaftlichen Erzeugnisse der Gegend, vor allem von Birnen und Trauben. Auch die Holzindustrie spielt eine bedeutende Rolle.
www.visitukiah.com

Größte Küstensiedlung

Fort Bragg Fort Bragg, 1857 zur Kontrolle des Mendocinoreservats errichtet, ist nicht mehr erhalten. Trotz ihrer lediglich 7300 Einwohner ist die heutige Stadt am Pazifik nördlich von Mendocino die größte Küstensiedlung zwischen San Francisco und Eureka. Bis noch vor wenigen Jahren dominierten hier die **Holzwirtschaft** und der Fischfang, inzwischen beherben neue Hotels , B&B's sowie Campingplätze die steigende Zahl von Urlaubern.
www.fortbragg.com

Blumenparadies

Mendocino Coast Botanical Gardens In der wunderschönen Gartenanlage etwas südlich von Fort Bragg erfreuen Kamelien, Dahlien, Fuchsien, Rhododendren und Rosen. Das Rhody's Garden sorgt für Ihr leibliches Wohl.
Tgl. 9/10–16/19 Uhr | 15 $ | www.gardenbythesea.org

ZIELE
MOJAVE DESERT

Unberührter Küstenpark

Wer Seevögel oder **Robben** beobachten möchte, sollte den Mac-Kerricher State Park nördlich von Fort Bragg besuchen mit seinen Dünen, Sandstränden, Sumpfgebieten und felsigen Landzungen. Auf den Felsen vor der Küste tummeln sich Seehunde, im Ozean lassen sich regelmäßig Grauwale blicken.
Infos: www.parks.ca.gov/?page_id=436

Mac-Kerricher State Park

MOJAVE DESERT

County: San Bernardino | Höhe: 270–2417 m ü. d. M.

Sanddünen, die »singen«, heiße, sonnendurchglühte Ebenen, auf denen gewaltige Solaranlagen Strom erzeugen, anmutige Hochtäler, in denen im Frühjahr Wüstenblumen ein vielfarbiges Feuerwerk entfalten. Die riesige Mojave-Wüste (rund 124 000 km², gehört zu den trockensten Regionen der USA. Sie erstreckt sich zwischen Sierra Nevada und San Gabriel Mountains und reicht bis in die Bundesstaaten Arizona, Nevada und Utah hinein.

Da hier die Sonne an vielen Tagen im Jahr auf die Erde brennt (über 3000 Std.), die durchschnittliche Luftfeuchtigkeit sehr niedrig ist (was den Stahl moderner Industrieanlagen vor Rost bewahrt) und riesige Landflächen größtenteils ungenutzt sind, bietet die Mojave-Wüste ideale Voraussetzungen für die Erzeugung erneuerbarer regenerativer Energien.Gerade in dieser Gegend Amerikas ist der Energieverbrauch um die Mittagszeit sehr hoch, wenn die Klimaanlagen auf Hochtouren laufen. Die Tageshöchsttemperaturen in den Niederungen der Mojave-Wüste können bereits im Mai über die Marke von 37 °C steigen. Insgesamt erzeugen mehr als **16 Solarkraftwerke** Strom. Sie gehören zu den größten der Welt.

Natürliches Kraftwerk

Wohin in der Mojave Desert?

Gipfel, Yucca-Wälder, spektakuläre Höhlen

Seit 1994 werden fast 6500 km² Fläche der Mojave-Wüste im Osten Kaliforniens als **National Preserve** geschützt. Eingeschränkt darf auf dem Terrain gejagt und Vieh gehalten werden, es gibt in begrenztem Umfang sogar Ausnahmegenehmigungen für den Abbau von Bodenschätzen. Nur wenige Straßen führen durch das im Süden durch

Mojave National Preserve

ZIELE
MOJAVE DESERT

die I-15 und die I-40 im Norden begrenzte Gelände mit über 2000 m hohen Gipfeln, Joshua-Tree-Wäldern und spektakulären Höhlen. Die vom Wind verwirbelten Sandkörner der bis zu 200 m hohen Dünen **Kelso Dunes** erzeugen einen fast metallischen Ton, wie ein eigentümlicher Gesang. Etwa 300 verschiedene Tiere – Salamander, Kojoten, Dickhornschafe und sogar Pumas – leben, für den Menschen meist unsichtbar, in den Wüsten- und Steppenlandschaften. Zehntausend Jahre alte **Felszeichnungen** erzählen von den ersten menschlichen Bewohnern, lange vor Ankunft der Europäer.

Hole-in-the-Wall Information Center: 1 Black Canyon Rd, Essex (in der Preserve) | Tel. 1-760-252-6104 | Fr.–Mo. 10–16 Uhr
www.nps.gov/moja

Farbexplosion der Mohnblüten

Antelope Valley California Poppy Reserve

Am Westrand der Mojave-Wüste, im Antelope Valley, 15 mi/24 km westlich von Lancaster, können Besucher zwischen Mitte März und Mitte Mai ein besonderes Naturschauspiel erleben. Mit steigenden Temperaturen und vor allem nach erfrischenden Regenfällen erblüht ein großes Areal im kräftig strahlenden Gelb des Goldmohns, hier bekannt als kalifornische Staatsblume **California Poppy** (Eschscholzia californica). **Wanderwege** führen mitten durch die Farbenpracht.

15101 Lancaster Rd. | Blüten-Info: Tel. 1-661-724-1180
Parken: 10 $ pro Pkw | www.parks.ca.gov/?page_id=627

Landebahn für Space-Shuttles

Edwards Air Force Base

Im südwestlichen Teil der Mojave Desert etwa 100 km nördlich von Los Angeles liegt der Luftwaffenstützpunkt Edwards mit Landebahnen, auf der bis 2011 auch Space Shuttles der NASA landeten.

www.edwards.af.mil/tours

Red Rock Canyon State Park

Schon mal gesehen ...

Filmtaugliche Szenerie

Die Felsklippen und Zinnen aus rotem Sandstein kommen einem bekannt vor. Tatsächlich spielte diese rund 120 mi/200 km nördlich von Los Angeles gelegene Felsenwelt am nordwestlichen Rand der Mojave Desert bereits in zahlreichen Filmen und Werbeclips eine Rolle.
Vom **Midland Trail** (CA-14), der das Gebiet durchmisst, bieten sich beeindruckende Landschaftsszenerien. Die von Wind und Wetter freigelegten vielfarbigen Felsformationen stammen aus verschiedenen Epochen der Erdgeschichte. Verlassene Minen aus dem 19. Jh. erinnern an Versuche, hier nach Gold und Silber zu schürfen. Vereinzelt sind auch indianische Felszeichnungen zu entdecken. Die Red Rock Interpretive Association bietet geführte Wanderungen zu den schönsten Teilen des State Park und bekannten Film-Drehorten an.

6x ERSTAUNLICHES

Hätten Sie das gewusst?

1.
SINGENDE DÜNEN
Seit 25 000 Jahren bläst der Wind die inzwischen rund 200 m hohen **Kelso Dunes** im Mojave National Preserve zusammen. Wer sich von oben herunterrutschen lässt, hört – und spürt – einen merkwürdigen dumpfen Ton. (▶ **S. 176**)

2.
»SKUNK TRAIN«
Der Name hatte früher seine Berechtigung, da man den Zug schon riechen konnte, bevor man ihn sah. Heute schlängelt er sich – an turmhohen Sequoias vorbei – auf der 60 km langen **Redwood Route** durch die Wälder im Hinterland von Fort Bragg. (▶ **S. 33**)

3.
SOZIALKRITISCHE MURALS
Der **Coit Tower** auf dem Telegraph Hill ist ein beliebter Aussichtspunkt. Die bunten Wandgemälde im Innern nach Vorbild Diego Riveras entstanden als Arbeitsbeschaffungsmaßnahme während der Großen Depression – ein Stück kalifornischer Arbeitergeschichte. (▶ **S. 290**)

4.
GOLDMOHN
Der Goldmohn ist Kaliforniens Staatsblume. Wenn sich in der **California Poppy Reserve** im Frühjahr die Blüten öffnen, ist der Talboden des Antelope Valley nördlich von L. A. ein einziger orange-gelber Blumenteppich. (▶ **S. 176**)

5.
FATA MORGANA AUF DEM BERG
Der Verleger William Randolph Hearst ließ sich in den 1920er-Jahren sein Traumschloss **Hearst Castle** auf einem Hügel bei San Simeon errichten – mit 165 Zimmern, sehr viel Kunst und nicht wenig Kitsch. (▶ **S. 87**)

6.
MONARCHFALTER
Nach ihrem weiten Weg von Kanada hängen die auffällig gezeichneten Schmetterlinge von Mitte Oktober bis Ende Februar zu Tausenden in den Bäumen, um ihre Eier abzulegen – besonders an der Küste bei **Dana Point**. (▶ **S. 197**)

ZIELE
MONO LAKE

Mojave Sector Office: Tel. 1-661-946-6092 | Sonnenauf- bis -untergang | 15 $ pro Pkw.; 50 einfache Camping- bzw. RV-Stellplätze: 25 $ pro Nacht | www.parks.ca.gov/?page_id=631
Red Rock Canyon Interpretive Association: http://redrockrrcia.org

Einsam

Ridgecrest

Das nordöstlich des Red Rock Canyon State Park auf etwa 700 m Höhe gelegene Ridgecrest (28 000 Einw.) gilt als Zentrum der einsamen High Desert in der Mojave-Wüste. Im Osten und im Norden des Ortes sind riesige Gebiete für Manöver und die Erprobung von Waffen der Marineflieger gesperrt.

In der Umgebung von Ridgecrest gibt es **Geisterstädte** wie Randsburg, Red Mountain und Johannesburg, in denen vor gut 100 Jahren Tausende Arbeiter Gold und Silber aus Bergwerken förderten.

Lange vor den Schürfern lebten bereits Menschen in der Region. Im **Little Petroglyph Canyon** auf dem Gelände der Naval Air Weapons Station findet man die umfangreichste Ansammlung altindianischer Felszeichnungen von ganz Nordamerika, die jedoch, da auf Militärgelände, bei Touren des **Maturango Museum** (kultur- und naturgeschichtliche Ausstellung über die Mojave Desert) nur US-Staatsbürgern zugänglich sind.

Die Marineflieger stellen in ihrem **US Naval Museum** Flugzeuge, Bordwaffen und die neueste Generation von Marschflugkörpern zur Schau.

Maturango Museum: 100 E Las Flores Ave. | 10–16 Uhr | 5 $
https://maturango.org
US Naval Museum: 130 E Las Flores | Di.–Sa. 10–16 Uhr | 5 $
www.chinalakemuseum.org

★ MONO LAKE

M–N
8–9

County: Mono | **Höhe:** derzeit 1946 m ü. d. M.

Bizarre Tuffpyramiden, -zinnen und -buckel ragen aus dem See gleich östlich der Sierra Nevada. Ein fantastischer, unwirklicher Anblick. Und zweimal im Jahr rasten hier gewaltige Schwärme von Zugvögeln, um sich von ihren langen Flügen zu erholen.

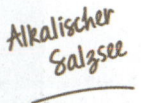

Alkalischer Salzsee

Der mindestens 1 Mio. Jahre alte Mono Lake liegt in einer Senke wenige Meilen südöstlich des Osteingangs zum ▶ Yosemite National Park. Obwohl mehrere Quellen den See speisen, besitzt er keine Abflüsse.

ZIELE
MONO LAKE

Eine unwirkliche Welt: Salzverkrustungen und Kalktuff-Türmchen im Mono Lake.

Eigenwillige Kalk-Skulpturen

Die Kalksintertürmchen am Südufer entstehen, wenn sich das kalkhaltige Quellwasser aus dem Seegrund mit dem stark alkalischen Seewasser vermischt. Der dabei entstehende Kalkstein bildet im Laufe von Jahrtausenden erstaunlich gestaltete Kalksteingebilde, sog. Tufas. Sinkt der Wasserpegel, ragen sie als bizarre Kalksteinsklupturen aus dem Wasser.

Tufa-Formationen

Der **Wasserspiegel** des Sees hat sich in den letzten 50 Jahren um mehr als 12 m gesenkt, seit die Stadt Los Angeles begann, vier der sieben Zuflüsse anzuzapfen, die den Mono Lake speisen. Die Auswirkungen des Kampfes um das Wasser in Kalifornien kann man hier an Ort und Stelle beobachten.

Leben unter extremen Bedingungen

Es ist faszinierend zu beobachten, dass selbst unter diesen extremen Bedingungen tierisches Leben entstehen kann. Einzellige Algen dienen **Salzfliegen** (»Mono« in der Sprache der Kutzadika'a) und Salzkrebsen als Nahrung. Diese wiederum werden von Zugvögeln vertilgt, die im Frühjahr und Frühherbst am Mono Lake Zwischenstation machen.

Tiere am und um den See

ZIELE
MONO LAKE

Viele Besucher legen auf dem Weg zum Yosemite National Park oder entlang der US-395, vom fantastischen Anblick angezogen, einen Stopp ein, um die unwirkliche Szenerie auf sich wirken zu lassen.

Rund um den Mono Lake

Bodie

Goldgräbernostalgie in einer Geisterstadt
Die wenige Meilen nördlich des Mono Lake auf 2600 m Höhe gelegene **Geisterstadt** Bodie zählte in ihren besten Zeiten im 19. Jh. rund 10 000 Einwohner. Die damals florierende Bergbausiedlung, in der bis 1876 große Mengen **Gold** geschürft wurden, war berüchtigt für ihre Saloons, Bordelle, Spielhöllen und Rauschgifthöhlen. Die Goldgräber galten als gesetzlos und verrufen. Täglich kam es zu Schießereien.
Nach Verfall des Goldpreises um die Jahrhundertwende wurde der Betrieb immer weniger rentabel, der Ort verfiel zusehends. Ein verheerendes Feuer von 1932 vertrieb seine letzten Bewohner. Die noch erhaltenen 170 Gebäude (Wohnhäuser, Kirche, Schule, Laden, Bank und Bar) wurden in einem **State Historic Park** nicht restauriert, sondern lediglich vor weiterem Verfall bewahrt.
Bodie State Historic Park: Bodie Rd. (US-395, CA-270), Bridgeport 9-16, Mitte März-Okt. 9-18 Uhr | 8 $ | www.parks.ca.gov/?page_id=509

»Last Supper« in der Geisterstadt Bodie.

ZIELE
MONTEREY

MONO LAKE ERLEBEN

**MONO LAKE COMMITTEE
INFORMATION CENTER**
US-395 & 3rd St., Lee Vining,
CA 93541, Tel. 1-760-647-6595
www.monolake.org

JUNE LAKE BREWING €
Kleine Brauerei am beschaulichen
June Lake. Delikate Bierauswahl, leckere haiwaiianische Hauptspeisen und Snacks, herzliche Atmosphäre.

131 S Crawford Ave., June Lake
Tel. 1-858-668-6340
www.junelakebrewing.com

LAKE VIEW LODGE €€
Komfortable Motelzimmer und gemütliche Cottages. Das Frühstück genießt man im Gardenhouse Coffee Shop. Von der Ferienanlage hat man einen tollen Blick auf den Mono Lake.
51285 US-395, Lee Vining
Tel. 1-760-647-6543
www.bwlakeviewlodge.com

★★ MONTEREY

County: Monterey | **Höhe:** 0–245 m ü. d. M. | **Einwohnerzahl:** 30 000

Die Küstenstadt Monterey schmiegt sich an das südliche Ende der gleichnamigen Bucht. Um das weltberühmte Bay Aquarium zu besuchen, reisen Besucher von weither an. Der früheren Hauptstadt der spanischen Kolonie und der späteren mexikanischen Provinz Alta California setzte John Steinbeck als Schauplatz in seinen Romanen ein literarisches Denkmal.

G11

Lange waren Sardinenschwärme Grundlage von Montereys Reichtum. Als die Fische Mitte des 20. Jh.s ausblieben, brach auch die **Fischkonservenindustrie** der Stadt in sich zusammen. Heute bildet der Fremdenverkehr die Haupterwerbsquelle.
John Steinbeck (▶ Interessante Menschen) porträtierte in seinem Roman »Cannery Row« (»Die Straße der Ölsardinen«) von 1945 die Stadt und ihre Fischindustrie auf heiter-ironische Weise.

Von der Sardine zum Tourismus

▌ Wohin in Monterey?

Legendäre »Straße der Ölsardinen«
Die Cannery Row ist dementsprechend auch eine Attraktion von Monterey, wenngleich die einstige Industriestraße schon lange zu einem

Cannery Row

ZIELE
MONTEREY

![Algenwald hinter Panoramaglas im Monterey Bay Aquarium]

Algenwald hinter Panoramaglas im Monterey Bay Aquarium

Komplex von Restaurants, Geschäften, Cafés und Galerien mutierte. Von der Szenerie der Straße, die – wie von Steineck in seinem Roman beschrieben – in den 1930er-Jahren von »Huren, Zuhältern, Glücksspielern und Herumtreibern« bevölkert war, sind nur Gebäudemauern erhalten. Anstelle einer ehem. Fischkonservenfabrik lockt heute das einzigartige Monterey Bay Aquarium Besucher an.

Monterey Bay Aquarium

Größer geht es kaum
In einem der größten Meerwasseraquarien der Welt lernen Besucher auf anschauliche Weise die artenreiche **Wassertierwelt der Pazifikküste** und der Bucht von Monterey kennen. Wolfsaale, Kraken und Otter bekommt man hier ebenso zu Gesicht wie Haie. Besucher des Schau-Aquariums können diverse Wasserpflanzen studieren und sich über den geologischen Aufbau der Pazifikküste informieren. Die Fütterungen von Pinguinen, Seeotter und Haien sind besonders beliebt. Ein weiteres Highlight ist ein drei Stockwerke hoher **Algenwald** (Kelp Forest) hinter einer Panoramaglaswand.
In »Monterey Bay Habitats« werden den Besuchern fünf unterschiedliche Unterwasserwelten der Monterey Bay mit Meeresbewohnern wie Leopardhaien, Fledermausrochen und Fische fressenden Seeanemonen vorgeführt. Nebenan dürfen Kinder in Becken Seesterne,

ZIELE
MONTEREY

Ohrschnecken, Seeigel und Krabben berühren. In den Bereichen Open Sea und Splash Zone im zweiten Geschoss faszinieren Pinguine, Kraken, Schildkröten und die bedrohten Seeotter.

Besonders eindrucksvoll ist die **Panorama-Unterwassersicht** vom Aquarium in das offene Meer. Je nach Jahreszeit und besonders bei »Open-Waters«-Fütterungen hat man die Chance, einen Blick auf vorbeiziehende Wale, Delphine, Haie oder bunte Fischschwärme zu werfen.

Im **Deep Sea Habitat** werden seltene Einblicke aus der Tiefsee-Erkundung mit dem institutseigenen Tauchroboter gezeigt.

886 Cannery Row | 10–17 Uhr | 50 $
www.montereybayaquarium.org

Aus früheren Zeiten

Der historische Park umfasst ein Dutzend interessante Häuser aus dem 19. Jh. und mexikanischen Zeiten, aufgereiht entlang dem mit gelben Fliesen markierten »Path of History«. Die restaurierte **Casa del Oro** (Ecke Scott St./Oliver St.) war 1845 ein florierendes Kolonialwarengeschäft.

Monterey State Historic Park

Die **Casa Soberanes** (Ecke Pacific St./Del Monte St.), ein zweigeschossiges Adobe-Haus von 1842, hatten die gleichnamigen Bewohner in einem Mix aus neuenglischen und chinesischen Möbeln sowie mexikanischer Kunst eingerichtet (nur im Rahmen einer privaten Tour begehbar).

Das **Pacific House** (20 Custom House Plaza) beherbergt ein Museum, das sich mit der Geschichte Montereys sowie den amerikanischen Ureinwohnern beschäftigt. Im **Custom House** (Zollhaus), dem ältesten erhaltenen Regierungsgebäude Kaliforniens, das 1827 zur Zeit der mexikanischen Oberherrschaft im Adobe-Stil erbaut wurde, sind heute eine Geschenkboutique und eine historische Ausstellung untergebracht.

Im **Robert Louis Stevenson House** (530 Houston St.), ehemals Hotel, wohnte der berühmte englische Schriftsteller vier Monate lang, als er seine künftige Frau besuchte, die in Monterey lebte. Zu sehen sind Gegenstände und Dokumente aus seinem Leben.

Cooper-Molera Adobe Houses, nobler Wohnsitz eines Kapitäns aus Neuengland, der hier in eine mexikanisch-stämmige Familie eingeheiratet hatte, wurde im 19. Jh. erbaut und vor einiger Zeit mustergültig renoviert (zur Zeit nicht begehbar). Schön hergerichtet sind auch die zum Anwesen gehörenden Gartenanlagen, die als **Secret Gardens of Old Monterey** in den Wintermonaten für Besucher zugänglich sind.

State Historic Park: www.parks.ca.gov/?page_id=575
Pacific House Museum, Custom House, Robert L. Stevenson House: Di.–So. 10-16 Uhr | frei
Öffentliche Touren: Start am Pacific House, am Stevenson und Larkin | Do.–So. 11, 13 und 15 Uhr, im Sommer öfter | 10 $

ZIELE
MONTEREY

Rückblick in Missionszeiten

Royal Presidio Chapel

Royal Presidio Chapel (San Carlos Cathedral; 500 Church Street) ist die einzige in Kalifornien noch existierende Militärbasis-Kapelle der spanischen Missionsstationen. Sie wird seit 1794 ununterbrochen genutzt. Ihre Fassade ist reich verziert.

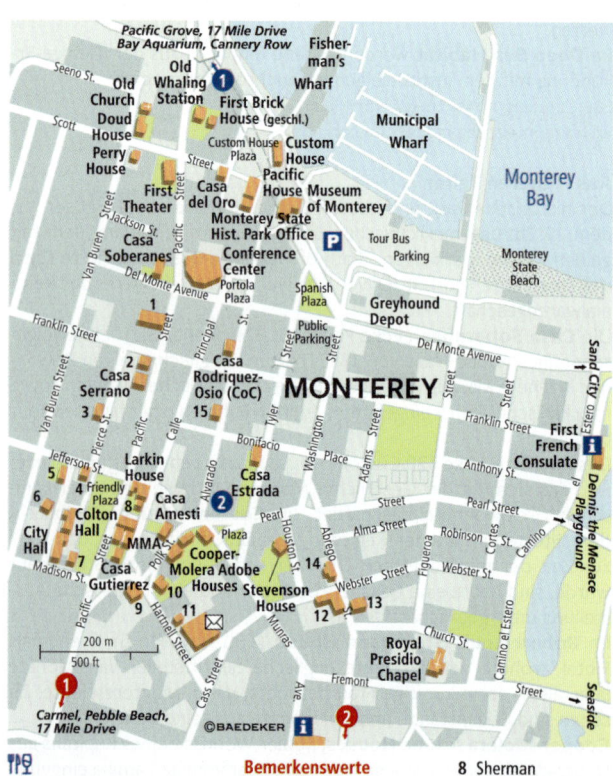

🍴 🍷
1. Jeninni Kitchen Wine Bar
2. Old Monterey Cafe

🏠
1. Old Monterey Inn
2. Best Western Plus

Bemerkenswerte Privathäuser
1. Merritt House
2. Capitular House
3. Casa de Soto
4. Casa de la Torre
5. Casa Alvarado
6. Casa Vasquez
7. Brown Underwood Adobe House
8. Sherman Headquarters
9. Stokes AdobeHouse
10. First Federal Court
11. General Freemont's Quarters
12. Casa Pacheco
13. Casa Madariaga
14. Casa Abrego
15. Casa Sanchez

MONTEREY ERLEBEN

MONTEREY VISITORS CENTER
401 Camino El Estero,
Monterey, CA 93940
Tel. 1-800-555-6290, 10–18 Uhr
www.seemonterey.com

❶ JENNINI KITCHEN & WINE BAR €€€
Leichte mediterrane Küche, exzellente Auswahl offener Weine.
542 Lighthouse Ave, Pacific Grove, https://jeninni.com

❷ OLD MONTEREY CAFE €
Das üppige Frühstück in verschiedenen Varianten bis zum frühen Nachmittag lässt kaum Wünsche offen (ab 14.30 Uhr geschl.).
489 Alvarado St.
http://oldmontereycafeca.com

❶ OLD MONTEREY INN €€€€
Romantisches Bed & Breakfast in einer alten Villa mit bestem Service.
500 Martin St., Tel. 1-831-375-8284, www.oldmontereyinn.com

❷ BEST WESTERN PLUS MONTEREY INN €€
Freundliches, gut geführtes Motel nicht weit von Downtown. Frühstück inklusive.
825 Abrego St., Tel. 1-831-373-5345
www.montereyinnca.com

Mit Dalí am 17 Mile Drive
Die Monterey History and Art Association betreut verschiedene historische Gebäude, wie das Casa Serrano und das Doud House. Dazu präsentiert sie in der Dalí Expo Radierungen, Lithografien und Skulpturen und beleuchtet die Beziehung des surrealistischen katalanischen Künstlers Salvador Dalí zum berühmten 17 Mile Drive, wo er sechs Jahre lang lebte und arbeitete.
5 Custom House Plaza | 10–17, Fr., Sa. bis 18 Uhr | 20 $
https://montereyhistory.org, www.mhaadali.com

Kunst und Geschichte

▌Monterey Peninsula

Viktorianisch
Die Siedlung Pacific Grove (15 000 Einw.), in der etliche schöne viktorianische Häuser erhalten sind, nimmt die Nordspitze der Halbinsel Monterey ein. Herrlich ist der 6 km lange **Ocean View Boulevard** im Norden, von dem aus man die wildromantische Küste überblicken kann.

Pacific Grove

Pazifik-Panorama
Von Pacific Grove schlängelt sich der mautpflichtige 17 Mile Drive als Panoramastraße an der Pazifikküste mit ihren **herrlichen Stränden**,

17 Mile Drive

ZIELE
MONTEREY

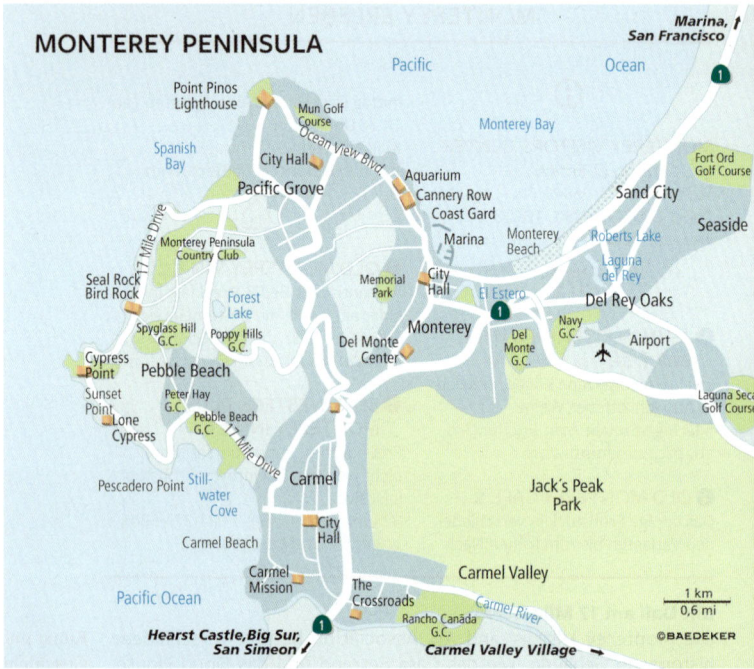

wilden Felsen, duftenden Pinienwäldchen und noblen Villen entlang nach Süden. In der Broschüre, die Sie am Eingang erhalten, sind die wesentlichen Highlights beschrieben.

Man fährt zunächst an der **Spanish Bay** und am Gelände des Monterey Peninsula Country Club entlang, erreicht dann den **Seal Rock** und den **Bird Rock**, wo man Seelöwen, Seehunde und diverse Möwenarten beobachten werden können, und erreicht dann **Cypress Point** und danach **Sunset Point**, von wo aus sich besonders schöne Ausblick auf die Pazifikküste bieten.

Es folgt die exklusive Strandsiedlung **Pebble Beach** mit ihren mondänen Villen dekorativ an der Stillwater Cove gelegenem Golfplatz. Seit gut 250 Jahren gedeiht die **Lone Cypress** (»Einsame Zypresse«) auf einem spitzen Felsen am Pazifik – der meist fotografierte Baum Nordamerikas.

Schließlich erreicht man die aus einer spanischen Missionsstation hervorgegangene Siedlung ▶ Carmel.

Fünf Eingänge, darunter Sunset Drive in Pacific Grove und Highway 1 in Carmel Grove | www.pebblebeach.com | 10,75 $ pro Pkw, Tourbus 5,25 $

ZIELE
MOUNT SHASTA

★ MOUNT SHASTA

F2

County: Siskiyou | **Höhe:** 4317 m ü. d. M.

Schon den Ureinwohnern galt der hoch aufragende Gipfel als heiliger Berg und Wohnort des Großen Geistes. Der 4317 m hohe, von Gletschern bedeckte schlafende Vulkan in der Casacde Range brach zuletzt 1786 aus.

Nur **heiße Quellen** erinnern heute noch daran, dass der Vulkan nicht erloschen ist, sondern nur schläft. Er wirkt auch deshalb so mächtig, weil er wie ein Solitär aus der umgebenden Ebene aufragt. Einige Hänge sind für Skifahrer durch Lifte erschlossen. Für Esoteriker und New-Age-Anhänger unterschiedlicher Ausprägung gilt Mount Shasta als einer der sieben magischen Kraftfeldpunkte auf der Erde.

Ein schlafender Riese

Auf und um den Gipfel
Die Umgebung des Mount Shasta ist auch bei Wanderern und Bergsteigern beliebt. Allerdings sollte man zu jeder Jahreszeit warme Kleidung dabeihaben, da es in größeren Höhen abends recht kühl wird. Etwa 15 000 Bergsteiger erreichen jedes Jahr den Gipfel. Ausgangsort der Bergtouren ist der gleichnamige muntere kleine **Ort Mount Shasta** (3400 Einw.) zu Füßen des majestätischen Vulkankegels. Auch wer neue Kristallpendel benötigt oder Informationen zu seinem persönlichen Schutzengel, wird in den dortigen Geschäften fündig.

Wandern und Bergsteigen

Geschützte Seen- und Feuchtgebiete
In den als National Wildlife Refuges geschützten flachen Seen und Feuchtgebieten der Lower Klamath Lakes, des Tule Lake und des Clear Lake zwischen Mount Shasta und Oregon im Norden rasten im Frühling und Herbst Millionen von Zugvögeln.

National Wildlife Refuges

MOUNT SHASTA ERLEBEN

MOUNT SHASTA VISITORS CENTER
300 Pine St., Mt. Shasta,
CA 96067, Tel. 1-530-926-4865
10–16 Uhr
http://visitmtshasta.com

MOUNT SHASTA RESORT
€€€€–€€€
Noble Ferienanlage (Hotel und Chalets) mit ausgezeichnetem Restaurant, Lounge, Spa und Golfplatz.
1000 Siskiyou Lake Blvd.
Tel. 1-530-926-3030
www.mountshastaresort.com

ZIELE
NAPA VALLEY

★★ NAPA VALLEY

County: Napa | **Höhe:** 5–120 m ü. d. M. | **Einwohnerzahl:** 138 000

Als »Poesie in Flaschen« preisen Plakate hymnisch die edlen Tropfen aus dem bekanntesten Weinanbaugebiet der USA an. Zusammen mit dem benachbarten ▶ Sonoma Valley und kleineren Weinbaugebieten der Umgebung füllen mehr als 300 Winzer ihren kostbaren Rebensaft in etwa 2 Mrd. Flaschen jährlich. Nicht enden wollende Rebstockreihen überziehen die sanften Hügel auf beiden Seiten des Napa River, der weiter südlich in der San Pablo Bay mündet. Chardonnay, gefolgt von Cabernet-Sauvignon, in Kalifornien meist salopp CabSav genannt, Merlot, Riesling und Zinfandel gehören zu den Favoriten.

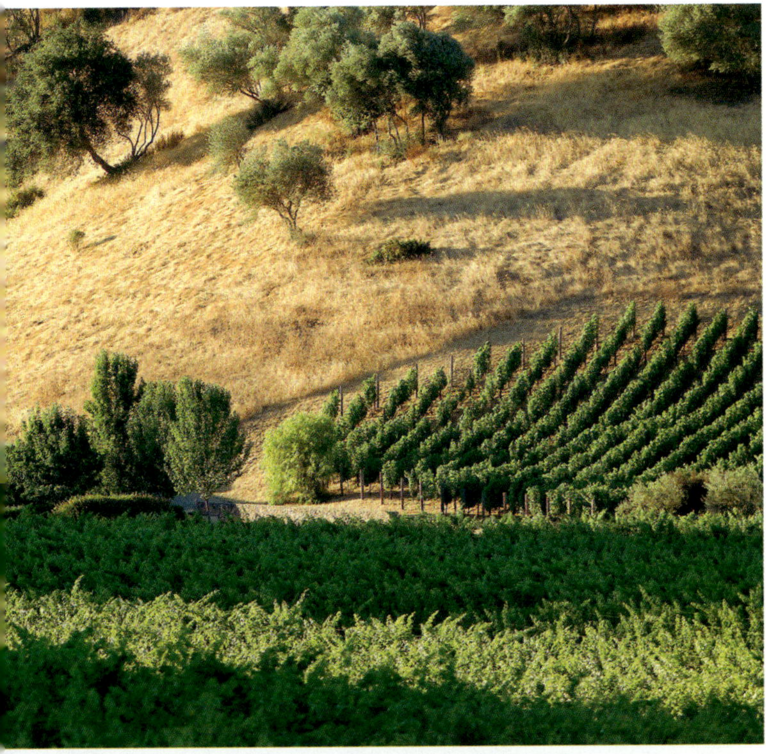

Nicht die Toskana, sondern Kalifornien: ein Weingut im Napa Valley

Große Schilder weisen entlang der CA-29 und dem **Silverado Trail** auf große Namen bekannter Produzenten: Beringer, Mondavi, Sutter Home oder Opus One. Einige Weingüter wie die Charles Krug Winery bauen bereits seit über 100 Jahren Wein an. Östlich von Rutherford liegt das Weingut Mumm Napa Valley, seit 2002 ein Ableger der deutschen Rotkäppchen-Mumm Sektkellereien.

Weinbau mit Tradition

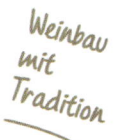

Eines der Top-Touristikziele

★★ Wein und Wellness

Das weite Tal gehört nicht nur wegen des guten Weins und der vielen Restaurants, sondern auch wegen seiner erholsamen **Spas** und **Resorts** (▶ Baedeker Wissen, S. 190) zu den Top-Touristikzielen Kaliforniens. Im Sommer und an Wochenenden kann es auf den schmalen Straßen recht voll werden, wenn Ausflügler aus San Francisco zu den oft prachtvoll ausgebauten **Weingütern** und deren »Tasting Rooms« anrücken.

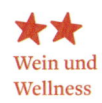

WELLNESS IM WEINLAND

Im Napa Valley und im Sonoma Valley, den berühmtesten Weinregionen der USA, kann man sich bestens vom Stress des Alltags erholen. Inmitten der beruhigenden Landschaft, in der sich endlose Reihen von Reben über die Hügel ziehen, entstanden edle Resorts und Spas.

Die Popularität von Spas nahm im Zuge der allgemeinen Gesundheit-, Vitalität-, Fitness-, Entspannungs- und Schönheitswelle kontinuierlich zu. In Kalifornien gehört das **Wine Country** zu den Regionen mit der höchsten Dichte an Spa-Hotels, die Schlammbäder, unterschiedlichste Massagen, Anti-Age-Programme oder Thermalbäder anbieten.

SANITAS PER AQUAM

THE FAIRMONT SONOMA MISSION INN & SPA €€€€
Das Nobelhotel liegt umgeben von Reben in einem Gebiet mit mehreren Thermalquellen. Eine davon steht ausschließlich für Anwendungen im hoteleigenen Spa zur Verfügung. »**Sanitas per Aquam**« (SpA; »Gesundheit durch Wasser«) lautet das Motto des in griechisch-römischem Stil gehaltenen und mit modernsten Gerätschaften aus-

Das »Villagio« in Yountville kann seine toskanischen Anleihen nicht leugnen.

gestatteten Gesundheitstempels, das seinen Gästen Gesundheitsprogramme von Pilates bis Aqua-Jogging und Yoga offeriert. Das ausgezeichnete Hotelrestaurant »**Santé**« ist für seine Weinmenüs bekannt.
100 Boyes Blvd., Sonoma, CA 95476
Tel. 00-800-0441 1414 (24/24 7/7 gratis aus Europa)
www.fairmont.com/sonoma

ALLES VOM FEINSTEN

SOLAGE CALISTOGA €€€€
Eines der besten Spa-Resorts der Neuen Welt liegt am nördlichen Ende des Napa Valley. Dass Gäste ihre innere Balance finden, dazu tragen nicht nur gediegen ausgestattete Studios und Suiten, sondern auch das preisgekrönte Restaurant »**Solbar**« bei. Der Wellness-Bereich (2500 m²) umfasst mehrere Thermalwasser-Badebecken. Schon die Ureinwohner schätzten den **Heilschlamm** von Calistoga, der noch immer als Therapeutikum zur Hautpflege eingesetzt wird. Natürlich gehört auch ein **Fitness-Bereich** mit entsprechenden Geräten zur Ausstattung. Ein breites Gesundheitsprogramm von Aqua Aerobic bis Yoga rundet das Angebot ab.
755 Silverado Trail N, Calistoga, CA 94515
Tel. 1-707-266-7534
https://aubergeresorts.com/solage

PEELING UND MEHR

GOLDEN HAVEN HOT SPRINGS SPA & RESORT €€€€–€€€
Das können sich auch weniger Wohlhabende leisten: Specials für Paare mit Schlammbad, Übernachtung und Whirlpool kosten hier so viel wie anderswo ein Dinner. Weiter im Angebot: heiße Mineralbäder, Massagen und Kräuter-Peeling.
1713 Lake St., Calistoga, CA 94515
Tel. 1-707-942-8000
www.goldenhaven.com

TOSKANISCH INSPIRIERT

HOTEL VILLAGIO €€€€
Super-elegant geht es in dem auch architektonisch ansprechenden Wohlfühl-Hotel »**Villagio**« zu. Die großzügig proportionierte Anlage mit Fließgewässern, Brunnen, mediterranen Gärten und luxuriösen Bädern in einem »Spa Villagio« in sanft-hügeliger Landschaft legt Vergleiche mit der Toskana nahe.
Verwöhnt wird man auch in der »**Bottega Napa Valley**« (6525 Washington St.; www.bottega napavalley.com), deren Küchenchef Michael Chiarello es meisterhaft versteht, Genüsse der neuen Californian Cuisine mit der althergebrachten italienischen Küche zu verbinden.
Und Thomas Keller lässt in der legendären »**French Laundry**« (6640 Washington St.; www.thomaskeller.com/tfl) auch Anhänger französischer Kochkunst auf ihre Kosten kommen.
6481 Washington St., Yountville, CA 94599, Tel. 1-707-944-8877
www.villagio.com

WEIN-THERAPIE

GREENHAUS DAY SPA €€€
Der Name der Einrichtung verweist auf deutsche Ursprünge. Hier werden Massagen, Gesichtsmasken etc. für Singles, Paare und Gruppen und ein »**Vineyard Treatment**« angeboten, bei dem Cremes und Öle mit Extrakten aus Chardonnay-Wein eine besonders wohltuende Wirkung entfalten sollen.
1300 Pearl St., Napa, CA 94559
Tel. 1-707-257-8837
Di.–So. 9/10–17/19 Uhr
www.greenhausspa.com

NAPA VALLEY ERLEBEN

NAPA VALLEY WELCOME CENTER
1300 1st St., Napa, CA 94559
Tel. 1-707-251-5895
www.visitnapavalley.com

BALLOONS ABOVE THE VALLEY
Ballonfahrten ab 299 $, auch zusammen mit einem Brunch buchbar. Die unterschiedlichen Startpunkte werden erst kurz vor Abflug bekannt gegeben.
603 California Blvd., Napa
Tel. 1-800-464-6824
http://balloonrides.com

NAPA VALLEY WINE TRAIN
In restaurierten Pullman-Waggons geht es im Traditionszug von Napa aus durch das weltberühmte Weinbaugebiet (6 Std.), inklusive Zwischenstopps für Verkostungen bei zwei Winzern. Je nach Tour wird im Speisewaggon ein köstliches Lunch oder Dinner serviert.
1275 McKinstry St., Napa
Tel. 1-707-253-2111
Touren ab 415 $
http://winetrain.com

ST. HELENA CYCLERY
Hier werden **Fahrräder** und E-Bikes verliehen.
1156 Main St., St. Helena
Tel. 1-707-963-7736, Mo. geschl.
http://sthelenacyclery.com

THE BOON FLY CAFÉ €€
Rustikal und schick zugleich, mit Frühstück, Designer-Pizzas, Brathähnchen und anderen Deli-Snacks.
4048 Sonoma Hwy., Napa
Tel. 1-707-299-4870
www.boonflycafe.com

NAPA RIVER INN €€€€
Die luxuriöse Herberge mit 66 schön ausgestatteten Zimmer und hübscher Terrasse ist in einer restaurierten Mühle von 1884 eingerichtet. Etliche gute Restaurants findet man in der näheren Umgebung.
500 Main St., Napa
Tel. 1-707-251-8500
www.napariverinn.com

THE WINE COUNTRY INN & GARDENS €€€€
Die Suiten und Cottages sind sehr elegant eingerichtet. Frühstücksbüfett sowie Wein und Häppchen am Abend steigern das Wohlbefinden.
1152 Lodi Lane, St. Helena
Tel. 1-707-963-7077
https://winecountryinn.com

NAPA VALLEY MARRIOTT HOTEL & SPA €€€€–€€€
Das Nobelhotel mit 275 eleganten Zimmer und Suiten verfügt neben Spa und Pool im Freien über viele weitere Annehmlichkeiten. Auch ein gutes Weinrestaurant gehört dazu.
3425 Solano Ave., Napa
Tel. 1-707-253-8600
www.marriott.com/hotels/

REGENCY INN €€
Modernes Hotel am südlichen Zugang zum Napa Valley.
4326 Sonoma Blvd., Vallejo
Tel. 1-707-643-4150
www.regencyinnvallejo.com

ZIELE
NAPA VALLEY

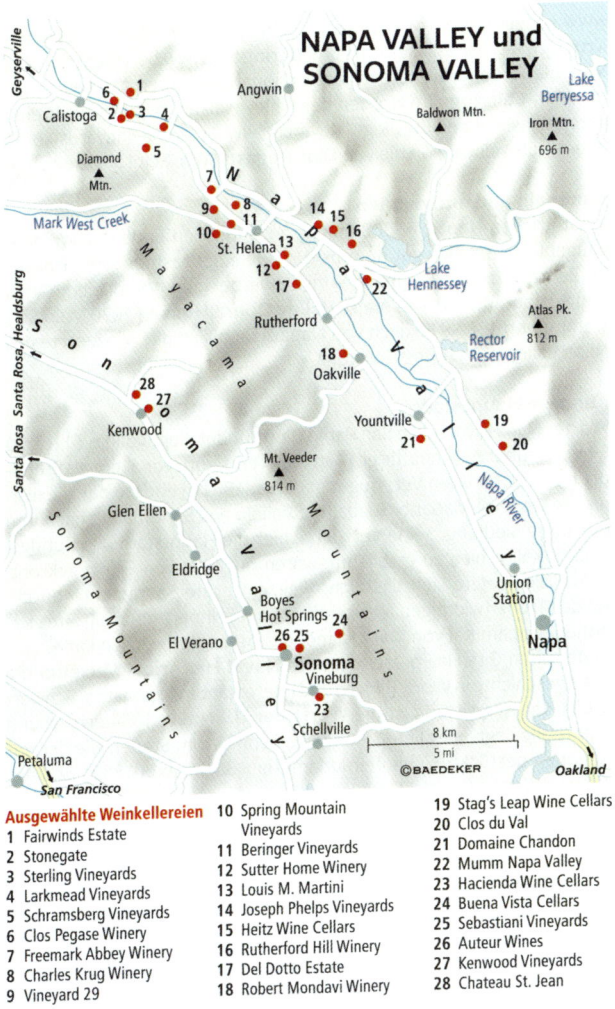

Ausgewählte Weinkellereien
1. Fairwinds Estate
2. Stonegate
3. Sterling Vineyards
4. Larkmead Vineyards
5. Schramsberg Vineyards
6. Clos Pegase Winery
7. Freemark Abbey Winery
8. Charles Krug Winery
9. Vineyard 29
10. Spring Mountain Vineyards
11. Beringer Vineyards
12. Sutter Home Winery
13. Louis M. Martini
14. Joseph Phelps Vineyards
15. Heitz Wine Cellars
16. Rutherford Hill Winery
17. Del Dotto Estate
18. Robert Mondavi Winery
19. Stag's Leap Wine Cellars
20. Clos du Val
21. Domaine Chandon
22. Mumm Napa Valley
23. Hacienda Wine Cellars
24. Buena Vista Cellars
25. Sebastiani Vineyards
26. Auteur Wines
27. Kenwood Vineyards
28. Chateau St. Jean

Wie Perlen an einer Kette

Zahlreiche Kellereien reihen sich aneinander. Drei der bekanntesten (Stag's Leap Wine Cellars, www.cask23.com; Domaine Chandon, www.chandon.com; Silverado Vineyards, www.silveradovineyards.com) liegen rund um **Yountville**. Etwas weiter nördlich bei **Oakville** bietet ein Altmeister des kalifornischen Weinanbaus (Robert Mondavi Winery,

Weingüter und Kellereien

ZIELE
NAPA VALLEY

www.robertmondaviwinery.com) seine edlen Tropfen an. **Charles Krug** (www.charleskrug.com) und **Beringer** (www.beringer.com) bei **St. Helena** gehören zu den international bekannten Marken. Auch rund um **Calistoga** im Norden des Valley werden respektable Weine gezogen, wie in den Sterling Vineyards (www.sterlingvineyards.com) oder »Kultweine«, wie die von **Clos Pegase** (www.clospegase.com).

Bummeln und entspannen

Napa Im Städtchen Napa (77 000 Einw.) am südlichen Ende des Weinanbaugebiets lässt sich gut bummeln. In viele der restaurierten Häuser im Zentrum zogen originelle Kunstgewerbeläden, Weinläden, Cafés und Restaurants ein. Das **Napa Valley Opera House** (1030 Main St.) stammt von 1880. Nördlich von Napa ziehen sich die Winzerorte des Napa Valley in Richtung Calistoga.

Kurzzeit-Hauptstadt

Vallejo Wo der Napa River in die San Pablo Bay mündet, liegt Vallejo (116 000 Einw.), früher bekannt für großen Werften, heute vor allem als Standort eines attraktiven Vergnügungsparks. 1851 gründete der mexikanische General Mariano Guadalupe Vallejo aus Sonoma die nach ihm benannte Siedlung. Seine Versuche, hier die Hauptstadt des Bundesstaates Kaliforniens zu etablieren, waren nur kurz von Erfolg gekrönt. Schließlich setzte sich das nicht weit entfernte Sacramento durch. An den früher wichtigen Marinestützpunkt erinnert noch ein altes Kanonenboot am Kai von Mare Island, das besichtigt werden kann.

In der alten City Hall präsentiert das **Naval Historical Museum** die Stadtgeschichte in Wort, Bildern und interessanten Exponaten. Schwerpunkt der Ausstellung ist die **Werft der US Navy**, 1854 erbaut und 1996 stillgelegt. Hier liefen Hunderte Schiffe vom Stapel, wie der mit Kanonen bestückte Schaufelraddampfer »Saginaw« (1859) und das Atom-U-Boot »Drum« (1970).

Vallejo Visitors Center: 289 Mare Island Way, Vallejo, CA 94590
Tel. 1-707-642-3653 | www.visitvallejo.com
Naval & Historical Museum: 734 Marin St. | Di.-Fr. 12-16, Sa. ab 10 Uhr | 5 $ | http://vallejomuseum.net

Zoo und Abenteuerpark

Six Flags Discovery Kingdom Der Freizeitpark im Nordosten von Vallejo, eine Kombination aus Zoo und Abenteuerpark, wartet mit verschiedensten Attraktionen auf: einer Schmetterlingsvoliere, Elefantendressuren, einem Hai-Bassin durch das ein Acryltunnel führt, sowie einem Walrossfelsen. Hinzu kommen verschiedene Achterbahnen, die mit rasender Geschwindigkeit Loopings und Spiralen drehen oder durchs Wasser stieben.

1001 Fairgrounds Dr. (Exit CA-37 ab I-80)
tgl.; Öffnungszeiten variabel, s. Website | ab 30 $, Parkgebühr: 25 $
www.sixflags.com/discoverykingdom

ZIELE
NEWPORT BEACH

NEWPORT BEACH

County: Orange | Höhe: 0–8 m ü. d. M. | Einwohnerzahl: 85 000

Der vornehme Badeort südlich des Ballungsraumes ▶ Los Angeles lockt mit breiten Stränden, die sich vom Santa Ana River aus meilenweit nach Süden erstrecken – bis zur Südspitze der Halbinsel Balboa, die die Newport Bay vom Ozean abtrennt.

Allein der durch die gut 300 m lange **Newport Pier** getrennte breite Strand auf der **Balboa Peninsula** misst gut 10 km. Der Vergnügungspark »Balboa Fun Zone« liegt am Balboa Boulevard oberhalb der Balboa Pier, von der aus Schiffsausflüge veranstaltet werden.
Die von der Halbinsel abgeschirmte **Newport Bay** ist mit rund 9000 Bootsliegeplätzen einer der größten Jachthäfen in den USA.
Balboa Fun Zone: 600 E Bay Ave. | 11–20/22 Uhr
Fahrt mit dem Riesenrad 5 $ | www.balboaferriswheel.com

Vornehmer Badeort

Art »On the Move«

Newport Beach besitzt ein beachtliches Kunstmuseum, das Orange County Museum of Art (OCMA). Interessante Wechselausstellungen zeigen Teile der umfangreichen Sammlung von etwa 5000 Objekten vorwiegend **moderner Kunst** aus Kalifornien.
Das Museumsdomizil 850 San Clemente Drive schloss 2018 und bezog ein temporäres Ausstellungsgebäude in Santa Ana. Ein spektakuläres neues Gebäude des Prizker-Preisträgers Thom Mayne von der Avantgarde-Architekten-Gruppe Morphosis soll als Segerstrom Center for the Arts 2022 neu eröffnen (Aktuelle Öffnungszeiten und Infos zum Neubau s. Website.).
Rund 5 mi/8 km südlich von Newport Beach, nahe der Küstenstraße, liegen die **Sherman Library and Gardens**, ein reizvoller Park mit exotischer Flora und dem netten Restaurant »608 Dahlia«.
OCMA: South Coast Plaza Village, 1661 W. Sunflower Avenue
Öffnungszeiten und Infos zum Neubau s. Website: www.ocma.net
Sherman Library & Gardens: 2647 East Coast Hwy., Corona del Mar
Park tgl., Library Mo.–Fr. 10.30–16 Uhr | 5 $ | https://thesherman.org

Orange County Museum of Art (OCMA)

Rund um Newport Beach

Urlaubers Traum

Der malerische Urlaubsort (23 000 Einw.) südöstlich von Newport Beach mit seiner sichelförmigen Strandbucht und den dahinter aufsteigenden Hügeln wurde als **Künstlerkolonie** gegründet. Schon lange bei Wohlhabenden beliebt wurde er durch die Fernsehserie »Lagu-

Laguna Beach

ZIELE
NEWPORT BEACH

na Beach: The Real Orange County« weltweit bekannt. In Galerien und Ateliers kann man Bilder und Plastiken direkt von den Künstlern kaufen, die jedoch zunehmend ein Opfer der Gentrifizierung werden.
Das **Laguna Art Museum** hoch auf den Klippen über dem Pazifik zeigt vorwiegend moderne und zeitgenössische amerikanische Kunst.
Laguna Beach Visitors Center: 381 Forest Ave., Laguna Beach, CA 92651 | Tel. 1-949-497-9229 | tgl. 10–17 Uhr
www.visitlagunabeach.com
Laguna Art Museum: 307 Cliff Dr. | tgl. außer Mi. 11–17 Uhr 12 $ | http://lagunaartmuseum.org

NEWPORT BEACH ERLEBEN

NEWPORT BEACH CONVENTION & VISITORS BUREAU
1600 Newport Center Dr., #120
Newport Beach, Tel. 1-855-563-7678, Mo.–Fr. 10–19 Uhr
www.visitnewportbeach.com

FESTIVAL OF ARTS & PAGEANT OF THE MASTERS
Straßenfest in Laguna Beach, bei dem Szenen aus berühmten Gemälden lebensecht nachgestellt werden (▶ Magischer Moment, S. 417).
Juni, Aug. in Laguna Beach
www.foapom.com

SAWDUST ART FESTIVAL
Festival mit Werken vor allem einheimischer Künstler und Kunsthandwerker (tgl. 10–22 Uhr).
Juli, Aug. in Laguna Beach
https://sawdustartfestival.org

GREAT ROOM SOCIAL LOUNGE €€
Munteres Plätzchen in der Lobby des Resort at Pelican Hill, mit DJ's und appetitlichen Barhappen und fine dining.
22701 Pelican Hill Road South, Newport Coast, Tel. 1-844-727-8771, www.pelicanhill.com/dining/great-room

LAS BRISAS €€€
Beste mexikanische Küche und ein toller Blick auf die Bucht.
Laguna Beach, 361 Cliff Dr.
www.lasbrisaslagunabeach.com

CASA LAGUNA €€€€
Entzückendes kleines Bed & Breakfast, 1920 im Missionsstil erbaut.
Laguna Beach, 2510 S Coast Hwy.
Tel. 1-949-494-2996
www.casalaguna.com

LAGUNA CLIFFS MARRIOTT RESORT & SPA €€€€
Noble und aussichtsreiche Ferienanlage am Pazifik.
Dana Point, 25135 Park Lantern
Tel. 1-949-661-5000
www.lagunacliffs.com

BAY SHORES PENINSULA HOTEL €€€
Gepflegtes Mittelklassehotel in guter Lage zwischen Bay und Beach, nur wenige Schritte vom Strand.
1800 W Balboa Blvd., Newport Beach, www.thebestinn.com

VERGÄNGLICHE SCHÖNHEIT

An der Küste bei Dana Point sind in den Wintermonaten viele Bäume geradezu überzogen mit Monarchfaltern. Spazieren Sie unter den auffällig in Gelb, Orange und Schwarz gezeichneten Schmetterlingen hindurch. Sie legen nach ihrem langen Flug von Kanada in den Süden hier ihre Eier ab – um wenig später ihr Leben zu beenden.

Juwel unter den Missionsstationen

Die 1776 von Pater Junípero Serra als siebte der 21 Missionsstationen gegründete Mission liegt etwa 4 mi/6,5 km nordöstlich von Dana Point im Zentrum des Städtchen **San Juan Capistrano** (36 000 Einw.).
Die **Missionskirche**, bei mehreren Erdbeben beschädigt, wurde als eindrucksvolle Ruine gesichert. Andere Gebäudetrakte wurden wiederaufgebaut. Ein kleines **Museum** informiert über die spanische Besiedlung Kaliforniens.
26801 Ortega Hwy. (nahe Kreuzung I-5/CA-74) | Di.–So. 9–16 Uhr
14 $ | www.missionsjc.com

Mission San Juan Capistrano

Große und kleine Tiere

Im ausgehenden 19. Jh. war die weite **Bucht** bei Dana Point (34 000 Einw.) der wichtigste Hafen zwischen Santa Barbara und San Diego.

Dana Point

ZIELE
OAKLAND

Inzwischen wurde sie zu einer riesigen **Marina** für bis zu 25 000 Motor- und Segelboote ausgebaut, von der heute auch Ausflugsschiffe zur Walbeobachtung ablegen, und entwickelte sich zu einem bedeutenden Wassersportzentrum.

Der Ortsname geht auf den Schriftsteller und Rechtsanwalt **Richard Henry Dana** (1815–1882) zurück, der 1934 als einfacher Seemann bei einer Fahrt um Kap Hoorn nach Kalifornien 16 Monate hier verweilte. Seine Abenteuer schildert er in dem Romanklassiker »Two Years Before the Mast« (1840), der auf die englische Seefahrerliteratur großen Einfluss ausübte. Ein Denkmal für ihn steht am Hafen.

In der Nähe des Hafens liegt auch das **Orange County Ocean Institute**, das Interessierte über den Pazifik und seine Bewohner informiert. Besuchermagnete sind auch ein Nachbau des Schiffes »**Pilgrim**« aus dem 19. Jh. (nördlich des Ocean Institute), auf dem Richard Henry Dana die Küste Kaliforniens entlang segelte, sowie der Leuchtturm **Dana Point Lighthouse** auf den Klippen.

Von Dezember bis März kann man an der Küste bei Dana Point nach Süden wandernde **Wale** beobachten (▶ Baedeker Wissen, S. 262). Ein spektakuläres Schauspiel sind auch die Schwärme von **Monarchfaltern** im Winter (▶ S. 197).

Dana Point Visitor Information: 34183 Pacific Coast Hwy, Dana Point, CA 92629 | Tel. 1-949-496-1555 | Mi.–Mo. 10–16 Uhr
www.danapoint.org

Orange County Ocean Institute: 24200 Dana Point Harbor Dr. tgl. 11–15 Uhr | 15 $ | https://oceaninstitute.org

OAKLAND

County: Alameda | **Höhe:** 0–13 m ü. d. M. | **Einwohnerzahl:** 440 000

Handel, Gewerbe und ein bedeutender Hafen prägen die achtgrößte Stadt Kaliforniens, die auch mit einigen außergewöhnlichen Attraktionen aufwarten kann. Eine davon ist sicherlich der Blick auf die schöne Nachbarstadt San Francisco auf der westlichen Seite der Bucht, mit der Oakland über die Bay Bridge, mit Fähren und der U-Bahn verbunden ist.

Im Schatten San Franciscos

Die Rivalität beider Städte ist groß und die Witze, die die Bewohner über die jeweils andere Metropole machen, sind nicht immer freundlich. Auch wenn Oakland im Schatten des für Touristen besonders attraktiven San Francisco steht, lohnt sich ein Ausflug von dort aus, besonders attraktiv mit Fährfahrt über die Bay.

OAKLAND ERLEBEN

VISIT OAKLAND
481 Water St., Oakland, CA 94607
Tel. 1-510-839-9000
Mo.–Fr. 9–17, Sa., So. 10–16 Uhr
www.visitoakland.org

Das aktuell einzige Profi-Team von Oakland, die Athletics (A's; Baseball), spielt im Oakland-Alameda County Coliseum Complex.
7000 Coliseum Way. Exit Nimitz Fwy./I-880, www.coliseum.com

🍴

❶ **WOOD TAVERN €€€**
Kalifornische Küche, tolle Cocktails, nette Atmosphäre. Reservieren!
6317 College Ave., Tel. 1-510-654-6607, www.woodtavern.net

❷ **BUTTERCUP DINER €€**
Leckere hausgemachte Küche.
229 Brodway u. 1000 Cotton St.
www.buttercupdiner.com

❸ **NYUM BAI €€**
Authentisch kambodschanische Küche.
3340 E 12th St #11, Tel. 1-510-500-3338, www.nyumbai.com

❶ **WATERFRONT HOTEL €€€–€€**
Modernes Boutique Hotel mit dekorativen Zimmern und Pool.
10 Washington St., Tel. 510-836-3800, www.jdvhotels.com

🍴
❶ Wood Tavern   ❸ Nyum Bai
❷ Buttercup Diner

⌂ ❶ Waterfront Hotel

— BART (Schnellbahn)

ZIELE
OAKLAND

Black Power

Stadtgeschichte — Einst lebten Holzfäller in Oakland, die nahe der Bucht große Eichenwälder und Redwood-Bestände vorfanden, von denen heute kaum mehr etwas zu sehen ist. Später kamen Goldgräber, und 1852 wurde die nach ihren längst gefällten Eichen benannte Stadt gegründet, die 1869 als westliche Endstation der transkontinentalen Eisenbahn an Bedeutung gewann. Im gleichen Jahr legte der damalige Bürgermeister den nach ihm benannten Salzwassersee **Lake Merritt** (▶ S. 201) in der Stadt an. In der lebhaften Hafen- und Industriestadt Oakland machten Afroamerikaner zu Beginn der 1970er-Jahre etwa ein Drittel der Einwohnerschaft aus. Bereits 1966 gründeten Bobby Seale und Huey Newton die sozialrevolutionären **Black Panthers**, deren Demonstrationen zu gewalttätigen Zusammenstößen mit der »weißen« Polizei führten.

Geprägt durch Hafen und Industrie

Wirtschaft — Nach dem verheerenden Erdbeben von 1906, von dem Oakland weitgehend verschont blieb, erhielt die Stadt starken Zuzug von Bewohnern San Franciscos. Bis 1910 verdoppelte sich ihre Einwohnerzahl. Während des Zweiten Weltkrieges wurden die Hafenanlagen ausgebaut, die US-Marine erweiterte ihre Stützpunkte. Heute besitzt Oakland einen der größten US-Container-Hafen. In dessen Umkreis siedelten sich über 1000 Speditionen, mehrere Werften und etwa 1600 Fabriken an.

▌ Wohin in Oakland?

Auf den Spuren eines Abenteuerers

Jack London Square — **Nach dem** Schriftsteller **Jack London** (▶ Interessante Menschen), der zeitweise in Oakland lebte, ist der Platz mit dessen lebensgroßer Statue am Ende des Broadway benannt. An den berühmten Autor, der sich in Oakland erfolglos als Kandidat der Sozialistischen Partei um das Amt des Bürgermeisters beworben hatte, erinnert auch die Kneipe »**Heinold's First and Last Chance**« östlich des Platzes (48 Webster St.), in der er nicht nur Whiskey trank, sondern auch Kurzgeschichten schrieb. Daneben steht die restaurierte und nach hier versetzte Klondike-Hütte **Jack London's Cabin**, in der London bei der Goldsuche im Hohen Norden einen Winter verbrachte. In dem dekorativ am Hafen gelegenen Freizeitkomplex mit Restaurants und Bistros kann man einen Caffè Latte mit Blick auf das gegenüber liegende San Francisco genießen.

»Schwimmendes Weißes Haus«

US-Staatsjacht — Am FDR Pier (westl. des Jack London Square) liegt das »Schwimmende Weiße Haus« des früheren Präsidenten Franklin D. Roosevelt

(1882–1945). Auf der 1934 gebauten Jacht »**USS Potomac**«, empfing der an den Rollstuhl gefesselte US-Präsident Gäste zu politischen Gesprächen. Sie kann besichtigt werden und sticht zu Rundfahrten in die San Francisco Bay.
540 Water St., Führungen n. V. | Tel. 1-510-627-1215
Touren: s. Website | Ticket: 10 $, unter 13 J. frei
www.usspotomac.org

»There is no there there«

Die deutsch-jüdische Schriftstellerin **Gertrude Stein** (1874–1946) verbrachte Jugendjahre in Oakland. Ihr Ausspruch »When you get there, there is no there there« sollte ihre Enttäuschung darüber ausdrücken, dass nach langer Abwesenheit in Europa das Haus ihrer Jugend nicht mehr bestand. Eine farbenfrohe Skulptur von Roslyn Mazzilli (1988) in der City Center Shopping Area nördlich des Jack London Square erinnert an die legendäre Literatin.

»There« Sculpture

Ausflugsziel und Freizeitparadies

Die Stadtmitte nimmt der über 60 ha große Salzwassersee Lake Merritt ein, auf dem in den Sommermonaten kleine Boote herumkurven (mehrere Bootsvermieter) und um den Einheimische morgens vor der Arbeit joggen.
In der großen Parkanlage rund um den See verteilen sich ein **Botanischer Garten**, Picknickplätze und Wanderwege. An seinem Südwestende steht das Oakland Museum mit seinem großen Freigelände.

Lake Merritt

Ein altmodischer Märchenpark

Der erste Themenpark der USA wurde 1950 gegründet und diente Walt Disney als Inspiration für seinen fünf Jahre später errichteten Vergnügungspark n »Disneyland« in Anaheim. In Children's Fairyland wurden bekannte Märchen und Kindergeschichten in fantasievollen Figuren und Ensembles nachempfunden, es gibt einen Streichelzoo, Puppen- und Kindertheater.
699 Bellevue Ave. (am nordwestl. Ausläufer des Lake Merritt)
Sommer tgl. 10–16/17, Frühling, Herbst Mi.–So. 10–16,
Winter 12–15 und 16–19 Uhr | 13 $ | http://fairyland.org

Children's Fairyland

Thema Kalifornien

Das südwestlich des Lake Merritt gelegene Museum mit großem Freigelände, das einzige speziell dem US-Bundesstaat Kalifornien gewidmete größere Museum, beeindruckt mit gut aufbereiteten Sammlungen zu dessen Naturgeschichte, Geschichte, Kunst und Volkskunde. Seine Ursprünge gehen zurück auf das 1910 gegründete Oakland Public Museum, dem 1916 die Oakland Art Gallery folgte.
Die oberste Etage, durch die man das Gebäude betritt, ist dem Werk kalifornischer Künstler gewidmet, darunter die Maler **Albert Bier-**

Oakland Museum of California (OMCA)

stadt und Frederick Childe Hassam sowie die Fotografen Anselm Adams, Dorothea Lange, Edward Weston und Eadweard Muybridge. Unter der Galerie liegt ein großer Ausstellungsraum, in dem die wechselvolle Geschichte Kaliforniens erzählt wird. Im untersten Stockwerk kann man einen Rundgang durch die verschiedenen Naturräume Kaliforniens unternehmen: Küste, Küstengebirge, Central Valley, Sierra Nevada, Wüste.
1000 Oak St. | Mi.-So. 11-17 Uhr | 16 $ | http://museumca.org

Grüne Gärten und viktorianisches Ambiente
Im Herzen von Oakland westlich des Lake Merritt bietet der Komplex des mit restaurierten viktorianischen Villen einen reizenden Kontrast zum modernen Stadtzentrum.
www.preservationpark.com

Preservation Park

Überbordender Art déco
Wer sich am 1. oder 3. Samstag eines Monats in Oakland aufhält, sollte sich eine Tour im **Paramount Theatre of Arts** zwischen Preservation Park und Lake Merritt nicht entgehen lassen. Der Art-déco-Kinopalast von 1931 mit 3000 Sitzplätzen und einer Wurlitzer-Orgel bietet kulturellen Veranstaltungen aller Art einen spektakulären Rahmen. Nur drei Straßenkreuzungen entfernt bietet das 1928 erbaute **Fox-Kino** Künstlern einen ungewöhnlich reizvollen Aufführungsort.
Paramount Theatre of Arts: 2025 Broadway | aktuelle Besichtigungsmöglichkeiten s. Website | www.paramounttheatre.com
Fox Kino: www.thefoxoakland.com

Paramount Theatre of Art

Fluggeschichte in Objekten
Verlässt man Oakland auf der I-880 nach Osten in Richtung Flughafen, lohnt ein kleiner Abstecher zum Luftfahrtmuseum mit seinen zahlreichen **historischen Flugzeugen**. Es ist in einer 1939 gebauten Flugzeughalle am North Field untergebracht, die während des Zweiten Weltkriegs als Ausbildungsstätte des Flugzeugunternehmens Boeing diente. Hauptattraktion ist eine »Short Solent Mark III«, ein 1946 gebautes viermotoriges britisches Wasserflugzeug.
8252 Earhart Rd. | Mi.-So. 10-16 Uhr | 15 $
www.oaklandaviationmuseum.org

Oakland Aviation Museum (OAM)

Astronomie und Raumfahrt
Nordöstlich der Stadt, am Rand des Redwood Regional Park, begeistert das Chabot Space & Science Center vor allem Kinder und Jugendliche, aber auch so manch jung gebliebenen Erwachsenen mit Ausstellungen und Experimenten zur Weltraumforschung.
10000 Skyline Blvd. | Sa./So. 10-17 Uhr | 24 $ | www.chabotspace.org

Chabot Space & Science Center

Fast schon Pop Art: eine der markanten Kuppeln des Chabot Space & Science Center

ZIELE
PALM SPRINGS

★ PALM SPRINGS

County: Riverside | Höhe: 142 m ü. d. M. | Einwohnerzahl: 45 000

Palm Springs begann seine Karriere als »Spielplatz der Reichen und der Filmstars«. Heute gibt es auch günstigere Unterkünfte. Im warmen, trockenen Klima zwischen Joshua Tree National Park und San Jacinto Mountains leben inzwischen rund 220 000 Menschen, die sich mit »nur« 100 Golfplätzen begnügen müssen.

R-S17

Heiße Quellen

Palm Springs und seine Nachbarorte Palm Desert, Rancho Mirage, Cathedral City, Desert Hot Springs, Idyllwild und Indian Wells liegen in der Colorado Desert zwischen San Jacinto Mountains und Indio Hills. Entdeckt wurde der Ort schon 1774 von den Spaniern, die ihn nach den heißen Quellen **Agua Caliente** nannten. Seit mindestens 1000 Jahren lebten hier **Cahuilla**, heute gehört ihnen noch ein fast 125 km² großes Reservat, von dem nahezu ein Fünftel im Stadtgebiet liegt. Die 400 Mitglieder der Agua-Caliente-Gruppe der Cahuilla sind damit die größten Grundbesitzer von Palm Springs.

Aus dem Schlaf gerissen

Stadt der Prominenten

Noch Ende des 19. Jh.s war Palm Springs nicht mehr als ein verschlafener Eisenbahnort mit einem Laden und ein paar Häusern. Erst in den 1930er-Jahren wurde es ein zweites Mal »entdeckt«, diesmal von der Prominenz aus **Hollywood**, darunter Frank Sinatra, Bob Hope und etwas später Elvis Presley und Liberace. Ihnen folgten Politiker: die ehem. **US-Präsidenten** Dwight D. Eisenhower, John F. Kennedy, Lyndon B. Johnson, Richard Nixon, Gerald Ford und Ronald Reagan. Wohlhabende **Pensionäre** aus dem Nordosten des Landes siedelten sich in Palm Springs an, um den kalten Wintern zu entgehen. Inzwischen dient es auch betuchten Großstädtern als Wochenendziel, die auf einem der zahlreichen Plätze Golf oder Tennis spielen oder an einem Pool der vielen luxuriösen Resorts sonnenbaden.

Teure Oase unter blauem Himmel

Hotels und Sportanlagen

Viele der große Hotelanlagen verstecken sich hinter Mauern in parkähnlichem Gelände, mit Villen oder Apartments mit Pool und angeschlossenen Tennis- und Golfplätzen. In der Saison von Mitte Dezember bis Ende Mai erreichen die Preise schwindelnde Höhen.
In der **Nebensaison**, wenn es in Palm Springs und Umgebung sehr heiß wird (in den Sommermonaten bis zu 45 °C), aber dabei ganz trocken bleibt, halbieren sich die meisten Übernachtungspreise, während sich die Temperaturen verdoppeln.

Palm Springs bedeutet Palmenhaine in der Wüste.

ZIELE
PALM SPRINGS

Wohin in Palm Springs und Umgebung?

Großzügig

Palm Springs Art Museum

Das Museum im Herzen von Downtown legt seinen Schwerpunkt auf kalifornische Kunst und Western Art vom 19. Jh. bis zur Gegenwart, zeigt aber auch Gebrauchs- und Kultgegenstände der Ureinwohner in einem modernen, angenehm temperierten Bau. Auch das »Persimmon Bistro« lohnt einen Besuch.
101 Museum Dr. | So.-Di., Fr. 10-17, Do. bis 19 Uhr | 14 $
www.psmuseum.org

Interessant

Moorten Botanical Garden

In dem Botanischen Garten wandelt man durch Landschaften mit über 3000 verschiedene Pflanzen, besonders Kakteen, die in trockenen Biotopen gedeihen.
1701 S Palm Canyon Dr. | Do.-Di. 10-16, Sommer bis 13 Uhr | 5 $
http://moortenbotanicalgarden.com

Golfen mitten in der Wüste. Im Toscana Country Club in Indian Wells passen nur die Palmen nicht ganz zum Namen.

PALM SPRINGS ERLEBEN

VISITOR INFORMATION CENTER
2901 N Palm Canyon Dr., Palm Springs, CA, 92262
Tel. 1-760-778-8418, 10–17 Uhr
www.visitpalmsprings.com

4 SAINTS €€€
Moderne amerikanische Küche, gute Weine und Cocktails, dazu Panoramablick von der Dachterrasse.
100 W Tahquitz Canyon Way
Tel. 1-760-392-2020
https://www.4saintspalmsprings.com

LAS CASUELAS NUEVAS €€
Einfallsreiche Tex-Mex-Küche in lauschiger Atmosphäre.
Rancho Mirage, 70-050 CA-111
Tel. 1-760-328-8844
www.lascasuelasnuevas.com

LA QUINTA RESORT & CLUB €€€€
Luxusresort am Fuß der Santa Rosa Mountains. Villen mit Suiten und eigenen Pools sind im weitläufigen Gelände verteilt, in dem auch fünf Golfplätze Raum finden.
49-499 Eisenhower Dr., La Quinta
Tel. 1-760-564-4111
www.laquintaresort.com

CALIENTE TROPICS €€
Freundliche Unterkunft mit Pool im Tiki-Stil, ganz im Stil der 1960er-Jahre.
411 E Palm Canyon Dr
Tel. 1-760-327-1391
www.calientetropics.com

Lichter Fächerpalmenwald
Im Palm Canyon wandern Besucher durch einen lichten Wald von 3000 riesigen Fächerpalmen. Der Spaziergang bietet Ausblicke auf den Canyon, zu dem Stufen hinabführen.
Auch die benachbarten Andreas, Murray und Tahquitz Canyons lohnen unbedingt einen Ausflug.
38500 S Palm Canyon Dr. | Okt.–Juni tgl., Juli–Sept. nur Fr.–So. 8–17 Uhr | 9 $ | www.indian-canyons.com

Wüste von oben
Die **Palm Springs Aerial Tramway**, eine Seilbahn mit Drehgondel, bringt Besucher in wenigen Minuten auf den 2595 m hohen Mount San Jacinto (San Jacinto Peak; Talstation an der nördlichen Peripherie von Palm Springs). Die Gondel schwebt über alle Höhenstufen der wüstenhaften Vegetation. Von oben bietet sich vor allem gegen Abend ein **überwältigender Ausblick** auf die Berglandschaft und die Wüste tief unten (▶ S. 208).
Der gesamte Gebirgsstock ist als **Naturschutzgebiet** ausgewiesen. Für Bergwanderer wurden mehr als 80 km Wege angelegt. Wer die Natur weiter als bis zur Ranger Station erkunden möchte, benötigt

ZIELE
PALM SPRINGS

eine (kostenlose) Erlaubnis. Obacht: Auf dem Mt. Jacinto ist es mehr als 20° C kühler als im Tal bei Palm Springs. Im Winter kann man im Gipfelbereich Ski fahren.
1 Tram Way | Seilbahn: Mo.–Fr. ab 10, Sa., So. ab 8 Uhr, letzte Talfahrt So.–Do. 21.45 Uhr | Ticket 29 $ | www.pstramway.com

Palm Desert

Die Wüste lebt
Auf dem 4,8 km² großen Freigelände der **Living Desert Zoo & Gardens** im südlichen Nachbarort Palm Desert (48 000 Einw.) leben in den Wüstenlandschaften Südkaliforniens heimische Vögel, Säugetiere und Reptilien in natürlicher Umgebung mit Wüstenpflanzen und Palmen. In den Hügeln und Canyons wurden Wege angelegt.
47900 Portola Ave., Palm Desert | Okt.–Mai 8–17, Juni–Sept. 8–13.30 Uhr | 28 $ | www.livingdesert.org

BALLETT DER WINDFLÜGEL

Selbst wer in der Norddeutschen Tiefebene mit ihren zahlreichen Windkraftwerken zu Hause ist, muss bei Cabazon erst einmal nach Luft schnappen. Der San Gorgonio Pass zwischen San Bernardino und den San Jacinto Mountains wirkt wie ein gewaltiger Windkanal, in dem Tausende Windräder die Luft zum Surren bringen. Ein einmaliger Ausblick. Gut zu sehen auch von der Palm Springs Aerial Tramway oder im Rahmen einer »Windmill Tour« (www.windmilltours.com).

ZIELE
PALO ALTO

Dattelpalmen und Ureinwohner

Indio (88 000 Einw.) liegt etwa 20 mi/32 km südöstlich auf halber Strecke zwischen Palm Springs und Salton Sea. Zu seiner Entstehungszeit waren hier ein **Depot** für die 1876 im Bau befindliche **Southern Pacific Railroad** untergebracht und hieß zunächst Indian Wells. Erst später erhielt es seinen jetzigen Namen.

Indio

C. P. Huntington, Präsident der Southern Pacific Railroad, brachte von einer Algerien-Reise Dattelpalmensetzlinge mit. Sie waren der Grundstock für den Aufstieg als Dattel-Anbaugebiet. Seit 1921 wird normalerweise im Februar das **Date Festival** (www.datefest.org) gefeiert mit Kamel- und Vogel-Strauß-Rennen sowie der Wahl einer Dattelkönigin. Über 90 % der amerikanischen Datteln werden im Coachella Valley geerntet, das dank des **All-American Canal** aus dem weit entfernten Colorado River ausreichend bewässert wird.

Das **Coachella Valley History Museum** informiert über die Entwicklung der künstlichen Bewässerung und die **Ureinwohner**, die hier seit dem 11. Jh. lebten.

Indio Visitors Bureau: 82921 Indio Blvd | www.discoverindio.com
Coachella Valley History Museum: 82616 Miles Ave.
Okt.–Mai Fr., Sa., Mo. 10–16, So. ab 13 Uhr, sonst s. Website
8 $ | www.cvhm.org

PALO ALTO

County: Santa Clara | **Höhe:** 7 m ü. d. M. | **Einwohnerzahl:** 69 000

F10

Ein »hoher Baum« am Ufer des San Francisquito Creek ist Namenspate, doch berühmt ist das Städtchen für die Stanford Universiy und als Brutkasten für Talente, die im »Silicon Valley« die Technologie von morgen entwickeln.

In und um Palo Alto, rund 37 mi/60 km südlich von San Francisco schlägt das Herz des Silicon Valley (▶ Baedeker Wissen, S. 314). Vielleicht wäre es besser vom Gehirn zu sprechen, denn die Hochschulen, Forschungseinrichtungen und Technologiefirmen in Menlo Park, Mountain View oder Stanford haben mit ihren Erfindungen und Entwicklungen das Zusammenleben der Menschen geradezu revolutioniert.

Besonders die **Stanford University** am südlichen Ortsrand von Palo Alto und ihre Absolventen prägten die technologischen und gesellschaftlichen Veränderungen der letzten Jahre stärker als jede andere Hochschule weltweit. Zu den bekanntesten Unternehmen gehören Hewlett-Packard, **Tesla** und **Skype**.

ZIELE
PALO ALTO

Stanford University

Stanford Visitor Center: 295 Galvez St. | 8.30/10–17 Uhr, aktuell s. Website; Campus-Führungen (frei) s. Website; nach Vereinbarung: Engineering-, Athletics- oder Humanities & Arts-Touren | http://visit.stanford.edu/tours/

Spaziergang über den Campus

Geschichte und Bedeutung

Vielleicht reicht schon ein Spaziergang über den Campus, um etwas von der Atmosphäre zu verspüren, die Stanford zu einer der erfolgreichsten Hochschulen der Welt machte. Für die Landschaftsgestaltung wurde kein Geringerer als der Bostoner Frederick Law Olmsted verpflichtet, bekannt als Schöpfer des New Yorker Central Park.
Der kalifornische Gouverneur **Leland Stanford**, Eisenbahn-Tycoon und später republikanischer Senator in Washington, D. C., gründete die Hochschule 1891 mit seiner Ehefrau Jane zur Erinnerung an seinen früh verstorbenen einzigen Sohn. Einer der ersten Studenten war der spätere US-Präsident **Herbert Hoover** (1874–1964).
Trotz der relativ kurzen Zeit seines Bestehens erwies sich Stanford den deutlich älteren Universitäten der Ostküste (Harvard und Yale) bald als ebenbürtig und lief ihnen auf einigen Gebieten, wie Medizin, Ingenieurwissenschaften und Englische Literatur, sogar den Rang ab. Über 17 000 Studierende werden von über 2200 Lehrkräften unterrichtet, darunter nicht weniger als **21 Nobelpreisträger** sowie 171

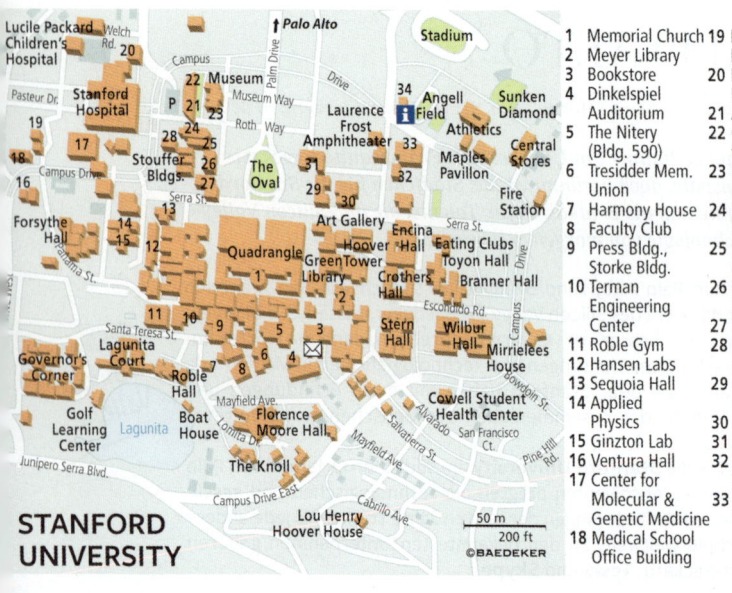

1 Memorial Church
2 Meyer Library
3 Bookstore
4 Dinkelspiel Auditorium
5 The Nitery (Bldg. 590)
6 Tresidder Mem. Union
7 Harmony House
8 Faculty Club
9 Press Bldg., Storke Bldg.
10 Terman Engineering Center
11 Roble Gym
12 Hansen Labs
13 Sequoia Hall
14 Applied Physics
15 Ginzton Lab
16 Ventura Hall
17 Center for Molecular & Genetic Medicine
18 Medical School Office Building
19 Psychiatry Building
20 Falk CVR Building
21 Anatomy
22 Cantor Center for Visual Arts
23 Rodin Sculpture Garden
24 Keck Science Building
25 Organic Chemistry
26 Old Chemistry Building
27 Herrin Hall & Lab
28 Mudd Chemistry Building
29 Graduate School of Business
30 Memorial Hall
31 Littlefield Center
32 Department of Athletics
33 Encina Gym Track House

ZIELE
PALO ALTO

Mitglieder der National Academy of Science und nebenbei 270 Gewinner von Medaillen bei Olympischen Spielen. Stanford verzichtet Dank Erträgen aus dem Stiftungsvermögen bei Bachelor-Studenten, deren Eltern unter 100 000 $ im Jahr verdienen, auf Studiengebühren.

Herzstück und Hauptplatz
Vom Palm Drive gelangt man in den auf einer Seite von Arkaden, auf der anderen von der Memorial Church gesäumten **Innenhof** (Quadrangle). Die Gebäude sind im Stil der Romanik und der kalifornischen Missionsarchitektur gestaltet.

Quadrangle

Antike, Asien und Rodin
Zu den Glanzstücken der Uni gehört das Iris & B. Gerald Cantor Center for Visual Arts mit seinen umfangreichen Archäologie- und Kunstsammlungen. Der 1905 eingeweihte Bau ist dem Nationalmuseum in Athen nachempfunden, die Orientalische Abteilung ist inzwischen auf 7000 Exponate angewachsen. Zu den Highlights gehören europäische Werke des 19. und 20. Jh.s, u. a. 20 Bronze-Arbeiten des französischen Bildhauers Auguste Rodin im **Rodin Sculpture Garden**, wie »Höllentor«, eine Version der »Bürger von Calais« oder »Der Kuss«.
328 Lomita Dr./Museum Way | Mi.–Mo. 11–17, Do. bis 20;
Führungen u. a. zu den Highlights Mi.–So. 13 Uhr im Atrium,
aktuelle Zeiten für Besichtigungen u. Führungen s. Website | frei
https://museum.stanford.edu

Cantor Center for Visual Arts

Landmarke zu Ehren eines Präsidenten
Weithin sichtbar ist der 87 m hohe Hoover Tower, 1941 anlässlich des 50-jährigen Universitätsjubiläums fertiggestellt. Von seiner **Aussichtsplattform** hat man einen tollen Rundblick. Im benachbarten Herbert Hoover Memorial Exhibit Pavilion wird an den ehem. Stanford Absolventen und 31. Präsidenten der Vereinigten Staaten erinnert.
Herbert Hoover Memorial Exhibit Pavilion: 550 Serra Mall
Di.–Sa. 11–16 Uhr | frei | **Hoover Tower:** 10–16 Uhr, aktuelle Zeiten für Besichtigungen u. Führungen s. Website | 4 $
www.hoover.org/library-archives/visit/explore

Hoover Tower

Rund um Palo Alto

Leuchtturmprojekt der Wissenschaft
Das 3 km lange SLAC National Accelerator Laboratory ist ein unterirdischer **Teilchenbeschleuniger** für die Grundlagenforschung. Es dient für Experimente der Synchroton-Strahlung und der Hochenergiephysik. Diese Forschungen führten bereits zu drei Nobelpreisen.
2575 Sand Hill Rd., Menlo Park (südöstl. von Palo Alto)
Infos zu öffentl. Touren unter: www6.slac.stanford.edu/public-tours

Stanford Linear Accelerator

ZIELE
PASADENA

Stadt der IT-Unternehmen

Mountain View — Südlich von Palo Alto, im Herzen des »Silicon Valley«, liegt Mountain View (82 000 Einw.). Hier haben etliche namhafte Unternehmen der IT-Branche ihren Sitz haben, darunter Alphabet (Google), WhatsApp und Mozilla.

Hier fand das **Computer History Museum** einen adäquaten Platz. Es präsentiert mit vielen Ausstellungsstücken die noch junge Geschichte von Computern, Speichermedien, dem Internet sowie diversen Anwendungen. Die PCs der 1970er- und 1980er-Jahren wirken heute bereits wie aus längst vergangener Zeit. Auch die Entwicklung von Computerspielen lässt sich hier gut nachvollziehen.

1401 N Shoreline Blvd. | aktuelle Öffnungszeiten s. Website | 17,50 $
www.computerhistory.org

★★ PASADENA

County: Los Angeles | **Höhe:** 262 m ü. d. M. | **Einwohnerzahl:** 139 000

Ein Juwel mit hübsch herausgeputzter Altstadt, Häusern vom Ende des 19. Jh.s und der CalTech, einer der herausragenden technischen Universitäten der Welt. Dazu lohnen zwei bedeutende große Kunstmuseen, das Norton Simon Museum of Art und die Huntington Library and Art Gallery.

O16

»Krone des Tals« — Die etwa eine halbe Autostunde (Pasadena Frw.) nördlich von ▶ Los Angeles Center gelegene Stadt wurde 1875 gegründet. Die melodische Ortsbezeichnung ist nicht etwa spanischen Ursprungs, sondern geht auf ein Wort der Chippewa zurück und bedeutet soviel wie »Krone des Tals«. Im Kurort für Urlauber aus dem kalten und schneereichen Mittleren Westen der USA entstanden Ende des 19. Jh.s die ersten Hotels. Ein Spaziergang durch die Old Town führt durch Straßenzüge mit Geschäften, Restaurants und Cafes in restaurierten Häusern, die von den Brüdern Greene in einer Mischung aus orientalischen Baustilen und Art déco erbaut wurden. Die historische »**Route 66**« führt quer durch Pasadena.

▍ Wohin in Pasadena?

Eliteforschung privat

CalTech — Das **California Institute of Technology** wurde schon 1891 als Throop Polytechnic Institute gegründet und erhielt seinen heutigen Namen

ZIELE
PASADENA

PASADENA ERLEBEN

VISIT PASADENA
300 E Green St.,
Pasadena, CA 91101
Tel. 1-626-795-9311
www.visitpasadena.com

❶ SHIRO €€€€
Französisch-japanische Küche vom Feinsten, exzellente Fischgerichte.
1505 Mission St.
http://restaurantshiro.com

❷ PARKWAY GRILL €€€
Feine kalifornische Küche in einem gediegen dekorierten Speisesaal.
510 S Arroyo Pkwy.
www.theparkwaygrill.com

❶ THE BISSELL HOUSE B & B €€€
Der historische Bau von 1887 liegt an der »Millionaires' Row«. Die Zimmer sind elegant im viktorianischen Stil eingerichtet.
201 Orange Grove Blvd.
Tel. 1-626-441-3535
www.bissellhouse.com

❷ DUSITD2 HOTEL CONSTANCE PASADENA €€€–€€
Schickes Boutique Hotel, Downtown, direkt an der historischen Route 66.
928 E Colorado Boulevard
Tel. 1-626-898-7900
www.dusit.com/dusitd2/pasadena

❶ Shiro
❷ Parkway Grill

❶ The Bisell House Bed & Breakfast

❷ dusitD2 Hotel Constance Pasadena

ZIELE
PASADENA

Diego Riveras »Blumenhändlerin« im Norton Simon Museum

1920. Die private Elitehochschule beschäftigt für ihre 2500 Studenten gut 300 Lehrkräfte. Sie betreibt auch das fast 2000 m hoch gelegene Mount Palomar Observatory im Norden von San Diego County, während die Sternwarte Mount Wilson Observatory auf dem bei Pasadena gelegenen gleichnamigen Berg (1700 m) von der Carnegie Institution geleitet wird (www.mtwilson.edu). Die Abteilung Jet Propulsion Laboratory (Labor für Düsenantrieb) der NASA leistete wichtige technologische Beiträge für die Expeditionen zum Mond und zu anderen Planeten. Absolventen und Lehrkräfte der »Cal Tech« gewannen bis heute **76 Nobelpreise** für Naturwissenschaften.

★ Altstadtbummel
Old Town

Sehenswert ist auch die Altstadt von Pasadena. Die ein- oder zweigeschossigen Häuser sind nicht breiter als 8–16 m. Die restaurierte Old

Town ist heute mit originellen Restaurants, Straßencafés und Boutiquen für einen Ausgehbummel bestens geeignet.
Wahrzeichen der Stadt ist die **City Hall** (100 N Garfield Ave.), 1927 im Stil der italienischen Renaissance errichtet. Das **Gamble House** (1908) nordwestlich davon ist ein schönes Beispiel für den Baustil der Brüder Greene: Die frühere Industriellenvilla für David und Mary Gamble (Procter & Gamble) dient heute als Museum, das den American Arts & Crafts Style dokumentiert.
Gamble House: 4 Westmoreland Pl. | aktuelle Zeiten für Ticketverkauf und Touren s. Website | 15 $ | http://gamblehouse.org

Kunst aus Asien und dem Pazifikraum

Wer sich für japanische und buddhistische Kunst oder die Kultur der Pazifischen Inseln und Chinas interessiert, sollte dem Pacific Asia Museum einen Besuch abstatten, dessen umfangreiche Sammlung von 15 000 Gemälden, Zeichnungen und Artefakten aus den letzten zwei Jahrtausenden beeindruckt.

Pacific Asia Museum

Das klar proportionierte, mit Balkonen und Eisengittern dekorierte **Old YWCA Building** von 1922 (1920–1922 N Marengo St.) nördlich der Altstadt ist ein Entwurf von Julia Morgan, der Architektin des Hearst Castle (▶ S. 87).
USC Pacific Asia Museum: 46 N Los Robles Ave.
Mi.–So. 11–17 Uhr | 10 $ | http://pacificasiamuseum.usc.edu

Eines der wichtigsten Kunstmuseen Kaliforniens

Als eines der wichtigsten Kunstmuseen Kaliforniens bewahrt das Norton Simon Museum of Art (früher: Pasadena Art Institute, Pasadena Art Museum) bedeutende Werke aus einer Zeitspanne von etwa 2400 Jahren und aus fast allen Kunstepochen auf.

Norton Simon Museum of Art

Von den **italienischen Malern** sind u. a. Filippino Lippi, Raffael (»Madonna und Kind mit Buch«) und Tiepolo (»Triumph von Tugend und Tapferkeit«) vertreten. Unter den **holländischen** und **flämischen Meistern** finden sich Rembrandt (»Titus«-Gemälde, Selbstporträt und »Bärtiger Mann mit weitkrempigem Hut«) und Rubens, unter den **Spaniern** Goya, Ribera oder Zurbarán. Von Goya sind auch zahlreiche Grafiken zu sehen.

Breit gefächert sind auch die Sammlungen **französischer Kunst**: Die Palette reicht von Rigaud und Watteau (17./18. Jh.) bis zu Manet, Rousseau, Cézanne, Renoir oder Gauguin. Hier hängt auch van Goghs »Porträt eines Bauern«. In einer besonderen Galerie finden sich 88 Werke von Degas, darunter Modelle für seine kleinen Bronzefiguren. Kubistische Werke von Picasso, Braque und Juan Gris, dazu moderne Meister wie Lyonel Feininger, Kandinsky oder Paul Klee.

Skulpturen des 19. und 20. Jh.s findet man sowohl im Innern des Museums wie in den Gartenanlagen, darunter Rodins »Bürger von Calais«, Werke von Henry Moore und Henri Laurens oder die inter-

essante Nachgestaltung eines Ofens zum Ziegelbrennen (vom zeitgenössischen Amerikaner John Mason).
411 W Colorado Blvd., Ecke Orange Grove Blvd.
Do.-Mo. 12-17 Uhr | 15 $, bis 18 J. frei | www.nortonsimon.org

The Huntington

Kostbare Kunst, kostbare Schriften

Mittelpunkt dieser einzigartigen Kultureinrichtung an der Oxford Road ist ein 1911 nach Plänen des Architekten Myron Hunt (1868–1952) im mediterranen Stil errichtetes Palais auf den Hügeln von San Marino. Es beherbergt bildende Kunst und kostbare Schriften. Das Gebäude ist umgeben von bezaubernden Themengärten.

1919 überführten die Eisenbahnerben und Unternehmer Arabella und **Henry E. Huntington** ihren Grundbesitz in San Marino samt Kunstsammlungen in eine Stiftung. Henry E. Huntington war der Gründer der Pacific Electric Railway Co., die das gesamte Straßenbahnwesen im Großraum Los Angeles unterhielt. Durch geschickte Ankäufe wurde er größter Grundbesitzer in Südkalifornien und hatte bis zu seinem Tod 1929 das ererbte Vermögen beträchtlich vermehrt. Ein Gerücht besagt, dass er seiner jungen, kunstinteressierten Frau Arabella den Umzug vom »kultivierten« Osten in den »wilden« Westen nur mit seiner erlesenen Kunstsammlung schmackhaft machen konnte.

Die den Besuchern im Ausstellungsraum zugänglichen Schätze sind einmalig. In der Library (Bibliothek) beeindrucken das **Ellesmere-Manuskript** von Chaucers »Canterbury Tales« von 1410 und – in derselben Vitrine – zahlreiche herrlich illuminierte Stundenbücher aus dem Mittelalter. Nicht weit von einer zweibändigen, um 1455 auf Pergament gedruckten **Gutenberg-Bibel** sind mehrere Manuskriptseiten von Benjamin Franklins Autobiografie zu sehen, die er von 1771–1790 schrieb. Ebenfalls ausgestellt u. a.: das Manuskript von **Henry Thoreaus »Walden«**, Briefe von George Washington und Mark Twain, eine Shakespeare-Ausgabe in Folio oder ein Exemplar der großformatigen Originalausgabe von **John James Audubons** »Vögel in Amerika« (1827–1838) mit über 400 prächtigen Bildtafeln.

Die Kunstsammlung der **Huntington Gallery** im Privathaus und einem angebauten Galerieflügel präsentiert amerikanische Kunst des 18.–20. Jh.s in der dafür errichteten Virginia Steele Scott Gallery. Die wohl bedeutendste Sammlung **englischer Kunst des 18./19. Jh.s** an der Westküste umfasst besonders Porträts, darunter der berühmte »Blue Boy« von Thomas Gainsborough oder die junge, windzerzauste »Pinkie« von Thomas Lawrence.

Hinzu kommen französische Möbel der Renaissance, Skulpturen oder Kinderbücher in weiteren Galerien.

Die Schönheit der Natur, die sich in den Gartenanlagen offenbart, kann es durchaus mit der Kunst im Innern der Gebäude aufnehmen, besonders der **Japanische Park** im Westen mit seiner roten Brücke,

ZIELE
PASADENA

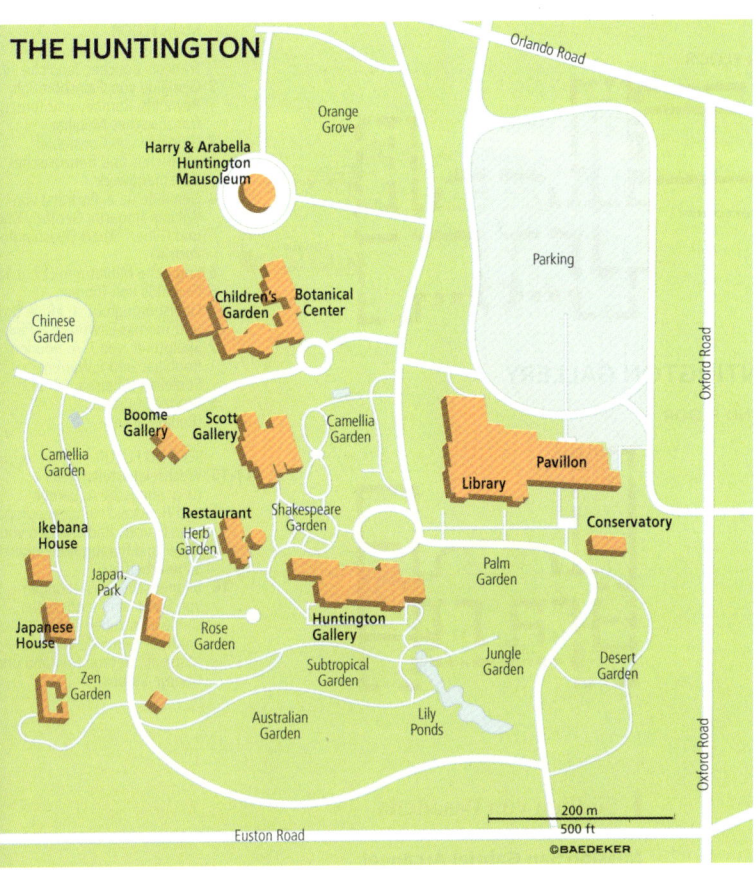

dem traditionellen japanischen Haus (Japanese House) mit fünf Zimmern, einem Ikebana House, den Bonsaibäumen und einem kleinen, zur Meditation anregenden Zen Garden.
Zu den 14 thematischen Gärten gehören auch ein **Desert Garden** im Osten mit etwa 5000 verschiedenen Wüstenpflanzen, ein **Chinese Garden** im Westen mit Teehaus, Pinien, Lotus und Pflaumenbäumen sowie ein **Children's Garden** für Kinder (ab 2 J.) mit vielen Möglichkeiten zum Anfassen und Riechen. Gartenkunst und Literatur verbindet der **Shakespeare Garden** mit Nutzpflanzen aus der Zeit des englischen Dichters.
1151 Oxford Rd. | Mi.–Mo. 10–17 Uhr | 25 $, Sa., So. 29 $
www.huntington.org

ZIELE
PASADENA

MAIN FLOOR

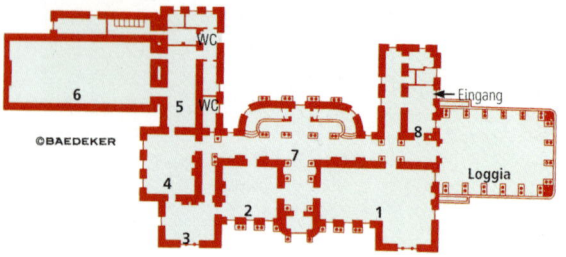

©BAEDEKER

HUNTINGTON GALLERY

SECOND FLOOR

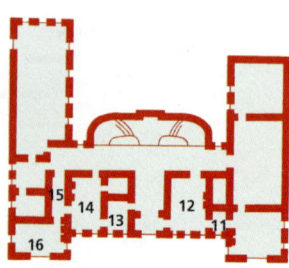

MAIN FLOOR
1. Gobelins (u. a. Entwürfe von François Boucher, Teppiche 17.
2. Gemälde von Gainsborough, Reynolds, Romney und Turner; französisches Mobiliar
3. Gemälde von Constable; englisches und französisches Kunsthandwerk
4. Gemälde (u. a. Porträts) von William Hogarth, Geoffrey Kne und Gilbert Stuart (Washington Porträt)
5. Englische Miniaturen (17. u.18
6. Gemälde von Thomas Gainsborough (u. a. »Blue Boy und Thomas Lawrence (»Pinkie
7. Skulpturen von J.-A. Houdon, Roubiliac und P. Warren; Porzellan (Chelsea, 18. Jh.)
8. Bronze-Statuetten (Renaissance)

SECOND FLOOR
11-15 Wechselausstellungen (u. a. englische Aquarelle und Handzeichnungen, europä sche Drucke, Radierungen von Dürer und Rembrandt; englisch Silberarbeiten)
16. Bildnerische Darstellungen von Sport- und Jagdszenen sowie vom Leben auf dem Lan darunter Gemälde von Ben Marshall, George Morland und George Stubbs

▌ Südlich von Pasadena

Mission San Gabriel Arcángel

San Gabriel Die Mission San Gabriel Arcángel wurde 1771 von Franziskanern als vierte der 21 spanischen Missionsstationen Kaliforniens gegründet und ist bis heute Zentrum der Gemeinde San Gabriel (40 0000 Einw.) wenige Meilen südlich von Pasadena. Besucher können Kirche, Gärten und das Museum besichtigen.

Die **Missionskirche** ähnelt stilistisch der Kathedrale von Córdoba. Auf den Ländereien wurden Reben für den Messwein gezogen, in Obstgärten wuchsen Zitrusfrüchte, Äpfel, Birnen und Feigen, 40 000 Stück Vieh grasten auf den Weiden. Bis zu 1000 Menschen arbeiteten auf den Feldern, und auf dem Friedhof sind 6000 von ihnen bestattet.

427 S Mission Dr. | 9–13 und 14–17 Uhr | $ 6
aktuelle Zeiten u. Preise f. Besichtigungen u. Touren s. Website
www.sangabrielmissionchurch.org

ZIELE
PLACERVILLE

PLACERVILLE

County: El Dorado | **Höhe:** 666 m ü. d. M. | **Einwohnerzahl:** 10 400

Etwas von der alten Goldgräberatmosphäre hat sich noch erhalten. Zumindest verkaufen die Geschäfte in den restaurierten Gebäuden aus dem 19. Jh. noch allerlei Andenken an die wilde Zeit vor über 150 Jahren. Damals hieß der Ort Dry Higgins, später Hangtown, weil hier Gesetzesbrecher im Zweierpack hingerichtet wurden.

Placerville, nur wenige Meilen von der ersten Goldfundstelle in Coloma entfernt, liegt direkt am alten Mother Lode (»Golden Chain«) Highway (heute CA-49; ▶ Baedeker Wissen, S. 238). Der Ort lässt immer noch ein wenig von seiner wilden Vergangenheit erkennen. Im Zentrum wurden Häuser aus dem 19. Jh. restauriert. In einer früheren Abfüllanlage für Softdrinks von 1852 zeigt das **Fountain & Tallman Museum** (524 Main St.; Mi.–So. 11–16 Uhr), wie es damals in dem wilden Bergbaunest zuging. Heute liegt der Ort inmitten eines Obstanbaugebiets, in dem im Herbst die Apfelernte gebührend gefeiert wird.

Wilde Vergangenheit

Kleine Anfänge in der Provinz
Drei prominente Amerikaner begannen ihre Laufbahn in Placerville. **Mark Hopkins**, ein Kolonialwarenhändler, wurde Eisenbahnmagnat und einer der reichsten Männer Kaliforniens (ein Hotel in San Francisco trägt seinen Namen; ▶ S. 283), der Metzger **Philip Armour**, Gründer eines der größten bestehenden Fleischverarbeitungsbetriebe, und der Wagenbauer **John Studebaker**, später einer der großen Automobilfabrikanten von Detroit.

Große Unternehmer

PLACERVILLE ERLEBEN

EL DORADO COUNTY CHAMBER OF COMMERCE
542 Main St., Placerville,
CA 95667, Tel. 1-530-621-5885
Mo.–Fr. 9–17 Uhr
www.eldoradocounty.org

Coloma ist ein Zentrum für Paddel- und Rafting-Touren auf dem American River (▶ Das ist ..., S. 23).

Anbieter unter:
www.coloma.com

EDEN VALE INN B & B
€€€€–€€€
Sieben elegante Suiten zu Füßen der Sierra Foothills, mit Kamin und tollem Frühstück
1780 Springvale Rd.
Tel. 1-530-621-0901
https://edenvaleinn.com

ZIELE
PLACERVILLE

Denkt man sich die Autos weg, sieht es in Placerville noch ein wenig nach Goldgräberzeiten aus.

Wohin in Placerville und Umgebung?

Erinnerungen an den California Gold Rush

Jackson

Etwas südlich von Placerville, bei Jackson (4600 Einw.), können Besucher Gelände und Gebäude der 1942 stillgelegten **Kennedy Gold Mine** besichtigen. Hier wurde das Edelmetall aus bis zu 1802 m Tiefe gefördert. Besonders eindrucksvoll sind der alte **Förderturm** und das hübsch renovierte Gebäude der Grubenverwaltung.
12594 Kennedy Mine Rd., Jackson | Führungen: März-Okt. Sa., So. 10-15 Uhr | ab 7 $ | www.kennedygoldmine.com

Gebiet mit reichen Goldvorkommen

Mother Lode County

Placerville eignet sich gut als Ausgangspunkt für Fahrten durch das Mother Lode County (»lode«: Erzader) – Bezeichnung für einen knapp 200 km langen, bis 3 km breiten Landstreifen zwischen Mariposa im Süden (nicht weit vom Westeingang in den ▶ Yosemite National Park) und Georgetown, 10 mi/16 km nördlich von Coloma. Hier wurde 1848 das erste Gold entdeckt. Seinen Namen erhielt das Gebiet wohl erst 20 Jahre nach Entdeckung der reichen Goldvorkommen, nachdem man zunächst nur von einer einzigen Goldader ausgegangen war. Wer Lust hat, in einem der Bäche und Flüsse in der Nähe **Gold zu waschen**, kann dies unter Anleitung tun.

ZIELE
POINT REYES NATIONAL SEASHORE

Hier begann der Goldrausch
An der CA-49 zwischen Placerville und Auburn im Nordwesten liegt der kleine Ort **Coloma**. Hier entdeckte »Goldfinger« **James W. Marshall** 1848 das erste Gold im American River. Auf einer Anhöhe erinnert eine Statue an ihn: Im Auftrag von **Johann August Sutter** (▶ Interessante Menschen) sollte er hier – etwa 50 mi/80 km von Fort Sutter in ▶ Sacramento entfernt – ein Sägewerk errichten.
Im Museum des nach ihm benannten State Park wird die Zeit des Goldrauschs anhand von Fotos, Dokumenten, Videopräsentationen und interessanten Exponaten wieder lebendig.
310 Back St., Coloma | Park 8–17/18/20, Museum 9/10–16/17 Uhr
10 $ pro Pkw | www.parks.ca.gov/?page_id=484

Marshall Gold Discovery State Historic Park

★ POINT REYES NATIONAL SEASHORE

County: Marin | **Höhe:** 0–428 m ü. d. M. | **Fläche:** 290 km²

Dünen und Sandstrände wechseln ab mit Steilküsten, über das Hinterland erstreckt sich eine sanfte Hügellandschaft mit kleinen Seen. Am Südzipfel des Naturparadieses am Pazifischen Ozean knapp 25 mi/40 km nördlich von San Francisco liegt das Örtchen Bolinas, abgeschieden und von vielen älter gewordenen Hippies bewohnt.

1579 warf Sir Francis Drake hier Anker und nahm das Land für die britische Krone in Besitz, doch das Mutterland kümmerte sich nicht weiter um den Westen des neu entdeckten Kontinents. 24 Jahre später, am 6. Januar 1603, landete der spanische Seefahrer Don Sebastian Vizcaíno auf der Halbinsel und nannte sie **La Punta de los Reyes** (»Spitze der Könige«).

Naturparadies

▎ Wohin an der Point Reyes National Sea Shore?

Zeichen der Erdbewegung
Zwischen Point Reyes und dem Festland verläuft die **Tomales Bay** mit der berühmt-berüchtigten San-Andreas-Verwerfung (▶ Baedeker Wissen, S. 360). Sie ist verantwortlich für die verheerenden Erdbeben

San-Andreas-Verwerfung

von 1906 oder 1989, die ▶ San Francisco heimsuchten. Am Bear Valley Visitor Center beginnt der etwa 1 km lange »**Erdbebenweg**«, auf dem man Zeichen der Erdbewegungen erkunden kann. So sind beispielsweise zwei Teile eines Zauns zu sehen, die vor dem Erdbeben in einer Linie verliefen und jetzt 5 m voneinander entfernt liegen.

Geschützte 130 km Küste

Natur-Refugium

In dem geschützten Küstengebiet mit 250 km Wanderwegen überwintern zahllose **Meeresvögel**; in den Wäldern leben u. a. mehrere Rotwildarten. Park Ranger zählten 490 Vogel- und 80 verschiedene Säugetierarten, darunter auch See-Elefanten.

Im Dezember und Januar kann man vor der Küste **Grauwale** (▶ Baedeker Wissen, S. 262) auf ihrer Wanderung von Norden nach Baja California beobachten, ebenso in den Monaten April und Mai, wenn sie wieder nach Norden ziehen.

Leuchtturm im Küstennebel

Point Reyes Lighthouse

Da im Bereich von Point Reyes häufiger Nebel herrscht als an jedem anderen Teil der kalifornischen Küste und eine gefährliche Brandung, wurde 1870 hoch darüber auf einer kleinen Felsplattform ein Leuchtturm errichtet. Vom **Visitor Center** oberhalb (Fr.–Mo. 10–16.30 Uhr) führt eine Treppe (300 Stufen) dort hinunter (grandioser Ausblick).

Der Abstieg zum Point Reyes Lighthouse lohnt sich.

ZIELE
POINT REYES NATIONAL SEASHORE

POINT REYES NATIONAL SEASHORE ERLEBEN

BEAR VALLEY VISITOR CENTER
Point Reyes ist ganzjährig von Sonnenaufgang bis Mitternacht geöffnet, Eintritt frei. Camping nur mit Anmeldung.
1 Bear Valley Rd., Point Reyes Station, CA 94956
Tel. 1-415-464-5100
tgl. 9.30–17 Uhr
www.nps.gov/pore

COWGIRL CREAMERY €
Lokale Käsemanufaktur mit zugehörigem Bistro, in dem man leckere Sandwiches, Salate, Wein und Bier vor Ort oder als »Picknick to Go« erwerben kann. Die verschiedenen köstlichen Käsesorten werden auch am eigenen Stand im San Francisco Ferry Building verkauft.
80 4th Street, Point Reyes Station
www.cowgirlcreamery.com

POINT REYES STATION INN
€€€–€€
Gemütliches B & B am Ende der Tomales Bay.
11591 CA-1, Point Reyes Station
Tel. 1-415-663-9372
www.pointreyesstationinn.com

Touren durch den Park
Vom Bear Valley Visitor Center führen über 120 km Wander- und Reitwege in alle Teile des geschützten Küstengebiets. Informationen über Zustand und Länge sowie Kartenmaterial sind im Visitor Center erhältlich. Ganz in der Nähe erinnert die Nachbildung eines **Miwok-Dorfs** an die Ureinwohner des Gebiets.

Wander- und Reitwege

Hitchcock was here
In der kleinen Bucht nördlich der Point Reyes National Seashore gründete 1809 die Russian American Co. eine Siedlung zum Anbau von Weizen und Otterfang die bis 1841 bestand.
Im Fischerdorf (1100 Einw.), der Bucht und dem benachbarten Örtchen Bodega drehte Alfred Hitchcock seinen Thriller »**Die Vögel**« (1963). Nur wenig erinnert an die alten Zeiten: Im Restaurant »The Inn at the Tides« direkt am Wasser kann man immerhin nicht nur frisch gefangenen Fisch essen, sondern auch viele Fotos von den Dreharbeiten studieren.
800 Bay Hwy. | www.innatthetides.com

Bodega Bay

Russischer Vorposten
Rossiyanin« nannten die Bewohner das Fort, das als südlichster Vorposten Russlands in Nordamerika von einer hohen Klippe auf den Pazifik blickt. Alaska gehörte noch zum russischen Zarenreich, und die dort aktive Russisch-Amerikanische Gesellschaft streckte ihre

Fort Ross State Historic Park

ZIELE
POINT REYES NATIONAL SEASHORE

Orthodoxe Kreuze und der Living History Day Ende Juli erinnern in Fort Ross an die Zeit als russischer Pelzjägerstützpunkt.

Fühler nach Süden aus. Die wertvollen Felle der Seeotter an der nordamerikanischen Pazifikküste waren Objekte ihrer Begierde. Als **Stützpunkt der Pelzjäger** und zur Versorgung russischer Siedlungen im unwirtlichen Alaska errichtete man 1812 eine Palisadenfestung mit Haus des Kommandanten, Kapelle und Soldatenunterkünften. Außerhalb entstand ein Dorf für Pelztierjäger, Hilfskräfte und Ureinwohner. Fast drei Jahrzehnte lang unterhielt die Russian American Co. das Fort, das weder Ausgangsbasis für ein eigenes Kolonialgebiet wurde noch die Siedlungen in Alaska ausreichend mit Proviant versorgen konnte. Durch die Bejagung nahm die Zahl der Seeotter rapide ab und das Fort schließlich 1841 an Johann A. Sutter verkauft. Die historischen Gebäude der Palisadenfestung wurden restauriert und können besichtigt werden.

19005 CA-1, 20 km nördl. von Jenner | 10–16.30 Uhr | 10 $ pro Pkw
www.parks.ca.gov

ZIELE
REDDING

REDDING

County: Shasta | Höhe: 170 m ü. d. M. | Einwohnerzahl: 92 000

Redding ist so etwas wie die unerklärte Hauptstadt des nördlichen Kalifornien. Der regionale Verkehrsknotenpunkt im oberen Sacramento Valley ist eine perfekte Basisstation für Outdoor-Abenteuer im Naturschutz- und Seengebiet der Whiskeytown-Shasta-Trinity National Area nördlich der Stadt.

E 4

Wohin in Redding und Umgebung?

Alles über die Region
Im Mittelpunkt der 1,2 km² großen Anlage am Ufer des hier noch beschaulichen Sacramento River stehen Geschichte, Flora und Fauna der Region. Im **Museum** und **Botanischen Garten** kann man interaktive Ausstellungen besichtigen wie das Forest Camp, sowie geretteten Tieren der Region begegnen wie Füchsen, Waschbären, Luchsen, Stachelschweinen, Vögeln, Reptilien und natürlich den Namen gebenden Schildkröten.
Beide Parkteile verbindet seit 2004 die **Sundial Bridge** über den Sacramento River, eine von Stararchitekt Santiago Calatrava entworfene Schrägseilbrücke für Radfahrer und Fußgänger. Der 66 m hohe Brückenpfeiler erinnert an den gigantischen Polstab einer Sonnenuhr.
844 Sundial Bridge Dr./CA-44 W | 10–16/17 Uhr, s.a. Website
18 $ | www.turtlebay.org

Turtle Bay Exploration Park

REDDING ERLEBEN

REDDING VISITORS BUREAU
1321 Butte St STE 100
Tel. 1-530-225-4100
Mo.–Fr. 8–16.30 Uhr
www.visitredding.com

WOODY'S BREWING COMPANY €
Hippe Brauerei mit großer Auswahl hauseigener schmackhafter Biere und leckeren Burgern, Fish & Chips, Salaten und allerlei Fingerfood.
1257 Oregon St., Mo. geschl.
https://woodysbrewing.com

HILTON GARDEN INN REDDING €€€
Modernes Hotel mit gepflegten Zimmern und Suiten auf einem Plateau über dem Fluss. Im »Garden Grill Restaurant« serviert man leckere Steaks und Fischgerichte.
5050 Bechelli Lane
Tel. 1-530-226-5111
http://hiltongardeninn3.hilton.com

ZIELE
REDWOOD EMPIRE

Shasta State Historic Park

Ein Relikt der Goldrauschzeit
Der Park um das ehem. Goldgräberstädtchen Shasta liegt an der CA-299 etwa 6 mi/10 km westlich von Redding. In der ehem. **Goldgräbersiedlung** erinnern restaurierte Bauten wie das einstige Gerichtsgebäude, Scheunen und Hütten an längst vergangene Zeiten des California Gold Rush.
15312 CA-299 W | Do.–So. 10–17 Uhr | Museum 3 $
www.parks.ca.gov

Lake Shasta

Für Wasserratten
Nördlich von Redding erstreckt sich der in den 1940er-Jahren aufgestaute bei Wassersportlern und Erholung Suchenden sehr beliebte See, ein Paradies zum Rudern, Angeln oder Jetski-Fahren. Gleich in der Nähe locken die **Lake Shasta Caverns**, 200 Mio. Jahre alte Höhlen mit beeindruckenden Stalaktiten (National Landmark). Vom Vistor Center aus gelangt man mit Boot und Bus zu den Zugängen, von denen eine Tour durch die Höhlen führt.
Etwa 62 mi/100 km nördlich von Redding erhebt sich der schlafende Vulkan ▶ Mount Shasta (4317 m).
Lake Shasta Caverns: 20359 Shasta Caverns Rd., 17 mi/27 km nördl. von Redding, Exit 695 der I-5 | 8/9–16/16.30 Uhr | Tel. 1-800 795-2283 Tour (2 Std.): 35 $ | http://lakeshastacaverns.com

★★ REDWOOD EMPIRE

Counties: Mendocino, Humboldt, Del Norte
Redwood Highway: ca. 480 km

C–E
2–6

Die Küstenmammutbäume (Sequoia sempervirens) gehören zu den größten Lebewesen auf unserem Planeten. Sie können über 100 m hoch werden und ein Alter von 2000 Jahren erreichen. Die Baumriesen wachsen im »Redwood Empire« in küstennahen Wäldern zwischen ▶ San Francisco und der Grenze Kaliforniens zu Oregon. Wer in Hainen mit den gigantischen Bäumen wandert, fühlt sich wie ein Zwerg.

Bedrohte Baumriesen

Die Bestände an Mammutbäumen sind bedroht. Trotz Verboten in den Schutzzonen werden immer wieder solche Riesenbäume gefällt. Zu groß ist für viele die Versuchung, mit Zerlegen eines einzigen Baumstamms in den Besitz einer riesigen Holzmenge zu gelangen. In den

Klein fühlt man sich unter einem der größten Lebewesen der Erde.

ZIELE
REDWOOD EMPIRE

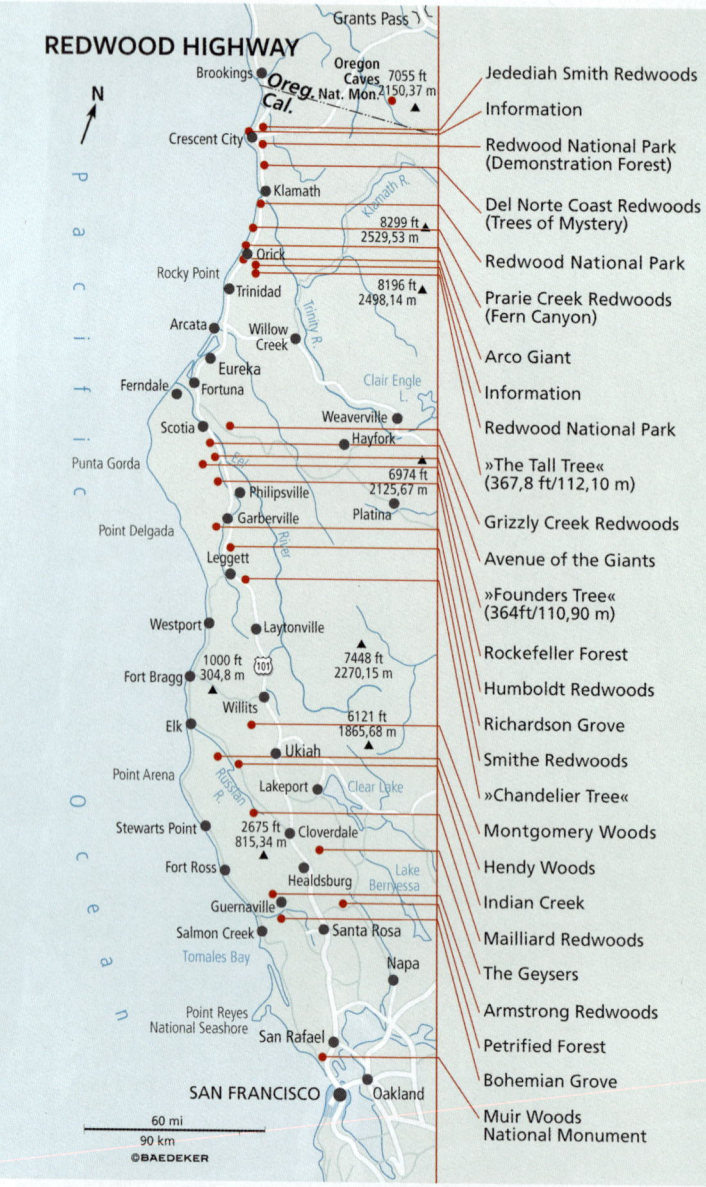

REDWOOD EMPIRE ERLEBEN

REDWOOD NATIONAL AND STATE PARKS

INTERNET
www.nps.gov/redw

CRESCENT CITY INFORMATION CENTER
1111 2nd St., Crescent City, CA 95531, Tel. 1-707-465-7306
9–16/17 Uhr

THOMAS H. KUCHEL VISITOR CENTER
US-101 & Redwood Hwy
Orick, CA 95555
Tel. 1-707-464-6101
9–16/17 Uhr

HIOUCHI VISITOR CENTER
1600 US-199, Hiouchi (Crescent City), Tel. 1-707-458-3294
9–16/17 Uhr

HUMBOLDT REDWOODS STATE PARK

VISITOR CENTER
Avenue of the Giants (US-101),
Myers Flat, CA 95554
Tel. 1-707-946-2263
Mi.–So. 10–16 Uhr (8 $ pro Pkw Williams Grove Day Use Area)
www.parks.ca.gov/?page_id=425
www.humboldtredwoods.org

SAVE THE REDWOODS LEAGUE
111 Sutter Street, 11th Floor
San Francisco, CA 94104
Tel. 1-888-836-0005
www.savetheredwoods.org

MUIR WOODS NATIONAL MONUMENT
▶ S. 308

BENBOW HISTORIC INN €€€€
In Garberville werden Gerichte der kalifornischen bzw. regionalen Küche in hübschem Tudor-Ambiente serviert; schöne Terrasse.
445 Lake Benbow Dr., Garberville
www.benbowinn.com

EEL RIVER BREWING CO. €€–€
Schmackhafte Gerichte und Snacks mit und ohne Fleisch unter Verwendung nachhaltig erzeugter Produkte aus der Region, dazu süffige Biere aus eigener Brauerei.
1777 Alamar Way, Fortuna
http://eelriverbrewing.com/pub

THE SHAW HOUSE €€€–€€
Die wunderschöne Frühstückspension mit vornehmen Zimmern ist in einer 1854 im viktorianischen Stil erbauten Villa eingerichtet.
703 Main St., Ferndale, Tel. 1-707-786-9958, www.shawhouse.com

HUMBOLDT HOUSE INN €€
Das gut geführte Best Western Hotel direkt an der US-101 verwöhnt seine Gäste mit einem reichhaltigen Frühstück.
701 Redwood Dr., Garberville
Tel. 1-707-923-2771
www.humboldthouseinn.com

CURLY REDWOOD LODGE €€–€
Das schlichte, gut geführte Motel wurde Anfang der 1950er-Jahre aus einem einzigen Redwood-Baum errichtet.
701 US-101 S, Crescent City
Tel. 1-707-464-2137
www.curlyredwoodlodge.com

letzten zehn Jahren verletzten oder bedrohten zusätzlich heftige, oft durch Dürre, Blitzschlag oder Brandstiftung ausgelöste Waldbrände die Bestände.

Wohin im Redwood Empire?

Humboldt Redwoods State Park

Wie ein Zwerg im Zauberwald

Der zwischen Garberville und Eureka gelegene gut 200 km² große State Park schützt höchst eindrucksvolle Redwood-Wälder. Die **Avenue of the Giants** genannte Nebenstraße der US-101 entlang dem Eel River (South Dark Eel River) verführt immer wieder zum Aussteigen und Wandern zwischen den bis zu 80 m hohen Bäumen (▶ Baedeker Wissen, S. 336). Der Anblick der turmhohen Riesen ist schon vom Auto aus beeindruckend, doch beim Rundgang zwischen ihnen in **Founders Grove** fühlt sich jeder wie ein Zwerg im Zauberwald.

Redwood National und State Parks

Unter Riesen

Ganz im Norden der gebirgigen kalifornischen Pazifikküste und deren Hinterland – zwischen Eureka im Süden und Crescent City im Norden – erstreckt sich der die gigantischen **Küstenmammutbäume** (Sequoia sempervirens, Redwood) schützende, in zwei Teile gegliederte Nationalpark, seit 1980 UNESCO-Weltnaturerbe. Die Bäume mit bis zu 111 m sind die höchsten der Welt. Markierte **Wanderwege** wie der Hiouchi Trail und der Hatton Loup im Jedediah Smith State Park, die bei Parkplätzen entlang der US-199 starten, führen zu den imposantesten Mammutbäumen. Ferner sind über 50 mi/80 km Trails für **Mountainbiker** ausgewiesen. Bei Orick zweigt die Bald Hills Road von der US-101 nach Westen ab. Der Startpunkt für eine 60-minütige Wanderung auf dem **Lady Bird Johnson Grove Trail** ist schnell erreicht. Sie führt durch einen besonders eindrucksvollen Wald turmhoher Sequoia-Bäume. Der Redwood National Park wird zusammen mit den State Parks Del Norte Coast, Jedediah Smith und Prairie Creek verwaltet. Im Park sind Picknick- und Campingplätze angelegt. Besucherzentren findet man in Crescent City, am Prairie Creek (abseits US-101, Newton B. Drury Pkwy.), bei Hiouchi, im Jedediah Smith State Park (US-101 bei Hiouchi) sowie bei Orick (US-101). Entlang der Küste kann man noch **Seelöwen** oder **Seeadler** und die in ihrem Bestand gefährdeten **Braunen Pelikane** beobachten.

Nettes Städtchen am Pazifik

Crescent City

Die wie eine Mondsichel geformte Bucht gab dem 30 km südlich der Grenze zu Oregon gelegenen Städtchen (8000 Einw.) seinen Namen. Wer die turmhohen Sequoias bestaunen möchte, findet auch am nördlichen Rand des Redwood National Park einen idealen Stützpunkt.

ZIELE
REDWOOD EMPIRE

Battery Point Lighthouse in Crescent City ist der älteste Leuchtturm Kaliforniens. Und er leuchtet noch immer.

Crescent City wurde schon 1851 von Goldsuchern gegründet und wenig später zur Hafenstadt ausgebaut. Hauptattraktion des Ortes ist das **Battery Point Lighthouse**. 1855 dekorativ auf einem Felseneiland platziert, ist es heute der älteste in Betrieb befindliche Leuchtturm Kaliforniens.

Im **Del Norte County Historical Society Museum** wird man über die einst in dieser Gegend lebenden Ureinwohner informiert. Auch die verheerende Tsunami-Katastrophe, von der die Hafenstadt 1964 getroffen wurde, ist ein Thema.

Haie, Seelöwen, Seeotter und viele andere Bewohner des Pazifiks und seiner Küsten kann man in der **Ocean World** beobachten, einem beliebten Meereszoo beim Hafen.

Battery Point Lighthouse: Tel. 1-707-464-3089
nur bei Ebbe: 10–16 Uhr, Okt.–März nur Sa., So. | Tour: 5 $
www.delnortehistory.org/lighthouse
Del Norte County Historical Society Museum: 577 H St.
Mo.–Sa. 10–16 Uhr, Okt.–April nur Mo., Sa. | 3 $
www.delnortehistory.org/museum/
Ocean World: 304 US-101 S | 9–17 Uhr, Führungen: ab 9.15 Uhr | 14 $ | http://oceanworldonline.com

ZIELE
SACRAMENTO

SACRAMENTO

County: Sacramento | **Höhe:** 8 m ü. d. M. | **Einwohnerzahl:** 525 000

Die Hauptstadt Kaliforniens ist jung, wenig älter als der Bundesstaat selbst. In ihrem Umkreis am Zusammenfluss von Sacramento- und American River leben inzwischen über 2 Mio. Menschen. Viele neue Cafés, Mikro-Brauereien, Gastro-Pubs und schicke Geschäfte machten aus einer eher schläfrigen Verwaltungsmetropole ein spannendes urbanes Zentrum.

Kaliforniens Hauptstadt

Im Jahr 1839 gründete der badische Einwanderer Johann August Sutter die Stadt im damals noch mexikanischen Alta California und benannte sie nach dem Fluss, an dessen Unterlauf sie liegt. Das alte **Sutter's Fort** wurde wieder aufgebaut und ist heute Touristenattraktion.

Stadtgeschichte

Aufstieg durch den Goldrausch
Nachdem 1848 am südlichen Arm des American River Gold gefunden wurde und kurz darauf eine wahre Völkerwanderung von Glücksrittern Kalifornien überschwemmte, entwickelte sich Sacramento zu einer wichtigen **Versorgungsstation** für die Schürfgebiete (▶ Baedeker Wissen, S. 238). Und als 1854 nach mehreren Provisorien eine dauerhafte Hauptstadt für den jungen US-Bundesstaat Kalifornien gesucht wurde, konnte es gewichtige Konkurrenten wie Berkeley, San José und Monterey aus dem Feld schlagen.

1856 wurde zwischen Sacramento und Folsom die erste kalifornische Eisenbahnlinie eröffnet, die man 1869 an die transkontinentale Eisenbahnlinie zwischen Ost- und Westküste anschloss. Auch nach Verebben des Goldrauschs blieb Sacramento ein wichtiger Umschlag- und Handelsplatz, nun für landwirtschaftliche Produkte aus dem fruchtbaren Sacramento-Tal.

Nicht nur mehrere Überschwemmungen, auch wiederholte Brände setzten der Stadt bis in die frühen 1950er-Jahre zu. Um 1980 restaurierte man den direkt am Sacramento River gelegenen alten Stadtkern, der seitdem als »**Old Sacramento**« zu den Besucherattraktionen der Stadt gehört.

Wohin in Sacramento?

California State Capitol

Inspiriert von Washington
Das neoklassizistische Capitol mit dem 71 m hoher Kuppel entstand 1861–1874 als Regierungssitz, in Anlehnung an das Kongressgebäude in Washington, D. C. Glänzende Mosaikfußböden aus Marmor und zahlreiche Kristall-Leuchter im Innern sowie die malerische, sich über

ZIELE
SACRAMENTO

Die 1863 gebaute Dampflok No. 1 »C. P. Huntington« der Southern Pacific Railroad ist der Stolz des California State Railroad Museum. Man sieht es.

mehrere Blocks erstreckende täglich geöffnete Gartenanlage machten den Parlamentssitz zu einem der schönsten in den USA.

Im nordöstlichen Teil des Capitol Park (L und 15th St.) erhebt sich die bronzene Skulpturengruppe (1988) des **Vietnam War Memorial**, das, ausschließlich durch Spenden finanziert, der 5822 in diesem Krieg gefallenen und vermissten Kalifornier gedenkt.

10th St./Capitol Mall | Mo.-Fr. 9-17, Sa., So. s. Website; Touren stdl. 9-16 Uhr | frei | http://capitolmuseum.ca.gov

Dampfende Veteranen

Mit einer Ausstellungsfläche von 10 000 m² ist das California State Railroad Museum nordwestlich des Capitol **eines der größten Eisenbahnmuseen der Welt**, das bestens gepflegte Lokomotiven und Eisenbahnwaggons präsentiert. Zu den Stars der Ausstellung gehört die 1863 in New Jersey für die Central Pacific Railroad gebaute, um Kap Hoorn nach San Francisco verschiffte Dampflok No. 1 »C. P. Huntington«, später im Besitz der Southern Pacific Railroad. Auch die 1876 konstruierte No. 12 »Sonoma« der North Pacific Coast Railroad fällt ins Auge oder der silbern glänzende Speisewagen »Cochiti« der Atchison, Topeka & Santa Fe Railway aus den 1930ern.

California State Railroad Museum

ZIELE
SACRAMENTO

Mit einem neuen **High Speed Train Simulator** und interaktiven Exponaten zog auch neue Technik in die alten Bahnschuppen ein.
Mit der Eintrittskarte kann man die **Central Pacific Railroad Station** (1870) besichtigen, in der man sich wie mit einer Zeitmaschine um 150 Jahre zurückversetzt fühlt.
125 I St. | 10–17 Uhr | 12 $ | Zugtickets: April–Sept. Sa., So. 10–16 Uhr stdl., ab 15 $ | www.californiarailroad.museum

Ältestes Kunstmuseum des Westens

Crocker Art Museum

Ein restauriertes viktorianisches Gebäude und ein moderner Anbau beherbergen das 1873 begründete älteste Kunstmuseum im Westen der Vereinigten Staaten. Unter den Exponaten findet man neben Gemälden und Zeichnungen kalifornischer Künstler auch Werke europäischer und ostasiatischer Herkunft neben ansprechender Fotokunst.
216 O St. | Mi.–So. 10–17 Uhr | 15 $ | www.crockerart.org

🍴
❶ Monkey Cat Restaurant & Bar
❷ The Waterboy

🏠
❶ Sterling Hotel
❷ The Citizen Hotel

SACRAMENTO ERLEBEN

SACRAMENTO VISITORS CENTER
1002 Second St.
Old Sacramento, CA 95814,
Tel. 1-916-808-7644
10–18 Uhr
www.visitsacramento.com

TOUREN
Bei der Old Sacramento Underground Tour tauchen Besucher in Sacramentos Unterwelten ein und erfahren manches über architektonische Tricks zur Flutbekämpfung. Bei der Gold Fever Tour bestimmt der amerikanische Traum von Glück und Wohlstand die Tagesordnung.
Sacramento History Museum:
101 I St. | Tel. 1-916-808-7059
10–17 Uhr, 10 $
http://sachistorymuseum.org

CITY EXPERIENCES CRUISES
Sightseeing-, Brunch-, Dinner- und Cocktail-Rundfahrten auf dem Sacramento River mit dem Ausflugsschiff »Capitol Hornblower« oder anderen Jachten.
1206 Front St.
Tel. 1-916-446-1185, ab 25 $
www.cityexperiences.com

❶ MONKEY CAT RESTAURANT & BAR €€€
Entspanntes Restaurant mit Terrasse, guter Küche und verführerischen Cocktails wie »The Cat's White Linen« (Gurken, Wodka mit Limone und Holunderlikör).
Auburn, 805 Lincoln Way
http://monkeycat.com

❷ THE WATERBOY €€€–€€
In diesem eleganten Restaurant werden nicht nur Genüsse der amerikanischen, sondern auch der französischen und italienischen Küche mit besten Zutaten kreiert.
2000 Capitol Ave.
www.waterboyrestaurant.com

❶ STERLING HOTEL €€€
Man übernachtet sehr komfortabel in einem schön restaurierten viktorianischen Gebäude.
1300 H St., Tel. 1-916-448-1300
http://sterlinghotelsacramento.com

❷ THE CITIZEN HOTEL €€€
Das moderne, zentral gelegene Haus liegt nicht weit von den Sehenswürdigkeiten entfernt. Das Capitol, diverse Restaurants und Bars sind ganz in der Nähe.
926 J St., Tel. 1-916-447-2700,
www.marriott.com

Prächtige viktorianische Gouverneursvilla

Die 1878 entstandene prächtige viktorianische Villa nordöstlich des State Capitol diente 14 kalifornischen Gouverneuren als Residenz, darunter auch Arnold Schwarzenegger (2003–2011), allerdings nicht der gegenwärtige Gouverneur Gary Newsom.
1526 H St. | nicht öffentl. zugängl.

Governor's Mansion

Kochen wie zu Pionierszeiten im Sutter's Fort State Historic Park

Perfekt restaurierte Altstadt

Old Sacramento State Historic Park

Ein Teil der Altstadt (zw. I und M sowie 2nd und Front St.) präsentiert sich heute wieder wie in der zweiten Hälfte des 19. Jh.s, als man das Stadtzentrum wegen immer wieder auftretender Überflutungen durch den Sacramento River erhöhen musste. Inzwischen wurden über **50 historische Bauten** restauriert bzw. nach alten Vorlagen wieder aufgebaut – einschließlich Bordsteinen und Straßenpflaster, über das heute wieder Kutschen mit Stadtbesuchern rollen.

Zu den Höhepunkten der für einkaufsfreudige Touristen hergerichteten Altstadt gehören der Pioneer Park (westl. I & J St.), die Riverfront Promenade (südl. der Tower Bridge), Bahnhof und Frachtgebäude der Central Pacific Railroad sowie der Waterfront Park (Front St., zw. K und L St.).

Im **Eagle Theatre** (von 1849) im Old Sacramento State Historic Park erfährt man Interessantes aus der Stadtgeschichte. Gelegentlich werden noch Theaterstücke aufgeführt.

www.parks.ca.gov/?page_id=27174

ZIELE
SACRAMENTO

Gründungsmythos

Das Fort des Einwanderers Johann August Sutter (▶ Interessante Menschen) war 1839 der **erste Vorposten** europäischer Einwanderer im Innern Kaliforniens. Das aus demselben Jahr stammende Adobe-Haus wurde im gleichen Stil wieder errichtet und beherbergt heute Relikte aus der Pionier- und Goldrauschzeit, neben Exponaten, die an den Stadtgründer erinnern, dessen ausgedehnte Ländereien über den American River bei Coloma und bis an die Pazifikküste bei Fort Ross reichten. Nach der Entdeckung des Goldes wurde Sutter von Goldgräbern buchstäblich überrannt. Das ebenfalls auf dem Gelände untergebrachte **State Indian Museum** bietet hervorragende Einblicke in die Lebensweise der kalifornischen Ureinwohner.

★ Sutter's Fort State Historic Park

Sutter's Fort: 2701 L St. | 10–17 Uhr | 5 $
www.parks.ca.gov/?page_id=485
State Indian Museum: 2618 K St. | 10–17 Uhr | 5 $
www.parks.ca.gov/?page_id=486

Historische Straßenkreuzer

Das 1987 gegründete Automuseum (früher: Towe Ford Museum) beherbergt eine Sammlung von 150 Ford-Wagen sowie historischen Modellen von Studebaker, Buick und Packard.

California Automobile Museum

2200 Front St. | Mi.–Mo. 10–17 | 10 $ | www.calautomuseum.org

Rund um Sacramento

Wilde Zeiten

In dem früheren Goldgräberstädtchen (13 000 Einw.) etwa 30 mi/48 km nordöstlich von Sacramento erinnert noch einiges an die wilden Zeiten Mitte 19. Jh. wie Feuerwehrhaus und auch das älteste bis heute betriebene Postamt Kaliforniens. Bevor in der Region Gold gefunden wurde, lebten hier Nisean relativ ungestört, bis 1849 nordöstlich von Sacramento ein Camp errichtet und auf den Namen **North Fork Dry Diggings** getauft (später in Auburn umbenannt) wurde.

Auburn

Das **Placer County Museum** im ehem. Gerichtsgebäude zeigt Gerätschaften der Goldgräber sowie indianisches und chinesisches Kunsthandwerk. Das **Gold Rush Museum** im alten Bahnhof informiert über die Zeit als der Goldrausch über die Region hereinbrach. Mit einem Sieb kann jeder auch heute sein Glück versuchen und Nuggets aus dem Wasser fischen.

Placer County Visitor Bureau: 1103 Hight St., Auburn, CA 95603
Tel. 1-866-752-2371 | Di.–Sa. 9.30–16.30 Uhr | www.visitplacer.com
Placer County Museum: 101 Maple St. | 10–16 Uhr | frei
www.placer.ca.gov
Gold Rush Museum: 601 Lincoln Way | Fr.–So. 13–16 Uhr | frei
www.placer.ca.gov

PLENTY OF GOLD ...
ON THE BANKS OF SACRAMENTO

Am 24. Januar 1848 entdeckte James W. Marshall am American River nordöstlich von Sacramento Gold. Diese Nachricht löste 1849 einen bis dato beispiellosen Goldrausch aus, der Zehntausende Glücksritter in die Gegend lockte. Die Schürfer fanden pro Tag durchschnittlich 1 Unze (ca. 31 g) Gold und verdienten so über das 20-Fache eines normalen Arbeiters. Ab 1853 wurden erstmals Wasserstrahlgeräte, Schwimmbagger etc. eingesetzt. Mit der bergmännischen Goldförderung begann man erst 1950.

▶ **Natürliche Goldvorkommen**

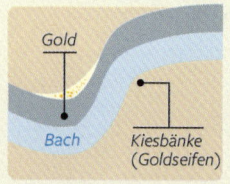
Goldseifen

Nuggets

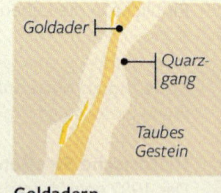
Goldadern

Gold führende Quarzgänge mit einer Gesamtlänge von 180 km machten die Sierra Nevada seinerzeit zum größten Gold-Abbaugebiet. Anfangs wurden Gold Nuggets mit Waschpfannen aus den Goldseifen herausgewaschen. Mit der Zeit begann in der Region professioneller Bergbau. So konnte das Gold aus den Quarzadern in großen Mengen abgebaut werden.

▶ **So wurde das Gold zu Beginn des Goldrauschs abgebaut**

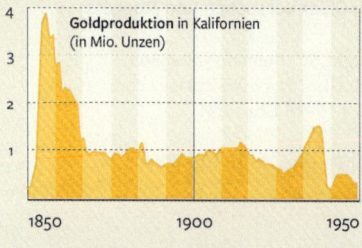
Goldproduktion in Kalifornien (in Mio. Unzen)

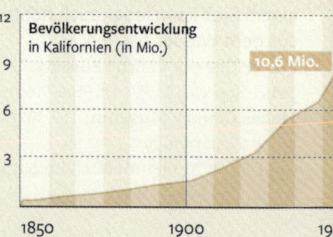
Bevölkerungsentwicklung in Kalifornien (in Mio.) — 10,6 Mio.

ZIELE
SALINAS

Verflossener Reichtum

Grass Valley Als der Siedler George Knight Mitte des 19. Jh.s Spuren von Gold unter der Grasnarbe seiner Viehweide fand, war in Grass Valley (heute 12 900 Einw.) nördlich von Auburn und Sacramento nichts so mehr wie zuvor. Es wurde vorübergehend sogar Kaliforniens reichste Stadt. Nach dem Abflauen des Gold-Booms entwickelten sich Landwirtschaft und Tourismus, so dass die Stadt nicht zur Geisterstadt verkam.

Die einst ergiebigste Goldader Kaliforniens ist heute Brennpunkt des viel besuchten Freilichtmuseums **Empire Gold Mine Historic Park**. In den 107 Jahren ihres Bestehens wurden über 17 000 t Gold gefördert. Heute bekommt man hier einen guten Einblick in die Arbeitsweise eines Goldbergwerks: So kann man 13 m tief in die Schächte hinabsteigen, die, fast 600 km lang, bis zu einer Länge von 240 m beleuchtet sind. An einem Modell werden Richtung und Tiefe der einzelnen Adern ersichtlich.

Das **North Star Mining Museum** zeigt eine interessante Ausstellung zur Bergbautechnik, mit einer riesigen Wasserturbine und einer Maschine zur Herstellung von Dynamit-Ladungen.

Empire Gold Mine Historic Park: 10791 E Empire St. | 10–16/17 Uhr 5 $ | www.empiremine.org

North Star Mining Museum: 933 Allison Ranch Rd.
Mai–Okt. Mi.–So. 12–16 Uhr, Nov.–April n. Voranmeldung
Tel. 1-530-273-4255 | frei, Spende erbeten
www.nevadacountyhistory.org

SALINAS

County: Monterey | **Höhe:** 16 m ü. d. M. | **Einwohnerzahl:** 161 000

Die mexikanischen Erntearbeiter auf den fruchtbaren Feldern des Salinas Valley könnten auch einen der Romane des Pulitzer- und Nobelpreisträgers John Steinbeck bevölkern, der in der Region aufgewachsen ist.

G11

»Salad Bowl of the World« nennt sich Salinas, und tatsächlich werden Obst und Gemüse aus dem überaus fruchtbaren Salinas Valley in Dutzende Länder exportiert. Die Stadt liegt etwa 50 mi/80 km südlich von ▶ San José und nur 15 km von der Monterey Bay und dem Pazifik entfernt. Die 1858 gegründete Siedlung verdankt ihren Namen den **Salzmarschen** (Salinen) an der Mündung des gleichnamigen Flusses in den Pazifik. Die Bevölkerung von Salinas ist bis heute überwiegend spanischsprachig.

Salatschüssel der Welt

Wohin in Salinas und Umgebung?

Kalifornische Küche beim Nobelpreisträger
Mehrere der Romane von **John Steinbeck** haben Salinas als Schauplatz ihrer Handlung, so »Tortilla Flat« (1935), »Von Mäusen und Menschen« (1937) und »Jenseits von Eden« (1952). Steinbecks stattliches **Geburtshaus** wird heute von der gemeinnützigen Valley Guild betrieben.

The Steinbeck House

SALINAS ERLEBEN

CALIFORNIA WELCOME CENTER
1 Station Pl., Salinas, CA 93907

DESTINATION SALINAS VISITOR CENTER
222 Main St., Salinas
Tel. 1-831-594-1799, 9–19 Uhr
www.destinationsalinas.com

STEINBECK FESTIVAL
Zum jährlichen Steinbeck Festival lockt Salinas Besucher mit Lesungen, Theater- und Musikaufführungen oder Touren zu den Originalschauplätzen verschiedener Romane John Steinbecks.
1. WE im Mai
Tel. 1-831-775-4721
www.steinbeck.org

SEA HARBOR FISH MARKET & RESTAURANT €€€–€€
Bestens zubereitet oder frittiert als Snack werden in dem familiengeführten Restaurant und Fischladen verschiedenste Fische und frische Meeresfrüchte.
1136 S Main St.
http://restaurantsnapshot.com/SeaHarborFish/

IN-N-OUT BURGER €
Die kalifornische »Kult«-Burgerkette verarbeitet ausschließlich Fleisch aus der Region, Kartoffeln werden vor den Augen der Kunden zu dicken »French Fries« geschnitten.
151 Kern St.
http://locations.in-n-out.com/99

VISION QUEST RANCH €€€€–€€€
Safari Bed & Breakfast im Zoo für tierische Filmdarsteller. Die Gäste schlafen in komfortablen Zelt-Bungalow. Das Frühstück im Bastkorb bringt ein Elefant im Rüssel vorbei.
400 River Rd.
Tel. 1-831-455-1901
https://www.visionquestranch.com/

RESIDENCE INN SALINAS €€€
Ansprechendes Haus mit geräumigen, zeitgemäß ausgestatteten Zimmern und Suiten, das sich vor allem für Familien mit Kindern eignet. Auch Indoor Pool und Fitness Center.
17215 El Rancho Way
Tel. 1-831-775-0410
www.marriott.com

ZIELE
SALINAS

OBEN: Auf einer Farm wie dieser im Salinas Valley könnte John Steinbeck seinen Roman »Jenseits von Eden« angesiedelt haben.
UNTEN: Vielleicht erfährt man es im National Steinbeck Center?

ZIELE
SALINAS

Wer unverfälschte ländliche **Küche Kaliforniens** probieren möchte, sollte sich (rechtzeitig) bei den Damen der Valley Guild anmelden, die ein schmackhaftes Lunch-Menü im Geburtshaus des Schriftstellers zubereiten. Die Einnahmen werden für den Erhalt des Hauses verwendet.
132 Central Ave. | Tel. 1-831-424-2735 | Führungen n. V.
Restaurant: Di.–Sa. 11.30–14 Uhr | http://steinbeckhouse.com

Themen und Schauplätze preisgekrönter Werke

National Steinbeck Center

Das National Steinbeck Center widmet sich in einem modernen Bau dem Leben und Werk des Literaturnobelpreisträgers sowie der Region Salinas, wo viele seiner Werke spielen, und erläutert deren historischen und gesellschaftlichen Hintergrund. Die Landwirtschaft, die in vielen Romanen, wie »Früchte des Zorns« (1939) und »Jenseits von Eden« (1952), eine Rolle spielt, wird anschaulich mit Multimedia-Displays, Fotos, Filmen, alten Filmplakaten oder Erntefahrzeugen dargestellt.
Zu Lebzeiten stand John Steinbeck (▶ Interessante Menschen) mit seinen realistischen Schilderungen sozialer Missstände nicht selten im Kreuzfeuer der Kritik der Mächtigen, heute überwiegt die Bewunderung seines Lebenswerks.
1 Main St. | Mi.–So. 10–17 Uhr | 15 $ | www.steinbeck.org

Größte Mission San Juan Bautista

San Juan Bautista

Die einige Kilometer nordöstlich von Salinas an der CA-156 im gleichnamigen **Ort** (1900 Einw.) gelegene, nach Johannes d. T. benannte Mission wurde als 15. der 21 spanischen **Missionsstationen** 1797 gegründet. Die dreischiffige **Kirche**, in der Altarstatuen und weitere Objekte aus der Gründungszeit erhalten sind, wird heute als Gemeindekirche genutzt.
In dem das Gotteshaus umgebenden **San Juan Bautista State Park** findet man mehrere Gebäude aus mexikanischer Herrschaftszeit, wie Soldatenunterkünfte.
406 2nd St./Mariposa St. (Plaza) | 9.30–16 Uhr, Trmine für Touren s. Website | 4 $ | www.oldmissionsjb.org

Bizarre Felsspitzen, Klüfte und Höhlen

Pinnacles National Park

Eine gute Autostunde südöstlich von Salinas erstreckt sich der jüngste Nationalpark (2013) Kaliforniens. In den 250–967 m hohen Gabilan Mountains liegt ein wildromantischer Felsirrgarten am Rande der San-Andreas-Verwerfung (▶ Baedeker Wissen, S. 360), entlang der es immer wieder zu Erdbeben kommt.
Die eigentümliche Felsenwelt ist das Ergebnis **vulkanischer Aktivität** vor rund 23 Mio. Jahren sowie der Erosion durch Wind, Regen, Frost und Hitze. Die bizarren Felsklippen und -spitzen (»pinnacles«) sowie enge Klüfte und Höhlen gehören zu den Lieblingsrevieren von

ZIELE
SAN BERNARDINO

Wanderern und Kletterern. Das Naturschutzgebiet ist auch Lebensraum des im Bundesstaat vom Aussterben bedrohten **Kalifornischen Kondors** (Gymnogyps californianus).

Von der **West Visitor Contact Station** im Westen des Schutzgebiets (Zufahrt via CA-146 ab Soledad) kann man tolle Wanderungen unternehmen: auf dem Juniper Canyon Trail, dem **High Peaks Trail**, dem Tunnel Trail oder dem Balconies Trail (Cliffs & Cave).

Das **Pinnacles Visitor Center** liegt am Osteingang des Nationalparks im Bear Valley (Zufahrt ab Salinas via Hollister über die CA-25 und CA-146). Gleich gegenüber, am Sandy Creek, wurde ein Campground mit einigen RV-Stellplätzen eingerichtet.

30 $ pro Pkw | www.nps.gov/pinn
Chapparal Visitor Contact Station (Westen): CA-146, Soledad
Mi.–Mo. 10–15 Uhr
Pinnacles Visitor Center (Osten): 5000 CA-146, Bear Valley
9–16 Uhr

SAN BERNARDINO

County: San Bernardino | **Höhe:** 320 m ü. d. M.
Einwohnerzahl: 222 000

San Bernardino ist Ausgangspunkt für kleine und große Abenteuer in der Natur. Der Big Bear Lake und der Lake Arrowhead liegen in den nahen San Bernardino Mountains. Die historische Route 66 quert das gleichnamige County von Arizona in Richtung Pazifikküste.

Die erste spanische Siedlung, Politana, wurde schon zwei Jahre nach ihrer Gründung von Indianern zerstört. 1819 kamen die Missionare zurück und gründeten die Ranch (»estancia«) San Bernardino als Außenposten der Mission San Gabriel. Vier Jahrzehnte später ließen sich Mormonen nieder. Sie blieben zwar nicht lange, doch die Stadt entwickelte sich weiter und ist heute eines der kalifornischen Zentren für Orangenanbau.

Seen, Berge und Orangen

▎ Wohin in den San Bernardino Mountains?

Erholung und Outdoor-Abenteuer

Kurztrip von Los Angeles

Nördlich und östlich von San Bernardino erheben sich die **San Bernardino Mountains** (max. 3505 m). Der etwa 100 km lange,

SAN BERNARDINO ERLEBEN

SAN BERNARDINO AREA CHAMBER OF COMMERCE
546 West 6th St.,
San Bernardino, CA 92410
Tel. 1-909-885-7515
www.sbachamber.org/

SAN BERNARDINO NATIONAL FOREST
www.fs.usda.gov/recarea/sbnf

BIG BEAR LAKE VISITORS CENTER
40824 Big Bear Blvd.,
Big Bear Lake, CA 92315
Tel. 1-800 424 4232
www.bigbear.com

RENDEZVOUS BACK TO ROUTE 66
Die historische Route 66 führt mitten durch Stadt und County San Bernardino. An einem Wochenende im Herbst (meist Anfang Oktober) steigt ein Festival mit Hunderten von Oldtimern und einem umfangreichen Veranstaltungsprogramm.
http://rendezvoustoroute66.com

NOON LODGE AT MALLARD BAY €€€€–€€€
Einen herrlichen Aufenthalt für Aktiv-Urlauber bietet diese Ferienanlage mit Cabins und Studios direkt am See. Docks für Boote stehen zur Verfügung.
214 Lagunita Lane,
Big Bear Lake, CA 92315
Tel. 1-909-866-2526
www.noonlodge.com

SLEEPY FOREST RESORTS €€€–€€
Urige Herberge mit individuellen Zimmern nicht weit vom See.
404 Eureka Dr.
Tel. 1-909-866-7444
www.sleepyforest.com

---

bis zu 50 km breite Hochgebirgszug – er bildet den südlichen Rand der ▶ Mojave Desert – ist wegen seiner angenehmen klimatischen Verhältnisse und seiner natürlichen Schönheit Lieblingsziel der Angeleños für einen Kurztrip zur Erholung oder für Outdoor-Abenteuer.

Kurvenreiche Panoramaroute
San Bernardino ist ein hervorragender Ausgangspunkt für Ausflüge in die östlichen San Bernardino Mountains. Der »Rim of The World Scenic Byway« (CA-18) beginnt bei Mormon Rocks in der Region von Cajon Pass und schraubt sich zum **Lake Arrowhead**, dem Big Bear Lake und anderen Urlaubszielen.
Die etwa 40 mi/64 km lange, kurvenreiche Panoramaroute steigt bis 2200 m hinauf. Unterwegs gibt es immer wieder tolle Ausblicke. Das schönste Panorama bietet sich vom **Lakeview Point**.

Rim of The World Scenic Byway

ZIELE
SAN BERNARDINO

Big Bear Lake

Zentrum des Berg- und Wintersports
Der 30 mi/48 km östlich der Stadt San Bernardino 2059 m hoch in den San Bernardino Mountains gelegene See ist sommers wie winters Ziel der Angeleños, die hier teils sehr luxuriöse Cabins, Lodges oder Chalets besitzen. Im Winter geht es mit Skiern zu den gut ausgestatteten Wintersportplätzen wie Snow Summit, Bear Mountain und Goldmine.
Am See beginnt auch der **Gold Fever Trail,** eine reizvolle, etwa dreistündige Autorundfahrt durch Ortschaften, die im zweiten kalifornischen Goldrausch 1860–1875 eine wichtige Rolle spielten.

Rund um San Bernadino

Barstow

Von hier aus in die Wüste
Nördlich der San Bernardino Mountains beginnt die einsame, staubige und heiße ▶ Mojave Desert. Im 19. Jh. strömten Tausende hierher, wurde die Erde nach Gold, Silber und Borax durchwühlt. Heute ist Barstow (24 000 Einw.) zwischen Los Angeles und Las Vegas am Fuß der Calico Mountains als Straßen-Kreuzungspunkt (I-15 und I-40) gut geeignet zur Erkundung der Wüstenlandschaft.
Die **Santa Fe Railway** prägt bis heute das Stadtbild Barstows, früher Etappe an der legendären Route 66.
California Welcome Center: 2796 Tanger Way, Suite 100 (in The Outlets at Barstow) | Tel. 1-760-253-4782 | 11–19 Uhr
www.visitcalifornia.com
Desert Discovery Center: 831 Barstow Rd., CA 92311
Tel. 1-760-252-6060 | Di.-Sa. 11–16 Uhr | http://desertdc.com
Kelso Depot Visitor Center: 90942 Kelso Cima Rd, Kelso (in der Mojave National Preserve) | Tel. 1-760-252-6108 | Öffnungszeiten s. Website | http://www.nps.gov/moja/historyculture/kelso-depot.htm; https://www.nps.gov

Calico

Und noch eine Geisterstadt
Die »Geisterstadt« Calico 11 mi/17 km östlich von Barstow, nahe der US-15, war 1881–1896 Stützpunkt vieler Glücksritter, die von hier aufbrachen, um in den nahe gelegenen Bergen nach **Silber** zu schürfen. Als der Silberpreis 1895 sank, wurden die Silberbergwerke geschlossen, und Calico verfiel. Inzwischen restauriert, erfreut es seine zahlreichen Besucher mit Fahrten in der alten **Minenbahn** und Führungen über das Gelände.
36600 Ghost Town Rd., Yermo | 9–17 Uhr | 10–20 $
www.calicotown.com

Yermo

Uneinige Wissenschaft
Die **Calico Early Man Site** liegt 15mi/24 km nordöstlich von Barstow, an der US-15 bei der unbefestigten Minneola Road nahe der Stadt

ZIELE
SAN DIEGO

1881 hatte Calico 1200 Einwohner, die in 500 Silberminen arbeiteten.

Yermo (1750 Einw.). Vor einem halben Jahrhundert fing der inzwischen verstorbene Archäologe Dr. Louis Leakey an, dort mehr als 12 000 (von ihm etwa 200 000 Jahre alt geschätzte) Steinwerkzeuge auszugraben. Dies wären die ältesten Artefakte, die auf das Vorhandensein von Menschen in der westlichen Hemisphäre schließen lassen. Andere Wissenschaftler halten die Fundstücke für geologische Besonderheiten, die nichts mit frühen Bewohnern zu tun haben.
Minneola Rd., Yermo | Führungen nach Anmeldung: Tel. 1-760-256-5452
www.desertmoon.net/calico

★★ SAN DIEGO

County: San Diego | **Höhe:** 0–483 m ü. d. M.
Einwohnerzahl: 1,4 Mio. (Großraum: 3,3 Mio.)

Die entspannte Pazifikmetropole liegt im Trend. Sicherlich spielt das ganzjährig warme Klima eine Rolle, dazu kommen die langen Strände entlang der 100 km langen Küstenlinie und der riesige Balboa Park mit interessanten Museen und einem Weltklasse-Zoo. Auch die Restaurant- und Craft-Bier Szene kann sich schmecken lassen.

ZIELE
SAN DIEGO

Relaxte Metropole

San Diego liegt etwa 125 mi/200 km südlich von ▶ Los Angeles. Die südliche Stadtgrenze ist zugleich Staatsgrenze zu Mexiko. Durch die Lage an zwei geschützten Buchten wurde San Diego zur bedeutenden Hafenstadt und ist nach Norfolk in Virginia der größte amerikanische Marinestützpunkt. Das gleichmäßig warme und trockene Klima und die landschaftlich schöne und fruchtbare Umgebung machen San Diego zu einem beliebten Wohnort, der keine harten Winter kennt und in dem sich das Leben überwiegend draußen abspielt.

Eine Straßenbahn fährt direkt an die Staatsgrenze. Das mexikanische **Tijuana** liegt nur wenige Minuten zu Fuß entfernt. Die Grenzkontrolle bei der Rückkehr in die USA kann längere Zeit dauern.

Missionsstation und südlichster Pazifikhafen

Geschichte Nachdem schon 1542 eine spanische Expedition unter Juan Rodríguez Cabrillo in die Bucht von San Diego eingefahren war, dauerte es noch über 200 Jahre, bis die spanische Besiedlung begann. 1769 kam eine Expedition des Gouverneurs von Baja California, Don **Gaspar de Portola**, mit Franziskanermönchen nach Alta California, darunter der 1988 selig gesprochene Pater Junípero Serra.

Der Bau der ersten **Missionsstation San Diego de Alcalá** am 16. Juli 1769 gilt als Geburtsstunde der Stadt. Mit dem Anschluss San Diegos an das transkontinentale Eisenbahnnetz durch die Santa Fe Railroad 1885 nahm der wirtschaftliche Aufschwung Fahrt auf. Doch erst die Fertigstellung des Panama-Kanals im Herbst 1914 steigerte die Bedeutung des südlichsten pazifischen Hafens der USA: Die im Zusammenhang mit der Kanaleröffnung ab 1915 im Balboa Park veranstaltete Panama-California Exposition (▶ S. 252) lenkte das Augenmerk der Welt auf San Diego.

Der Aufbau eines Armee- und **Flottenstützpunkts** in San Diego im Ersten Weltkrieg begründete die Marinetradition der Stadt. Sie gewann nach dem japanischen Angriff auf Pearl Harbor 1941 an Bedeutung, als das Hauptquartier der amerikanischen Pazifikflotte von Hawaii nach San Diego verlegt wurde.

Immer wieder wird die Peripherie der Stadt von katastrophalen Wald- und Buschbränden heimgesucht, teils von Brandstiftern gelegt, teils durch Blitzschläge ausgelöst.

Wovon man lebt

Wirtschaft Bedeutende Wirtschaftszweige sind Luft- und Raumfahrtindustrie, Elektronik und Elektrotechnik, Telekommunikation, Biotechnologie sowie der Dienstleistungssektor inklusive Finanzwirtschaft, Tourismus und Kongresswesen.

Universitäten, Hochschulen und namhafte Forschungsinstitute spielen ebenfalls eine große Rolle im Wirtschaftsleben der Stadt. Ebenso das Militär mit über 100 000 Soldaten und Tausenden von Angestellten.

SAN DIEGO ERLEBEN

SAN DIEGO TOURISM AUTHORITY
www.sandiego.org/plan/international-travelers/germany.aspx

SAN DIEGO VISITOR INFORMATION CENTER
996-B N Harbor Dr.
Tel. 1-619-737-2999
www.sandiegovisit.org

OLD TOWN SAN DIEGO CHAMBER OF COMMERCE & VISITOR CENTER
2383 San Diego Ave., Suite 104
Tel. 1-619-291-4903
www.oldtownsandiego.org

SAN DIEGO INTERNATIONAL AIRPORT
Der internationale Flughafen liegt nördlich der Innenstadt. Shuttle-Busse und Taxis verkehren zwischen allen Terminals und dem Zentrum.
3225 N Harbor Dr., Tel. 1-619-400-2404, www.san.org

SANTA FE DEPOT
Endstation der Züge aus Los Angeles und der gesamten Region.
1050 Kettner Blvd.
Tel. 1-800-872-7245
www.amtrak.com

SAN DIEGO METROPOLITAN TRANSIT SYSTEM (MTS)
Die MTS unterhält ein engmaschiges Trolley- und Busliniennetz. Auf einigen Strecken ins Umland verkehren moderne Stadtbahnen.
Kundendienst: Tel. 1-619-557-4555, Fahrauskunft: Tel. 1-619-233-3004, www.sdmts.com

OLD TOWN TROLLEY TOURS
Die Busse kurven in 2 Std. durch San Diego mit Stopps in Downtown, Balboa Park, Coronado und La Jolla.
Tel. 1-619-298-8687, 44 $ (online), sonst 46 $, www.trolleytours.com/san-diego/

SAN DIEGO–CORONADO FERRY
Die Fähre pendelt zwischen Broadway Pier bzw. Convention Center in San Diego und Ferry Landing Place in Coronado.
990 North Harbor Dr.
Tel. 1-619-234-4111, Ticket 7 $
www.flagshipsd.com/cruises/coronado-ferry

SAN DIEGO HARBOR EXCURSIONS
990 North Harbor Dr.
Tel. 1-619-234-4111, ab 27, erm. 15 $, www.flagshipsd.com

In den Sälen des San Diego Civic Theatre (1100 Third Ave.; https://sandiegotheatres.org) und der Golden Hall (202 C St.; www.sandiego.gov) sowie der Copley Symphony Hall (750 B St.; http://www.sandiegosymphony.org/) geben die Oper, das Sinfonieorchester, Ballett und auswärtige Ensembles Vorstellungen. Auf zahlreichen kleineren Bühnen sind Stadtteil- und avantgardistische Theater zu Hause.

ARTSTIX
Verkauf reduzierter Tickets.
900 Fourth Ave., Horton Plaza Park – South Pavillion, Di.–Do. 11–17, Fr. bis 19, Sa./So. 10–14 Uhr, Tel. 1-858-381-5595
www.sdartstix.com

ZIELE
SAN DIEGO

FASHION VALLEY MALL
Outdoor Shopping Center im Herzen des Mission Valley mit Dutzenden von Boutiquen, Restaurants und Edel-Kaufhäusern, wie Neiman Marcus oder Bloomingdales.
7007 Friars Rd., Tel. 1-619-688-9113, tgl. 10–19/21 Uhr,
www.simon.com/mall/fashion-valley

SEAPORT VILLAGE
Direkt am Hafen liegt die verschachtelte Anlage mit Geschäften, Cafés, Restaurants und Park.
849 W Harbor Dr., 11–19 Uhr
www.seaportvillage.com

Bei La Jolla finden Taucher und Schnorchler gute Bedingungen. Wellenreiten ist entlang der Küste vom Imperial Beach (südl. von Coronado) bis zum Windandsea Beach (unterh. von Neptune Place) möglich.

SNORKEL SAN DIEGO SCUBA
Kurse und Touren vom Schnorcheln bis zum Tauchen vor der Küste.
3939 Mission Blvd., Tel. 1-858-539-0054, https://snorkelsandiegoscuba.com

LA JOLLA SURF SYSTEMS
Der Spezialanbieter verleiht Surf-, Kajak- und Schnorchelausrüstung.
2132 Avenida de la Playa, La Jolla
Tel. 1-858-456-2777
www.lajollasurfsystem.com

❶ BACI'S €€€€–€€€
In dem hoch gelobten italienischen Restaurant werden u. a. beste Pasta und leckere Fleischgerichte serviert, bei guten Wetter auch auf der Terrasse.
1955 West Morena Blvd.
www.sandiegobaci.com

❷ EAT PUESTO €€
Mexikanisches Streetfood in stylischem Ambiente mit Portionen zum Teilen.
La Jolla, 1026 Wall St., Tel. 1-858-454-1260, http://eatpuesto.com

❸ EXTRAORDINARY DESSERTS €€
Naschkatzen wird man heraustragen müssen, so unwiderstehlich sind die Süßspeisen mit Inspirationen aus aller Welt.
2929 Fifth Ave. (Filiale: 1430 Union St.), https://extraordinarydesserts.com

❹ JULIAN PIE CO. €€
Bei Julian Pie Co. in Julian gibt es gedeckten Apfelkuchen. Dazu passt hausgemachtes Zimt-Eis.
2225 Main St., Julian, 9–17 Uhr
www.julianpie.com

❺ VILLA NUEVA BAKERY €€
Leckere Sandwiches mit selbst gebackenem Brot, delikate Suppen und frisch gerösteten Kaffee gibt es von morgens bis nachmittags.
Coronado, 956 Orange Ave.
http://villanuevabakery.com

❻ POINT LOMA SEAFOODS €€–€
Das direkt am Wasser gelegene Restaurant präsentiert sich wie ein Fischmarkt mit einfachen Sitzgelegenheiten und serviert fangfrischen Fisch und Meeresfrüchte.
Point Loma, 2805 Emerson St.
www.pointlomaseafoods.com

❶ REDWOOD HOLLOW COTTAGES €€€
Komfortable Cottage für Paare und Familien in gepflegter Anlage, ost mit Meeresblick.
256 Prospect St, La Jolla
Tel. 1-858-459-8747
www.redwoodhollow-lajolla.com

ZIELE
SAN DIEGO

❷ HOTEL DEL CORONADO €€€€
Das viktorianische Grandhotel präsentiert sich so elegant wie eh und je.
Coronado, 1500 Orange Ave.
Tel. 1-619-435-6611
http://hoteldel.com

❸ LA PENSIONE €€€–€€
Modernes, gut ausgestattetes Haus in Little Italy mit kostenlosem Parkplatz.
606 W Date St.
Downtown
Tel. 1-619-236-8000
www.lapensionehotel.com

🍴🍷
❶ Baci's
❷ Eat Puesto
❸ Extraordinary Desserts
❹ Julian Pie Co.
❺ Villa Nueva Bakery
❻ Point Loma Seafoods

🏠
❶ Redwood Hollow Cottages
❷ Hotel del Coronado
❸ Hotel La Pensione

1 The Old Globe
2 Museum of Art
3 Botanical Building
4 Natural History Museum
5 Timken Museum of Art
6 Museum of Man
7 Mingei Museum
8 House of Hospitality
9 Space Theatre
10 House of Pacific Relations
11 Spreckels Organ Pavillon
12 Federal Building
13 Balboa Park Club
14 Palisades Building
15 Conference Building
16 Comic-Con Museum
17 Municipal Gym
18 Balboa Park Bowl
19 Air & Space Museum Automotive Museum
20 Casa de Balboa (MOPA)
21 Junior Theatre

----- Trolley

Downtown San Diego

Auf einen Drink

Gaslamp Quarter
Für einen Feierabenddrink gehen viele ins Gaslamp Quarter östlich des Seaport Village am Harbor Drive. Die 1880–1910 im viktorianischen Stil errichteten 16 Häuserblocks sind als **historischer Distrikt** vor gröberen Bausünden geschützt.

Am Hafen

San Diego Bay
Die geschützte San Diego Bay ist nicht nur bei der Kriegsmarine beliebt. Kreuzfahrtschiffe, Hochseejachten und Tausende kleinerer Freizeitboote liegen dort in ihren Marinas. Am südlichen Abschnitt des **Embarcadero** und dem anschließenden **Seaport Village** gibt es zahlreiche Geschäfte, Restaurants und Hotels.

Vom Segler zum U-Boot

Maritime Museum
Die Schiffe des 1948 gegründeten Museums liegen am Harbor Drive in der North San Diego Bay (zw. Laurel und Ash St.). Der Dreimaster »**Star of India**«, ein 1863 auf der Isle of Man gebautes Segelschiff, umsegelet mehrmals die Erde. Zu den weitere Museumsschiffen gehören: die Fähre »**Berkeley**« (1898), eingesetzt zwischen San Francisco und Oakland; die noch aktive Motorjacht »**Medea**« von 1904, das Lotsenschiff »Pilot« von 1914; ein sowjetisches U-Boot der Foxtrott-Klasse, US U-Boot Dolphin und der Nachbau der britischen Fregatte »**HMS Surprise**« aus dem 18. Jahrhundert.
1492 N Harbor Dr. | 9–20/21 Uhr | 20 $, Bootstouren ab 30 $
https://sdmaritime.org

Außer Dienst

USS Midway Museum
Bei der Navy Pier liegt der Flugzeugträger »Midway« im gleichnamigem Museum dauerhaft vertäut. Brücke, Messen, ein Kampfflugzeug (F-4 Phantom) und mehr können besichtigt werden.
910 N Harbor Dr. | 10–17 Uhr | 26 $ | www.midway.org

★★ Balboa Park (▶ Plan S. 251)

Balboa Park Visitors Center: 1549 El Prado, House of Hospitality, Suite I | Tel. 1-619-239-0512 | Park durchgehend geöffnet; Museen, Restaurants etc. s. dort | www.balboapark.org
Park Tram: kostenfreier Shuttle Bus, tgl. 9–18, im Sommer bis 20 Uhr

Spanisch-mexikanisch

Parkgelände
Die meisten Gebäude im Balboa Park (5,65 km²) wurden für die große **Panama-California Exposition** (1915/1916) und die **Califor-**

Westfield Horton Plaza: Outdoor Shopping im historischen Gaslamp Quarter

nia-Pacific Exposition** (1935/1936) in einem dekorativen spanisch-mexikanischen Stil errichtet. Vom Parkplatz aus erreicht man mit einem Shuttle Bus verschiedene Stationen im Parkgelände.
Im Zweiten Weltkrieg diente der Seelilienteich vor dem **Botanical Building** den Patienten des Flottenhospitals (US Naval Hospital) als Schwimmbad. Das Stahlgerüst für einen Bahnhof hatte die Ausstellungsleitung angekauft. Im Innern gedeihen über 2000 Arten tropischer und subtropischer Pflanzen.

Anthropologisches Museum

Museum of Man

Die verschiedenen **Zivilisationen der Menschen** – von Pyramidenbauern im alten Ägypten bis zu den präkolumbischen Hochkulturen der Maya oder den Pueblo-Siedlungen im Südwesten der USA – sind das große Thema dieser faszinierenden Ausstellung im Museum of Man. »Star« ist ein 3 Mio. Jahre altes menschliches Skelett.
1350 El Prado | Mi.–So.10–17 Uhr | 20 $ | www.museumofman.org

Was als Bahnhof gedacht war, wurde zum Botanical Building im Balboa Park.

ZIELE
SAN DIEGO

Hochkarätige Fotografie-Ausstellungen
Das noch junge Museum in den Arkaden der **Casa de Balboa** veranstaltet Ausstellungen von Schwarzweiß- und Farbfotografie zu wechselnden Themen oder Arbeiten bekannter Fotografen sowie Video- und Filmprogramme aus den eigenen Beständen.

Museum of Photographic Arts (MOPA)

1649 El Prado | Fr.–So. 11–16 Uhr | frei, Spende erbeten | www.mopa.org

Regionales Theaterzentrum
Der 1935/36 für die California Pacific Exposition nach Vorbild von Shakespeares Londoner Globe Theatre im Stil des 16. Jh.s aus Holz errrichtete Theaterbau ist Heimstätte des Ensembles der San Diego Repertory Co.. Unmittelbar daneben liegen zwei weitere Einheiten des Simon Edison Centre for the Performing Arts: ein Theater für zeitgenössische Stücke, einst benannt nach Cassius Carter, dem berühmten Shakespeare-Darsteller des 19. Jh.s, heute Sheryl and Harvey White Theatre, sowie das Lowell Davies Festival Theatre, eine Freilichtbühne, auf der im Sommer das Shakespeare-Festival stattfindet.

The Old Globe

The Old Globe: 1363 Old Globe Way | Tel. 1-619-234-5623 | www.theoldglobe.org
San Diego Repertory Co.: http://sdrep.org
Shakespeare-Festival: www.sandiegoshakespearesociety.org

Helden im All
In einem 1930 errichteten Rundbau des Ford Building (früher: San Diego Aerospace Museum) sind Flugzeuge aus der Pionierzeit der Fliegerei bis hin zu NASA-Flugkörpern ausgestellt, darunter ein Nachbau der »Spirit of St. Louis«, mit dem Charles A. Lindbergh den ersten Alleinflug über den Atlantik unternahm. Das Original steht im National Air & Space Museum, Washington, D. C. In einer **International Aerospace Hall of Fame** werden »Helden« der Luft- und Raumfahrt geehrt, so Chuck Yeager, der erste Pilot eines Überschallflugs.

San Diego Air & Space Museum

2001 Pan American Plaza | Tel. 1-619-234-8291 | 10–16.30 Uhr 22,50 $ | http://sandiegoairandspace.org

Hochrangige Kunst
Das San Diego Museum of Art logiert in einem der Universität von Salamanca (17. Jh.) nachgebildeten neogotischen Gebäude, Büsten spanischer Maler schmücken die Fassade.
Die Sammlung umfasst Gemälde der Frührenaissance und flämischer Meister sowie eine Abteilung amerikanischer Kunst neben Exponaten aus anderen Kulturkreisen. Zu sehen sind u. a. Werke von Goya, Renoir, Diego Rivera oder Georgia O'Keeffe. Teil des Museums ist auch ein kleiner **Skulpturengarten** mit Werken von Alexander Calder, Barbara Hepworth, Juan Miró, Henry Moore und Louise Nevelson.

San Diego Museum of Art

1450 El Prado | Mo., Di., Do.–Sa. 10–17, So. 12–17 Uhr | 20 $
www.sdmart.org

ZIELE
SAN DIEGO

Eine naturgeschichtliche Zeitreise

The Nat Das vor mehr als 100 Jahren gegründete **San Diego Natural History Museum** zeigt südkalifornische Fossilien, Vögel, Reptilien, Säugetiere, Insekten, Pflanzen sowie Meerestiere.
Glanzlichter sind Nachbildungen und Knochen von Dinosauriern, die einst in der Region heimisch waren. Mehrere Dioramen widmen sich der Fauna und Flora der kalifornischen Wüste.
1788 El Prado | Fr.-Di.10-16 Uhr | 20 $ | www.sdnhm.org

Treffpunkt für Comic-Fans

Comic Museum Im Comic Museum lockt eine Phantasiewelt Kinder, Jugendliche und Erwachsene mit klassischen Comics, Figuren aus modernen Verfilmungen und Sonderausstellungen zu berühmten Zeichnern oder imaginären Welten. Auch das gern besuchte **Model Railroad Museum** in der Casa de Balboa mit mehreren Modelleisenbahnanlagen fasziniert Groß und Klein gleichermaßen.
Comic Museum: 3231 Pan American Plaza | Mi.-Sa. 10-18, So. 11-19 Uhr | 20 $, Kinder bis 12 J. 12 $ | www.comic-con.org
Model Railroad Museum: 1649 El Prado | Do.-So. 11-16 Uhr | 13 $
www.sdmrm.org

Meistbesuchter Tierpark der USA

San Diego Zoo Im weltberühmten San Diego Zoo leben insgesamt 4000 Vertreter von rund 800 Tierarten in naturnah gestalteten Arealen. Die Gehege nehmen mehr als ein Viertel des nördlichen Balboa Park ein. Besonders eindrucksvoll der **Regenwald am Tiger River** mit üppiger Vegetation, Wasserfällen, künstlich erzeugtem Nebel und einem Gelände für **Hochland-Gorillas**. Zu den »Stars« gehören auch Tiger aus Sumatra, Tapire aus Malaysia, Panda-Bären aus China, Koala-Bären aus Australien, Kiwis aus Neuseeland, Nashörner und viele andere exotische Tierarten. Der **Kinderzoo** ist eine besondere Attraktion, hier dürfen viele Jungtiere nicht nur bewundert, sondern auch gestreichelt werden.
Auf dem weitläufigen Gelände des Tierparks pendeln auch Busse und eine knapp über Baumwipfelhöhe konstruierte Schwebebahn. Bei einer Tour durch den bzw. über dem Tierpark erfahren die Passagiere alles Wichtige über den San Diego Zoo.
Der Zoo betreibt auch einen **Safari Park** in Escondido (▶ S. 267) nördlich der Stadt, wo diverse Tiere der Savanne (Giraffen, Elefanten) gehalten werden.
2920 Zoo Dr. | ab 9 Uhr, Schließzeiten variabel, s.a. Website
ab 62 $ | http://zoo.sandiegozoo.org

Kunstoase

Timken Museum of Art Das 1965 auf der Panama Plaza errichtete Timken Museum of Art besitzt neben einer Sammlung russischer Ikonen (16.-19. Jh.) Gemälde von der Renaissance bis zum Impressionismus aus Italien, Frank-

ZIELE
SAN DIEGO

CHICANO MURALS

Der Barrio Logan in San Diego hat eine kämpferische Vergangenheit: Studenten protestierten gegen das Planieren einer Grünanlage im Viertel der mexikanischen Einwanderer. Die Bilder der dabei entstandenen farbenprächtigen Wandgemälde an den Betonstützen der Coronado Bay Bridge gingen um die Welt. Das Quartier entwickelte sich zum Epizentrum der hispanischen Kultur – mit zahlreichen Kunstgalerien, Restaurants und Cafés. Lassen Sie sich einfach treiben (www.caculturaldistricts.org/barrio-logan/).

reich, Spanien und den Niederlanden (u. a. Veronese, Boucher, Fragonard, Murillo, Rembrandt oder Rubens) sowie amerikanische Klassiker (Benjamin West, Thomas Cole, Albert Bierstadt).
1500 El Prado | Di.-Sa. 10-16.30, So. ab 12 Uhr | frei
www.timkenmuseum.org

Künstler und Kunsthandwerker bei der Arbeit
Im Spanish Village Arts Center im Norden des Areals kann man in mehreren niedrigen Häusern rund 200 Künstlern und Kunsthandwerkern (Bildhauern, Malern, Fotografen, Gold- und Silberschmieden, Töpfern und Webern) bei der Arbeit zusehen. Ihre Werke sind auch käuflich zu erwerben.
1770 Village Place | 11-16 Uhr | frei
https://spanishvillageartcenter.com

Spanish
Village
Art Center

Old Town

Old Town
San Diego
State Historic Park

Lebendiges Freilichtmuseum
Nördlich des heutigen Stadtzentrums (Downtown) bekommt man einen Einblick in die mexikanische Geschichte und die ersten US-amerikanischen Jahre der Stadt. Die restaurierten und zur Besichtigung freigegebenen Häuser stammen aus der Zeit von 1827 bis 1869. Mittwochs und samstags beleben Darsteller in zeitgenössischen Gebäude und Straßen. Übersichtskarte und Modell findet man im Besucherzentrum im **Robinson Rose House**.
Die in den 1820er-Jahren erbaute **Casa de Estudillo** ist ein besonders schönes Beispiel eines mexikanischen Adobe-Stadthauses. Es erzählt die Geschichte ihrer einstigen Architekten und Bewohner, der Familie Estudillo.
Im 1868 entstandenen **San Diego Union Building** wurde einst die Zeitung »San Diego Union« gegründet. Hier kann man dabei zusehen, wie vor mehr als 100 Jahren ein solches Blatt entstand.
An die Plaza, Mittelpunkt im alten Pueblo und an Wochenenden oft Schauplatz von Konzerten und Tänzen, schließt sich der moderne **Bazaar del Mundo** an. Zahlreiche Geschäfte und Restaurants mit herzhafter mexikanischer Küche und Mariachi-Live-Musik sind in einem Arkadenbau mit Innenhof eingerichtet.
Visitor Information Center (Robinson Rose House):
4002 Wallace St. | 10–17 Uhr | frei | Tel. 1-619-220-5422
www.parks.ca.gov/?page_id=663
Casa de Estudillo: 4000 Mason St.
San Diego Union Building: 2626 San Diego Ave.
Bazaar del Mundo: 4133 Taylor St. | 10–20, So., Mo. bis 17.30 Uhr
www.bazaardelmundo.com

Junípero
Serra
Museum

Reise in die Missionsgeschichte
Das Junípero Serra Museum markiert die Stelle, an der die erste der 21 Missionsstationen (▶ Baedeker Wissen, S. 374) in Alta California errichtet wurde. Heute werden in dem spanisch-mexikanisch inspirierten Bau Artefakte der Missionsgeschichte und zum Leben des Paters **Junípero Serra** ausgestellt. Der romantische Bau ist die beliebteste Hochzeits-Location der Stadt.
2727 Presidio Dr. | z. Zt. wegen Renovierung eingeschränkter Besuch | frei, 5$ Spende erbeten
http://sandiegohistory.org/serramuseum

Mission
San Diego
de Alcalá

Erste franziskanische Missionsstation
Die Mission San Diego de Alcalá östlich von Old Town wurde von Pater Serra am 16. Juli 1769 begründet und ist damit die »Mutter aller kalifornischen Missionskirchen« (▶ Baedeker Wissen, S. 374). Früher war der schön restaurierte weiße **Kirchenbau** mit Glockenturm

ZIELE
SAN DIEGO

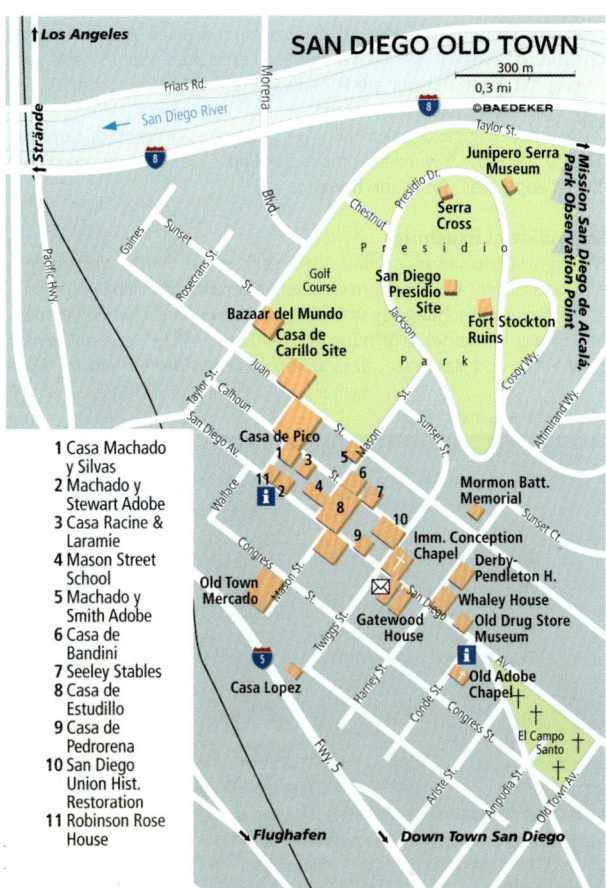

Teil eines größeren Komplexes mit angeschlossenem Kloster und Gutsgebäuden.

10818 San Diego Mission Rd. | 9–16.30 Uhr | Kirchenzugang frei, Tour 5$ | www.missionsandiego.org

Coronado und Point Loma

Mit der Fähre hinüber zur Gartenstadt

Gegenüber von Downtown schirmt die **Halbinsel Coronado** die Hafenbucht an der San Diego Bay vom Pazifik ab. Sie ist vom Stadt-

Lage und Anfahrt

ZIELE
SAN DIEGO

zentrum über die von der US-5 abzweigende weit geschwungene **Coronado Bridge** in wenigen Minuten zu erreichen. Wer es nicht ganz so eilig hat, kann mit der am Broadway Pier in San Diego startenden Fähre nach Coronado übersetzen.

Die auf der lang gezogenen Halbinsel gelegene Gartenstadt **Coronado** (20 200 Einw.) wurde nach der der Baja California vorgelagerten Inselgruppe Islas Coronado benannt.

★

Hotel del Coronado

Legendäres Luxushotel
Highlight Coronados ist das 1888 errichtete, heute denkmalgeschützte Hotel (▶ S. 251) am westlichen Strand der Halbinsel, einzigartig in seiner Mischung aus spanischen und mexikanischen Stilelementen. Es war bei seiner Eröffnung um 1900 das größte Hotel außerhalb New Yorks und das erste, dass schon während der Errichtung elek-

Hier mochten es manche heiß.

trifiziert wurde. Den Einbau der Installationen überwachte Thomas A. Edison persönlich. Mehr als ein Dutzend US-Präsidenten, Charles Lindbergh, Filmschauspieler und viele andere Prominente waren Gäste der renommierten Unterkunft.

Der vielleicht interessanteste Raum des Hotels ist der 9 m hohe Speisesaal, bei dessen Konstruktion kein einziger Nagel oder irgendwelche Träger verwendet wurden; die Kiefernholzdecke wird durch Holzstifte zusammengehalten.

Weltbekannt wurde »The Del« durch Filme, die hier entstanden. Billy Wilder etwa drehte 1958 hier die Filmkomödie »**Manche mögen's heiß**« mit Marilyn Monroe, Jack Lemmon und Tony Curtis.

Blick auf die Skyline San Diegos

Die westlich von Coronado gelegene Halbinsel Point Loma schiebt sich zwischen San Diego Bay und Pazifischen Ozean, aufgrund ihrer landschaftlichen Schönheit eine beliebte Touristenattraktion. Hier liegen ein Marinestützpunkt, einer der größten Navy-Friedhöfe des Landes (Rosecrans National Cemetery) sowie das **Old Point Loma Lighthouse**, ein ehem. Leuchtturm mit Museum.

Point Loma

Auf einer Anhöhe an der südlichen Spitze blickt am **Cabrillo National Monument** die Statue des spanischen Entdeckers Juan Rodríguez Cabrillo hinüber nach San Diego. Seine Expeditionstour 1542/43 hatte ihn an diese Küste getragen. Der Ausblick vom Besucherzentrum des National Monument auf Stadt und Bucht phänomenal.

Von Mitte Dezember bis Mitte Februar ist die Anhöhe ein guter **Aussichtspunkt**, um Grauwale auf ihrer Wanderung von der Bering-See nach Süden zur Baja California (Mexiko) zu beobachten (▶ Baedeker Wissen, S. 262).

1800 Cabrillo Memorial Dr. | Tel. 1-619-523-4285 | 9/10–16/17 Uhr
20 $ pro Pkw | www.nps.gov/cabr

Mission Bay

Sonne, Wind und Wellen

Die amphibische Landschaft der Mission Bay breitet sich nördlich des San Diego River aus. Mit ihren zahlreichen kleinen Buchten sowie den beiden quirligen Strandsiedlungen **Mission Beach** und **Pacific Beach** ist sie ein wahres Paradies für Sonnenanbeter, Schwimmer, und Segler aus aller Welt. Auch Wellenreiter fühlen sich hier wie zu Hause, wenn sie auf der lang gezogenen Dünung des Pazifik den breiten Strand ansteuern.

Wassersportparadies

Am **Ocean Front Walk** warten Snack- und andere Bars mit den notwendigen Stärkungen. Von den Marinas aus kann man **Bootsausflüge** hinaus in die Bucht unternehmen. Und gleich hinter den Stränden wurden mehrere attraktive **Golfplätze** angelegt.

WHALE WATCHING AN DER KÜSTE

Im Dezember rüsten sich viele Küstenorte Kaliforniens zum Whale Watching, denn in den folgenden drei Monaten ziehen etwa 25 000 Grauwale nach Süden in die warmen Gewässer von Baja California in Mexiko. Menschen warten in den Häfen zwischen Crescent City im Norden und der Grenze zu Mexiko im Süden, um sie aus nächster Nähe zu beobachten.

An einigen Stellen der Küste, wie bei **Point Reyes** nördlich von San Francisco, im **Julia Pfeiffer Burns State Park** von Big Sur oder am **Cabrillo National Monument** bei San Diego kann man die mächtigen Meeressäuger mit bloßem Auge ausmachen.

Graue Meeresriesen

Gewaltige Meeressäuger, die man vor Kaliforniens Küste häufig zu sehen bekommt, sind die zur Familie der Bartenwale gehörenden **Grauwale** (Eschrichtius robustus). Sie werden bis zu **14 m lang**, können ein Gewicht von **20–35 t** erreichen und besitzen keine Finne, haben jedoch im hinteren Teil ihres Körpers einen **Buckelkamm** ausgebildet. Ihre Haut ist meist dunkelgrau und mit helleren Flecken gesprenkelt. Im Sommer leben sie in den kühlen arktischen Gewässern vor der Küste von Alaska. Sie ernähren sich hauptsächlich von kleinen Fischen, Krebsen und anderen Meerestieren, die sie durch ihre **Barten** (vom Oberkiefer statt Zähnen herabhängende Hornplatten) aus dem Wasser und dem Schlamm am Meeresboden filtern.

Zug der Wale

Im Herbst wird es im hohen Norden dunkler, das Meerwasser immer kälter, und das Nahrungsangebot nimmt ab. Zuerst starten die schwangeren Walweibchen gen Süden, ihnen folgen einige Wochen darauf die anderen Weibchen und die paarungswilligen männlichen Tiere. Die jüngeren Wale bilden die Nachhut. Die warmen Lagunen des Golfs von Kalifornien sind die Kinderstuben der Wale. Hier werden die bis zu 4,5 m langen und etwa 600 kg schweren Kälber im Schutz der **Baja California** geboren.
Ab März geht es wieder nach Norden, erst die männlichen Tiere und die Weibchen, später die Walmütter mit ihren Kälbern. Die 10 000 km lange Wanderung nähert sich ihrem Ende – bis zum nächsten Herbst.

Sprünge und Fontänen

Auf ihrer Wanderung sind die riesigen Meeressäugetiere meist in Küstennähe unterwegs und schwimmen mit etwa 8 km/h nicht allzu schnell. Alle 4–5 Min. müssen sie auftauchen, um zu atmen. Die verbrauchte Luft wird durch die Blaslöcher ausgestoßen, zu erkennen an mehr oder weniger hohen **Fontänen**. Jetzt ist die beste Zeit, um die Tiere von Aussichtspunkten an der Küste auszumachen oder sich in einem Beobachtungsboot einer Schule von Walen zu nähern.
Wer Glück hat, sieht eines dieser massigen Tiere »**springen**«. Dabei steigen Kopf und Oberkörper des

Ein riesiger Grauwal »springt« aus dem Wasser in der Monterey Bay.

Grauwals hoch aus dem Wasser. Dann lässt er sich wieder zurückfallen und taucht in einer gleitenden Bewegung ins Meer ab.

Gefährdete Tierart

Grauwale kommen heute nur noch im **Pazifischen Ozean** vor. Hier wandert eine größere Population entlang der Westküste Nordamerikas zwischen Alaska und Baja California. Sie konnte ihre Kopfstärke in den letzten Jahren in etwa halten, gilt aber trotzdem als in ihrem Bestand gefährdet.
Schlimm sieht es bei der zweiten und kleineren Grauwal-Population im Pazifik aus, die entlang der Küste Ostasiens zwischen der Beringsee und dem Japanischen Meer wandert. Nur noch rund 200 Tiere zählend, ist sie nach Meinung von Meeresbiologen in ihrem Bestand sehr stark bedroht.
Im Atlantischen Ozean wurden Grauwale bereits im 17./18. Jh. ausgerottet.

ZIELE
SAN DIEGO

SeaWorld

Meeres-Themenpark der Superlative
Am südlichen Rand der Mission Bay liegt der Meeres-Themenpark SeaWorld. In der Kombination aus Meerwasseraquarium, Erlebnis- und Vergnügungspark zeigen Pinguine, Delfine, Seelöwen, Otter und Wale hier ihre andressierten Kunststücke. Seit einigen Jahren stellt der Meereszoo seine Bemühungen um den Schutz bedrohter Meerestiere stärker in den Vordergrund.

Parkbesucher können das Gelände per Schwebebahn besichtigen oder an einem der rasanten, oft feuchten Fahrvergnügen – »Thrill Rides« wie z. B. künstlichen Wildwasserbahnen – teilnehmen. Ein begehbarer **Acryltunnel** führt durch eine künstliche tropische Unterwasserwelt mit Haien, Rochen und vielen anderen Meeresbewohnern. Highlights von SeaWorld waren die Liveshows mit Schwertwalen (Orcas), die nach massiver Kritik von Tierschützern zugunsten von Shows mit vielen Informationen abgelöst wurden und in Zukunft eingestellt werden sollen.

500 SeaWorld Dr. | Zeiten variabel (▶ Website) | ab 65 $ (online)
https://seaworld.com/san-diego

Auch ein Juwel: Traumstrand Windandsea bei La Jolla, nördlich von San Diego

La Jolla

Schmuckkästchen an der Pazifikküste

Nördlich von San Diego schmiegt sich die gepflegte Strandsiedlung La Jolla (span. »la joya«: Juwel; sprich »la hoia«) entlang eines facettenreichen Abschnitts der Pazifikküste. Bei meist schönem warmem Wetter gedeiht fast das ganze Jahr über eine überraschend üppige Vegetation. Auch wenn La Jolla zu San Diego gehört und Sitz der **University of California at San Diego** ist, wirkt es wie eine eigenständige Gemeinde und konnte sich eine besondere Atmosphäre bewahren. Die dort aufgegebene Post wird mit »La Jolla« und nicht mit »San Diego« abgestempelt. Wegen der Universität und anderer Forschungsinstitute leben hier viele Akademiker, aber auch Künstler und Schriftsteller. Spiegel dieses regen geistigen Lebens sind zahlreiche Galerien und ein Museum für zeitgenössische Kunst.

Den Ortskern von La Jolla kann man gut zu Fuß erkunden, vor allem entlang der Girard Avenue (mit eleganten Geschäften) und der Hauptstraße Prospect Street.

»Juwel« mit eigenem Charakter

ZIELE
SAN DIEGO

Badeplätze und Tauchspots

Schöne Strände — Entlang der Küstenstraße kommt man an schönen Stränden vorbei: der kleinen Bucht **La Jolla Cove**, einem der besten Badeplätze und Tauchspots entlang der Westküste, und dem **Ellen Browning Scripps Park** etwa 30 m unterhalb der Prospect Street, von der in kleinen Abständen Treppen hinabführen.

Einblick in pazifische Unterwasserwelten

Birch Aquarium at Scripps — Amerikas ältestes und größtes Meereskunde-Institut, die **Scripps Institution of Oceanography**, unterhält ein Meerwasseraquarium mit zahlreichen Bassins, in denen Wissenschaftler die Wassertierwelt des Pazifiks studieren. Interessierte Besucher können an naturkundlichen Führungen und Bootsexkursionen teilnehmen. Die Fische in den großen Becken werden von Tauchern mit der Hand gefüttert.
2300 Expedition Way | 9–17 Uhr, Fütterungszeiten s. Website
25 $ | http://aquarium.ucsd.edu

Kaderschmiede der Biowissenschaft

Salk — Das Salk Institute for Biological Studies in einem Gebäude von Louis Kahn nördlich des Universitäts-Campus wurde vor mehr als fünf Jahrzehnten von **Dr. Jonas Salk**, dem Entdecker des Polio-Impfstoffs, gegründet. Zu seinen rund 500 Mitarbeitern zählten auch vier Nobelpreisträger, die sich um ein besseres Verständnis von Krebserkrankungen, Geburtsdefekten, Gehirnfunktionen (inkl. der Bedeutung des Alkoholismus) bemühten.
10010 N Torrey Pines Rd. (Torrey Pines Scenic Dr.) | Besichtigungen und Führungen s. Website | Führung: 15 $, Campus: frei
www.salk.edu

Sehr selten

Torrey Pines State Natural Reserve — An der Grenze von La Jolla zu Del Mar liegt das 4 km² große, vielgestaltige Torrey Pines State Natural Reserve, in dem eine der seltensten Pinienarten der Erde auf dem felsigen Untergrund der Klippen am Pazifik wächst. Außer in La Jolla gedeiht die Kiefernart **Torrey Pine** (Pinus torreyana) nur noch auf Santa Rosa Island (▶ S. 70), 31 mi/50 km südwestlich von Santa Barbara. Sie wurde 1850 von dem amerikanischen Botaniker John Torrey klassifiziert, der ein Standardwerk über die Flora Nordamerikas verfasste. Hier kann man bei entsprechendem Wetter auch Segel- und Gleitschirmflieger beobachten.
12600 North Torrey Pines Rd. | 7.15 Uhr bis Sonnenuntergang , regelmäßig geführte Wanderungen
pro Pkw 15–25 $ | https://torreypine.org

Zeitgenössische Kunst »im Umbruch«

Museum of Contemporary Art — Das Museum für zeitgenössische Kunst zeigt auf zwei Ebenen und in einem Skulpturengarten südkalifornische Kunstwerke, Minimal Art

ZIELE
SAN DIEGO

Torrey Pines State Natural Reserve: knorrige Pinien auf felsigen Klippen

und Pop Art sowie moderne Installationen. Zudem werden Wechselausstellungen veranstaltet. Das Museum ist zurzeit wegen Umbaus geschlossen. Ausstellungen finden im Ausweichquartier MCASD Downtown statt.
700 Prospect St. | www.mcasd.org
MCASD Downtown: 1100 Kettner Blvd., zw. Broadway und B St.
Do.-Sa. 10-16 Uhr | 10 $

Rund um San Diego

Mehr als eine »verborgene« Stadt
Eine gute halbe Autostunde (etwa 30 mi/48 km) nördlich von San Diego liegt **Escondido** (144 000 Einw.). Die Stadt rühmt sich eines regen kulturellen Lebens mit Museen und Konzerthallen.
Größte Attraktion von Escondido ist der Safaripark für die Großtiere des weltberühmten San Diego Zoo. Auf 7,3 km² Gelände leben bald 3000 verschiedene, darunter vom Aussterben bedrohte Tiere in naturnaher Umgebung. **Elefanten**, **Rhinozerosse**, **Zebras** und **Giraffen** traben über afrikanische Savanne und asiatische Steppe. Große und kleine Besucher werden hier auf vorbildliche Weise mit den Besonderheiten der einzelnen Tierarten vertraut gemacht. In einem Aviarium hat der kalifornische Condor einen Schutzraum

San Diego Zoo Safari Park

ZIELE
SAN DIEGO

Per Africa-Tram, Safari Truck, Jeep, auch aus Vogelperspektive auf Holzbalken balancierend oder fliegend im Heißluftballon oder Dschungel-Lift gelangen Besucher auf ihrer Safari in unterschiedlich gestaltete Lebensräume mit der jeweils typischen Tierwelt.
Auf dem Areal ist auch die größte **Boojum**-Bepflanzung (Fouquieria columnaris), eine bizarr wirkende xeromorphe Strauchart des US-amerikanischen Westens, angelegt. Im Baja Garden und Old World Succulent Garden gedeihen Sukkulenten und Kakteen, die in Baja California heimisch sind.

15500 San Pasqual Valley Rd., Escondido | ab 9 Uhr, Schließzeiten variabel | ab 62 $ | www.sdzsafaripark.org

Berühmter Apfelkuchen

Julian

Umgeben von Pferdekoppeln und Apfelplantagen erscheint das etwa eine Autostunde östlich von San Diego gelegene Städtchen Julian (1287 m; 1500 Einw.) wie das Idealbild einer ländlichen Idylle. Dabei ging es in den 1880er-Jahren beim einzigen Goldrausch in Südkalifornien auch hier hoch her.
Besucher kommen von weit her, um den berühmten Apfelkuchen zu genießen oder sich in schnuckeligen Geschäften und Boutiquen nach

Diese Gabelantilope hat genügend Auslauf im San Diego Zoo.

ZIELE
SAN FRANCISCO

originellen Geschenken und Mitbringseln umzusehen. Das alte Schulhaus stammt von 1888, der örtliche Drugstore in der Main Street hatte schon zwei Jahre früher seine Pforten geöffnet.

Das **Julian Pioneer Museum** zeigt Objekte aus der Pionierzeit, vor allem den Tagen des Goldrauschs. Wer wissen möchte, wie es in einer Goldmine aussah, kann im Rahmen einer Führung die historische Eagle & High Peak Mine erkunden.

Bei **Julian Pie Co**. und anderen Läden und Cafés gibt es den berühmten gedeckten Apfelkuchen oder nicht weniger delikat: Zimt-Eiscreme (▶ S. 250).

Julian Chamber of Commerce: 2129 Main St., Julian
Tel. 1-760-765-1857 | http://visitjulian.com
Julian Pioneer Museum: 2811 Washington St. | Do.–So. 10–16 Uhr
frei, Spende erbeten | http://julianpioneermuseum.org
Eagle & High Peak Mine: 2320 C St. | Touren 10–16/17 Uhr | 10 $
www.theeaglemining.com

★★ SAN FRANCISCO

County: San Francisco | **Höhe:** 0–282 m ü. d. M.
Einwohnerzahl: 874 000 (Großraum Bay: 8,7 Mio.)

Die aufregende Metropole an der Meerenge des Golden Gate gehört zu den faszinierendsten Sehnsuchtsorten der Welt. Überschaubar und am besten zu Fuß, mit Straßenbahn oder Cable Car zu erkunden, mit lebhaften Stadtvierteln auf 43 Hügeln und einer orangefarbigen Hängebrücke. In North Beach ist das italienische Leben zu Hause, gleich daneben liegt das quirlige Chinatown mit Restaurants und Läden, im Mission District mit farbenprächtigen Graffiti leben die meisten Latinos, in Castro konzentriert sich die größte Gemeinde von Schwulen und Lesben in den USA. Tolle Museen, exzellente Restaurants und Coffeeshops, dazu eine dynamische Musikszene prägen die Stadt, in der man auch die Nähe zur hippen Start-Up- und IT-Szene des »Silicon Valley« spürt.

Die Kultur- und Finanzmetropole in der Bay Region, in der über 8 Mio. Menschen leben, ist seit den Tagen des Goldrauschs Traumziel der Unternehmungslustigen, Glücksritter und Unangepassten, aller, die etwas bewegen oder einfach anders sein wollten. In San Francisco wurde während des **Goldrauschs** zwar kein Edelmetall in der Erde gefunden, doch mit der Beherbergung, Versorgung und Unterhal-

»If you're going to San Francisco ...«

ZIELE
SAN FRANCISCO

Ausnahmsweise nicht die Golden Gate Bridge:

tung Zehntausender ein Vermögen gemacht. Die Stadt erlebte einen Aufstieg als Versorgungszentrum und Sündenbabel. 1847 wurden erst 459 Einwohner gezählt, drei Jahre später waren es 25 000, und um die Jahrhundertwende lebten bereits 342 000 in der Stadt.

Doch es waren nicht nur Glückritter und Goldgräber aus dem Osten des Kontinents, die sich in San Francisco ansiedelten. Tausende chinesischer Bauarbeiter, die dazu beitrugen, dass die transkontinentalen Eisenbahnlinien den Westen erreichten, gründeten **Chinatown**. Über 180 000 chinesischstämmige Bürger leben heute im Großraum San Francisco.

Wie Phönix aus der Asche

Erdbeben 1906

Als am 18. April 1906 die Erde erbebte und große Teile der Stadt in Trümmer sanken, dachten nicht wenige, das jüngste Gericht sei angebrochen. Die mitten durch die Stadt verlaufende **San-Andreas-Verwerfung** hatte sich mit gewaltigem Rumpeln bemerkbar gemacht (▶ Baedeker Wissen, S. 360). Schlimmer noch als das Beben wütete das Feuer. Leckgeschlagene Gasleitungen entzündeten sich, und ein heftiger Wind fachte die Flammen an. Der Brand forderte 500 Menschenleben und zerstörte 28 000 Häuser.

Doch wie das Wappentier San Franciscos, der Vogel Phönix, sich immer wieder aus der Asche erhebt, erlebte auch die Stadt eine rasche

ZIELE
SAN FRANCISCO

Unter der Oakland Bay Bridge leuchtet San Francisco.

Wiedergeburt. Zur Panama-Pacific Exposition 1915 anlässlich des neu eröffneten Panama-Kanals im Lincoln Park, zeigte sich die Metropole am Golden Gate nur neun Jahre nach der großen Katastrophe der Welt in neuem Glanz.
Die **ethnische Vielfalt** ergänzten Zuwanderer, mexikanische Landarbeiter aus dem Süden und Afro-Amerikaner aus den Südstaaten, die in den Fabriken und auf den Werften arbeiteten.

Jenseits aller Konventionen

In den 1950er-Jahren machten intellektuelle Literaten von sich reden. Die »Beat Generation« um die Autoren Jack Kerouac, Allen Ginsberg und den Buchhändler und Dichter Lawrence Ferlinghetti schrieben vom Leben jenseits der Konventionen und provozierten mit ihren Texten das Establishment. Zehn Jahre später machten »Blumenkinder« San Francisco zum Fixpunkt ihrer Träume vom Ausstieg aus den Zwängen der bürgerlichen Gesellschaft. Der »**Summer of Love**« (▶ Baedeker Wissen, S. 276) von 1967 markierte den Höhepunkt der Hippiebewegung, der Stadtteil Haight-Ashbury war ihr Zentrum.

San Francisco gilt seit den 1970er-Jahren als Metropole für Homosexuelle beiderlei Geschlechts. Die Regenbogenfahnen der LGBTQ (Lesbian-Gay-Bisexual-Transgender-Queer)-Community flattern vor allem in Castro. Auf 15–20 % wird ihr Anteil an der Bevölkerung geschätzt, im

Beat, Hippies, Gay-Lesbian Community

Castro District sind es nach einer aktuellen Umfrage mehr als die Hälfte der Bevölkerung. Hier bilden sie nicht, wie in anderen Regionen der USA, eine diskriminierte Randgruppe, sondern gehören ganz selbstverständlich dazu. HIV und AIDS versetzten der Unbeschwertheit allerdings in den 1980er-Jahren einen schweren Schlag. Die wilden Halloween Block-Parties in Castro gibt es heute zwar nicht mehr, doch in vielen Bar Parties demonstriert die Szene Fantasie und Lebensfreude.

Traumhaft gelegen und unverändert attraktiv

Tourismus

San Francisco gehört zu den beliebtesten Reisezielen weltweit, 2018 besuchten es fast 26 Mio. Touristen, über 3 Mio. davon aus dem Ausland.
In den vergangenen Jahren hat die Zahl der Sehenswürdigkeiten noch zugenommen. **SoMa** (South of Market; ▶ S. 296), früher ein Gewerbegebiet, gehört mit Museen, Restaurants und Clubs inzwischen zu den Szenequartieren der Stadt, der **Union Square** wurde renoviert, wie auch der **Embarcadero** (▶ S. 287) entlang der Küste zur Bay. Parallel zu einer Promenade für Fußgänger und Biker befördert hier eine Straßenbahn Fahrgäste zwischen Market Street und Fisherman's Wharf.
Das frühere Militärgelände des **Presidio** (▶ S. 302) gehört mittlerweile den San Franciscans als Erholungsgebiet. Und nicht zuletzt bezaubert die traumhafte Lage am Ausgang der San Francisco Bay noch immer Bewohner und Besucher täglich aufs Neue.

SAN FRANCISCO ERLEBEN

SAN FRANCISCO VISITOR INFORMATION
Hallidie Plaza: 900 Market St.
Mo.-Fr. 9-17,
Sa., So. bis 15 Uhr,
Nov.-April So. geschl.
Macy's Union Square:
170 O'Farrell St.
Mo.-Sa. 10-21, So. 11-19 Uhr
California Welcome Center:
Pier 39, Fisherman's Wharf
9-19 Uhr
www.pier39.com/cwc
Internet: www.sftravel.com/visitor-information-center

REISEZEIT
Der Sept. ist mit 23 °C wärmster Monat, auch der Okt. ist meist schön, ebenso April und Mai. Nov.-März kann es öfter feucht werden, Juni-Aug. ist es nicht selten bedeckt, kühle Küstennebel ziehen vom Meer durch San Francisco in die Bucht. Doch oft siegt die Sonne um die Mittagszeit und vertreibt den feuchten Dunst.

ANREISE
SAN FRANCISCO INTERNATIONAL AIRPORT
Der Flughafen liegt etwa 20 km südlich der Stadt. Ein AirTrain verbindet die einzelnen Terminals mit der Flughafenstation der Schnellbahn BART,

ZIELE
SAN FRANCISCO

mit der man zügig ins Stadtzentrum gelangt (einf. Fahrt ca. 9–13 $). Shuttle-Busse und Minivans pendeln zwischen Flughafen und größeren Hotels sowie den Parkplätzen der Mietwagenfirmen (gratis oder für ein Trinkgeld).
Eine Taxifahrt vom Flughafen ins Stadtzentrum kostet 45–65 $.
Tel. 1-650-821-8211
www.flysfo.com

MIT DEM AUTO
Der US-101 überquert die Öffnung der San Francisco Bay über die berühmte Golden Gate Bridge (Maut, ▶ S. 302) und führt von Nord nach Süd durch die Stadt. Die I-5 passiert San Francisco weiter landeinwärts ebenfalls in Nord-Süd-Richtung. Die I-80 erreicht die Stadt von Osten über die Oakland Bay Bridge (Maut, ▶ S. 288).

AMTRAK-REISEZÜGE
Endstation der Amtrak-Reisezüge ist der Bahnhof am Jack London Square in Oakland. Von dort und von der Station in der Horton Street in Emeryville südlich von Berkeley fahren Shuttle-Busse weiter nach San Francisco.
Tel. 1-800-872-7245
www.amtrak.com

GREYHOUND-BUSSE
Greyhound-Bus-Station
425 Mission St. Suite 206
Tel. 1-415-495-1569
www.greyhound.com

»IF YOU'RE GOING TO SAN FRANCISCO,

... be sure to wear some flowers in your hair.
If you come to San Francisco,
Summertime will be a love-in there«.

Scott McKenzie brachte das Lebensgefühl einer Generation auf den Punkt. Zum Summer of Love strömten 1967 die Hippies in San Franciscos Stadtviertel Haight-Ashbury, probten und diskutierten neue Formen des Zusammenlebens, Drogen und freie Liebe inklusive. Die Bewegung schwappte durch die USA und in die Welt als Protest gegen die herrschende Gesellschaftsordnung.

All you need is love

Turn on, tune in, drop o
Timothy Leary

LSD

SAN FRANCISCO
Presidio
Golden Gate Park
Haight-Ashbury

Hippie-Bewegung und Pop-Kultur

- 14. Jan. **Human Be-In** in San Francisco
- Jan. **The Doors**, Debüt-Album
- Feb. **Jefferson Airplane**, 2. LP »Surrealistic Pillow«
- März **Grateful Dead**, Debüt-Album
- Mai **Scott McKenzie**, »San Francisco«
- Mai **Jimi Hendrix**, LP »Are You Experienced«

- 16.–18. Juni **Monterey Pop Festival** Teilnehmer u.a.: **The Who, Jeff. Airplane, Simon & Garfunkel, Hendrix, Janis Joplin, Eric Burdon**
- Aug. **Janis Joplin**, Debüt-Album
- März–Okt **ca. 100 000 Menschen strömen nach Haight-Ashbury** in San Francisco

Anti-Vietnam-Proteste und afro-amerikanische Bürgerrechtsbewegung

1967

- 15. Okt. 1966 **Gründung der Black Panther Party** in Oakland
- 15. April **Anti-Vietnam-Proteste** in New York City und San Francisco
- Mitte 1967 **ca. 500 000 US-Soldaten in Vietnam**
- 1. Juni **Gründung der Vietnam Veterans Against the War**
- 23.–27. Juli **Detroit Riots**, 43 Todesopfer
- 12.–17. Juli **Newark Riots**, 26 Todesopfer
- 21.–23. Okt. »**The March on the Pentagon**«

MAKE LOVE, NOT WAR

Weltgeschehen und Studentenbewegungen

1967

- 21. April **Militärputsch in Griechenland**
- 2. Juni **Anti-Schah-Proteste in Berlin**, Erschießung von **Benno Ohnesorg**
- 5.–10. Juni **Sechstagekrieg im Nahen Osten**

APO

Unter dem Pflaster liegt der Strand!

Black Power!

make love not war!

- 9. April **Uraufführung des Musicals »Hair«** in New York
- Mai **Quicksilver Messenger Service**, Debüt-Album

HAIR

- Juli **»Easy Rider«** kommt in die Kinos
- 15.–17. Aug **Woodstock Festival** Teilnehmer u.a.: **The Who, Ten Years After, Hendrix, Santana, Joplin**
- 6. Dez. **Altamont Free Concert** Teilnehmer u.a.: **The Rolling Stones, Santana**

† **Jimi Hendrix** 18. Sep. 1970
† **Janis Joplin** 4. Okt. 1970

1968

1969

- Jan. **Tet-Offensive** des Vietcong und der nordvietnamesischen Armee
- 16. März **Massaker von My Lai**
- 4. April Ermordung von **Martin Luther King**
- 5. Juni Ermordung von **Robert F. Kennedy**

- 9. Aug. Ermordung von **Sharon Tate** durch die Manson Family

NO WAR!

30. April 1975 **Ende des Vietnamkriegs**

1968

- 7. Feb. 1968 **Intern. Vietnamkongress** in Berlin
- 2. April 1968 **Kaufhausbrandstiftung** in Frankfurt (Baader, Ensslin)
- 11. April 1968 **Attentat auf Rudi Dutschke** in Berlin

- Mai 1968 **Studentenproteste in Paris**
- 21. Aug. 1968 **Niederschlagung des Prager Frühlings**

ZIELE
SAN FRANCISCO

Für mehrtägige Besuche lohnt der Kauf eines **CityPass**. Er schließt den Eintritt in mehrere Attraktionen sowie eine Bay Cruise (Bootsfahrt) ein. Ab 76 $ bzw. 56 $ (Kind, 4–11 J.) www.citypass.com

MUNI
Die SFMTA (San Francisco Municipal Transportation Agency) betreibt ein engmaschiges Netz von Straßenbahn-, Trolley- und Buslinien sowie die Cable Cars. Alle Sehenswürdigkeiten sind für wenig Geld erreichbar.
Tel. 1-415-701-2311 | www.sfmta.com

STRASSENBAHN
Die beliebten Straßenbahnen der Linie F fahren vom Castro District über Market Street und The Embarcadero zur Fisherman's Wharf. Hier verkehren ausrangierte restaurierte Triebwagen aus aller Welt.

CABLE CAR
Seit 1873 transportiert die weltberühmte Cable Car Fahrgäste auf drei Strecken in gemächlichem Tempo über die Hügel zwischen Pazifik und San Francisco Bay.

BAY AREA RAPID TRANSIT
Die moderne Schnellbahn BART (▶ Plan S. 273) verbindet San Francisco mit ▶ Oakland und anderen Vororten sowie dem Airport.
Tel. 1-510-465-2278, www.bart.gov

TAXI/UBER
An größeren Hotels findet man meist Taxis, ansonsten sollte man eines per Telefon bestellen. Ein Taxi an der Straße anzuhalten klappt selten.
Yellow Cab: https://yellowcabsf.com, Tel. 1-415-333-3333
Uber: www.uber.com/global/de/cities/san-francisco
SF Green Cab: www.greencabsf.com, Tel. 1-415-626-4733

AUTO IN DER STADT
Parkplätze sind rar und sehr teuer, Autos und Lieferwagen quälen sich mühsamst durch die oft recht engen Straßen. Wesentlich besser kommt voran, wer öffentliche Verkehrsmittel benutzt oder zu Fuß geht.

STADTRUNDFAHRTEN
49-MILE SCENIC DRIVE
Mithilfe einer Straßenkarte (Visitor Information) kann man die Stadt auf reizvoller Panoramastrecke mit dem Auto abfahren.

GRAY LINE
Rundfahrten und Ausflüge per Bus.
Tel. 1-415-353-5310
http://graylineofsanfrancisco.com

GREAT PACIFIC TOUR CO.
Lehrreich-amüsante Touren mit dem Minivan.
Tel. 1-415-626-4499
https://greatpacifictour.com

SAN FRANCISCO BAY FERRY
Diese Linie verbindet San Francisco mit Vallejo, Mare Island, Oakland, Harbor Bay und Alameda. Tickets kann man an Bord lösen.
Tel. 1-877-643-3779
http://sanfranciscobayferry.com

GOLDEN GATE FERRY SERVICE
Die Fähren pendeln zwischen dem San Francisco Ferry Bldg. (Market St.), Sausalito, Tiburon und Larkspur.
Tel. 1-415-455-2000
www.goldengate.org/ferry/schedules-maps/

BLUE & GOLD FLEET
Die Schiffe der blau-goldenen Flotte legen von Pier 41 ab nach Sausalito, Tiburon und Vallejo sowie Angel Island, Oakland/Alameda und Harbor Bay.
Tel. 1-415-705-8200
www.blueandgoldfleet.com

ZIELE
SAN FRANCISCO

ALCATRAZ CRUISES
Bietet als einziger Touren auf die einstige Gefängnisinsel an.
Tel. 1-415-981-7625
www.alcatrazcruises.com

San Franciscos Nachtleben ist elegant und trendy – und oft erfrischend unprätentiös. Über das aktuelle Wann und Wo informieren »San Francisco Weekly« (www.sfweekly.com) und die »San Francisco Arts« (https://sfarts.org).
Am meisten los ist in den Bars der Ausgehviertel rund um den Union Square, in North Beach, im Mission District, in Castro und in SoMa.

❶ THE CHAPEL
Gebaut als Kirche, heute ein Musikklub mit lokalen und überregionalen Acts unter den 12 Meter hohen Spitzbögen.
777 Valencia St.
https://thechapelsf.com

❷ COBB'S COMEDY CLUB
Hier kann man die aktuellsten Stand-Ups des Landes erleben.
915 Columbus Ave., North Beach
http://www.cobbscomedy.com

❸ WHITE RABBIT
Ungezwungene Bar im Marina District. DJs spielen Musik von Rock bis Hip-Hop.
3138 Fillmore St., Mi.–So.
www.whiterabbitsf.com

BAY CRUISE BEI SONNENUNTERGANG
Das wäre was: die Golden Gate Bridge vom Wasser aus im Licht der untergehenden Sonne. Aber wer hat schon ein Segelboot dabei? Kein Problem: Die »AdventureCat« startet täglich vom South Beach Harbor durch die San Francisco Bay. Bei der »Sunset Sail« segelt man ab 17 Uhr vorbei an Alcatraz Island zur Golden Gate Bridge. Einfach toll.
(www.adventurecat.com)

ZIELE
SAN FRANCISCO

CHINESE NEW YEAR PARADE
Die große chinesische Gemeinde der Stadt feiert das Chinesische Neujahr.
Jan./Feb.
www.chineseparade.com

INTERNATIONAL FILM FESTIVAL
Cineasten treffen sich seit rund 50 Jahren
April/Mai, www.sffilm.org

SAN FRANCISCO PRIDE
»San Francisco Lesbian, Gay, Bisexual, Transgender Pride Celebration and Parade« mit einem schrillen Umzug und diversen Musikfestivitäten.
Ende Juni, www.sfpride.org

Ebenfalls im Sommer steigen das Ashbury Haight Street Fair im früheren Hippie Viertel (www.haightashburystreetfair.org/) und das San Francisco Jazz Festival (www.sfjazz.org).

KULTURANGEBOTE
Das Kulturangebot ist riesig. Das Sinfonieorchester San Francisco Symphony (Tel. 1-415-864-6000; www.sfsymphony.org/) spielt in der Davies Symphony Hall (▶ S. 293). Das berühmte San Francisco Ballet (Tel. 1-415-865-2000; www.sfballet.org) tritt zwischen Jan. und Mai im War Memorial Opera House (▶ S. 293) auf. Hier ist auch die San Francisco Opera (https://sfopera.com/) beheimatet.
In drei Theatern der Stadt (https://www.san-francisco-theater.com/), dem Orpheum Theatre (1192 Market St., www.orpheumtheatersanfrancisco.org), dem Curran (445 Geary St.; https://sfcurran.com/) und dem Golden Gate Theatre (1 Taylor St., www.goldengatetheatresf.com) gastieren beliebte Tournee-Theatertruppen. Darüber hinaus verfügt San Francisco über eine Vielzahl von Sprech- und Musicaltheatern, darunter das A.C.T. (American Conservatory Theater; Box Office: 415 Geary St.; http://act-sf.org), das Lamplighters Music Theatre (Yerba Buena Center; http://lamplighters.org/) oder das Cowell Theater bei Fort Mason (https://fortmason.org/venue/cowell-theater/).
Einige Kinos zeigen seltene, alte oder ausländische Filme in Originalsprache, so das Castro Theatre (429 Castro St., www.castrotheatre.com), das Embarcadero Center Cinema oder das Kino im Yerba Buena Center. The Fillmore (1805 Geary Blvd.; http://thefillmore.com/) hat so manches legendäre Rockkonzert gesehen. Heute ist es wieder eine der populärsten Konzertstätten von San Francisco.

VERANSTALTUNGSTIPPS
Auf »San Francisco Weekly« (www.sfweekly.com), im »Datebook«, der Sonntagsausgabe des »San Francisco Chronicle« (https://datebook.sfchronicle.com), sowie der Webseite SFGate (www.sfgate.com) sind aktuelle Veranstaltungen aufgelistet, man muss sich nur entscheiden.

TIX BAY AREA
Reduzierte Eintrittskarten für kurzfristige, nicht ausverkaufte Aufführungen des gleichen Tages.
http://tixbayarea.org

CITY BOX OFFICE
Theater- und Veranstaltungstickets zum regulären Preis.
Tel. 1-415-392-4400, Mo.–Sa. 10–16 Uhr
www.cityboxoffice.com

In San Francisco kann man wunderbar einkaufen, in den eleganten Geschäften des Zentrums, verführeri-

ZIELE
SAN FRANCISCO

schen Shopping-Arkaden oder in den originellen Geschäften der verschiedenen Stadtteile. Rund um den Union Square im Zentrum (▶ S. 284) verliert man sich in Kaufhäusern der Edelklasse, Sportgeschäften wie Nike Town oder diversen Buchläden.
Das Embarcadero Center (▶ S. 287) mit 125 Geschäften aller Art und diversen Restaurants beim Hyatt Regency geht über drei Ebenen (http://embarcaderocenter.com/). Im Japan Center, Ecke Post/Geary St., kann man nicht nur in verschiedenen Restaurants und Sushi-Imbissen japanisch speisen, sondern vom Kimono bis zum Papierdrachen auch japanisch einkaufen (▶ S. 294).
In Chinatown ist das Angebot von chinesischen Gebrauchsartikeln, Kitsch und Kunst gewaltig. Für Second-Hand-CDs, Klamotten oder Bücher ist die Haight Street eine gute Adresse.

Auf der Fisherman's Wharf, am Pier 39 sowie in den lebhaften Einkaufszentren »Ghirardelli Square« (www.ghirardellisq.com) und »The Cannery« (2801 Leavenworth St.) findet man originelle Geschäfte mit viel Kitsch.

SAN FRANCISCO GIANTS
Touren durch das Baseball-Stadion.
AT&T Park: 24 Willie Mays Plaza Tel. 1-512-434-1542, www.mlb.com/giants, Touren (akt. Zeiten und Preise s. Website), www.mlb.com/giants/ballpark/tours

SAN FRANCISCO 49ERS
Seit Sommer 2014 spielt die berühmte Football-Mannschaft im neuen Levi's Stadium.

Schöne bunte Plastikwelt in der Chinatown von San Francisco

ZIELE
SAN FRANCISCO

ZIELE
SAN FRANCISCO

ZIELE
SAN FRANCISCO

Fisherman's Wharf – Fixpunkt für Hummer, Fisch und Meeresfrüchte

Levi's Stadium: 4900 Marie P DeBartolo Way, Santa Clara, CA 95054, Tel. 1-415-464-9377 www.49ers.com

ESCAPE FROM ALCATRAZ TRIATHLON

Alljährlich an einem Sommerwochenende (meist Juni) zieht dieses Sportereignis Zehntausende Zuschauer an. Zunächst müssen die Teilnehmer von der Insel Alcatraz zum Festland schwimmen, dann ein 18-Meilen-Radrennen absolvieren und schließlich einen 8-Meilen-Wettlauf bewältigen. www.escapealcatraztri.com

AKTIVSPORT

Der Golden Gate Park ist auf sportliche Aktivitäten aller Art eingestellt: Reiten, Golfen, Tennis, Rollschuhlaufen oder Inline Skating.

GOLDEN GATE PARK BIKE & SKATE

Verleih von Rädern, Inlinern und Rollschuhen.
3038 Fulton St. (zw. 6th u. 7th Ave.), Tel. 1-415-668-1117, http://goldengateparkbikeandskate.com

❶ GARY DANKO €€€€

Vollendete französische Kochkunst von der »Foie gras« über gefüllte Wachtel bis zum Schokoladen-Soufflé.
800 North Point St. (Fisherman's Wharf), http://garydanko.com

ZIELE
SAN FRANCISCO

❷ KOKKARI €€€€
Köstliche Mittelmeerküche mit griechischen Schwerpunkten, göttliche Desserts.
200 Jackson St.
(Financial District)
https://kokkari.com

❸ FIOR D'ITALIA €€€
Das 1886 gegründete »Fior d'Italia«, das älteste italienische Restaurant der USA, serviert klassische norditalienische Küche.
2237 Mason St. (North Beach)
www.fior.com

❹ ZUNI CAFE €€€€–€€€
Immer voll, immer gut, und das Publikum ist bunt gemischt. Die Küche bezieht Anregungen aus aller Welt, vor allem aus dem mediterranen Raum.
1658 Market St. (Civic Center)
http://zunicafe.com

❺ CHINA LIVE €€€€–€
Chinesische Gerichte und Zutaten, vom einfachen Market Restaurant mit zum Fine Dining im »8 Tables«.
644 Broadway
https://chinalivesf.com

❻ R & G LOUNGE €€
Das Restaurant ist auf traditionelle kantonesische Küche spezialisiert, die man aufs Appetitlichste serviert.
631 Kearny St.
(Chinatown)
http://rnglounge.com

❼ CAFFÈ TRIESTE €
Hier soll es den ersten Espresso an der Westküste gegeben haben. Literaten, Musiker und Normalos genießen den besten Kaffee noch immer im Geschäft der Familie Giotta, die seit über 50 Jahren italienische Kaffeespezialitäten serviert.
601 Vallejo St.
(Telegraph Hill)
http://coffee.caffetrieste.com

❽ LA TAQUERIA €
Hier gibt es die besten Tacos der Stadt, nur echt mit der Sauce »Pico de Gallo«.
2889 Mission St.
(Mission District)
Tel. 1-415-285-7117
Fr.–So. ab 11 Uhr

❶ MARK HOPKINS €€€€
Hotelklassiker aus den 1920er-Jahren, immer noch Spitze. In der Bar »Top of the Mark« kann man im 19. Stockwerk zu Barmusik mit seinem Cocktail der untergehenden Sonne zuprosten.
999 California St. (Nob Hill)
Tel. 1-415-392-3434, www.intercontinentalmarkhopkins.com

❷ TRITON €€€
Designerhotel mit individuell gestalteten Zimmern und trendiger Lobby. Nur wenige Schritte von Chinatown entfernt.
342 Grant Ave.
(Nähe Union Square)
Tel. 1-415-394-0500
www.hoteltriton.com

❸ THE KIMPTON BUCHANAN €€€
Originelles Hotel im japanischen Stil mit bestens ausgestatteten Räumlichkeiten in direkter Nachbarschaft zu Japantown und Fillmore District.
1800 Sutter St. (Japantown)
Tel. 1-415-921-4000
www.thebuchananhotel.com

❹ PHOENIX HOTEL €€€–€€
In einem ehem. »Rock ,n' Roll«-Motel eingerichtetes, sympathisches Boutique Hotel in Downtown, mit kreativem Design, Pool und stilvollem Bar-Bistro.
601 Eddy St. (Civic Center)
Tel. 1-415-776-1380
www.phoenixsf.com

Market Street · Union Square

Gegen das Raster

Market Street — Die breite Market Street, eine der wenigen das Rasternetz diagonal durchziehenden Straßen von San Francisco, bildet die Grenze zwischen dem einst heruntergekommenen Süden mit seinen breiten Straßen und dem gepflegteren Norden mit seinen engen Straßen. Links bei der Einmündung der Powell Street befindet sich die südliche **Wendeplatte** der Cable Cars (▶ Grafik S. 292).

Inoffizieller Mittelpunkt

Union Square — Der Union Square nördlich der Market Street gilt vielen als inoffizieller Mittelpunkt der Stadt. Seinen Namen erhielt er nach dem General des amerikanischen Bürgerkriegs (1861–1865), als hier Massenkundgebungen zur Unterstützung der nördlichen Unionstruppen und gegen die abtrünnigen Südstaaten stattfanden.

Hier laufen zahlreiche Verkehrslinien zusammen, liegen bedeutende Kaufhäuser und Hotels, dazu Museen und Kunstgalerien. Die wichtigsten **Theater** sind nur ein paar Schritte entfernt (in der Geary Street; ▶ S. 278). Der Südwesten des Platzes, Geary/Powell Street, gilt als die belebteste Ecke San Franciscos.

Das **Naval Monument**, eine korinthische Granitsäule mit bronzener Siegesgöttin, wurde 1903 in der Platzmitte errichtet. Es erinnert an den Sieg Admiral George Deweys in der Bucht von Manila während des kurzen Amerikanisch-Spanischen Kriegs von 1898.

Auch heutzutage ist der Union Square ein Platz für politische Kundgebungen. Nachmittags und abends treten Straßenmusiker und Breakdancer auf.

 Chinatown

Exotisch und bunt

Eine der größten Chinatowns — Beiderseits der **Grant Avenue** – zwischen Bush St. und Columbus Ave. – erstreckt sich die neben New York größte »Chinatown« außerhalb von Asien. Die chinesischstämmigen Bewohner sind Nachkommen der seit Mitte des 19. Jh.s meist als Eisenbahnbauarbeiter eingewanderten Asiaten. Mit steigender Zuwanderung aus Asien erfuhr das Viertel in den letzten Jahrzehnten einen Bevölkerungszuwachs auf über 100 000 Bewohner.

Nach Zerstörung durch das Erdbeben von 1906 wurde das Quartier ganz im chinesischen Stil schöner als vor dem Beben wieder aufgebaut und bildet inzwischen mit seinen Tempeln, Theatern, Werkstätten, Kleinbetrieben, Geschäften, Andenken- und Antiquitätenläden, Apotheken mit exotischen Arzneimitteln und Teehäusern eine der beliebtesten Sehenswürdigkeiten San Franciscos.

ZIELE
SAN FRANCISCO

Als die Chinesen kamen

Die Dauerausstellung »Chinese American: Exclusion/Inclusion« zeigt anhand von Fotografien und Dokumenten die lange und wechselvolle Geschichte der chinesischen Einwanderung vom Ende des 1800 Jh. bis heute. Wechselausstengen beleuchten das Leben der Immigranten und ihre Rolle innerhalb der amerikanischen Gesellschaft.

Chinese Historical Society Museum

965 Clay St. | Mi.–So. 11–16 Uhr | 15 $ | http://chsa.org

Der Drache grüßt

Ecke Grant Ave./Bush St. erhebt sich das Tor Chinatown Gateway, das in nostalgisch-ostasiatischer Bauweise mit Drachen und anderen Tieren verziert ist.

Chinatown Gateway

Katholische Enklave

An der Ecke Grant Ave./California St. steht die älteste katholische Kirche von San Francisco. 1854 erbaut, wurde sie durch das Erdbeben von 1906 sowie durch ein 60 Jahre später wütendes Feuer

Old St. Mary's Cathedral

Kokkari, **China Live**, **R & G Lounge**, **Caffè Trieste**
Mark Hopkins, **Triton**

1 Sun Yat-Sen-Denkmal
2 Chinese Chamber of Commerce
3 Yerba Buena Plaque
4 Chinese Newspapers
5 Chinatown Station
6 Victory Hall
7 Tien Hau Temple
8 The Great Star Theater

ZIELE
SAN FRANCISCO

Unverkennbar Chinatown

stark beschädigt, danach jedoch im alten Stil renoviert. Ursprünglich diente sie als Kathedrale, heute als Gemeindekirche.
660 California St. | Mo.-Fr. 7-16.30, Sa. 10-18, So. 8-15.30 Uhr frei, Spende erbeten | www.oldsaintmarys.org

Chinas erster Präsident

St. Mary's Square

Auf dem St. Mary's Square erhebt sich das von Rafael Bufano geschaffene **Denkmal von Sun Yat-sen**, dem ersten Präsidenten der Republik China. Anfang des 20. Jh.s verbrachte er etliche Jahre seines politischen Asyls in San Francisco

Für die Meeresgöttin

Tien Hau Temple

Im obersten Stockwerk des Hauses Nr. 125 Waverly St. (zw. Washington und Clay St.) liegt der Tien Hau (Tin How) Temple, den man besichtigen kann (variable Öffnungszeiten). Der bereits 1852 an anderer Stelle gegründete Tempel ist der taoistischen Meeresgöttin Mazu geweiht.

Erleuchtung auf dem Dach

Buddha's Universal Church

Die Buddha's Universal Church, der größte buddhistische Tempel Amerikas, wurde 1961 Ecke Washington/Kearny St. von Mitgliedern einer amerikanisierten modernen Richtung des Buddhismus errichtet. Auf dem Tempeldach wächst neben einem Lotosteich ein Bodhi-Baum,

angeblich Ableger jenes Baumes, unter dem vor mehr als 2500 Jahren der Buddha die Erleuchtung (Bodhi) erlangte.
Besichtigung: 2. u. 4. So. des Monats (Anmeldung: Tel. 1-415-982-6116) www.bucsf.com/services

Financial District

Aus der Zeit der Postkutschen
An der Montgomery Street, Hauptstraße des Bankenviertels, erhebt sich das 43-stöckige Gebäude (171 m) der **Wells Fargo Bank**. Ihr History Museum – eine von mehreren US-Dependancen – enthält eine reiche Fundgrube zur frühen Geschichte Kaliforniens von der Zeit des Goldrauschs (1848) bis zum Erdbeben (1906). Man sieht u. a. damals gemachte Goldfunde oder ein besonders schönes Exemplar einer der »Concord«-Kutschen, in denen die 1852 gegründete Wells Fargo Express Co. Passagiere und Fracht, v. a. Gold, beförderte.

Wells Fargo History Museum

420 Montgomery St. | Mo.–Fr. 9–17 Uhr, Führungen, n. V.
Tel. 1-415-396-2619 | frei | www.wellsfargohistory.com

Spitzes Wahrzeichen
Nördlich des Wells-Fargo-Bankgebäudes erhebt sich das 1972 vollendete Bürogebäude Transamerica Pyramid. Der spitz zulaufende Wolkenkratzer mit 48 Stockwerken ist ein überall in San Francisco sichtbares Wahrzeichen der Stadt.

★
Transamerica Pyramid

Nördlich hinter der spitzen Pyramide, rund um den **Jackson Square**, haben Geschäftshäuser des 19. Jh.s das Erdbeben von 1906 weitgehend überstanden und sind seit ihrer Restaurierung denkmalgeschützt.

Shopping und Vergnügen
Das südöstlich des Jackson Square zwischen Embarcadero, Battery und Clay St. gelegene Embarcadero Center ist eines der originellsten Beispiele für Stadterneuerung. Shopping und Vergnügen gehen hier eine Verbindung ein.

Embarcadero Center

Die sechs Gebäude – fünf Wolkenkratzer mit 32–42 Stockwerken sowie das 20-stöckige Hyatt Regency Hotel – entwarf Stararchitekt John Portman. Vier der Hochhäuser sind durch Fußgängerbrücken miteinander verbunden. Diese bieten Zugang zu mehr als 120 Geschäften und Lokalen. Die Plazas zwischen den Gebäuden liegen auf verschiedenen Ebenen und sind mit Skulpturen geschmückt.

Und nochmal Shopping
Bis zum Bau der San Francisco–Oakland Bay Bridge und der Golden Gate Bridge (▶ S. 300) war die Gegend um das Ferry Building Verkehrsknotenpunkt der San Francisco Bay. Täglich pendelten 170 Fähren zur anderen Seite der Bucht; inzwischen verkehren nur noch eine

Ferry Building

Handvoll Boote nach Sausalito, Larkspur und Tiburon. Das Gebäude war einst das Wahrzeichen der Stadt und erinnert mit seiner neoromanischen Fassade und dem 70 m hohen **Uhrenturm** an die Giralda, den Glockenturm der Kathedrale von Sevilla.

Feinschmecker schätzen das breite Angebot an Delikatessen des **Ferry Building Marketplace** in Innern des aufwendig renovierten Gebäudes und die zahlreichen Restaurants. Auf dem **Farmers Market** (Di., Do., Sa. vormittags) gibt es frisches Obst und Gemüse in Bio-Qualität sowie Blumen (www.ferrybuildingmarketplace.com).

Eine der längsten Stahlbetonbrücken

Bay Bridge
(▶ Abb. S 270/271)

Seit 1936 stellt die San Francisco–Oakland Bay Bridge die Verbindung mit der Ostseite der Bucht her. Sie ist mit einer Länge von 13,3 km eine der längsten Stahlbetonbrücken der Welt und besteht aus zwei miteinander verbundenen Hängebrücken auf der San-Fancisco-Seite, einem Tunnel durch die Insel Yerba Buena und einer neuen, 2013 fertiggestellten Hängebrücke auf der Oakland-Seite. Diese ersetzt die beim Loma-Prieta-Erdbeben 1989 zum Teil eingebrochene doppelstöckige Gitterträgerbrücke. Damals wurden etliche Autos unter Trümmerteilen der Brücke begraben.

Mo.–Fr. 5–10, 15–19 Uhr | Brückenmaut (nur online!): 6 $
http://baybridgeinfo.org

▍Nördlicher Innenstadtbereich

Einer der schillerndsten Stadtteile

North Beach

Nördlich von Chinatown bis zum Telegraph Hill erstreckt sich einer der schillerndsten Stadtteile San Franciscos. Ursprünglich war North Beach eine Bucht, die ab 1850 aufgeschüttet wurde. Nach dem Erdbeben von 1906 prägten italienische Einwanderer das Viertel. Inzwischen leben hier auch viele asiatische Einwanderer. Der **Washington Square** ist Zentrum von »**Little Italy**«. Einst das Rotlichtviertel der Stadt, buhlen heute Nachtclubs, Jazzlokale, Bars, Kabaretts und Theater um Aufmerksamkeit.

Bei der Beat Generation

Telegraph Hill

Am Telegraph Hill (90 m), einem der 43 Hügel San Franciscos, liegen zahlreiche Künstlerstudios und Villen wohlhabender Bürger. In den 1950er- und 1960er-Jahren war hier die Heimat von Kerouac, Ginsberg und anderen Dichtern der Beat Generation. Der vom 2021 verstorbenen Lawrence Ferlinghetti gegründete **City Lights Bookseller & Publishers** (261 Columbus Ave.) gehört zu den profiliertesten und sozialkritischsten Buchhandlungen der Stadt.

Gleich zwei Wahrzeichen auf einen Blick: Transamerica Pyramid und Coit Tower

ZIELE
SAN FRANCISCO

Coit Tower

Einer der besten Aussichtspunkte
Der 150 m über dem Meeresspiegel auf dem Gipfel des Telegraph Hill aufragende Coit Tower ist einer der besten Aussichtspunkte San Franciscos. Der Name geht auf **Lillie Coit** (1843–1929) zurück, Ehrenmitglied einer freiwilligen Feuerwehrkompanie. Sie vermachte einen großen Teil ihres Vermögens der Stadt, die den Turm zu Ehren der städtischen Feuerwehr errichten ließ.
Die **25 Wandgemälde** im Inneren wurden im Rahmen von Arbeitsbeschaffungsmaßnahmen der Roosevelt-Regierung in den 1930er-Jahren von mehr als 25 Künstlern geschaffen. Ihre sozialkritischen Aussagen zu den Auswirkungen der Großen Wirtschaftkrise führten nach Eröffnung des Coit Tower zu heftigen Kontroversen.
1 Telegraph Hill Blvd. | 10–17/18 Uhr | Aufzug/Besichtigung 10 $
http://sfrecpark.org

Lombard Street

Spektakuläre Haarnadelkurven
Ein Abschnitt der am **Russian Hill** verlaufenden »crookedest street« (kurvenreichsten Straße) schlängelt sich in zehn mit Hortensien bepflanzten Haarnadelkurven bergab. Als Motiv diverser Werbefoto-Shootings und Schauplatz von TV- und Filmproduktionen ist der dekorative Straßenabschnitt eine ungewöhnliche Touristenattraktion.

Westlich der Innenstadt

Nob Hill

Vornehm, vornehm
Der westlich von Chinatown gelegene Nob Hill, ein über 100 m hoher Hügel, auf dem vor dem Erdbeben von 1906 die Reichen wohnten, ist bis heute eine der vornehmsten Gegenden San Franciscos mit sehenswerten palastartigen Gebäuden und Hotels.
Seit Mitte des 19. Jh.s siedelten sich hier Betuchte wie Bankiers, Industrielle und Zeitungsverleger an; ihnen folgten später durch den Bahnbau neureich gewordene Millionäre wie Charles Crocker, Mark Hopkins, Leland Stanford und Collis Huntington.
Der Name »Nob« soll entweder auf einen Slang-Ausdruck für »Snob« zurückgehen oder auf »knob«, was so viel wie runder Hügel bedeutet.

Grace Cathedral

»Notre-Dame« von San Francisco
An der Westseite des Stadtwäldchens **Huntington Park** erhebt sich die aus steinähnlichem Beton 1928 im neugotischen Stil errichtete, deutlich von der Architektur der Pariser Notre-Dame beeinflusste Grace Cathedral; die Kirche ist Sitz des Bischofs der Episkopalkirche Kaliforniens. Für die Portale dienten Abgüsse von Lorenzo Ghibertis »Paradiestüren« vom Baptisterium in Florenz als Vorlage.
Im Kircheninnern befinden sich **kostbare Originale**, darunter ein katalonisches Kruzifix (13. Jh.), ein flämischer Altar (spätes 15. Jh.),

Die Linie 61 fährt die klassische Cable-Car-Strecke California Street auf und ab.

ein Brüsseler Gobelin aus Seide und Gold (16. Jh.) und ein Terrakottarelief (Mutter und Kind) des Renaissancekünstlers Antonio Rossellino.
1100 California St. | 8–18 Uhr, aktuell s. Website
frei, Spende erbeten | www.gracecathedral.org

Herz und Motor der Cable Cars
In dem nördlich der Grace Cathedral (Mason/Ecke Washington St.) errichteten Ziegelgebäude arbeitet das **Kontrollzentrum** für die drei noch bestehenden Cable-Car-Linien.
Von einer Zuschauergalerie kann man sehen, wie die Technik der **Cable Cars** funktioniert (▶ Grafik S. 292). Das Museum zeigt drei dieser »Seilwagen«, Zubehör wie Greif- und Bremsmechanismen sowie Zugseile, Gaslaternen und Warnglocken. Erfinder und Konstrukteur der Cable Cars war der in London geborene Ingenieur **Andrew S. Hallidie**, der damit den auf den steilen Straßen von San Francisco für Pferde schwierigen Lasttransport durch den Bau eines leistungsfähigeren Verkehrsmittels erleichtern wollte. Die erste Strecke wurde 1873 eröffnet. Von den acht Linien mit 180 km Gesamtlänge sind heute noch drei mit 17 km Schienenstrecke in Betrieb.
1201 Mason St. | Di.–So.10–17/18 Uhr | frei
www.cablecarmuseum.org

Cable Car Museum

ZIELE
SAN FRANCISCO

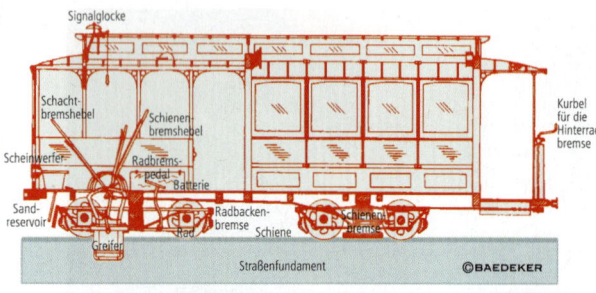
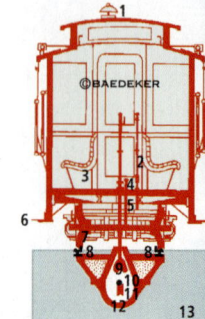

Längsschnitt CABLE CAR · FUNKTIONSWEISE

Der selbst antriebslose Kabelwagen wird mit Hilfe eines Greifers (»grip«) an ein in einem Führungskanal unter der Straßenoberfläche zwischen den Schienen verlaufendes, von einer Motorwinde im »Cable Car Barn« (Depot) in Dauerbewegung (15 km/h = 9,5 mph) gehaltenes endloses Stahlseil angehängt und bergauf gezogen (Steigung bis 21%). An den Haltestellen und bei Linienkreuzungen lässt der Greifer das Seil los, um sich bei der Weiterfahrt wieder anzuhängen. Bei Talfahrt gewährleisten vier verschiedene Bremsen die Betriebssicherheit. An den Endstationen wenden Wagenführer (»grip man«) und Schaffner (»conductor«) gemeinsam – oft unter Beteiligung der Fahrgäste – den Wagen auf einer Drehscheibe (»turntable«).

Querschnitt
1 Signalglocke
2 Handbremshebel
3 Sitzbank
4 Fußbremspedal
5 Seilgreiferhebel
6 Trittbrett
7 Rad
8 Schiene
9 Seilgreife[r]
10 Stahlseil
11 Seilrolle
12 Seilkana[l]
13 Straßenfundame[nt]

In der »Kuhsenke«

Cow Hollow   Nach dem Goldrausch war das Gebiet der jetzigen Union Street zwischen Van Ness Ave. und Presidio ein grünes Tal, das »Cow Hollow« (Kuhsenke) genannt wurde. Vor gut 100 Jahren begann man, hier zu bauen, inzwischen wurden viele der zahlreichen **viktorianischen Häuser** renoviert.

Heute gibt es in dieser Gegend mit besonderem Flair Modeboutiquen, Antiquitätengeschäfte, Galerien, Restaurants, Bars sowie Kaffeehäuser. Vor allem in dem acht Häuserblock langen Abschnitt der Union Street zwischen Van Ness Ave. und Steiner St. stehen besonders viele viktorianische Häuser.

| Civic Center und Umgebung

Kultur über alles

Civic Center   Mittelpunkt des Civic Center (mit Market St., Van Ness Ave. und McAllister St.) im Südwesten der Innenstadt ist die **Civic Center Plaza**, ein rechteckiger Platz, um den sich repräsentative Gebäude gruppieren: An der Westseite erhebt sich die 1912–1915 erbaute, der französischen Renaissance nachempfundene mächtige **City Hall.** Über ihrem Innenhof wölbt sich eine mächtige Kuppel (92 m), die selbst das Capitol in Washington, D. C., um einige Meter überragt.

Das **Asian Art Museum** ist in dem komplett restaurierten Beaux-Arts-Gebäude der ehem. Zentralbibliothek San Franciscos zu Hause. Mit gut 15 000 Exponaten gehört es zu den umfangreichsten Sammlungen asiatischer Kunst außerhalb Asiens mit Malereien, Zeichnungen, Skulpturen und Schnitzereien aus etwa 6000 Jahren. Wechselnde Sonderausstellungen richten den Blick auf Regionen wie Tibet oder Nepal. Zu den besonderen Schätzen gehören chinesische Jadefiguren sowie eine Sammlung kambodschanischer Buddhas und japanischer Keramik.

An der Südseite der Civic Center Plaza steht mit dem 1915 für die Panama-Pacific Exposition entworfenen **Bill Graham Civic Auditorium** das älteste Gebäude des Civic Center, das heute für verschiedene Veranstaltungen genutzt wird.

Das **War Memorial Opera House** beim Civic Center ist seit Eröffnung 1932 Sitz der San Francisco Opera (▶ S. 278). Hier wurde am 26. Juni 1945 die Charta der der Vereinten Nationen (UNO) von den Vertretern der Teilnehmerstaaten unterzeichnet. An dieses Ereignis erinnert die **United Nations Plaza**.

Das Sinfonieorchester von San Francisco ist in dem gegenüber errichteten modernen Gebäude der **Louise M. Davies Symphony Hall** zu Hause.

Asian Art Museum: 200 Larkin St. | Fr.-Mo. 10-17, Do. bis 20 Uhr
15-25 $ | www.asianart.org
San Francisco War Memorial & Performing Arts Center: Führungen ab Davies Symphony Hall, Eing. Grove St., Audiotouren möglich
https://sfwarmemorial.org

Ganz ohne Säulen

Die auf dem Cathedral Hill nordwestlich des Civic Center gelegene, 1962 errichtete Kathedrale hat ein säulenloses Kirchenschiff mit einer 60 m hohen Kuppel und zwei großen, gläsernen Fensterbändern die nach oben zu einem bunten Kreuz zusammenlaufen. Die vier Fenster in der Kuppel symbolisieren Feuer (Westen), Luft (Norden), Wasser (Osten) und Erde (Süden).

Cathedral of Saint Mary of the Assumption

1111 Gough St./Ecke Geary St. | 8.30-17 Uhr, Führungen s. Website
frei, Spende erbeten | http://smcsf.org

Japantown (Plan ▶ S. 281)

Japan im Kleinen

Westlich der Kathedrale erstreckt sich zwischen Geary Boulevard und Post Street sowie Fillmore und Laguna Street Japantown (jap. »Nihonmachi«), Zentrum der über 11 000 japanischstämmigen Bürger San Franciscos. Die ersten Japaner trafen bereits vor 120 Jahren in der Stadt ein, doch erst nach dem verheerenden Erdbeben von 1906 lie-

Nihonmachi

ßen sie sich im Gebiet der heutigen Japantown nieder. Im Zweiten Weltkrieg wurden die meisten Japaner und japanischstämmige Amerikaner (»Nisei«) zwangsinterniert.

Kunst, Kulinarisches und Shopping

Japan Center Malls — Das Zentrum der sich über eine Fläche von 2 ha erstreckende Japan Town mit Japan-Center umfasst ein 14-stöckiges Hotel in japanischem Ambiente, ein Theater, Tempel und Schreine, mehrere Restaurants und Teehäuser, Kunstausstellungen, vor allem jedoch zahlreiche Geschäfte mit Importwaren aus Japan.

1737 Post St. (West Mall), 22 Peace Plaza (East Mall) variable Öffnungszeiten | frei | www.sfjapantown.org

Frieden im Herzen des Viertels

Peace Plaza — Auf der durch das »**Romon**« (Tor) zugänglichen Peace Plaza mit japanischen Gärten erhebt sich die sehenswerte fünfstöckige **Peace Pagoda** (Friedenspagode), ein Geschenk Japans als Symbol der Freundschaft. Jedes Frühjahr wird hier, wie auch im Japanese Garden des Golden Gate Park (▶ S. 305), das **Kirschblütenfest** (Sakura Matsuri) gefeiert.

https://sfcherryblossom.org/

Hafenviertel

Noch ein bisschen Hafenatmosphäre

Fisherman's Wharf — Die renovierten Piers und die Uferstraße **Embarcadero** enden an Fisherman's Wharf, früher Hafen von einigen Dutzend Fischerbooten an der North Waterfront. Inzwischen hat sich das Areal in ein touristisches Vergnügungs- und Shoppingzentrum mit zahllosen Geschäften und Restaurants verwandelt.

Noch heute beliefern einige Dutzend Fischer frühmorgens die Fischrestaurants mit Krebsen und Krabben. Neben wenigen Fischerbooten haben Freizeitkapitäne ihre gut 300 Schiffe in zwei Marinas vertäut.

Mit »The Cannery«, »Anchorage Square« und »Ghirardelli Square« liegen noch drei verführerische Einkaufszentren mit Live-Musik und entspannter Atmosphäre ganz in der Nähe, die es schwer machen, kein Geld auszugeben.

Ein Muss für Cartoon- und Comic-Fans

Cartoon Art Museum — Die Peanuts und andere Cartoons und Comic Strips der letzten Jahrzehnte, häufig mit Originalzeichnungen, sind vis-à-vis des Einkaufszentrums Ghirardelli Square zu sehen. Gezeigt werden auch rare Arbeiten aus der späten 1960er-Hippie-Szene und Vorarbeiten zu Animationsfilmen.

781 Beach St. | Do.–Di. 11–17 Uhr | 10 $ | www.cartoonart.org

ZIELE
SAN FRANCISCO

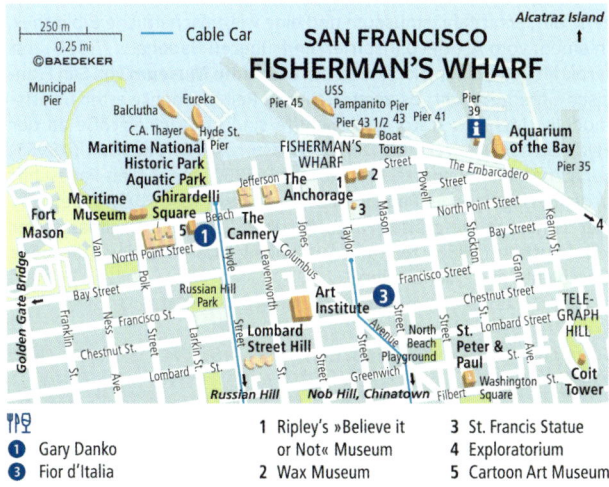

① Gary Danko	1 Ripley's »Believe it or Not« Museum
③ Fior d'Italia	2 Wax Museum
	3 St. Francis Statue
	4 Exploratorium
	5 Cartoon Art Museum

Coole Seelöwen

Die längst stillgelegte frühere Pier 39 ist mit einem Einkaufs- und Unterhaltungskomplex von etwa 130 Geschäften und zahlreichen Restaurants zu neuem Leben erwacht. Die 300 m lange Pier wurde dazu vollständig umgebaut. Auch das **Aquarium of the Bay** mit Haien, Stören, Rochen, Aalen und 20 000 weiteren Meeresbewohnern hat hier ein Zuhause gefunden. Seit rund 30 Jahren haben mehrere Dutzend **Seelöwen** die im Wasser direkt neben der Pier dümpelnden Pontons für sich erobert.

Pier 39

Aquarium of the Bay: Pier 39 | 11-18 Uhr | 20-30 $
www.aquariumofthebay.org
Pier 39: www.pier39.com, Webcam: www.pier39.com/sealions

Mitmach-Museum

Auf Pier 15 wurde eine spannende Ausstellung zu Naturwissenschaften in einem ehem. Lagerschuppen eingerichtet. Gut 600 Experimente und interaktive Exponate laden Besucher zum Berühren und Ausprobieren ein. In den Kammern eines »**Tactile Dome**« gibt es keine rechten Winkel. Man kann sich in den stockdunklen Räumlichkeiten nur tastend und auf Geräusche achtend orientieren.

★
Exploratorium

Pier 15, The Embarcadero | Mi.-Sa.10-17, So. 12-17, Do. bis 22 Uhr
20-30 $ | www.exploratorium.edu

Rund um die Seefahrt

Der National Historical Park westlich von Fisherman's Wharf, Museum und Gedenkstätte, umfasst eine historische Schiffsflotte, Besucher-

San Francisco Maritime National Historical Park

ZIELE
SAN FRANCISCO

zentrum, Schifffahrtsmuseum und eine wissenschaftliche Bibliothek In einem vom Art déco inspirierten früheren Badehaus (1939) mit farbkräftigen Wandmalereien ist das **Maritime Museum** von San Francisco untergebracht. Es zeigt u. a. eine Reihe sehenswerter Schiffsmodelle. Mehrere historische Schiffe sind in Originalgröße an der Hyde Street Pier vertäut. Der Dreimaster »**C. A. Thayer**« (1895), zunächst Holztransportschiff, diente bis 1950 als Kabeljau-Fangschiff in der Bering-See. Der Raddampfer »**Eureka**« (1890–1957 in Betrieb) war seinerzeit die größte Fähre der Welt. Auf dem Dreimastsegler »**Balclutha**« (1886) zeigt die Ausstellung »Cargo is king« die lange Geschichte des Frachtseglers.

Visitor Center: 499 Jefferson St./Ecke Hyde St. | Öffnungszeiten s. Website | www.nps.gov/safr
Maritime Museum: 900 Beach St./Ecke Polk St. | Mi.–So. 10–16 Uhr 15 $

Kultur in der Kaserne

Fort Mason

Gleich hinter der Marina des Maritime Historical Park zeigt das **Fort Mason Center for Arts & Culture** (FMCAC) wechselnde Kunstausstellungen und bietet Kulturveranstaltungen aller Art eine Bühne.
2 Marina Blvd., Landmark Bldg. C, Suite 200 | Mo.–Fr. 9–17 Uhr (und zu Veranstaltungen mit Eintritt) | https://fortmason.org

SoMa und Castro District (Plan ▶ S. 281)

Schwer angesagt

South of Market (SoMa)

»SoMa« nennt sich das Stadtviertel südlich der Market Street. Das einst leicht schmuddelige Quartier mit Lager- und Gewerbegebäuden ist inzwischen hoch im Kurs, angesagte Hotels, Restaurants und Bars nahmen dramatisch zu, Multimedia-Unternehmen machten sich breit. Und mit dem SFMOMA, dem Parkgebiet **Yerba Buena Gardens** (mit Konzerten und Freilichtveranstaltungen) sowie dem angrenzenden **Yerba Buena Center for the Arts** (Ausstellungen, Kino und Theatersaal; www.ybca.org) ist zudem Kultur in das weitläufige, noch immer gemischte Gewerbegebiet eingekehrt.

Hochkarätig

San Francisco Museum of Modern Art (SFMOMA)

Der vom Tessiner Stararchitekten **Mario Botta** gestaltete rote Backsteinbau des SFMOMA wurden zu einem modernen Wahrzeichen der Stadt. Charakteristisch ist der angeschnittene zylinderförmige Lichtschacht aus schwarz und silbergrau gestreiftem Granit. 2016 wurde ein zehnstöckiger imposanter, vom norwegischen Architekturbüro Snøhetta entworfener Erweiterungsbau eröffnet.

Das Museum zeigt auf sieben Ebenen eine Auswahl seiner außergewöhnlich reichen und vielschichtigen Sammlung **moderner und**

BAEDEKER ÜBERRASCHENDES

5x UNTERSCHÄTZT

Genau hinsehen, nicht daran vorbeigehen, einfach probieren!

1. WUNDERBARE WEINE

Wer im Sonoma Valley unterwegs ist, kann ins nördlichere Weinanbaugebiet an der Mendocino Coast weiterfahren. Im **Anderson Valley** (www.avwines.com) wachsen v. a. wunderbare Weißweine. (▶ **S. 27**)

2. KREATIVVIERTEL

Das einst unansehnliche Gewerbegebiet war nicht gerade die Schokoladenseite San Franciscos. Inzwischen entwickelte sich **SoMa** zum Szenequartier, in dem es außer den Riesenskulpturen an der Bay-Promenade und dem Kunsttempel SFMOMA vieles zu entdecken gibt. (▶ **S. 296**)

3. KLANG-KUNST

Die »Wellen-Orgel« (Wave Organ) kennen selbst viele Einheimische nicht. Wer bei Flut auf die kleine Landzunge geht, die den **Golden Gate Yacht Club** von der Bay abschirmt, entdeckt eine Steinskulpur in der 25 unterschiedlich hoch angebrachten Orgelpfeifen versteckt sind, in die je nach Gezeitenstand, das Wasser einströmt und leise Töne erzeugt (www.exploratorium.edu/visit/wave-organ). (▶ **S. 295**)

4. INTERESSANTE SZENE

Die drittgrößte Stadt Kaliforniens und »Hauptstadt des Silicon Valley«, lag immer im Schatten San Franciscos. Dabei entwickelte sich in **San José** in den letzten Jahren eine interessante Szene – mit Kultur, Restaurants und Shopping-Gelegenheiten. (▶ **S. 309**)

5. HIPPIE-ENKLAVE

Das Örtchen **Bolinas** (900 Einw.) an der Südspitze der Halbinsel Point Reyes kapselt sich bewusst vom Tourismus ab und zelebriert eigenwillig bis heute die Schwingungen der Hippie-Ära (http://bocenter.org). (▶ **S. 221**)

zeitgenössischer Kunst: Malerei, Skulpturen, kinetische Installationen, Fotografien und Design-Objekte. Das Spektrum ausgestellter Künstler reicht von Diego Rivera und Marcel Duchamp bis zu Alfred Stieglitz und Agnes Martin. Auch deutsche Kunst ab etwa 1960 ist u. a. mit Gerhard Richter vertreten. Im ohne Eintritt zugänglichen Parterre und der ersten Etage beeindrucken ein Mobile von Alexander Calder oder der metallene Irrgarten »Sequenze« von Richard Serra aus San Francisco.
Das Museum verfügt über eine **Fotosammlung** von 12 000 Arbeiten, darunter Werke von Ansel Adams und Henri Cartier-Bresson.
151 3rd St. | Fr.–Mo. 10-17, Do. 13-20 Uhr | 19-25 $
www.sfmoma.org

Gay Capital

Castro District — Fährt man die Market Street weiter nach Südwesten, erreicht man den Castro District, Kapitale der LGBTQ-Community von San Francisco, mit Dutzenden einschlägiger Bars, Restaurants und Geschäfte. Die riesige Regenbogenflagge, Symbol der Bewegung, flattert an der **Harvey Milk Plaza** im Zentrum des Viertels.

Im Castro District leuchtet selbst der Fußgängerüberweg in Regenbogenfarben.

Wunderbarer Filmpalast
Das Castro Theatre, ein historischer Kinopalast von 1922, besitzt eine mächtige **Wurlitzer-Orgel** und bietet Abendvorstellungen und Matinees mit Filmklassikern.   *Castro Theatre*
429 Castro St., | Tickets ab 13 $ | Tel. 1-415-336-5635
www.castrotheatre.com

Mission District

Farbenprächtige Wandmalereien
Im Mission District südlich des Castro-Viertels, vor allem in der kleinen **Balmy Alley**, fallen die kleinen und großen Wandbilder ins Auge. Die »Murals« schmücken, wie beim **Women's Building** (Ecke 18th St./Lapidge St.) zuweilen die gesamte Hausfassade mit farbenprächtigen Wandmalereien.   *Murals*

Ein wenig Spanisch hilft
Die Kreuzung von Mission St. und 24th St. bildet das Epi-Zentrum des »Barrio Mexicano« von San Francisco. Im Mission District sind die meisten Latinos der Stadt zu Hause. Mexican Street Food wird aus **Food Trucks** verkauft, in den Schaufenstern überwiegen Schilder in spanischer Sprache.   *Barrio Mexicano*

Unschuldige Opfer
Seinen Namen hat das Viertel von einem der ältesten Gebäude der Stadt, der Mission San Francisco de Asis, meist kurz Mission Dolores genannt. Sie wurde 1776 von Pater **Junípero Serra** als sechste von 21 Missionsstationen eingeweiht.   *Mission San Francisco de Asis*
Das gedrungene, weiß getünchte Kirchlein besitzt einen schönen Barockaltar. Auf dem Friedhof der Mission liegen über 5000 Ureinwohner, viele Opfer der von den Europäern eingeschleppten ansteckenden Krankheiten, sowie frühe Siedler und Pioniere begraben.
3321 16th St./Ecke Dolores St. | Touren Di.–So. 9–16 Uhr | 7 $
www.missiondolores.org

Golden Gate Bridge, Presidio und Nordwesten

Und wieder Hitchcock
Der Säulenbau, dekoratives Überbleibsel der großen Panama-Pacific Exposition von 1915 am Rand des Marina District, diente oft als Filmkulisse (u.a. für Hitchcocks »Vertigo«, 1958). Nach einer langen, wechselvollen Geschichte ist heute ein Theater mit knapp 1000 Plätzen darin untergebracht.   *Palace of Fine Arts*
3301 Lyon St | https://palaceoffinearts.org

GOLDEN GATE BRIDGE

Die Golden Gate Bridge, die 2017 ihr 80-jähriges Jubiläum feiern konnte, überbrückt die »Golden Gate« (Goldenes Tor) genannte Meerenge zwischen der Halbinsel von San Francisco und der gegenüberliegenden Marin Peninsula. Sie ist eine der längsten und schönsten Hängebrücken der Welt und das bekannteste Wahrzeichen der Stadt. Jährlich pilgern rund 10 Mio. Touristen dorthin, und gut 112 000 Autos überqueren die Brücke täglich.

❶ Maße
Die Gesamtlänge der abends angestrahlten Brücke beträgt 2,7 km, ihre Höhe 67 m über Mittelwasser, die der Pfeiler 227 m, die Spannweite 1280 m.

❷ Pfeiler
Während der Bauarbeiten schützte ein 47 m hoher Betonmantel die Basis jedes der Pfeiler vor den Gezeiten. Das Wasser wurde abgepumpt, um einen wasserfreien Hohlraum zu schaffen. Die Stützpfeiler, die je einen 21 500 t schweren Turm tragen, müssen einen Gezeitendruck von knapp 100 km/h aushalten.

❸ Pfeilerfundamente
Die abgestuften Pfeilerfundamente sind 20 m mächtig und wurden 345 m von der Küste etwa 30 m tief ins Meer eingelassen. Der für den Bau in Stützpfeiler und Verankerungen gegossene Beton würde für einen 1,5 m breiten, 4000 km langen Weg reichen, etwa von New York bis San Francisco.

❹ Fahrbahn
Die stahlverstärkte Betonfahrbahn 67 m über dem Wasserspiegel des hier 97 m tiefen Meeres wurde gleichzeitig von beiden Pfeilern aus gebaut, um den Zug auf die Stahlseile der Hängekonstruktion gleichmäßig zu verteilen.

ZIELE
SAN FRANCISCO

Aus dem Nebel taucht die Golden Gate Bridge auf, einst längste Hängebrücke der Welt.

Golden Gate Bridge

Architektentraum und Sehnsuchtsort
Der Bau der weltberühmten Golden Gate Bridge (▶ Baedeker Wissen, S. 300) erwies sich wegen der starken Gezeitenströme als äußerst schwierig, doch nach vierjähriger Bauzeit wurde am 28. Mai 1937 die vom Architekten J. B. Strauss aus Cincinnati konstruierte, damals längste Hängebrücke der Welt eingeweiht. Ein Joseph-Strauss-Denkmal steht am südlichen Brückenende.
Welcome Center: am Südende der Bücke | 9–16 Uhr
Brückenmaut (nur für die Überquerung nach Süden): Pkw/Motorrad 8 $ + 8 $ für jede weitere Achse (elektr./online; Barzahlung nur im Bay Area Metro Center, The Hub, 375 Beale St.) | Info für Fahrten mit einem Mietwagen: www.goldengate.org/bridge/tolls-payment/rental-vehicles/rental-toll-programs

Fort Point

Friedliche Umnutzung
Das Fort unterhalb der Brücke wurde 1853–1861 zur Abwehr von Angriffen auf die Stadt errichtet. Während des Baus der Golden Gate Bridge diente es als Bauhütte. Heute kann es besichtigt werden.
www.nps.gov/fopo

Presidio

Landschafts- und Erholungspark
Das Gelände südlich der Golden Gate Bridge ist Teil der von der US-Nationalparkverwaltung betreuten Golden Gate National Recreation Area und untersteht nicht der Stadtverwaltung. Ab 1776 hatte es 218 Jahre erst den Spaniern, dann den USA als Militärgelände gedient

(ein Militärfriedhof ist noch vorhanden). Den Presidio Park durchziehen schöne **Wander- und Radwege**.
Das von der Disney-Familienstiftung finanzierte, in einem ehem. Kasernengebäude auf dem Presidio-Gelände untergebrachte **Walt Disney Family Museum** widmet sich den von Walt Disney geschaffenen Figuren und seiner Biografie – ohne virtuelle Welten und 3D-Effekte.
Presidio Visitor Center: 210 Lincoln Blvd. | 10–17 Uhr | frei
www.nps.gov/prsf
Walt Disney Family Museum: 104 Montgomery St. | Do.-So. 10-17 Uhr
25 $ | http://waltdisney.org

Pariser Vorbild

Der neoklassizistische Bau, eine Nachbildung des Pariser Palais de la Légion d'Honneur, liegt malerisch auf einer Erhebung im grünen **Lincoln Park** im äußersten Nordwesten San Franciscos. Er wurde 1915 als französischer Pavillon für die Panama-Pacific Exposition errichtet und ehrt die im Ersten Weltkrieg in Frankreich gefallenen kalifornischen US-Soldaten.

Legion of Honor Museum

Die mehrere Zehntausend Exponate umfassende Museumssammlung zeigt europäische Kunst der letzten acht Jahrhunderte, darunter Werke von El Greco, Monet, Rembrandt, Renoir, Goya und Picasso.
Glanzlicht im Skulpturenpark ist die Kollektion von mehr als 70 Arbeiten des französischen Bildhauers Auguste Rodin, unter ihnen eine Monumentalversion des berühmten »Denkers«.
100 34th Ave., Lincoln Park | Di.-So. 9.30-17.15 Uhr
15 $, unter 17 J. frei | http://legionofhonor.famsf.org

★★ Golden Gate Park

Bisons in der Stadt

Im Nordwesten San Franciscos erstreckt sich ein 5 km langer und 800 m breiter grüner Streifen. Der Golden Gate Park ist der größte Park der Stadt. 1887 vom schottischen Landschaftsgärtner John McLaren auf kahlem Sanddünengelände angelegt, gehört er mit mehreren Seen und Teichen sowie 5000 Pflanzenarten gleichzeitig zu den schönsten Gartenanlagen der USA. Hier werden auch Hirsche und eine Bisonherde in Gehegen gehalten. Zahlreiche **Themengärten** und Museen ergänzen das reiche Freizeitangebot.

Größter Park der Stadt

Naturkunde spektakulär

Der 2008 eröffnete nachhaltige Neubau der Academy of Sciences im Nordosten wurde vom italienischen Stararchitekten Renzo Piano entworfen. Ein Highlight ist das **lebende Dach**, bepflanzt mit immergrünen und saisonal blühenden Pflanzen.

California Academy of Sciences

ZIELE
SAN FRANCISCO

Im Inneren kann man auf Stelzenwegen durch einen tropischen Regenwald wandern, in dem Orchideen blühen und Kolibris durch die Luft schwirren. Das integrierte **Steinhart Aquarium** zeigt in einem gigantischen Tank das Unterwasserleben in einem tropischen Korallenriff.
Das **Morrison Planetarium** eröffnet mit Hilfe von NASA-Programmen Ausblicke in den Weltraum.
55 Music Concourse Dr. | Mo.–Sa. 9.30–17, So. 11–17, Do. bis 22 Uhr | ca. 40 $ | www.calacademy.org

★ M. H. de Young Memorial Museum

Die Kunst Amerikas
Die Galerien des 2005 eröffneten »De Young« zeigen amerikanische Kunst vom 17. bis 20. Jh. sowie Volkskunst aus Afrika, Amerika und Asien. Sehenswert sind die Sammlungen zu Hochkulturen Mittelamerikas sowie Kollektion von Textilien, Geweben und Wandteppichen.
Der üppige Baumbestand des Golden Gate Parks inspirierte die Schweizer Architekten Herzog & de Meuron zur Fassade ihres Museumsbaus: Überwiegend durchbrochene Kupferplatten sollen nicht nur mit der Zeit ergrünen, sondern filtern das Licht wie ein Blätterdach.
Über dem Kunstmuseum erhebt sich ein siebenstöckiger Turm, von dessen voll verglastem Aussichtsgeschoss man einen fantastischen Blick über große Teile der Bay Area genießt.
50 Hagiwara Tea Garden Dr. | Di.–So. 9.30–17.15 Uhr | 15 $, allgm. Ausstellung ab 16.30 Uhr kostenlos | https://deyoung.famsf.org

- **A** Rose Garden
- **B** Music Concourse
- **C** John McLaren Memorial Rhododendron Dell
- **D** Fuchsia Garden
- **E** Horseshoe Courts
- **F** Tennis Courts
- **G** Bowling Green
- **H** Children's Playground
- **1** Dutch Windmill
- **2** Golf Clubhouse
- **3** Model Yacht Club
- **4** Riding Academy
- **5** Anglers Lodge

ZIELE
SAN FRANCISCO

Fernöstliches

Südwestlich des »De Young« lädt der wunderschön gestaltete Japanese Tea Garden mit geschwungenen Holzbrücken, kleinen Wasserfällen, bunter Pagode und Teehaus zum Besuch ein. Besonders reizvoll ist der Aufenthalt während der **Kirschblüte** (Sakura Matsuri) ab Anfang April (▶ S. 294). Gegenüber liegt das **Strybing Arboretum** mit rund 7000 verschiedenen Pflanzenarten, vor allem Büsche und Bäume aus Asien.

Japanese Tea Garden

Teegarten: 75 Hagiwara Tea Garden Dr. | Winter 9-16.45, Sommer bis 17.45 Uhr | 10/12 $; frei: Mo., Mi., Fr. 9-10 Uhr
http://japaneseteagardensf.com
Strybing Arboretum: 1199 9th Ave | variable Öffnungszeiten ab 7.30 Uhr
7 $ | https://goldengatepark.com

Viktorianisches Gewächshaus

Im Nordosten des Parks liegt das große Gewächshaus im viktorianischen Stil. Seine Pflanzen stammen hauptsächlich aus Südamerika und von den pazifischen Inseln. Das älteste Gebäude des Parks (National Register of Historic Places) wurde zerlegt aus England hierher transportiert und wieder aufgebaut (1897). Neben tropischen Gewächsen, Orchideen und Farnen sind Wechselausstellungen zu botanischen Themen zu sehen.

Conservatory of Flowers

100 John F. Kennedy Dr. | Di.-So. 10-16.30 Uhr
10 $; 1. Di. im Monat frei | www.conservatoryofflowers.org

- 6 Baseball Diamond
- 7 Portals of the Past
- 8 Prayerbook Cross
- 9 Boat House/Boat Rentals
- 10 Pioneer Log Cabin
- 11 Japanese Tea Garden
- 12 Helen Crocker Russell Library
- 13 County Fair Building mit Hall of Flowers
- 14 McLaren Lodge
- 15 Park Headquarters
- 16 Basketball Pavillion
- 17 AIDS Memorial Grove

Inseln in der San Francisco Bay

Alcatraz Island

Pelikane und schwere Jungs
Heute gehört »The Rock« zu den beliebtesten Besichtigungszielen San Franciscos. Die kleine, bis zu 41 m aufragende Felseninsel wurde von ihrem ersten spanischen Besucher **Isla de los Alcatraces** (Pelikaninsel) genannt, da auf dem rauen Sandsteinbrocken diverse braune Pelikane nisten. Als während des kalifornischen Goldrauschs die Zahl der Schiffe in der nebligen Bucht stark anstieg, wurde 1853 auf der Insel ein Leuchtturm aufgerichtet und eine Befestigungsanlage erbaut, die zur Zeit des Bürgerkriegs (1861–1865) als Militärgefängnis diente.

Im späteren **Hochsicherheitsgefängnis** auf der Insel saßen berühmt-berüchtigte Verbrecher ihre Strafe ab. Nur dreien gelang ein Ausbruch, doch wahrscheinlich ertranken sie im eiskalten Wasser der Bay. In rund drei Jahrzehnten (1933–1963) saßen insgesamt etwa 1600 Häftlinge ein, nie mehr als 250 gleichzeitig. Zu den bekanntesten gehörten Al Capone, »Machine Gun« Kelly und Robert Stroud, der »Vogel-

HOFFNUNG UND VERZWEIFLUNG
Wie müssen sich die Immigranten gefühlt haben, die vor gut 100 Jahren nach einer dreiwöchigen Seereise oft noch monatelang auf Angel Island ausharren mussten? Übermalte Wandinschriften, einige gezeichnet, andere eingeritzt und viele von ihnen erst in der letzten Zeit wiederhergestellt, offenbaren Hoffnung und Verzweiflung der Menschen.

mann von Alcatraz« (verfilmt als »Der Gefangene von Alcatraz« mit Burt Lancaster, 1962). Nach Schließung des Zuchthauses kümmerte sich lange niemand um die Insel, inzwischen betreut die Nationalparkverwaltung die einst berüchtigte Anlage.
Fähre ab Pier 33 (Fisherman's Wharf) | Tel. 1-415-981-7625
9–18.15/20.30 Uhr | Ticket 41 $ (frühzeitige Reservierung!)
www.alcatrazcruises.com, www.nps.gov/alca

»Ellis Island of the West«

Die größte Insel in der San Francisco Bay (3 km², 0–240 m ü. d. M.) ist heute Naherholungsgebiet mit Wander- und Radwegen. Einst galt die **Quarantänestation** für Einwanderer aus Asien als »Ellis Island of the West«, war Militärstützpunkt und auch Gefängnisinsel wie das nicht weit entfernte Alcatraz. — Angel Island

Angel Island Conservancy Visitor Information:
http://angelisland.org
Golden Gate Ferry: Fähre ab Ferry Building Terminal, Gate B
Tel. 1-415-455-2000 | 7/14 $ (einfach)
www.goldengate.org/ferry/angel-island-ferry
Angel Island Tiburon Ferry: 21 Main St., Tiburon
Tel. 1-415-435-2131 | 15 $ (hin u. zurück) | http://angelislandferry.com

Nördlich der Bay Bridge

Paradies für Touristen und arrivierte Aussteiger

Das ehem. Fischerdorf (7100 Einw.) an der San Francisco Bay am Nordende der Golden Gate Bridge mit engen, verwinkelten, teils durch Holztreppen miteinander verbundenen Straßen ist ein beliebtes Ausflugsziel, in dem viele gut verdienende San-Francisco-Pendler leben. Auch Kunstschaffende stellen ihre Arbeiten in den hiesigen Galerien aus. — Sausalito

Die bunte **Kolonie von Hausbooten** am Hafen erinnert an die Lebenskünstler, die den Ort in der Flower-Power-Zeit der 1960er-Jahre, entdeckten. Wie ihre ursprünglichen Bewohner sind auch sie in die Jahre gekommen und weniger von Aussteigern als von Arrivierten bewohnt. Doch selbst die inzwischen komfortablen Wasserresidenzen verströmen noch Bohème-Charme, der sich mit der maritimen Atmosphäre Sausalitos mischt.

Von Sausalito aus hat man einen bezaubernden **Blick auf San Francisco**, v. a. wenn dichter Nebel die Großstadt in den frühen Morgenstunden umhüllt und bestenfalls die Spitzen der Wolkenkratzer zu sehen sind, während in Sausalito selbst die Sonne vom Himmel lacht.

Visitor Information Kiosk: 22 El Portal Ave., am Ferry Pier
Tel. 1-415-331-7762 | https://visitsausalito.org
Fähren von/nach San Francisco: Blue & Gold Fleet und Golden Gate Ferry Service (▶ S. 276)

Was man aus und mit Hausbooten so alles machen kann – Sausalito zeigt es.

Muir Woods National Monument

Wald aus Küstenmammutbäumen
Der nach **John Muir**, dem Naturforscher und Gründer des Sierra Clubs (▶ Interessante Menschen), benannten Wald aus Küstenmammutbäumen erstreckt sich wenige Kilometer nördlich der Golden Gate Bridge. An den nach Südwesten ausgerichteten Hängen und Vorbergen des **Mount Tamalpais** (784 m) gedeihen zahlreiche Mammutbäume (▶ Baedeker Wissen, S. 336). Die höchsten dieser **Redwoods** messen bis zu 115 m. In den ersten Jahrzehnten wachsen sie jährlich um etwa 30 cm, danach verlangsamt sich ihr Wachstum. Ihr durchschnittliches Alter beträgt 600–800 Jahre, der älteste Mammutbaum war 2200 Jahre alt.

Im Naturschutzgebiet der Muir Woods gibt es viele Kilometer gut beschilderte **Wanderwege**. Auch im Sommer kann es hier gelegentlich recht kühl und neblig-feucht sein. Nordöstlich oberhalb des Muir Beach zweigt eine **Panoramastraße** vom CA-1 ab und führt mit herrlichen Ausblicken durch die urtümlichen Wälder an den westlichen Hängen des Mount Tamalpais und zum wunderschönen **Stinson Beach**.

1 Muir Woods Rd., Mill Valley, CA 94941-2696 | Tel. 1-415-388-2595
8 Uhr bis Sonnenuntergang | 10 $ | www.nps.gov/muwo
Reservierung für Parkplatz/Shuttle: 3/8 $ | https://gomuirwoods.com

ZIELE
SAN JOSÉ

SAN JOSÉ

County: Santa Clara | **Höhe:** 0–1332 m ü. d. M.
Einwohnerzahl: 1,03 Mio.

Die drittgrößte Stadt Kaliforniens ist fast noch ein Geheimtipp, dabei wurde sie schon 1777 von den Spaniern gegründet und entwickelte sich zum Umschlagplatz für Wein, Gemüse und andere landwirtschaftliche Produkte. Doch erst der Siegeszug von Computern, Speicherchips und ausgefeilter Software katapultierte die Stadt am südlichen Ende der Bay mit Rekordgeschwindigkeit in die Neuzeit. Und plötzlich ist San José »Hauptstadt des Silicon Valley«.

 G10

Mit Wachstum und Zuzug zahlreicher Beschäftigter der Hightech-Industrie des **Silicon Valley** änderte sich der Charakter San Josés in Riesenschritten: Theater, eine Oper, viele neue originelle Bars, Restaurants und Cafés entstanden die v. a. abends rund um die San Pedro Street bis auf den letzten Platz besetzt sind, dazu Geschäfte rund um neu geschaffene Plazas und in Paseos. Nur noch wenige Gebäude im sogenannten »**Historic District**« nördlich der Plaza de César Chávez sind älter als 100 Jahre.

Boomende Metropole

SAN JOSÉ ERLEBEN

SAN JOSÉ CVB
408 Almaden Blvd.
San José, CA 95110
Tel. 1-800-726-5673
Mo.–Fr. 9–17 Uhr
www.sanjose.org

DISTRICT SAN JOSÉ €€
Gute Stimmung, gute Weinauswahl und tapasähnliche kleine Leckereien, wie Avocado im Tempura-Teig oder gefüllte schwarze Feigen. Dazu ein exzellentes Whiskey-Angebot.
65 N San Pedro St.
www.districtsj.com

HAYES MANSION €€€€
Die noble Herberge besticht mit rund 200 gepflegten Zimmern und Suiten, diversen Veranstaltungsräumen und zwei vorzüglichen Restaurants.
200 Edenvale Ave., San José
Tel. 1-408-226-3200
www.hayesmansion.com

HOTEL CLARIANA €€€–€€
Stylisches Hotel mit dem Charme von 1913. Große Zimmer, guteLage in Downtown.
100 E Sanza Clara St., San Jose
Tel. 1-866-429-4050
www.hotelclariana.com

ZIELE
SAN JOSÉ

Ausnahmsweise keine Mission

Entstehung
Schon 1777 wurde **Pueblo de San José de Guadalupe** als erste Siedlung von Alta California gegründet, die nicht als Missionsstation oder Militärposten entstand. (Die 20 Jahre später ins Leben gerufene Mission San José de Guadalupe liegt nördlich der Stadt östlich des heutigen Fremont.) Noch 1848 lebten nicht mehr als 700 Menschen in San José, zwei Jahre später bereits 3000 Einwohner.

Obst und IT

Wirtschaft
San José liegt 37 mi/60 km südlich von San Francisco im äußerst fruchtbaren **Santa Clara Valley**, in dem Obst, Trauben und Gemüse angebaut wurden. Noch immer spielen **Landwirtschaft** sowie Verarbeitung und Umschlag landwirtschaftlicher Produkte eine bedeutende Rolle. Auf immerhin 50 Weingütern nicht weit von der Stadt reifen Trauben. Doch die IT-Industrie im **Silicon Valley** (▶ Baedeker-Wissen, S. 314) ist mit rasanter Geschwindigkeit an der Landwirtschaft vorbeigezogen. Auch Chemie und Maschinenbau tragen zum wirtschaftlichen Wohlstand von San José bei.

Wohin in San José?

Das Neueste

The Tech
In dem wie ein Freizeitpark für innovatives Denken gestalteten **The Tech Interactive Museum** werden Besucher mit neuesten Technologien vertraut gemacht. In der Abteilung »Social Robots« kann man Roboter bauen. Im »BioDesign Studio« können Besucher in die Rolle von Biotechnologen schlüpfen und Zellen, Bakterien und eigene Kreaturen neu kodieren, rekonstruieren und programmieren, und in der »Exploration Gallery« geht es um die Erforschung von Erdphänomenen und des Weltraums.
Ein IMAX-Kino zeigt häufig Filme zu naturwissenschaftlichen Themen, beispielsweise zu 3D-Effekten.
201 S Market St. | 10–15 Uhr | 25 $ (IMAX +6 $) | www.thetech.org

Lady Winchester

Winchester Mystery House
Das Winchester Mystery House, ein viktorianisches Herrenhaus mit 160 Räumen, hat eine seltsame Geschichte. Als es 1884 im Auftrag von **Sarah Pardee Winchester**, Erbin der Gewehrfirma Winchester, erbaut wurde, war es ein Bauernhaus mit acht Zimmern. Fast 40 Jahre lang arbeiteten Zimmerleute und andere Handwerker an dem Anwesen, das beim Tod seiner Besitzerin auf **160 Zimmer** mit über 10 000 Fenstern erweitert, jedoch noch immer noch nicht fertig gestellt war. Eine Wahrsagerin soll ihr geraten haben, mit dem Bau nie aufzuhören, um sich vor den Geistern all der Toten zu schützen, die durch Winchester-Gewehre ums Leben kamen.

ZIELE
SAN JOSÉ

Nur einer von 160 Räumen: der große Ballsaal im Winchester Mystery House

Zu den zahlreichen **Kuriositäten** gehören Treppen, die ins Nichts oder an die Decke führen, unsichtbare Türen, die sich in den glatten Wänden öffnen, oder Fenster, die keinen Blick nach außen gestatten.
525 S Winchester Blvd. | wochentags 10-17, Sa./So. bis 19 Uhr, Führungen April-Sept. 8-17 Uhr | ab 42, erm. 20 $ | www.winchester-mysteryhouse.com

Freimaurerische Ägypter
Im Rosicrucian Park (1342 Naglee/Ecke Park Ave.) liegt die Zentrale der freimaurerischen Vereinigung der **Rosenkreuzer**. Sie geht auf anonyme Schriften des 17. Jh.s zurück, die den Lebenslauf des Ritters Christianus Rosencreutz (14. Jh.) und dessen Bruderschaft zum Thema haben und neoplatonisches, alchimistisches und mystisches Gedankengut verbreiten. Die Rosenkreuzer sind als Bruderschaft international aktiv und führen ihre Weltsicht auf Mysterienschulen des alten Ägypten zurück.

Das kunstvoll gestaltete Museum im Parkgelände, das dem Amon-Tempel im ägyptischen Karnak nachempfunden ist, besitzt eine Sammlung ägyptischer, assyrischer und babylonischer Kunstwerke sowie die Nachbildung eines ägyptischen Felsengrabs samt Mumien.
Im angrenzenden Gebäude befinden sich eine Kunstgalerie sowie ein Planetarium, die ebenfalls Eigentum der Rosenkreuzer sind.
1660 Park Ave. | Fr.-So. 9-17, Sa., So. 11-18 Uhr | 10 $
www.egyptianmuseum.org

Rosicrucian
Egyptian
Museum

ZIELE
SAN JOSÉ

Moderne kalifornische und pazifische Kunst

Museum of Art

Das leicht und luftig umgebaute und erweiterte Kunstmuseum konzentriert sich auf zeitgenössische Kunst des späten 20. Jh.s und der Gegenwart. Die stets wachsende Sammlung aus Gemälden, Skulpturen, Fotografien, Installationen und Arbeiten mit Neuen Medien konzentriert sich auf Künstler aus Kalifornien und dem pazifischen Raum.
110 S Market St. | Fr.–So. 11–18 Uhr | 10 $ | https://sjmusart.org

Rund um San José

Blick ins All

Lick Observatory

Das Observatorium auf dem sich etwa 18 mi/30 km östlich erhebenden Mount Hamilton (1284 m) gehört zur University of California. Es wurde bereits 1888 eingeweiht. Besucher können bei einer Tour die neun Teleskope und den 3m großen Reflektor bewundern.
Mt. Hamilton Rd. | Do.–So. 12–17 Uhr, Führungen stdl. | frei
www.ucolick.org

IT-Hotspot

Santa Clara

Auch das etwas weiter westlich gelegene Santa Clara (128 000 Einw.) entwickelte sich rasant von einem Landwirtschaftzentrum des Obst- und Gemüseanbaus zum Hotspot der IT-Industrie, mit dem Headquarter des Siliziumchips Herstellers **Intel**. Und 2014 gelang der Stadt sogar, die Football-Profis der San Francisco 49ers zum Umzug ins Levi's Stadium zu bewegen.

Franziskaner-Padres gründeten 1777 die **Mission Santa Clara de Asis** als achte der 21 kalifornischen Missionsstationen. Sie war die Keimzelle der späteren Stadt und auch der ersten Hochschule von Kalifornien (Santa Clara University), die 1851 auf den Kirchengelände ihren Betrieb aufnahm. Die heutige **Klosterkirche** wurde 1928 auf den Grundfesten eines zwei Jahre zuvor abgebrannten Vorgängerbaus errichtet.

Die Ausstellung des **Intel Museum** auf dem Gelände der Konzernzentrale im Norden von Santa Clara informiert auf spannende und anschauliche Weise über die Entwicklung von Prozessoren und Platinen, vor allem anhand der Entwicklungen firmeneigener Produkte.

Mission Santa Clara de Asis: 500 El Camino Real | 7–19 Uhr frei, Spende erbeten | www.scu.edu/missionchurch
Visitor Santa Clara: Tel. 1-408-454-1254 | www.santaclara.org
Museum: 2200 Mission College Blvd.| Tel. 1-408-765-5050
Öffnungszeiten s. Website, Führungen n. V. | frei | www.intel.del

»Thrill Rides« aller Art

California's Great America

Wie ihr Nordende verfügt auch die südliche Bay Region im Norden von Santa Clara über einen Vergnügungspark mit Achterbahnen,

ZIELE
SAN JOSÉ

Gummifloßfahrten in künstlichem Wildwasser und anderen Nerven zerfetzenden Abenteuern. Konzerte und Bühnenshows gehören zu den ruhigeren Vergnügungen, ebenso die Begegnungen mit Charlie Brown, Lucy und den anderen Mitglieder der Peanuts Gang.
Great America Pwy. (zwischen US-101 u. CA-237)
ab 10 Uhr, variable Schließzeiten 17.30/22 Uhr (im Winter Weihnachten geöffnet) | ab 41 $, Parkgebühr ca. 20 $
www.cagreatamerica.com

Sequoias im Süden

Big Basin Redwoods State Park

Wer von San José und Santa Clara durch eine hügelige Landschaft weiter nach Westen fährt, erreicht das 1902 als erster State Park Kaliforniens gegründet Naturreservat. Über 100 km markierte Wege durchziehen das Gebiet, in dem auch südlich von San Francisco turmhohe **Sequoias** gedeihen Ein besonders schöner Platz sind die Sempervirens Falls.
21600 Big Basin Way, Boulder Creek | 6 Uhr bis Sonnenuntergang
10 $ pro Pkw | www.parks.ca.gov/?page_id=540

Die Sempervirens Falls verdanken ihren Namen den Mammutbäumen, botanisch »Seqouia sempervirens.«

SILICON VALLEY

Das »Silicon Valley« ist einer der weltweit wichtigsten Standorte der HighTech- und IT-Industrie. Kernzone ist das Santa Clara Valley; Keimzelle dieser Industrieregion war die Garage von David Packard in Palo Alto, in der bereits 1939 mit der Produktion zukunftsweisender elektronischer Geräte begonnen wurde. Der Begriff »Silicon Valley« rührt her vom Halbleiter-Werkstoff Silizium, der seit den 1950er-Jahren zum Bau neuartiger Bipolar-Transistoren verwendet wird.

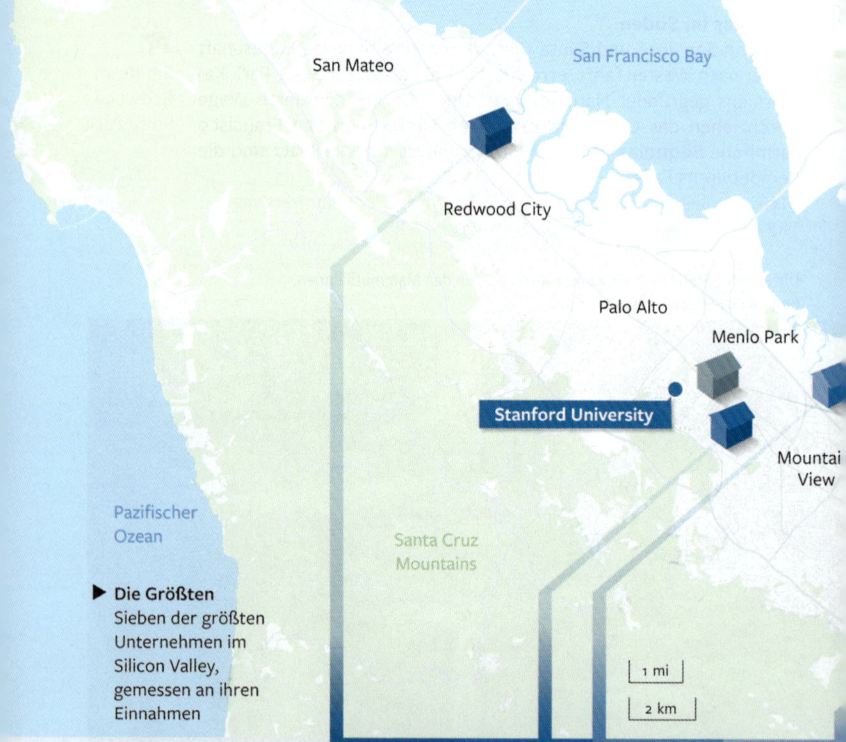

▶ **Die Größten**
Sieben der größten Unternehmen im Silicon Valley, gemessen an ihren Einnahmen

FIRMENNAME	ORACLE	HEWLETT-PACKARD	ALPHABET (inkl. Google)	APPLE
Hauptprodukt	Software	Rechner, Hardware	Suchmaschine, Social Media	Rechner, Iphone
Gründungsjahr	1977	1939	1998	1976
Umsatz in Mrd. $ (2020/2021)	40,5	58,0	182	274
Mitarbeiter (2020/2021)	132 000	55 000	135 000	147 000

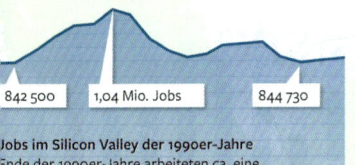

| 842 500 | 1,04 Mio. Jobs | 844 730 |

Jobs im Silicon Valley der 1990er-Jahre
Ende der 1990er-Jahre arbeiteten ca. eine Million Menschen im Silicon Valley. Nachdem die »Dot-Com-Blase« im März 2000 platzte, war ein deutlicher Rücklauf festzustellen. Mit dem Aufschwung von Social Media hat sich wieder eine Erholung durchgesetzt

4   96   98   00   02   04   06   08   10   18

▶ **Weitere wichtige IT-Unternehmen, die ihr Hauptgeschäftssitz nicht im Silicon Valley haben**

■ Umsatz in Mrd. $ 2019   ■ Mitarbeiter 2019

Samsung Südkorea
194
287 000

Microsoft USA
168
82 000

Huawei China
116
197 000

Dell USA
90,6
157 000

Sony Japan
90
112 000

Siemens Deutschland
57
293 000

SAP Deutschland
27,3
102 000

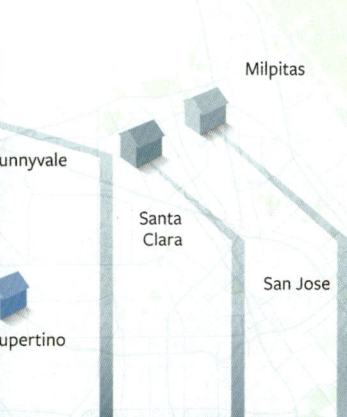

Fremont

Milpitas

Sunnyvale

Santa Clara

San Jose

Cupertino

SACRAMENTO

SAN FRANCISCO
Silicon Valley

KALIFORNIEN

META	INTEL	CISCO SYSTEMS
Social Media	Halbleiter	Netzwerksoftware
2004	1968	1984
86	78	51,9
9000	110 000	77 500

▶ **Weitere wichtige IT-Unternehmen, die ihren Hauptgeschäftssitz im Silicon Valley haben** Adobe Systems, eBay, Yahoo!, Logitech, Electronic Arts

▶ **Facebook**
Mark Zuckerberg gründete 2004 Facebook in Harvard, Massachusetts. Kurz danach zog er ins Silicon Valley. Mit Instagram und WhatsApp gehört das Unternehmen heute zu Meta.

ZIELE
SAN LUIS OBISPO

SAN LUIS OBISPO

County: San Luis Obispo | **Höhe:** 710 m ü. d. M.
Einwohnerzahl: 47 500

Die muntere, meist nur »SLO« genannte Stadt, liegt inmitten von sanftenHügeln weniger als eine Autostunde südlich von ▶ Hearst Castle am US-Highway 101. Am Pazifik locken breite Strände und Dünen, die auf ausgeschilderten Abschnitten auch mit Autos befahren werden dürfen.

Wohin in San Luis Obispo und Umgebung?

Mission San Luis Obispo de Tolosa

Amerikas erste Oliven
Die Mission San Luis Obispo de Tolosa wurde 1772 von Pater **Junípero Serra** als fünfte der 21 Missionskirchen Kaliforniens gegründet. Sie steht heute im Stadtzentrum und wird als Gemeindekirche genutzt. Bei dieser Kirche sollen erstmals Dachziegel als Schutz gegen Brandpfeile angreifender Ureinwohner die sonst üblichen Strohdächer ersetzt haben.
Im Garten der Mission wurden die ersten Olivenbäume Nordamerikas gepflanzt, zwei der über 200 Jahre alten Bäume existieren noch.
751 Palm St. | Museum 11–17, im Winter bis 16 Uhr, Kirche Mo.–Fr. frei, Spende erbeten | www.missionsanluisobispo.org

SAN LUIS OBISPO ERLEBEN

SAN LUIS OBISPO VISITOR CENTER
895 Monterey St.,
San Luis Obispo, CA 93401,
Tel. 1-805-781-2777, 9.30–17 Uhr
http://visitslo.com

MADONNA INN €€€€
Seit über einem halben Jahrhundert ist das »Madonna Inn« auch ein touristisches Highlight an der zentralen Pazifikküste Kaliforniens. Jedes der 110 Zimmer ist individuell (nicht selten kitschig – ganz in Pink) nach einem bestimmten Thema ausgestattet.
Wellness-Bereich mit schönem Pool, Day Spa und Fitness-Center sind ebenso vorhanden wie diverse Shops und eine Bäckerei.
Im **Restaurant** des Hauses werden angeblich die besten Filets Mignon der Westküste serviert.
100 Madonna Rd.
Tel. 1-805-543-3000
www.madonnainn.com

ZIELE
SANTA BARBARA

Exzellente Rote
In der Region wird seit Langem erfolgreich Wein angebaut. Berühmt sind die exzellenten Shiraz- und Zinfandel-Rotweine, die im nahen Paso Robles (31 000 Einw.) kultiviert werden.
Weininfos: www.slocal.com (south coast)

Paso Robles

Gute Weiße
Zwei Dutzend Weingüter und Kellereien im benachbarten Edna Valley produzieren beachtliche Rot- und Weißweine, vor allem Pinot Noir und Chardonnay. Die Winzervereinigung hat eine Übersicht über alle »Wineries«, Touren und Probiermöglichkeiten.
Weininfos: www.slowine.com

Edna Valley

Dünen, Klippen und Pelikane
Über 40 km feinsandige Strände und Dünen, durchsetzt mit wildromantischen Felsklippen, erstrecken sich südlich von San Luis Obispo. Einige Abschnitte dürfen gegen Gebühr sogar mit Autos befahren werden.
Die bekanntesten Plätze sind **Avila Beach**, **Pismo Beach** (an dessen Felsklippen sich im Sommer große Pelikankolonien aufhalten), **Grover Beach** und **Oceano**.

Tolle Strände

Vaudeville
Im Ort Oceano (7200 Einw.) führt das Theater **Great American Melodrama & Vaudeville** revueartige Theaterstücke und Shows auf – zum großen Vergnügen des Publikums.
1863 Front St., Oceano | Tel. 1-805-489-2499 | Mi.–So. abends | ab 25 $
www.americanmelodrama.com

Oceano

★★ SANTA BARBARA

County: Santa Barbara | Höhe: 0–259 m ü. d. M.
Einwohnerzahl: 92 000

Bougainvillea schlängelt sich an roten Ziegeldächern entlang, die State Street verströmt gepflegt-schicke Einkaufsatmosphäre. Wer hier wohnt, hat unter anderem Prominente wie Oprah Winfrey oder Brad Pitt zu Nachbarn. Die Lage zwischen den Ausläufern der Santa Ynez Mountains und und der Pazifikküste könnte nicht besser sein. Von der Küste kann man bei gutem Wetter die Inseln des ▶ Channel Islands National Park im Meer ausmachen.

L16

ZIELE
SANTA BARBARA

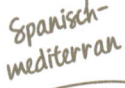
Spanisch-mediterran

Bei Santa Barbara mischt sich der kalte Kalifornienstrom mit dem wärmeren Davidstrom aus dem Süden. Eine gute Nachricht für alle, die an den vier netten Stränden des Küstenortes baden möchten. Auch Küstennebel treten hier weniger auf als im Norden.

Das spanisch-mediterrane Stadtbild, nette Geschäfte vor allem entlang der State Street und den Einkaufspassagen Paseo und Paseo Nuevo, dazu gute Restaurants und das Weinanbaugebiet des Santa Ynez Valley (▶ Das ist..., S. 26) im Hinterland machen Santa Barbara zu einem bevorzugten Ausflugs- und Urlaubsziel an der »Kalifornischen Riviera«, besonders für die zwei Autostunden entfernten Angeleños.

Stadtväter mit Weitsicht

Geschichte

Santa Barbara entwickelte sich rund um die 1786 erbaute zehnte der insgesamt 21 Missionsstationen und um einen hervorragenden Hafen. Wahrscheinlich hatte schon Juan Rodríguez Cabrillo 1542 den Kanal zwischen dem Festland und der ihm vorgelagerten Insel entdeckt. 60 Jahre später benannte der Spanier **Sebastian Vizcaíno** den Kanal und eine der Inseln »Santa Barbara«. Weitere 180 Jahre sollten vergehen, bevor Gouverneur Gaspar de Portola mit seinen Truppen dort ankam und Pater Junipero Serra am Jahrestag der hl. Barbara (4. Dez. 1782) die erste Messe im gerade errichteten Presidio Real de Santa Bárbara las.

Ein schweres Erdbeben 1925 machte einen großen Teil der Stadt dem Erdboden gleich, auch die Missionskirche wurde schwer beschädigt. Die weitsichtigen Stadtväter beschlossen, die zerstörten Stadtteile in dem alten spanischen Missionsstil wieder aufzubauen und mit strengen Vorschriften Bausünden zu verhindern. Auch viele Straßen behielten ihre alten Namen. Die mit iberischen Kacheln geschmückten Fontänen der Springbrunnen, Abfallkörbe und Briefkästen vor allem in der zentralen State Street, erinnern an die kolonialspanische Geschichte.

▌ Wohin in Santa Barbara?

Geschichte an der Wand

County Courthouse

Das Santa Barbara County Courthouse, pompös wie ein Palast im spanisch-maurischen Stil, wurde erst nach dem großen Erdbeben von 1929 fertiggestellt. Die Fliesen im Treppenhaus stammen größtenteils aus Tunesien, die Bodenfliesen aus Kalifornien. Die Vorhalle im ersten Stock ziert ein Stilmix aus orientalisch inspirierten Kacheln, das rosa Fenster ist romanisch, der mit Engeln verzierte Bogen byzantinisch.

Die Wandgemälde im **Sitzungssaal** illustrieren die Geschichte des County, beginnend mit den Ureinwohnern, die die Ankunft der ers-

ZIELE
SANTA BARBARA

ten Europäer unter der Führung Cabrillos beobachten. Mit dem Fahrstuhl gelangt man zum Glockenturm **El Mirador**, von dem aus man einen schönen Blick auf Santa Barbara genießen kann. Vor dem Eingangsportal versinnbildlicht ein Brunnen den »Geist des Ozeans«.
1100 Anacapa St. | Mo.–Fr. 8–17, Sa., So. 10–17 Uhr, Führungen s. Website | frei | https://sbcourthouse.org

Spanischer Außenposten

El Presidio de Santa Barbara State Historic Park

Der 1782 von den Spaniern gegründete **Presidio** (»Festung«) wurde bereits durch mehrere Erdbeben schwer beschädigt. Mehrere der ursprünglichen Gebäude – wie El Cuartel, die Unterkünfte der Soldaten und die vorderen Räume der Cañedo Adobe, die Unterkunft des Padre und die Garnisonskapelle – sind restauriert und zeigen das Leben auf einem entfernten Außenposten des ehemaligen spanischen Kolonialreiches.
123 E Canon Perdido St. | Do.–So. 11–16 Uhr | 5 $
www.sbthp.org/presidio

Der Kommandant lässt bitten

Casa de la Guerra

Das U-förmige Adobe-Haus ließ der Kommandant des Presidio 1819 bis 1827 als politisches und gesellschaftliches Zentrum der Garnison erbauen. Es wurde durch den Anbau zusätzlicher Häuser zum **El-Paseo-Komplex** erweitert.
11–25 E De la Guerra St. | Di.–So. 12–16 Uhr | 5 $
www.sbthp.org/casa-de-la-guerra

Nettes kleines Kunstmuseum

Museum of Art

Das kleine Kunstmuseum zeigt eine breit gefächerte Sammlung, die von ägyptischen Kunstwerken, römischen Skulpturen und einer bedeutenden Abteilung asiatischer Kunst bis hin zu Werken des französischen Impressionismus und Arbeiten amerikanischer Künstler des 20. Jh.s reicht.
1130 State St. | Öffnungszeiten und Preise s. Website: www.sbma.net

SANTA BARBARA ERLEBEN

VISIT SANTA BARBARA
500 E Montecito St., Santa Barbara, CA 93103, Tel. 1-805-966-9222
http://santabarbaraca.com

In den Sommermonaten pendeln ein Downtown Shuttle auf der zentralen State St. sowie ein Waterfront Shuttle entlang dem Cabrillo Blvd., Fr., Sa. im Sommer bis 21 Uhr.

ZIELE
SANTA BARBARA

CAPTAIN JACK'S SANTA BARBARA TOURS
Hier lassen sich Küsten- oder Angeltouren unternehmen. Von Dez.–März geht es zu Whale Watching-Touren der vorbeiziehenden Grauwale (▶ Baedeker Wissen, S. 262); auch Stadtrundgänge und Weinproben.
Tel. 1-805-564-1819
www.captainjackstours.com

SANTA BARBARA SAILING CENTER
Vermietung von Segelbooten mit und ohne Skipper und Organisation von Segeltouren vor der Küste.
302 W Cabrillo Blvd. (Hafen)
Tel. 1-805-962-2826
http://sbsail.com

❶ BROPHY'S SANTA BARBARA €€
In der »Clam Bar & Restaurant« an der Marina (Filialen in Santa Barbara und Ventura) werden besonders leckere Fischgerichte zubereitet. Exzellent ist »Brophy's Clam Chowder«.
119 Harbor Way, Santa Barbara, 1559 Spinnaker Dr., Ventura
www.brophybros.com

❷ ROY €€
In Retro-Ambiente und kommunikativer Atmosphäre werden Gerichte aus lokalem Anbau, hausgemachte Pasta und Desserts serviert.
7 W Carrillo St., Santa Barbara
tgl. 17–22 Uhr
www.restauranttroy.com

❸ ANDRIA'S SEAFOOD €€-€
Frisch und lecker sind Fisch und Meeresfrüchte, besonders schmackhaft die knusprigen Fish 'n' Chips.
1449 Spinnaker Dr., Ventura
tgl. 11–20 Uhr
www.andriasseafood.com

❹ LA SUPER-RICA TAQUERIA €
Die besten Tacos weit und breit, dazu richtig gute mexikanische Eintöpfe. Keine Kreditkarten!
622 N Milpas St., Santa Barbara
Tel. 1-805-963-4940
Do.–Mo. 11–21 Uhr

❶ SAN YSIDRO RANCH €€€€
Hier verbrachten John F. und Jackie Kennedy ihre Flitterwochen, auch Winston Churchill und Groucho Marx waren Gäste. Die Luxusherberge mit Golfplatz inmitten von Gärten lässt keine Wünsche offen. Sie wurde im Frühjahr 2018 durch Schlammlawinen beschädigt und geschlossen. Zum Fortgang der Renovierungsarbeiten ▶ Website.
900 San Ysidro Lane, Montecito
Tel. 1-805-565-1700
www.sanysidroranch.com

❷ THE UPHAM €€€€
Seit 1871 übernachten Gäste im ältesten Bed & Breakfast Süd-Kaliforniens. Alle Zimmer im Haupthaus und den Nebengebäuden sind unterschiedlich eingerichtet. Wein und Käse am Nachmittag sind inklusive.
1404 De La Vina St., Santa Barbara
Tel. 1-805-962-0058
www.uphamhotel.com

❸ MOTEL 6 €€
In einem der ersten Häuser der berühmten Budget-Hotelkette kann man zu unschlagbaren Preisen nur einen Block vom East Beach entfernt übernachten.
443 Corona Del Mar, Santa Barbara
Tel. 1-805-564-1392
www.motel6.com

ZIELE
SANTA BARBARA

Mission Santa Barbara

Königin unter den Missionskirchen

Die Kirche der 1786 gegründete 10. Missionsstation (▶ Baedeker Wissen, S. 374) wird nach wie vor von Franziskanern betreut. Ihre Kirche gilt als Königin der Missionskirchen, da sie u. a. als einzige kalifornische Missionskirche zwei Türme besitzt. Nach großen Erdbebenschäden Anfang des 19. Jh.s bauten die hier ansässigen Chumash sie mit einer an römische Tempelfassaden erinnernden Front neu auf.
Ein **Museum** in den früheren Unterkünften für Missionare und Besucher stellt Kunstobjekte der Kolonialzeit und des 19. Jh.s aus.
2201 Laguna St. | Führungen 9.30 – 16 Uhr | 15 $
www.santabarbaramission.org

Museum of Natural History

Naturgeschichte hautnah

Das Naturhistorische Museum nördlich der Mission ist keine staubtrockene Angelegenheit mit ausgestopften Tieren in Glasvitrinen. Mit Ausstellungen und Ausflügen, Workshops und anderen Veranstaltungen lässt sie Besucher die früher natürliche Umgebung Santa Barbaras erahnen. Dabei helfen: präparierte Säugetiere, Vögel, Fische und Reptilien, für die Gegend typische Pflanzen sowie geologische und mineralogische Fundstücke von der Pazifikküste und den ▶ Channel Islands. In einer Nursery sieht man, wie aus Raupen Schmetterlinge werden. Auf dem Gelände beeindruckt das riesige **Skelett eines Blauwals**.
2559 Puesta del Sol Rd. | 10 – 17 Uhr | 17 $ | www.sbnature.org

Santa Barbara Zoo

Kleiner Zoo in Küstennähe

Der Santa Barbara Zoo östlich der Milpas Street in einem schön angelegten Areal (12 ha) nahe der Küste bietet – in überschaubaren Gehegen – neben Elefanten, Löwen, Affen, Seelöwen und exotischen Vögeln auch einen Kinderzoo.
500 Ninos Dr., Ausfahrt Cabrillo Blvd. | 9.30 – 17 Uhr
20 $, erm. 15 $, Parkgebühr 11 $ | www.sbzoo.org

Stearns Wharf

Straße verlängern, Pier fertig

Die älteste noch erhaltene Pier der Westküste wurde 1872 erbaut. Eigentlich wurde nur die zentrale State Street Santa Barbaras in den Pazifik hinein verlängert. Die Pier bietet mit Restaurants, Geschäften, Ausstellungen und Angelplätzen zusätzliche Zerstreuung.
Auf der Stearns Wharf ist das **Sea Center** des Naturhistorischen Museums untergebracht. Es demonstriert, wie Wissenschaftler den Ozean erforschen, seine Lebenskreisläufe beobachten und versuchen, Fehlentwicklungen aufzudecken und zu korrigieren. Zusätzlich erfreuen interaktive Ausstellungen mit Baby-Haien, Rochen und anderen Meerestieren die Besucher.
Sea Center: 211 Stearns Wharf | 10 – 17 Uhr | 10 $
www.sbnature.org

ZIELE
SANTA BARBARA

Mission Santa Barbara, die Königin der Missionskirchen

Einmal durch die Stadt
Die meisten Sehenswürdigkeiten von Santa Barbara, mit Ausnahme des Botanischen Gartens, liegen am gut markierten Scenic Drive. Dieser führt auch an exklusiven Wohngegenden vorbei, wie Goleta, Carpinteria und vor allem Montecito.

Scenic Drive

Anfassen erwünscht
Im MOXI, der Ausstellung für Entdeckungen und Neuerungen können Besucher Sound Effekte, wie in Hollywood Filmen erzeugen oder das Innere einer Gitarre betreten.
MOXI: The Wolf Museum of Exploration+Innovation, 125 State St. www.moxi.org

MOXI

Geschützte Bäume und Tiere
Das bis 2700 m hohe bergige Waldgebiet (7500 km²), das zum Teil unter strengem Naturschutz steht, wird immer wieder von Feuersbrünsten heimgesucht. Douglasien wachsen hier, Jeffrey-Kiefern, Co-

Los Padres National Forest

ZIELE
SANTA BARBARA

Ein Spaziergang kurz nach dem Regen am Stearns Wharf in Santa Barbara

loradotannen (Grautannen) und Küsten-Mammutbäume. Das Schutzgebiet ist Rückzugsraum für **seltene Tiere**, wie den Kalifornischen Maultierhirsch, das Dickhornschaf und den Kalifornischen Kondor.
Headquarter: 1980 Old Mission Dr., Solvang
Mo.-Fr. 8-12, 13-16.30 Uhr | www.fs.usda.gov/lpnf

Wohin in Ventura?

Im Land der Zitrusfrüchte

Lange Strände — Die Region bei Ventura (110 000 Einw.) und dem benachbarten, doppelt so großen **Oxnard** (202 000 Einw.) gilt als bedeutendstes Zitronenanbaugebiet der USA, auch andere Zitrusfrüchte und Avocados werden kultiviert. An der 30 mi/48 km südwestlich von Santa Barbara gelegenen Pazifikküste locken lange schöne **Badestrände** zum Baden

ZIELE
SANTA CATALINA ISLAND

und Faulenzen. Eine große **Marina**, eine lange Fishing Pier und gute Verbindungen zum vorgelagerten ▶ Channel Islands National Park begründeten den Aufschwung Venturas als Touristenziel.
Visitors Center: 101 S California St., Ventura, CA 93001
Tel. 1-805-641-1400 | Mo.-Sa. 10-17, So. 10-16 Uhr
https://visitventuraca.com

Über die Chumash
Die 1782 gegründete Mission San Buenaventura ist das älteste Bauwerk der Stadt. Nach einem Erdbeben 1812 wieder aufgebaut, präsentiert sie sich nicht viel anders als vor gut 200 Jahren. Ein Museum zeigt Exponate der Chumash und zur Geschichte der neunten der 21 kalifornischen Missionsstationen.
211 E Main St. | 10-17 Uhr | 5 $ | www.sanbuenaventuramission.org

Mission San Buenaventura

★ SANTA CATALINA ISLAND

County: Los Angeles | Höhe: 0–639 m ü. d. M. | Einwohnerzahl: 4100

Unbemerkt von den meisten Kalifornien-Besuchern liegt die Insel nur 22 mi/35 km vor dem Festland im Pazifik. Ein Naturparadies, fast autofrei und überwiegend Landschaftsschutzgebiet. An der Promenade der Inselmetropole Avalon wiegen sich Palmen im Wind, Restaurants bieten Fischgerichte an, und wer von den Sandstränden ins Wasser steigt, ist überrascht von den für Kalifornien angenehmen Temperaturen.

Juan Rodríguez Cabrillo entdeckte die Insel 1542 als erster Europäer und nannte sie San Salvador. 40 Jahre später erhielt sie ihren heutigen Namen, als Sebastian Vizcaíno einen Tag vor dem Namenstag der hl. **Katharina von Alexandrien** Anker warf. Danach war sie in Privatbesitz und wurde schließlich wie das übrige Kalifornien Teil der USA.

❙ Wohin auf Santa Catalina Island?

Kaugummis gut angelegt
1915 kaufte der Kaugummifabrikant **William Wrigley** aus Chicago das Eiland und ließ gemeinsam mit seinem Sohn Phillip den Hauptort Avalon ausbauen.

Entwicklung

Im Ballsaal des **Casinos** traten Showstars auf, die den Wrigleys gehörende Baseball-Mannschaft »Chicago Cubs« absolvierte im milden Seeklima von Südkalifornien ihr Wintertraining.

So gut wie autofrei

Unter Naturschutz

1972 übernahm die als Stiftung gegründete **Catalina Island Conservancy** fast 90 % der Insel als Naturschutzgebiet. Private Autotouren in das unbewohnte Naturgelände sind nicht erlaubt, nur eine von der Conservancy angebotene Jeep-Tour führt über die Insel.

Die Bisonherde ist ein Überbleibsel von Filmaufnahmen aus den 1920er-Jahren, und mit viel Glück können Besucher sogar den endemischen Inselfuchs erspähen.

Infos: www.catalinaconservancy.org

Art déco am Hafen

Avalon

Auch im Hauptort Avalon (3500 Einw.) im Südosten, neben der Marina von **Two Harbours** weiter im Norden der einzige Ort des 34 km langen Eilands, sind nur wenige Autos zu sehen. Wer nicht zu Fuß geht, kurvt mit elektrisch getriebenen Golfcarts über die schmalen Gassen.

Es wird langsam eng in der Marina von Avalon. Alle wollen ins kreisrunde Casino.

CATALINA ISLAND ERLEBEN

CATALINA ISLAND COMPANY
150 Metropole Ave., Avalon,
CA 90704, Tel. 1-310-510-2000
www.visitcatalinaisland.com

CATALINA EXPRESS
Die Schnellfähren flitzen (bis 30-mal tgl.) zwischen San Pedro/Los Angeles (▶ S. 170), Dana Point und ▶ Long Beach auf dem Festland und dem Hafen von Avalon hin und her. Der Catalina Flyr fährt von Newport Beach (▶ S. 195) auf die Insel.
320 Golden Shore, Long Beach
Tel. 1-800-613-1212
www.catalinaexpress.com
400 Main St., Newport Beach
Tel. 1- 949-673-5245
https://catalinainfo.com

IEX HELICOPTERS
Wer es schneller haben möchte, fliegt in 15 Min. mit dem Helikopter auf den gleichen Routen von Long Beach.
Tel. 1-800-228-2566
https://iexhelicopters.com

CATALINA DIVERS SUPPLY
Das Unternehmen verleiht Tauch-und Schnorchel-Ausrüstung und organisiert Ausflüge in die Unterwasserwelt.
Green Pier, Avalon
Tel. 1-310-510-0330
www.catalinadiverssupply.com

CATALINA TOURS
Breites Angebot an Aktivitäten und Touren zu Lande und zu Wasser, Tauchausflüge, Glasbodenbootfahrten ...
205 Crescent Ave., Avalon
Tel. 1-310-510-0211
www.catalinatours.com

BLUEWATER GRILL €€€–€€
Man genießt mit schönem Blick aufs Wasser bestens zubereitetes Seafood. Dazu gibt es leckere Mojitos und Margaritas.
306 Crescent Ave., Avalon
Tel. 1-310-510-3474
www.bluewatergrill.com

BELLANCA HOTEL €€€–€€
An der Avalon Bay gelegen, die Zimmer und Suiten mit herrlichen Blick auf Meer und Hafen.
111 Crescent Ave., Avalon
Tel. 1-310-510-0555
www.bellancahotel.com

HERMOSA HOTEL €€
Freundliche, familiengeführte Herberge nahe der Bucht.
131 Metropole St., Avalon
Tel. 1-310-510-1010
https://hermosahotel.com

Die landschaftlich reizvolle Bucht von Avalon begrenzt ein Sandstrand. Der prächtige Art-déco-Bau des Casinos beherbergt keine Glückspielautomaten, sondern den großen Ballsaal und ein nostalgisch-plüschiges Kino. Eine Stunde vor dem Filmprogramm am Freitag und Samstag gibt es eine Vorführung der Pfeifenorgel aus dem Jahr 1929.

BAEDEKER ÜBERRASCHENDES

6x TYPISCH

Dafür fährt man nach Kalifornien.

1.
»SURF CITIES«
Natürlich ist hier Wellenreiten gemeint. Wer kein Naturtalent besitzt, kann es, in den südlich von San Francisco oder L. A. gelegenen »Surf Cities« wie **Santa Cruz** oder **Huntington Beach** lernen. (▶ **S. 18**)

3.
SPANGLISH
Die Nähe zu **Mexiko** und der hohe Anteil **Spanisch** sprechender Bevölkerung in Kalifornien bringt auch Veränderungen der Umgangssprache mit sich, und so hört man nicht selten Sätze wie: »Hola, chicos. What's up? Let's drink some cerveza, vamos!«

5.
MEXIKANISCH ESSEN
Tacos, **Burritos** oder **Enchiladas** bekommt man kaum besser zubereitet als im Süden Kaliforniens. Kein Wunder, der Anteil der mexikanisch-stämmigen Bevölkerung ist dort hoch, ebenso die Konkurrenz unter den **Taquerias**. (▶ **S. 408**)

6.
KAFFEE-VARIATIONEN
Einfach einen Kaffee zu bestellen, kann schwieriger sein als gedacht. So könnte es einer mit Soja-Milch sein, ein dreifacher Espresso, ohne Zucker, ohne Schaum, aber bitte als »**Venti Latte**«, d. h. als große Version. (▶ **S. 410**)

4.
KÜSTENNEBEL
»Den kältesten Winter meines Lebens verbrachte ich im Sommer in San Francisco«, sagte (angeblich) Mark Twain. Stark übertrieben, doch sommerlich **kühle Nebelschwaden**, die regelmäßig vom Pazifik durch die Straßenschluchten ziehen, gehören dazu wie die Golden Gate Bridge.

2.
TRAUMSTRÄNDE
Kalifornien ist bekannt für seine langen, breiten **Sandstrände** ist. Man findet sie vor allem in der südlichen Hälfte des Bundesstaats. Dort ist auch das Wasser des Pazifiks deutlich wärmer. (▶ **S. 167**)

ZIELE
SANTA CRUZ

SANTA CRUZ

County: Santa Cruz | Höhe: 0–12 m ü. d. M. | Einwohnerzahl: 65 000

F–G 11

Die »Surf City« südlich von ▶ San Francisco liegt direkt am Pacific Coast Highway. Die lang gezogene Dünung trägt die vielen Surfer direkt zu einem ihrer schönen Strände.

Einst war die Siedlung um die 1791 erbaute Missionskirche wichtiger Hafen, von dem aus die in der Nähe gefällten Redwoods in alle Welt verschifft wurden. Erst nach und nach entwickelte sich Santa Cruz zum Ferien- und Erholungsort.

Vom Hafen zum Ferienort

▌ Wohin in Santa Cruz?

Rechtzeitig zum Sonnenuntergang

Auf dem Santa Cruz **Beach Boardwalk** (über 3 Mio. Besucher jährlich) rumpeln schon seit bald 100 Jahren im Sommer die Wagen durch die Steilkurven der hölzernen Achterbahn. Die nostalgischen Attraktionen, ein Karussell von 1911 mit farbenfroh bemalten Holzpferdchen und melodisch tönenden Orgelpfeifen und die auf einer Holzkonstruktion erbaute riesige Achterbahn »Giant Dipper« von 1924 gehören noch immer zu den Publikumslieblingen.

Auf der fast 1 km langen Wharf konkurrieren Souvenirshops sowie ein Dutzend Restaurants und Bars mit dem allabendlichen spektakulären Sonnenuntergang um die Aufmerksamkeit der zahlreichen Urlauber.

Beach Boardwalk: 400 Beach St. | variale Öffnungszeiten, im Sommer bis spätabends, s. Website | Tagespass ab 30 $
https://beachboardwalk.com

★ Boardwalk und Pier

Ein Museum für die perfekte Welle

Das Wellenreiten hat in Santa Cruz eine längere Tradition. Bei der Steamer Lane am West Cliff Drive warten fast täglich Surfer mit ihren Brettern auf die perfekte Welle.

Das Santa Cruz Surfing Museum im alten **Leuchtturmhaus** erzählt mit alten Fotos und Brettern von der Entwicklung des Surfens im Lauf der vergangenen hundert Jahre.

701 W Cliff Dr. | Do.–Di. 10–17, Winter Do.–Mo. 12–16 Uhr | frei
www.santacruzsurfingmuseum.org

Surfing Museum

Schmalspurbahn zwischen Baumriesen

In dem schönen Waldgebiet mit Wanderwegen und Campingplätzen am CA-9 nördlich von Santa Cruz stehen einige der imposantesten Küstenmammutbäume.

Henry Cowell Redwood State Park

SANTA CRUZ ERLEBEN

VISIT SANTA CRUZ COUNTY
303 Water St., Suite 100,
Santa Cruz, CA 95060
Tel. 1-831-425-1234
Mo.–Fr. 9–16, Sa., So. 11–15 Uhr
www.santacruz.org

DREAM INN €€€–€€
Modernes Strandhotel im Retrostil mit Pool und bestem Blick auf die Bucht.
175 W Cliff Dr., Santa Cruz
Tel. 1-831-740-8069
www.dreaminnsantacruz.com

Die **Roaring Camp Railroad**, eine Schmalspurbahn, befördert ihre Passagiere zwischen den Baumriesen zum Bear Mountain.
Roaring Camp Railroads: 5401 Graham Hill Rd., Felton
Tel. 1-831-335-4484 | Abfahrtszeiten variabel, in der Hauptsaison mehrmals tgl. | 29 $ | www.roaringcamp.com

Meeresforschung

Seymour Marine Discovery Center

Der 1965 eröffnete Campus der University of California Santa Cruz (UCSC) liegt im Nordwesten der Stadt. Von hier hat man einen schönen Ausblick auf die Monterey Bay. Eine besondere Attraktion ist das Seymour Marine Discovery Center mit mehreren Aquarien, Außenbecken für Meeressäuger und einem imposanten Blauwal-Skelett.
100 McAllister Way, Santa Cruz | 10–17 Uhr, Führungen s. Website | 11 $ | http://seymourcenter.ucsc.edu

★★ SEQUOIA & KINGS CANYON NATIONAL PARKS

County: Fresno, Tulare | **Höhe:** 418–4417 m ü. d. M.

N–O
10–12

Schneebedeckte 4000 m hohe Gipfel, tosende Wasserfälle, die in tiefe Schluchten stürzen, dazu 3000 Jahre alte Bäume, die zur Zeit Alexanders d. Gr. schon 700 Jahre alt waren, findet man in den Sequoia & Kings Canyon National Parks. Der größte Teil ist unwegsame Wildnis, doch die Mammut-Sequoias, die gewaltigsten Lebewesen der Erde, liegen nur einen Spaziergang entfernt vom Generals Highway, der die Parks im Westen durchquert.

ZIELE
SEQUOIA & KINGS CANYON NATIONAL PARKS

Die Nationalparks Sequoia & Kings Canyon schützen im mittleren Süden der kalifornischen Sierra Nevada ein abgeschiedenes Hochgebirgsland mit über 4000 m hohen Granitgipfeln, tiefen Schluchten, Bergseen, Flüssen und prächtigen Wäldern mit riesigen Mammutbäumen.

3000 Jahre alte Bäume

Die beiden als Einheit verwalteten Parks reichen vom Hügelland am Rande des San Joaquin Valley im Westen bis zum Hauptkamm der Sierra Nevada im Osten mit dem **Mount Whitney** (4421 m) als höchster Erhebung der USA außerhalb von Alaska und weiteren über 3000 und 4000 m hohen Gipfeln.

Gewaltige Zypressen

In den beiden zusammenhängenden Nationalparks können Besucher durch Haine und Wälder mächtiger Riesenmammutbäume (Giant Sequoia, Sequoiadendron giganteum sempervirens; ▶ Baedeker Wissen, S. 336) wandern. Diese Art ist neben dem verwandten Redwood-Baum (Sequoia sempervirens) an der Pazifikküste der einzige noch lebende Zweig einer vor vielen Tausend Jahren auf der nördlichen Hemisphäre weit verbreiteten Zypressenart.

Riesenmammutbäume

Drei große Klima- und Lebenszonen

Wegen der großen Höhenunterschiede sind im Nationalparkgebiet drei große Klima- und Lebenszonen anzutreffen. Die trockenen, im Winter schneefreien Niederungen und Hanglagen unter 450 m sind von **Grassteppen** und niederem **Buschwald** bedeckt. In den kalten Monaten ziehen zahlreiche Tiere aus den höheren Gebieten hierher: Silberfuchs, Luchs, Kalifornisches Eichhörnchen, Stinktier und Waschbär, auch die Pazifische Klapperschlange.

Klima, Flora und Fauna

Die mittleren Höhenlagen (450–1200 m) bedecken dichte **Nadelwälder**, darunter der Riesenmammutbaum. Espen säumen die feuchten Wiesengründe. Der Winter hüllt diese Gebiete in eine 2–4,5 m dicke Schneedecke. Rotwild und Schwarzbär sind in dieser Landschaft häufig, seltener der Puma.

Im Hochgebirge über 1200 m findet man schütteren Wald bis zur Baumgrenze, darüber **Bergwiesen** und kahle Fels- oder **Schotterhänge**. Hier beschränkt sich die Tierwelt auf wenige, den harten Witterungs- und Ernährungsbedingungen angepasste Arten wie das sehr seltene Bergschaf, den braunen Vielfraß und das Murmeltier.

Schutz vor der Gier nach Holz

Das Gebiet wurde schon in vorkolumbischer Zeit von den **Potwisha** und den **Kaweah** bewohnt, zwei friedlichen Stämmen, die von Jagd und Fischfang lebten und einfaches Korbflechtwerk fertigten (»Basketmaker«). Sie verbrachten den Winter in den trockenen, schneefreien Niederungen und zogen sich im Sommer in die kühlenden Bergwälder der mittleren Gebirgsregionen zurück.

Ureinwohner und Holzfäller

ZIELE
SEQUOIA & KINGS CANYON NATIONAL PARKS

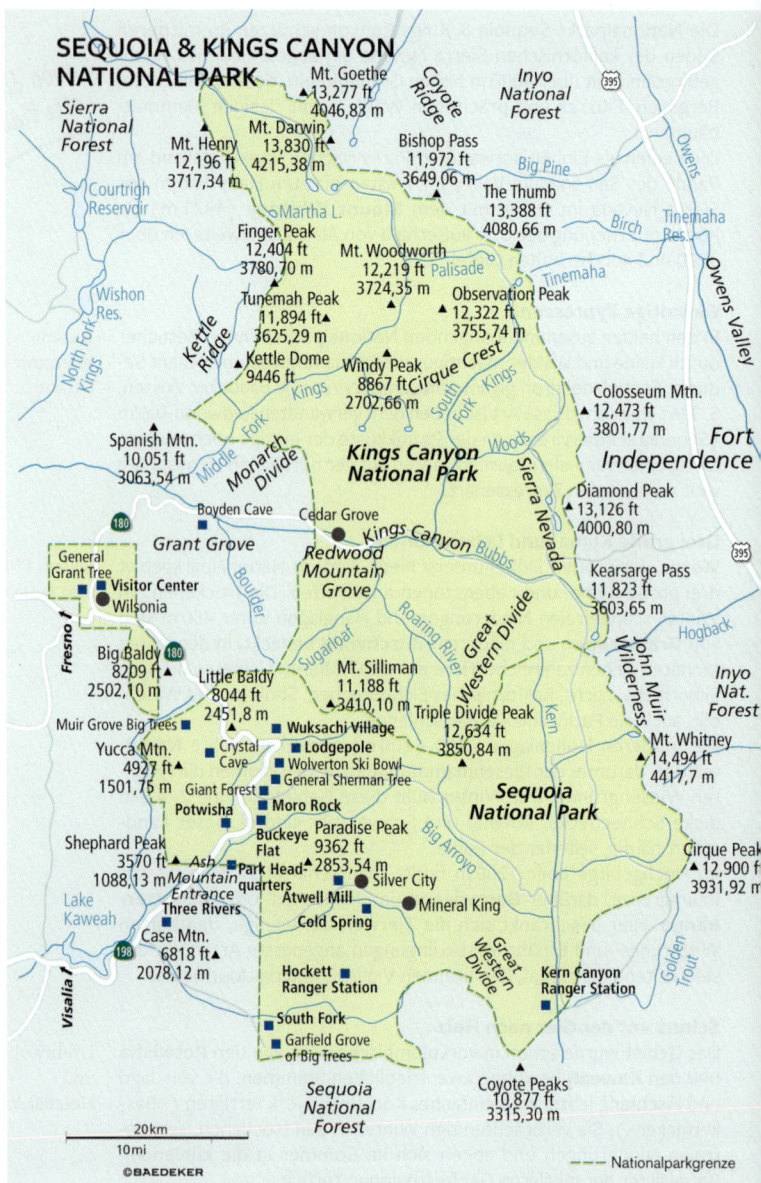

SEQUOIA & KINGS CANYON NATIONAL PARKS ERLEBEN

SEQUOIA & KINGS CANYON NATIONAL PARKS

Besucherzentren: Foothills Visitor Center, Giant Forest Museum (4 mi/7 km nördl. von Giant Forest Village), Kings Canyon Visitor Center, Cedar Grove Visitor Center, Mineral King Ranger Station. Aktuelle Einschränkung wegen Waldbränden s. Website.
47050 Generals Hwy.,
Three Rivers, CA 93271-9700
Tel. 1-559-565-3341, 35 $ pro Pkw
www.nps.gov/seki

Wer die Landschaft abseits der Straßen erkunden will, benötigt einen gebührenpflichtigen Erlaubnisschein (Wilderness Permit), der von der Nationalparkverwaltung ausgestellt wird.
Verschiedene Veranstalter in und außerhalb der Nationalparks bieten im Sommer Ausritte hoch zu Ross an. Im Winter geht's auf Langlaufskiern oder Schneeschuhen durch die tief verschneite Wildnis.

THE VINTAGE PRESS €€€€–€€€
Das Interieur ist im Goldrausch-Stil gehalten, die Küche top, mit innovativen Gerichten – ein Geschmackserlebnis.
216 N Willis St., Visalia
http://thevintagepress.com

THE PEAKS RESTAURANT AT WUKSACHI LODGE €€
Im Speisesaal der Lodge gibt es Burger, Steaks u. Ä., abends wird auch Einfallsreicheres aufgetischt.
64740 Wuksachi Way
www.visitsequoia.com/dine/the-peaks-restaurant

LODGEPOLE CAFÉ €
Neben Burgern und Hot Dogs an der Snack Bar serviert das Deli bestens komponierte Salate und leckere Sandwiches.
63100 Lodgepole Rd., www.visitsequoia.com/dine/lodgepole-dining

LA QUINTA INN & SUITES FRESNO RIVERPARK €€€
Modernes Haus mit 56 zeitgemäß eingerichteten Zimmern und Suiten, kleiner Swimming Pool.
330 E Fir Ave., Fresno
Tel. 1-559-449-0928
www.laquintafresnoriverpark.com

CEDAR GROVE LODGE €€€–€€
Von der gut ausgestatteten Lodge (Mai–Okt.) mit 21 freundlichen Gästezimmern hat man einen atemberaubenden Blick in das wildromantische Tal des Kings River. Reizvolle Wanderziele in der Nähe sind Zumwalt Meadow, North Dome und Grand Sentinel.
86724 CA-180, Kings Canyon N. P.
Tel. 1-866-807-3598
www.visitsequoia.com/lodging/cedar-grove-lodge

PLANTATION B & B €€€–€€
Die Herberge ist in dem für diese Gegend ungewöhnlichen alten Südstaaten-Stil gestaltet. Opulentes Frühstück.
33038 Sierra Dr., CA-198, Lemon Cove (15 mi/25 km westl. des Parkeingangs), Tel. 1-559-597-2555
www.theplantation.net

ZIELE
SEQUOIA & KINGS CANYON NATIONAL PARKS

Nachdem Kalifornien den Vereinigten Staaten angegliedert war, drangen ab der zweiten Hälfte des 19. Jh.s Holzfäller in die Region vor. Objekt ihrer Begierde waren die riesigen Bäume, von denen schon ein einziger genügte, um aus seinem Holz 40 Wohnhäuser zu bauen. Um dem Raubbau Einhalt zu gebieten, wurde schon 1890 der **Sequoia National Park** gegründet. In den ersten Jahren ihres Bestehens mussten die Naturschutzgebiete durch die Armee vor Holzdieben geschützt werden. Der **Kings Canyon National Park** verdankt seinen Namen dem hindurchfließenden Fluss, den die Spanier 1805 Rio de los Santos Reyes tauften, Fluss der Hl. Könige.

Wohin in den Nationalparks?

Giant Forest

Der Größte unter den Großen

Der Giant Forest (Riesenwald) im Westen des Sequoia National Park ist einer der wenigen Mammutbaumwälder, in dem wegen der Dichte des Bestandes keine anderen Bäume gedeihen. Im Nordosten des Gebietes erhebt sich der **General Sherman Tree** (83,8 m hoch, 11,12 m max. Durchmesser, Basisumfang 31,3 m), einer der gewaltigsten bekannten Mammutbäume und mit einem Alter von 3000 Jahren eines der **ältesten lebenden Wesen** der Erde (▶ Baedeker Wissen, S. 336). Nordwestlich des Giant Forest liegt die **Crystal Cave** mit imposanten Tropfsteinen, die als einzige der 200 Höhlen im Park für Besucher erschlossen ist. Nördlich davon erreicht man **Muir Grove**, einen der schönsten Sequoia-Wälder mit zahlreichen sehr alten Bäumen. Im äußersten Nordwesten der Giant Forest Area liegt **Lost Grove**, ein etwa 0,2 km² großer Mammutbaumwald mit besonders mächtigen Exemplaren von über 3 m Durchmesser.

Moro Rock

Blick ins fast Unendliche

Vom Giant Forest führt eine Straße in südöstlicher Richtung zum mächtigen Granitfelsen Moro Rock (2050 m). Wer die 350 Stufen bis zu seiner Kuppe erklommen hat, hat einen der spektakulärsten Aussichtspunkte der gesamten Sierra Nevada 1200 m über dem Talgrund erreicht. Der Blick scheint ins Unendliche zu reichen, über Wälder und Hochgebirge, weiter zu Crescent Meadow, etlichen 4000er-Gipfeln, Schluchten, Felsen und Wäldern (Start: Moro Rock Parkplatz, Abzweigung vom Generals Highway).

Grant Grove, Redwood Mountain Grove

Noch mehr Riesen

Grant Grove und Redwood Mountain Grove, die nordwestlich an den Sequoia National Park anschließen, sind Teil des Kings Canyon National Park. Im Norden der Grant Grove erhebt sich der gewaltige **General Grant Tree** (81,5 m, max. Durchmesser 12,28 m, Basisumfang 32,8 m). Im Süden des Areals steht **Big Stump**, Überrest einer 1875 für die

ZIELE
SEQUOIA & KINGS CANYON NATIONAL PARKS

Ehrfurcht gebietende Baumriesen

Weltausstellung in Philadelphia gefällten Riesensequoia. Das **Stump Basin** ist ein vor der Einrichtung des Nationalparks kahl geschlagener Wald von Mammutbäumen.

Granitgipfel

Kings Canyon heißt das von steilen Felswänden gesäumte Tal des Südarms des Kings River. Die Granitgipfel der umliegenden Berge überragen den Grund des einst von Gletschereis ausgeschliffenen Canyons um mehr als 1600 m.

Vom Besucherzentrum Cedar Grove führen leichte Wanderwege zu der landschaftlich besonders reizvollen Zumwalt Meadow sowie zu den imposanten Wasserfällen **Roaring River Falls** und **Mist Fall**. Vorsicht: Die hoch gelegenen Gebirgsregionen sind nur im Rahmen von geführten Bergtouren zugänglich. Sie erfordern gute körperliche Verfassung und Hochgebirgserfahrung.

Kings Canyon

Wege in die Wildnis

In die Wildnis der beiden Parks führen keine Straßen, sondern nur Pfade. Obwohl beide Parks das ganze Jahr geöffnet sind, sind im Winter die entlegeneren Gebiete nicht erreichbar; Bergpässe sind selten vor Mitte Juni schneefrei.

Straßen

DIE RIESEN UNTER DEN BÄUMEN

Erst in den 1830er-Jahren wurden die zur Familie der Zypressenbäume gehörenden Baumriesen im Westen der USA entdeckt. Die beiden wichtigsten Arten sind der in der Sierra Nevada gedeihende Riesenmammutbaum (Sequoiadendron giganteum) und der Küstenmammutbaum (Sequoia sempervirens), der wegen seines rötlichen Holzes auch als »Redwood« bezeichnet wird.

BAEDEKER WISSEN

GENERAL SHERMAN TREE

▶ **»Hyperion«**
Mit knapp 116 m ist dieser Küstenmammutbaum im Redwood-Nationalpark derzeit der höchste Baum der Erde. Er ist wesentlich schlanker als der Riesenmammutbaum »General Sherman« und wird wohl auch »nur« maximal 1300 Jahre alt.

32,5 m durchschnittliche Kronenbreite

▶ **Volumen**
Mammutbäume haben gewaltige Volumina. So misst der General Sherman Tree derzeit 1487 Kubikmeter. Zum Vergleich ein Blauwal:

120 Kubikmeter

▶ **Altersringe (Querschnitt)**
Riesenmammutbäume können bis zu 3900 Jahre alt werden. Sie gehören somit zu den ältesten lebenden Pflanzen der Welt. Dieses Alter entspricht rund 130 Menschengenerationen.

2018 heute

1839 Erstbeschreibung der Baumart

1492 Kolumbus entdeckt Amerika

ca. 500 v. Chr. Baum entsteht

Rinde 30 – 75 cm dick

Durchmesser am Boden 11,1 m

in 18 m **5,3 m**

in 55 m **4,3 m**

▶ **»General Sherman Tree«**
Der im Sequoia-Nationalpark stehende Riesenmammut ist momentan der größte der Erde gemessen am Volumen. Sein Alter wird auf 2300 bis 2700 Jahre geschätzt.

83,8 m
Gesamthöhe

39,6 m
bis zum ersten großen Ast

Wurzeln
Tiefe: 1 m
Breite: 30 m

zum Vergleich
Kauri (Neuseeland) **Eiche**

▶ **Feuerresistenz**
Mammutbäume sind dank ihrer bis zu 75 cm dicken Rinde enorm feuerbeständig. Gelegentliche Waldbrände begünstigen auch ihre Fortpflanzung.

1 Der Baum steht im Wald und konkurriert mit anderen Planzen um Nährstoffe und Licht.

2 Ein Feuer bricht aus oder wird kontrolliert gelegt. Durch die aufsteigende Hitze öffnen sich die Zapfen.

3 Samen fallen auf die fruchtbare Ascheschicht und können sich mangels Konkurrenz gut entwickeln.

▶ **Verbreitungsgebiete**
Riesenmammutbäume gedeihen vor allem in westexponierten Lagen der Sierra Nevada und hier oft in isolierten Talschluchten (»groves«). Derzeit wachsen diese gewaltigen Bäume auf rund 14 000 Hektar.

Portland
OREGON
Hyperion
Redwood National Park
San Francisco
General Sherman
Sequoia National Park
KALIFORNIEN

■ Riesenmammut
■ Küstenmammut

337

ZIELE
SEQUOIA & KINGS CANYON NATIONAL PARKS

Vom Granitfelsen Moro Rock geht der Blick ins fast Unendliche.

Der **Generals Highway** (76 km) ist zwischen Dezember und Mai gesperrt. Er erschließt dem Autofahrer den Westen des Sequoia National Park.
Die CA-180 zweigt vom Generals Highway nach Nordwesten ab und bildet eine der Zufahrten in den Kings Canyon National Park (nur im Sommer passierbar; ausführl. Zufahrtsbeschreibungen auf der Website; ▶ S. 333).

Fernwandern

Wanderwege Rund 1450 km Wanderwege durchziehen die beiden Parkgebiete, den durch Straßen nicht erschlossenen Osten in Nord-Süd-Richtung der **Pacific Crest Trail PCT** (**John Muir Trail JMT**), ein 3780 km langer, verschiedene Nationalparks berührender Gebirgs-Fernwanderweg, der den Kammlinien der Sierra Nevada und des Kaskadengebirges von der mexikanischen bis zur kanadischen Grenze folgt.
Im Süden des Sequoia National Park verläuft der 64 km lange **High Sierra Trail HST** von der Giant Forest Area ostwärts durch prächtige Landschaften über Bearpaw Meadow bis Wallace Creek, wo er auf den John Muir Trail trifft.
John Muir Trail: http://johnmuirtrail.org
High Sierra Trail: https://highsierratrail.com/

ZIELE
SOLVANG

Außerhalb der Nationalparks

Ein Höhlenreich

Die nach dem spanischen Wort für Esche benannte Stadt (520 000 Einw.) im fruchtbaren **San Joaquin Valley** liegt westlich der beiden National Parks und eignet sich als Stützpunkt für Ausflüge in diese und in den ▸ Yosemite National Park (je etwa 1 Autostd.). Fresno ist Zentrum eines ertragreichen Anbaugebiets für Nektarinen, Pflaumen, Tomaten, Pfirsiche, Weintrauben und andere Agrarprodukte im Wert von jährlich über 2 Mrd. $. Hauptattraktion ist das **Fresno Art Museum**, dessen Palette von Artefakten aus präkolumbischer Zeit bis zu moderner Kunst aus der Region reicht. Unbedingt einen Besuch lohnen die eigentümlichen **Forestiere Underground Gardens**, wo sich ein sizilianischer Einwanderer 1906–1946 ein unterirdisches Höhlenreich mit Dutzenden von Zimmern und einer eigenen Kapelle grub.

Fresno

Fresno County Office of Tourism: 2220 Tulare St., 8th floor, Fresno, CA 93721 | Tel. 1-559-600-4271 | Mo.-Fr. 8–17 Uhr
www.gofresnocounty.com
Fresno Art Museum: 2233 N 1st St. | Do.-So. 11–17 Uhr | 10 $
www.fresnoartmuseum.org
Forestiere Underground Gardens: 5021 W Shaw Ave. | Touren (stdl.) April-Aug. Mi.-Fr. 11–16, Sa., So. ab 10 Uhr, März nur Sa., So., Sept.-Mitte Dez. Fr.-So. bis 15 Uhr | 21 $
www.undergroundgardens.com

SOLVANG

County: Santa Barbara | **Höhe:** 154 m ü. d. M. | **Einwohnerzahl:** 5800

Dänisch, dänischer, Solvang. Den zu einem dänischen Folklorestädtchen mutierten Ort im Santa Ynez Valley, einer renommierten Weinregion, hatten 1911 dänische Pädagogen gegründet, die hier ein College einrichteten.

Der Fremdenverkehr blüht in dem am Rande der Santa Ynez Mountains nordwestlich von Santa Barbara gelegenen Städtchen. Zahlreiche Häusern und vier Windmühlen in skandinavischem Stil verleihen ihm einen unübersehbar dänischen Charakter. Darüber hinaus werden dänische Leckereien in zahlreichen Geschäften feilgeboten. In Restaurants kann man »Karbonade & Blomkål« oder »Hakkebøf med Løg« bestellen. Auch Hotels sind ganz auf Dänisch getrimmt und heißen »King Frederik«, »Hamlet«, »Kronborg« oder »Royal Copenhagen«.

Dänemark in Kalifornien

Wohin in Solvang und Umgebung?

Dänisches Erbe

Elverhøj Museum

Im Museum wird das dänische Erbe gepflegt. Ausstellungen zeigen die Entwicklung des Ortes und kunsthandwerkliche Traditionen des 18. und 19. Jahrhundert.
1624 Elverhoy Way | Do.-So. 11-17 Uhr | 5 $ | www.elverhoj.org

Spanisches Kontrastprogramm

Mission Santa Inés

Die 1804 als 19. der 21 spanischen Missionskirchen gegründete Mission Santa Inés steht in deutlichem Kontrast zur dänischen Folklore in Solvang. Von der einst großen Missionsstation blieben der schöne Kirchenraum und der wieder aufgebaute Glockenturm übrig. Santa Inés ist heute wieder Mittelpunkt einer Gemeinde.
1760 Mission Dr. | Besichtigung Mo.-Sa. 10-14.30 Uhr | 6 $
http://missionsantaines.org

Auf dem »Muschelberg«

Lompoc

Nordöstlich von Solvang, ebenfalls im Santa Ynez Valley liegt Lompoc (44 000 Einw.). Der Namen des Städtchens geht auf die früher dort lebenden **Chumash** zurück und bedeutet »Muschelberg«.
Die **Mission La Purísima Concepión** wurde 1787 gegründet. Nach einem Erdbeben wurde sie am heutigen Standort im Nordosten der Stadt neu aufgebaut. Aufwendig restauriert, vermittelt sie mit einigen zeitgenössisch möblierten Gebäuden und einem Aquädukt einen Eindruck vom Leben am Rande des spanischen Kolonialreiches.
2295 Purísima Rd. | 9-17 Uhr, Besucherzentrum Di.-So. 10-16 Uhr
6 $ pro Pkw | www.lapurisimamission.org

SOLVANG ERLEBEN

SOLVANG CVB
1639 Copenhagen Dr., Solvang, CA 93463, Tel. 1-805-688-6144
tgl. 10-18 Uhr
www.solvangusa.com

BROTHER'S RESTAURANT AT THE RED BARN €€€
Das von den Brüdern Nichols geführte Restaurant gehört zu den besten der Gegend. Die Speisekarte wechselt täglich, alles ist raffiniert zubereitet.
3539 Sagunto St, Santa Ynez
tgl. ab 17 Uhr
http://brothersredbarn.com

SVENDSGAARD'S LODGE €€
Einfaches Motel in dänischem Ambiente, Frühstück inklusive.
1711 Mission Dr., Solvang
Tel. 1-805-688-3277
www.svendsgaardslodge.com

ZIELE
SONOMA VALLEY

Vom Mess- zum Spitzenwein
Im Tal zwischen den Santa Ynez und den San Rafael Mountains herrscht ideales Mikroklima für den Weinanbau. Schon die spanischen Franziskanermönche kultivierten vor 200 Jahren hier ihren Messwein. Seit gut 20 Jahren werden auch exzellente Qualitäten hergestellt: Der ausgezeichnete Pinot Noir aus dem Santa Ynez Valley etwa spielte im oscargekrönten Film »Sideways« (2004) eine nicht unwichtige Rolle.
Viele **Weingüter** wie der Gainey oder der Firestone Vineyard lassen sich besichtigen. Wer sich einen umfassenden Überblick verschaffen möchte, kann den **Los Olivos Tasting Room & Wine Shop** aufsuchen, der die meisten Winzer des Tals im Angebot hat.
Gainey Vineyard: 3950 East Highway 246, Santa Ynez
Tel. 1- 805-688-0558, https://gaineyvineyard.com
Firestone Vineyard: 5017 Zaca Station Rd., Los Olivos
Tel. 1- 805-883-940, www.firestonewine.com
Los Olivos Tasting Room: 2905 Grand Ave., Los Olivos
Tel. 1- 805-688-7406, https://thelosolivostastingroom.com

Santa Ynez Valley

★ SONOMA VALLEY

County: Sonoma | **Höhe:** 26 m ü. d. M.
Einwohnerzahl: 11 000 (Ort), 495 000 (County)

»Sonoma ist wie der Himmel – auf engem Raum«. So und ähnlich preisen Werbeplakate hymnisch die guten Tropfen aus dem weltberühmten Weinanbaugebiet nördlich der San Francisco Bay. Mit dem benachbarten Napa Valley gehört das Sonoma Valley zu den wichtigsten Weinanbaugebieten der USA (▶Das ist ..., S. 26). Hier gedeihen Spitzentropfen, die in alle Welt exportiert werden.

E-F 8

Die Siedlung Sonoma war im Sommer 1846 Schauplatz der kurzlebigen »Bear-Flag-Revolte« als aufgebrachte amerikanische Siedler den mexikanischen General Vallejo festsetzten und die **Republik Kalifornien** ausriefen. Ein in Monterey gelandetes Militärkontingent der USA kassierte die Übereifrigen und ihre Unabhängigkeitserklärung wenige Wochen später wieder ein – schließlich wollten die USA Kalifornien nicht zur Unabhängigkeit verhelfen, sondern als neuen Bundesstaat übernehmen. Die Flagge der Aufrührer, ein Grizzlybär auf weißem Grund, wurde 1911 vom Bundesstaat Kalifornien offiziell zur **Staatsflagge** erklärt.

Heimat der Bärenflagge

ZIELE
SONOMA VALLEY

Wohin im Sonoma Valley (Plan ▶ S. 193)

Mexikanisches

Sonoma

Sehenswert ist der mitten in der Stadt rund um die Plaza gelegene **Sonoma State Historic Park**. Neben der Missionsstation befindet sich das ehemalige Wohnhaus des mexikanischen Generals Vallejo (W Spain St./3rd St. W), die mexikanische Kaserne von 1834 (E Spain St./1st St. W), das ehem. Toscano Hotel sowie eine Reihe anderer historischer Häuser aus der Frühzeit der Ortschaft.

Die mehrfach zerstörte, zuletzt 1911 neu errichtete **Missionsstation San Francisco Solano** erscheint von außen ziemlich schlicht.

Sonoma State Historic Park: Sonoma Plaza, Tel. 1- 707-938-9560 tgl. 10–17 Uhr | 3 $ | www.parks.ca.gov/?page_id=479

Ein ruheloser Abenteurer

Glen Ellen

Nur eine Meile östlich von Glen Ellen (800 Einw.) liegt der **Jack London State Historic Park**, benannt nach dem kalifornischen Autor von 50 Romanen und zahllosen Kurzgeschichten. Hier liegt der ruhe-

Erinnerungen an Jack London, den »Seemann auf dem Pferderücken«

lose Schriftsteller und Abenteurer (▶ Interessante Menschen) begraben, dessen Leben unter nicht völlig geklärten Umständen mit 40 Jahren endete, und man findet die imposante Ruine des von London erbauten **Wolf House**, das abbrannte, noch ehe es 1913 bezogen werden konnte.
Im **Jack London Museum** werden Dokumente aus dem Leben des Autors ausgestellt, dazu seine Sammlung von den Südseeinseln, einige aus dem Wolf House gerettete Möbel sowie die gesamte Einrichtung seines geplanten Arbeitszimmers. In seinem im 1913 veröffentlichten Roman »The Valley of the Moon« (»Das Mondtal«) setzte London der Gegend um Glen Ellen ein literarisches Denkmal.
Jack London State Historic Park: 2400 London Ranch Rd. Glen Ellen 9–17 Uhr | 10 $ pro Pkw | www.jacklondonpark.com

Charlie Brown, **Snoopy und die anderen**

Santa Rosa

Eigentlich ist die größte Stadt des Sonoma Valley (175 000 Einw.), in deren Umgebung etwa 100 Kellereien liegen, Hauptumschlagplatz für die landwirtschaftlichen Produkte der Region, vor allem die bekannten im Tal erzeugten Weine.
Doch auch das zweite »Produkt« von Santa Rosa ist weltberühmt. **Charles M. Schulz**, Schöpfer der berühmten »Peanuts«, lebte hier 45 Jahre. Charlie Brown, sein philosophierender Beagle Snoopy, Lucy van Pelt und ihr Bruder Linus gehören für viele zu den prominenten Einwohnern von Santa Rosa, auch wenn sie nur der Zeichenstift ihres geistigen Vaters Charles M. Schulz zum Leben erweckte. Dem 1922 in Minneapolis geborenen, 2000 in Santa Rosa gestorbenen deutschstämmigen Comiczeichner ist das **Charles M. Schulz Museum & Research Center** gewidmet. Im Museum wurde das **Studio** mit seinem Zeichenbrett aufgebaut. Originale, Zeichnungen, zahllose Skizzen und gezeichnete Gedankenspiele des Künstlers lassen die Welt der »Peanuts« lebendig werden. In der Stadt sind diverse überlebensgroße Figuren von Snoopy, Charlie Brown und seinen Kumpels zu sehen.
Visit Santa Rosa: Railroad Sq., Santa Rosa, CA 95401
Tel. 1-707-577-8674 | 9–17 Uhr | www.visitsantarosa.com
Charles M. Schulz Museum & Research Center: 2301 Hardies Lane, Santa Rosa | Mi.–Mo. 10/11–17 Uhr, im Sommer auch Di. | 12 $ | https://schulzmuseum.org

»Serengeti« made in USA

Safari West

Nordöstlich von Santa Rosa können Besucher Jeep-Touren durch die Sonoma Serengeti unternehmen. Etwa 400 Tiere, darunter auch Zebras, Giraffen und Antilopen, traben durch die künstlich angelegte Savannenlandschaft.
3115 Porter Creek Rd., Santa Rosa, Tel. 1- 800-616-2695
Touren März–Dez. | www.safariwest.com

ZIELE
SONOMA VALLEY

Die Trauben sind gelesen im Sonoma Valley.

Weingüter und Kellereien im Norden

Healdsburg Das Städtchen Healdsburg (12 000 Einw.) am Russian River (US-101, 14 mi/23 km nördl. von Santa Rosa) liegt mitten im Weinbaugebiet von Sonoma County.

Die bekanntesten Kellereien in und um den Ort, die besichtigt werden können, sind: Foppiano Vineyards (12707 Old Redwood Hwy.; http://foppiano.com), Jordan Vineyard and Winery (1474 Alexander Valley Rd.; www.jordanwinery.com), Rodney Strong Vineyards (11455 Old Redwood Hwy.; www.rodneystrong.com) und Simi Winery (16275 Healdsburg Ave.; www.simiwinery.com).

Entlang dem Russian River liegen rund 50 weitere Kellereien mit köstlichen Weinen.

Weitere Kellereien im Napa und Sonoma Valley ▶ Plan S. 193

An heißen Quellen

Geyserville Geyserville (860 Einw.) liegt an der US-101 nördlich von Healdsburg im Nordosten des Sonoma County. Für die in diesem geothermischen Gebiet lebenden **Pomo** war der Ort eine geheiligte Stätte. Als er 1847 von weißen Siedlern entdeckt wurde, nutzten auch sie die heilende Wirkung der heißen Quellen. Jahre später gründeten sie Geyserville und bauten die Quellen zum Heilbad aus.

ZIELE
SONOMA VALLEY

SONOMA VALLEY ERLEBEN

S. V. VISITORS BUREAU
25200 Arnold Dr.,
Sonoma, CA 95476
Tel. 1-707-996-1090, 11–15 Uhr
www.sonomavalley.com

TASTE OF SONOMA
Am Labour Day Weekend kann man Weine verkosten, Delikatessen schlemmen und Live-Musik genießen.
https://tasteofsonoma.com

Die folgenden Weingüter bieten Gelegenheit zu Besichtigung und Weinverkostung. Die Nummern verweisen auf den Plan auf S. 190.

BENZIGER WINERY
1883 London Ranch Rd., Glen Ellen
Do.–Mo. 10–17 Uhr
www.benziger.com

BUENA VISTA WINERY (24)
Der Winzerbetrieb wurde schon 1857 gegründet.
18000 Old Winery Rd., Sonoma
Mo.–Fr. 11–17, Sa./So. ab 10 Uhr
https://buenavistawinery.com

CHÂTEAU ST. JEAN (28)
Imposantes Herrenhaus in einer prachtvollen Parkanlage.
8555 Sonoma Hwy./CA-12,
Kenwood, Mi.–Mo. 10–16 Uhr
www.chateaustjean.com

FRANCIS FORD COPPOLA WINERY
Weine vom bekannten Filmregisseur.
300 Via Archimedes,
Geyserville, tgl. 11–17 Uhr,
im Sommer länger
www.francisfordcoppolawinery.com

VIANSA WINERY
25200 Arnold Dr./CA-121,
Sonoma, tgl. 10–17 Uhr
www.viansa.com

BARNDIVA €€€
Köstliche Gerichte mit Gemüse und Kräutern aus eigenem Anbau sowie Fleischprodukte von gesunden Tieren.
231 Center St., Healdsburg
Tel. 1-707-431-0100
Mi.–So. ab 17.30 Uhr
www.barndiva.com

THE MATHESON €€€–€€
Restaurant, Sushi Bar und Cocktail Lounge auf mehreren Ebenen. Viele Gerichte mit lokalen Zutaten, großes Weinangebot »by the glass«.
106 Matheson Street, Healdsburg
Tel. 1-707-723-1106
Rest. tgl. ab 17.30, Roof Mo.–Do. 17–22, Fr.–So. 12–22 Uhr
www.themathesen.com

HOTEL LA ROSE €€€
Seit über 100 Jahren gepflegte Gastlichkeit am ehemaligen Bahnhofsplatz von Santa Rosa im Haupthaus wie im angeschlossenen Carriage House.
308 Wilson St., Santa Rosa
Tel. 1-707-579-3200
www.hotellarose.com

ART HOUSE €€€
Modernes Boutique Hotel im Zentrum; geschmackvoll eingerichtete Zimmer.
620 7th St., Santa Rosa
Tel. 1-707 545 5400
http://arthousesantarosa.com

ZIELE
SONORA

SONORA

County: Tuolumne | Höhe: 556 m ü. d. M.
Einwohnerzahl: 4900

Die alte Goldgräberstadt zählte ein Jahr nach ihrer Gründung 1848 mehr Einwohner als heute – dabei hatte der Goldrausch gerade erst begonnen. Die Minen sind längst erschöpft, inzwischen kommen Touristen auf der Suche nach Goldgräberromantik vergangener Zeiten entlang der CA-49.

»Heart of Gold Country«

Die ersten Goldgräber waren Mexikaner aus dem dortigen Bundesstaat Sonora, und so nannten sie auch ihr Camp. Ihnen folgten Chilenen und Amerikaner, die die »Latinos« wiederum nicht duldeten und sie schließlich vertrieben. Ähnliches geschah zur selben Zeit in San Francisco, wo vor allem entlassene Soldaten gegen »Ausländer« aufwiegelten.

Die Stadt, die sich über sieben Hügel erstreckt, ist auch Schauplatz mehrerer Erzählungen der beiden amerikanischen Schriftsteller **Mark Twain** und **Bret Harte**, die sich hier vorübergehend aufgehalten haben.

▍ Wohin in Sonora und Umgebung?

Lebendige Goldgräbergeschichte

Tuolumne County Museum

Das Tuolumne County Museum & History Center im früheren Gefängnis erzählt von der wilden Vergangenheit des Orts, anhand historischer Fotos, Gewehre und Werkzeuge zum Goldbergbau.
158 W Bradford Ave., Sonora, Tel. 1- 209-532-1317
Mi. geschlossen, Öffnungszeichen s. Website | frei, Spende erbeten
https://tchistory.org

SONORA ERLEBEN

TUOLUMNE COUNTY VISITORS BUREAU
193 S Washington St.,
Sonora, CA 95370
Tel. 1-209-533-4420, 9–17 Uhr
http://www.visittuolumne.com

GUNN HOUSE HOTEL €€
Romantisches Haus im Stil des Old West, mit hübschen Gästezimmern und zuvorkommendem Service.
286 S Washington St., Tel. 1-209-532-3421, www.gunnhousehotel.com

ZIELE
YOSEMITE NATIONAL PARK

Goldgräberzeiten

Etwa 4 mi/6 km nördlich von Sonora liegt das Open-Air Museum des Columbia State Historic Park an der CA-49. Der einst berühmte Goldgräberort **Columbia** (2400 Einw.) war in seinen Glanzzeiten die zweitgrößte Stadt in Kalifornien. Mehrere Gebäude sind zur Besichtigung offen. Im Sommer werden diverse Aktivitäten angeboten, von der Postkutschenfahrt bis zum Goldwaschen.

Columbia State Historic Park

11255 Jackson St., Columbia, CA 95310, Tel. 1- 209-588-9128
meist 10–17 Uhr | frei | www.parks.ca.gov/?page_id=552

Für Geologen

Nördlich von Sonora liegen mehrere eindrucksvolle Höhlen. In den 1849 entdeckten **Moaning Caverns** bei Vallecito (440 Einw.) kann man imposante Gesteinsbildungen von einer 30 m langen Wendeltreppe aus sehen. Die noch nicht ausgebauten Teile der größten Höhle Kaliforniens können Interessierte im Rahmen einer Führung mit Helmlampe erkunden.

Höhlen im Gold Country

Die **Mercer Caverns** bei Murphy (2200 Einw.) wurde 1885 entdeckt. Hier sieht man u. a. eindrucksvolle Stalagmiten, Stalaktiten und Aragoniten.

Moaning Caverns: 5350 Moaning Cave Rd., Vallecito
9–18 Uhr, stdl. Führungen | 17,50 $ | http://caverntours.com
Mercer Caverns: 1665 Sheep Ranch Rd., Murphy
ab 9/10 Uhr, letzte Führung 16.30/17 Uhr | 19 $
www.mercercaverns.net

 YOSEMITE NATIONAL PARK

Counties: Tuolumne, Mariposa, Madera | **Höhe:** 600–3997 m ü. d. M.

L–M 8–9

Ein Nationalpark der Superlative mit spektakulären Naturschönheiten: steile Granitfelsen, schäumende Wasserfälle, kristallklare Seen, herrliche Bergwiesen und Wälder mit Riesenbäumen.

Die fast ebene Talsohle des **Yosemite Valley** (auf 1200 m ü. d. M.) schmücken Blumenwiesen, Gesträuch wechselt mit Baumgruppen. Von den 900–1500 m hohen, fast senkrecht aufragenden Granitwänden des Talbeckens stürzen zahlreiche **Wasserfälle** herab. Durch die dichten Wälder streifen Rotwild, Schwarzbären, Coyoten und Dachse,

Beliebtester Nationalpark

ZIELE
YOSEMITE NATIONAL PARK

zahlreiche Nagetiere huschen durch das Unterholz, Murmeltiere bevölkern die Berghöhen. Auch mehrere Haine von mächtigen **Riesenmammutbäumen** gehören zu den faszinierendsten Sehenswürdigkeiten in Yosemite. Kein Wunder also, dass er mit rund fünf Millionen. Besuchern pro Jahr unter den beliebtesten Nationalparks der USA rangiert.

Tiefe Mulde zwischen steilen Wänden

Entstehung des Yosemite Valley

Die Natur benötigte mehrere Millionen. Jahre, damit das Yosemite Valley in seiner ganzen Schönheit entstehen konnte. Ursprünglich befand sich an diesem Platz ein breites Tal mit einem Fluss, der im Lauf der Zeit eine bis zu 650 m tiefe **Schlucht** in den Untergrund fräste. Während der Eiszeit füllte sich der Canyon bis zum Rand mit Eis und Gletschern. Sie verbreiterten und vertieften das Kerbtal zum U-förmigen Yosemite-Tal. Der letzte Gletscher ließ eine **Moräne** zurück, hinter der das schmelzende Eis einen See bildete. Nachdem sich dieser mit Ablagerungen gefüllt hatte, entstand die Talebene mit Wiesen und Wäldern.

Zweiter Nationalpark der USA

Erschließung

Die ersten Menschen kamen vermutlich vor 8000–10 000 Jahren ins Yosemite Valley. Seit mehr als 4500 Jahren lebte hier der Stamm der **Miwok** (Ahwahnee). Im Zuge einer Strafexpedition der US-Armee gegen aufständische Ureinwohner gelangten 1851 die ersten Weißen ins Tal. Die überschwänglichen Berichte der Soldaten weckten das Interesse an diesem besonderen Stückchen Erde. Noch während des Bürgerkriegs unterzeichnete Präsident Lincoln 1864 die Yosemite-Übereignung, die das Yosemite Valley und die Mariposa Grove an den jungen Bundesstaat California mit der Auflage abtrat, es in seiner natürlichen Schönheit zu erhalten. Der schottische Naturforscher **John Muir** (▶ Interessante Menschen), der vier Jahre später erstmals das Yosemite Valley besuchte, wurde zum wortgewaltigen Befürworter der **Nationalpark-Idee**: 1872 wurde Yellowstone der erste Nationalpark der USA; als zweiter folgte 1890 Yosemite. Damit gab Kalifornien das Gebiet, das nach und nach zu seiner jetzigen Größe erweitert wurde, an die Bundesregierung zurück.

Waldbrände, Käfer und Menschenmassen ...

Gefährdetes UNESCO-Welterbe

Seit 1984 ist der Nationalpark Teil des UNESCO-Welterbes. Immer wieder sind seine Naturschönheiten in Gefahr: durch Waldbrände, gefräßige Käfer, aber auch durch die Naturliebhaber, die den Nationalpark mit millionenfachen Besuchen an die Grenze seiner Aufnahmekapazität bringen.

Top-Attraktion im National Park sind die Yosemite Falls, spektakuläre Kaskaden, die in drei Stufen aus 739 m Höhe herabstürzen.

ZIELE
YOSEMITE NATIONAL PARK

ZIELE
YOSEMITE NATIONAL PARK

Wohin im Yosemite Valley?

Majestätischer Monolith und Wahrzeichen
Der Yosemite National Park ist voll von spektakulären Naturschönheiten. Einen ersten eindrucksvollen Blick in das Yosemite Valley gewinnt der von **Merced** (82 000 Einw.) im Südwesten anreisende Besucher vom **Valley View Point** an der westlichen Talöffnung.

El Capitán

Eine der großartigsten Erscheinungen ist der El Capitán (2307 m) genannte **Felsklotz**, der als nordwestlicher Eckpfeiler des Tales kühn hervortritt. Die Wirkung dieses gewaltigen Monolithen beruht auf seiner beherrschenden Position, seiner majestätischen Form sowie seinen schroffen, 1000 m vom Talboden aufsteigenden Wänden.

YOSEMITE NATIONAL PARK ERLEBEN

VISITOR CENTER
Im Yosemite Valley Visitor Center und im Yosemite Wilderness Center gleich nebenan gibt es Infos für Trips in die Wildnis. Weitere Auskunftsstellen: Wawona Information Station, Big Oak Flat Information Center, Tuolumne Meadows Visitor Center.
9035 Village Dr., Yosemite Village CA 95389, Tel. 1-209-372-0200
35 $ pro Pkw, www.nps.gov/yose

Die CA-140 (El Portal Rd.) nähert sich dem Park von Merced im Südwesten, die CA-41 (Wawona Rd.) vom südlichen Fresno, die CA-120 (Big Oak Flat Rd.) vom nordwestl. Stockton und führt weiter nach Osten, durch den Park hindurch, erreicht auf dem Tioga Pass seine Grenze und mündet kurz darauf bei Mono Lake in die US-395.
Der Tioga Pass, die Glacier Point Road und Mariposa Grove Road sind im Winter wegen Schneefalls unpassierbar. Die Durchfahrt durch den Park kann je nach Schneelage bis in den Juni unmöglich sein.

Der National Park ist auf (fast) alle Arten von sportlichen Aktivitäten eingerichtet. Es gibt Mountainbike-Strecken (Fahrräder und Zubehör können ausgeliehen werden); an den meisten Flüssen darf (Angelschein vorausgesetzt) gefischt werden; bei Wawona gibt es einen Golfplatz; drei Reitställe vermieten Pferde und organisieren Trips; in Half Dome Village (Yosemite Valley) werden Kajaks, Paddel und Ausrüstungen für Bootstouren vermietet, und die Yosemite Mountaineering School macht aus Anfängern Bergsteiger.
Im Winter kommt Skilanglauf hinzu, mit diversen gespurten Tracks und einer Langlaufschule; am Badger-Pass gibt es eine Abfahrts-Ski-Arena mit allerlei Liften; außerdem ist beim Curry Village (Yosemite Valley) eine Eisbahn eingerichtet, sicherlich eine der schönsten überhaupt, mit Blick auf den Glacier Point.
Weitere Infos:
www.travelyosemite.com

WANDERN UND HIKING
1200 km markierten Wanderwege bieten Ungeübten und Durchtrainierten mehr als genug Alternativen, die

ZIELE
YOSEMITE NATIONAL PARK

Schönheiten der Natur zu erlaufen. Wer genug gelaufen ist, kann einen kostenfreien Shuttle Bus nutzen, der im Sommer von 7–22 Uhr im östl. Valley pendelt.

LOWER YOSEMITE FALLS
Der leichte Wanderweg ist eher ein Spaziergang. Er führt auf 1,7 km asphaltierter Strecke in 45 Min. von der Shuttlebus-Haltestelle 6 zu den Lower Yosemite Falls. Je nach Wasserstand kann man die oberen Fälle erspähen.

PANORAMA TRAIL
Rund 6 Std. dauert der Abstieg auf 13,7 km langer Wegstrecke vom Panorama Trailhead am Glacier Point ins Yosemite Valley. Grandiose Panoramablicke gibt es inklusive.
https://www.yosemitehikes.com/hikes.htm

VALLEY FLOOR LOOP
Die mit 21 km recht lange Wanderung bietet keine großen Schwierigkeiten. Start ist an der Shuttlebus-Haltestelle 6, weiter geht es in Ost-West Richtung entlang alter Wagenstrecken, über Wiesen, durch Wälder und entlang des Merced River im Talgrund. Wer nicht so gut zu Fuß ist, läuft nicht bis zum Bridal Veil Fall, sondern quert das Tal nahe der El Capitan Crossover Road. Dann sind es nur gut 10 km (3 Std.).

❶ ERNA'S ELDERBERRY HOUSE €€€€
Die festen Menüs mittags und abends haben ihren Preis – und sind jeden Cent wert. Das Restaurant ist eines der besten in Kalifornien. Reservierung empfohlen!
48688 Victoria Lane, im Hotel »Château du Sureau«, Oakhurst Tel. 1-559-683-6800
https://chateausureau.com/ernas-elderberry-house-restaurant

❷ THE AHWAHNEE DINING ROOM €€€€
Hier gibt es Gourmetküche in der Wildnis.
1 Ahwahnee Dr.
www.travelyosemite.com/dining/the-ahwahnee-dining-room/

❸ DEGNAN'S KITCHEN €
Suppen, Salate und Sandwiches – alles wird frisch und nach individuellen Wünschen zubereitet.
Yosemite Village
www.yosemite.com/restaurants-dining/degnans-deli

Im Park können diverse Unterkünfte und Touren online gebucht werden:
www.travelyosemite.com
Campingplätze: Reservierung:
Tel. 1-877-444-6777
www.recreation.gov

Wer in der Natur übernachten möchte, benötigt einen Erlaubnisschein (Wilderness Permit). Den kann man per Telefon anfordern (Tel. 1-209-372-0740) oder persönlich bei einer Wilderness Permit Station bzw. dem Valley Wilderness Center beantragen und dort auch mitnehmen.
Tel. 1-209-372-0826
www.nps.gov/yose/planyourvisit/wpres.html

❶ WAWONA HOTEL €€€€–€€
Denkmalgeschützter viktorianischer Hotelklassiker im Nationalpark.
8308 Wawona Rd., Yosemite Valley, Tel. 1-888-413-8869
www.travelyosemite.com/lodging/wawona-hotel

❷ YOSEMITE BUG RUSTIC MOUNTAIN RESORT €€
Einzel-, Doppel- und Gruppenzimmer, dazu Schlafsäle, alles einfach und sauber. Nettes Café für alle Mahlzeiten.
6979 CA-140, Midpines, Tel. 1-866-826-7108, www.yosemitebug.com

ZIELE
YOSEMITE NATIONAL PARK

Einer der höchsten Wasserfälle der Erde
Östlich des Eagle Peak (2372 m) stürzen die Yosemite Falls in drei Absätzen 739 m zu Tal: der 10 m breite **Upper Fall** ergießt sich 436 m fast senkrecht in die Tiefe, die **Middle Cascade** besteht aus einer Folge kleinerer Kaskaden von zusammen 206 m Höhe, der **Lower Fall** ist 98 m hoch. Die Yosemite Falls gehören zu den höchsten Wasserfällen der Erde und sind im Frühjahr besonders eindrucksvoll, schwinden jedoch im Sommer und Herbst.

Yosemite Falls

Ein spiegelnder See
An seinem Ostende verzweigt sich das Yosemite Valley in die beiden engeren Täler des nordöstlichen **Tenaya Creek** und des nach Südosten führenden **Merced River**. Zwischen den Felsquadern am Fuß der rechten Canyon-Wand des Tenaya Creek befinden sich die ehem. Höhlenwohnungen der Indian Caves, .
Etwa 2 km bachaufwärts spiegeln sich der Himmel und die hohe Kuppe des **North Dome** (2299 m) im Mirror Lake. Um den See führt ein Spazierweg.

Indian Caves, Mirror Lake

Eine halbierte Kuppel
Gegenüber dem North Dome erhebt sich als östlicher Abschluss des Yosemite Valley der **Half Dome** (2695 m) in Gestalt einer senkrecht halbierten Kuppel: neben dem El Capitán das meistfotografierte Motiv des Parks. Bis heute ist es ein Geheimnis, ob er jemals eine andere Hälfte hatte. Man kann ihn von hinten her besteigen und muss das letzte Stück zum Gipfel mit Hilfe von Kabeln zurücklegen. Kletterkünstler bewegen sich – der Schwerkraft trotzend – auch an der Steilwand senkrecht nach oben. Südlich des Half Dome endet der Canyon des Merced River; flussaufwärts liegen der 100 m hohe **Vernal Fall** und der 186 m hohe **Nevada Fall**.

Half Dome, Vernal Fall, Nevada Fall

Bester Überblick
Bei der Einmündung des Merced Canyon springt an der Südostecke des Yosemite Valley eine Felsnase mit dem Glacier Point (2199 m) vor, dem wohl schönsten und meistbesuchten Aussichtspunkt des Parks. Er bietet einen prächtigen Blick über das Yosemite Valley in den Merced Canyon mit seinen Wasserfällen sowie über die High Sierra.

Glacier Point

Zwillinge mit Brautschleier
Weiter westlich folgen die schlanken **Cathedral Spires** (1800 m, 1865 m), an die sich die imposante Zwillingsgruppe der Cathedral Rocks (2021 m) gegenüber dem Capitán anschließt.
Über die Westseite des unteren Teils dieser Felsen stürzt der 15–20 m breite **Bridal Veil Fall** fast 190 m senkrecht in die Tiefe. Der beständige Wind lässt einen Wasservorhang ähnlich einem überdimensionalen »Brautschleier« (»bridal veil«) entstehen.

Cathedral Rocks, Bridal Veil Fall

BAEDEKER ÜBERRASCHENDES

6x DURCHATMEN

Entspannen, wohlfühlen, runterkommen

1.
LEGENDÄRE AUSSICHT
Das Panorama vom **Glacier Point** im **Yosemite National Park**, 1000 m über dem Talgrund des Yosemite River, lässt sich nicht übertreffen: Wasserfälle und die Gipfel der High Sierra: Da atmet die Seele auf ... (▶ **S. 353**)

2.
SEE-IDYLL
Der von bewaldeten Bergen umgebene **Big Bear Lake** mit seinem hübschen Hauptort ist ein Wochenend-Paradies in den San Bernardino Mountains. Beliebt im Sommer mit Bootsverleih, im Winter als Skigebiet. (▶ **S. 246**)

3.
EINSAME ZYPRESSE
Die **Lone Cypress** trotzt seit 250 Jahren Wind und Wetter an der Pazifikküste. Längst wurde sie zum Symbol von Carmel – und inzwischen mit Zaun und Kabeln gesichert. (▶ **S. 186**)

4.
SUNSET AM PAZIFIK
Wenn die Sonne **bei Carlsbad oder Santa Cruz** im Ozean versinkt, färbt sich der Himmel blau-rosa, die Wolken blutrot, und der wolkenlose Himmel leuchtet ein letztes Mal golden auf, bevor nur noch ein Schimmer hinterm Horizont die Sonne erahnen lässt. (▶ **S. 62, 329**)

5.
IMBISS MIT SEEBLICK
3 km natürliches Seeufer am **Lake Tahoe**, wie es selten geworden ist. Der lichte **Sugar Pine Point State Park** verlockt mit seinen hohen Bäumen zum Wandern, die Picknicktische zu einem Imbiss mit traumhaftem Seeblick. (▶ **S. 102**)

6.
MORO ROCK
Wer die 400 Stufen zur Aussichtsplattform des **Moro Rock** im Sequoia National Park geschafft hat, wird mit einem Blick belohnt, der das Herz öffnet: auf der einen Seite der Mount Witney inmitten der Sierra Nevada, tief unten das fruchtbare San Joaquin Valley. (▶ **S. 334**)

ZIELE
YOSEMITE NATIONAL PARK

Fixpunkt des touristischen Betriebs
Sammelpunkt des touristischen Lebens im Tal ist Yosemite Village unterhalb der Hauptfälle mit Parkverwaltung, Besucherzentrum, Museum, Unterkünften, Gaststätten, Postamt, Ladengeschäften, Reitställen und anderen Einrichtungen.

<small>Yosemite Village</small>

Wohin im übrigen Parkgebiet?

Gigantischer Grizzly
Vom South Entrance führt die 30 mi/48 km lange **Wawona Road** zum Yosemite Valley. Gut 2 mi/3 km nordöstlich des Parkeingang liegt die Mariposa Grove, der größte der drei im Nationalpark gelegenen Mammutbaumhaine: Auf dem etwa 1 km² großen, in etwa 1675–2135 m Höhe liegenden Waldstück verteilen sich etwa 500 ausgewachsene Riesenmammutbäume.
Im unteren Teil des Hains steht mit dem **Grizzly Giant** (64 m, Basisumf. 29,4 m) der größte Baum im Yosemite National Park; im oberen Teil liegt der berühmt gewordene, 1969 unter der Schneelast zusammengebrochene **Wawona Tree**, durch dessen ausgesägten Stamm später die Straße führte.

<small>Mariposa Grove mit Grizzly Giant</small>

Nochmal Riesenmammutbäume
Vom Big Oak Flat Entrance im Westen des Nationalparks zieht die rund 20 mi/32 km lange **Big Oak Flat Road** zum Yosemite Valley. Gut 5 mi/8 km südöstlich des Parkeingang stößt man auf die Merced Grove of Giant Sequoias, den kleinsten der drei Riesenmammutbaum-Bestände. Nordöstlich wachsen diese Baumriesen auch im **Tuolumne Grove of Big Trees**.

<small>Merced Grove of Giant Sequoias</small>

Hochgebirge, Seen und Wasserfälle
Die knapp 44 mi/70 km lange **Tioga Pass Road** (im Winter geschl.) durchquert den Park in west-östlicher Richtung. Sie führt in prachtvoller Hochgebirgsszenerie durch die High Sierra am stillen Tenaya Lake vorbei zum Tioga Pass (3031 m). Glatt geschliffene Felswände zeigen die Kraft der Gletscher während der letzten Eiszeit.
Die Tuolumne Meadows (2713 m), ein von hohen Granitfelsen umgebenes Wiesenhochland, erstrecken sich einige Kilometer am Tuolumne River entlang. Er durchquert den Nationalpark und bildet in dem großartigen Grand Canyon of the Tuolumne River eine Reihe schöner Wasserfälle. Nicht weit davon liegt der malerische May Lake. Entlang der Strecke lassen sich immer wieder Murmeltiere beobachten.

<small>Tenaya Lake, Tuolumne Meadows</small>

H
HINTER-GRUND

Direkt, erstaunlich, fundiert

Unsere Hintergrundinformationen beantworten (fast) alle Ihre Fragen zu Kalifornien.

Muscle Beach an der Strandpromenade von Venice Beach, Mucki-Bude für Narzissten. Arnold Schwarzenegger lässt grüßen ... ▶

HINTERGRUND
DAS LAND UND SEINE MENSCHEN

DAS LAND UND SEINE MENSCHEN

Wunderbare Naturschönheiten auf der einen, Umweltprobleme auf der anderen Seite: Bald 19 Millionen Menschen drängen sich im Großraum Los Angeles, dessen eigene Wasserreserven nur für rund 100 000 Einwohner reichen: »Jeder Eiswürfel im Cocktailglas, jeder Tropfen in den Swimmingpools hat eine Reise über Hunderte von Kilometern hinter sich, ehe er die Menschen erfrischt.« (Heinrich Wefing: Gebrauchsanweisung für Kalifornien)

Gliederung und Landschaftsräume

Lage und Ausdehnung
Kalifornien ist der südwestlichste Bundesstaat der USA. Im Westen reicht es an den Pazifischen Ozean, im Norden grenzt es an den Bundesstaat Oregon, im Süden an Mexiko und dessen Provinz Baja California. Im Nordosten teilt es sich mit Nevada und ganz im Süden mit Arizona eine gemeinsame Grenze.

Der Name »Painted Dunes« im Lassen Volcanic National Park kommt nicht von ungefähr.

HINTERGRUND
DAS LAND UND SEINE MENSCHEN

Kalifornien ist **der drittgrößte US-Bundesstaat** nach Alaska und Texas und mit einer Fläche von 423 971 km² noch um ein gutes Sechstel größer als die Bundesrepublik Deutschland. Die Luftlinie von der Nord- bis zur Südgrenze beträgt 780 mi/1248 km, während die Küste eine Länge von 1224 mi/2024 km aufweist. Der Staat erstreckt sich über eine Breite von 150–350 mi/240–560 km.

Im Vergleich

Bodenbeschaffenheit, Klima und Kultur schufen in Kalifornien sehr verschiedene Landschaftsräume. Die Küste Kaliforniens wird, von Ausnahmen abgesehen, von **Küstengebirgen** geprägt. Die Coast Ranges erreichen Höhen von 1500–2700 m. Entlang der dünn besiedelten Nordküste findet man die letzten Wälder mit riesigen **Redwoods**. Besonders eindrucksvoll ist die kurvenreiche Fahrt auf dem Highway No. 1 (CA-1) durch die Landschaft der Coast Ranges von Big Sur südlich von Monterey.

Coast Ranges

Östlich der Küstengebirge schließt sich das Central Valley, das **Große Kalifornische Längstal**, an, fast 700 km lang und bis zu 60 km breit. Im Süden fließt der San Joaquin River, im Norden der Sacramento River durch das Tal, auf dessen fruchtbarem Schwemmland Gemüse und Früchte gedeihen. Beide Flüsse münden in die San Francisco Bay, deren Golden Gate den einzigen Durchbruch durch das Küstengebirge zum Pazifischen Ozean darstellt.
Das Imperial Valley ganz im Süden erstreckt sich als zweites großes **Längstal** vom Salton Sea über die mexikanische Grenze bis zum kalifornischen Golf. Es wird im Norden und Osten von den San Bernardino und den Chocolate Mountains begrenzt, im Westen von den Santa Rosa und Laguna Mountains.

Central Valley und Imperial Valley

Im Nordosten erheben sich die **Vulkanberge** der Cascade Mountains mit dem gewaltigen **Mount Shasta** (4317 m) und dem **Lassen Peak** (3187 m).
Das Kaskadengebirge geht weiter nach Süden in die Sierra Nevada über, ein bewaldetes Hochgebirge, in dem der **Yosemite National Park** sowie die **Sequoia & Kings Canyon National Parks** spektakuläre Landschaften schützen. An den sanft ansteigenden Westhängen des Gebirgszugs wachsen gewaltige Riesenmammutbäume mit einem Stammumfang bis zu 30 m.
Der 4418 m hohe **Mount Whitney** ist nicht nur der höchste Gipfel der Sierra Nevada, sondern der gesamten kontinentalen USA südlich von Alaska.

Cascade Mountains und Sierra Nevada

Im Osten fallen die Berge steiler ab und gehen an der Grenze zu Nevada in die **Halbwüste** des Great Basin über. Als die Gletscher der Sierra Nevada gegen Ende der letzten Eiszeit schmolzen, sammelte sich ihr Wasser in einer Reihe von Seen im nördlichen Kalifornien. Der

Great Basin

SAN-ANDREAS-VERWERFUNG

Etwa 1100 km lang zieht sich die in den USA als San Andreas Fault bekannte geologische Bruchlinie durch Kalifornien. Entlang dieser Störungslinie schrammen die Pazifische und die Nordamerikanische Platte aneinander. In den vergangenen 140 Mio. Jahren haben sich beide Platten um etwa 560 km gegeneinander verschoben. Bei diesem Vorgang baute und baut sich in der Erdkruste immer wieder Spannung auf, die sich in häufigen und oftmals schlimmen Erdbeben entlädt.

❶ Pazifische Platte
Die »ozeanische« Pazifische Platte driftet mit einer Geschwindigkeit von mehreren Zentimetern pro Jahr in nordwestliche Richtung.

❷ Nordamerikanische Platte
Die »kontinentale« Nordamerikanische Platte driftet ebenfalls mehrere Zentimeter im Jahr in südöstliche Richtung.

❸ San-Andreas-Graben
Den Grenzbereich beider Platten markiert in Kalifornien die Verwerfungslinie der San Andreas Fault. Entlang dieser Störungszone schrammen die beiden Platten mit einer Geschwindigkeit von durchschnittlich 6 cm pro Jahr aneinander entlang. Zudem teilt der Graben Kalifornien in zwei Teile. Während San Francisco auf der Nordamerikanischen Platte liegt, breitet sich der Großraum Los Angeles auf der Pazifischen Platte aus. Besonders heikel ist die Situation nördlich und nordöstlich von Los Angeles, wo die Verwerfungslinie vom tief in der Erdkruste verankerten Massiv der San Bernardino Mountains in westliche Richtung abgelenkt wird. Hier taucht die dünnere und leichtere Pazifische Platte unter die Nordamerikanische Platte. Eingekeilt zwischen die beiden Platten werden die San Bernardino Mountains zusammengepresst und jährlich um etwa 1 cm weiter in die Höhe gedrückt.
In der instabilen Erdkruste schieben sich auch größere und kleinere Bruchschollen über- und untereinander. Dies geschieht meist ruckartig, wobei die Erdoberfläche mehr oder weniger heftig erzittert.
Bei Santa Barbara verschiebt sich die Verwerfung in nordwestliche Richtung, verläuft dann fast parallel zum Kalifornischen Längstal entlang der Küstengebirge bis zum knapp 200 km nordwestlich von San Francisco in den Pazifik vorspringenden Point Arena, um sich dann am Meeresboden fortzusetzen. Entlang der San Andreas Fault verhaken sich also nicht nur die beiden Platten, sondern auch einzelne Schollen der Erdkruste, fast immer verbunden mit ruckartigen Spannungsentladungen, die mehr oder minder heftige Erdbeben auslösen.

❹ Rinnen und Täler
Topografisch tritt die San Andreas Fault in vielfältiger Weise in Erscheinung. Durch Erosion zerriebener Gesteine im Störungsbereich entstehen langgestreckte Rinnen und Täler.

❺ Hügelketten
Weil zurPlattenverschiebung noch seitliche Pressung kommt, die zur Aufwölbung geologisch junger und noch leicht verformbarer Sedimentschichten führt, entstanden Hügelketten parallel zur Verwerfungslinie.

©BAEDEKER

SCHWERE ERDBEBEN IN KALIFORNIEN

(in Klammern Stärke auf der Richter-Skala):
- 1812 Südkalifornien (7,2)
- 1838 San Francisco (7,0)
- 1857 Südkalifornien (8,3)
- 1868 Hayward (6,8)
- 1872 Owens Tal (8,0)
- 1906 San Francisco (8,3)
- 1925 Santa Barbara (6,3)
- 1927 Lompoc (7,5)
- 1933 Long Beach (6,3)
- 1940 Imperial Valley (7,1)
- 1952 Kern County (7,7)
- 1954 Eureka (6,6)
- 1968 Borrego Mountain (6,4)
- 1971 San Fernando (6,6)
- 1980 Eureka (7,2)
- 1983 Coalinga (6,7
- 1989 Santa Cruz, S. Francisco, Oakland (6,9)
- 1992 Los Angeles (7,5), Mojave (6,5)
- 1994 Los Angeles (6,7)
- 2003 Paso Robles (6,5)
- 2005 Meeresgebiet vor Crescent City (7,0)
- 2010 Eureka (6,5)
- 2019 Ridgecrest (6,4/7,1)
- 2021 Little Antelope Valley (6,0)

SAN-ANDREAS-VERWERFUNG

Der Kalifornier **Charles Richter** ersann 1935 die nach ihm benannte Skala zur Messung von Erdbebenstärken. Die logarithmische Skala beruht auf von Seismographen aufgezeichneten Daten. Ein Beben der Stärke 7 ist, was die Erschütterungskraft betrifft, 31 mal stärker als eines der Stärke 6 und über 900 mal stärker als Stärke 5
An der San Andreas Fault hat man prähistorische Erdbeben durch Versetzungen in geologisch jungen Sedimenten identifiziert und mit Hilfe der Radiokarbon-Methode datiert. Dabei wurden während der letzten 1500 Jahre acht starke Beben in Abständen zwischen 60 und 275 Jahren festgestellt, die meisten mit einem geschätzten Wert von 8 auf der Richterskala.

Lake Almanor, der Honey Lake oder der Eagle Lake entstanden in dieser Zeit. Den 1900 m hoch gelegenen **Lake Tahoe**, einen der wasserreichsten Seen des Bundesstaates, teilen sich Kalifornien und Nevada. Der ständig seines Wassers beraubte und erst langsam wieder ansteigende **Mono Lake** auf der Ostseite der Sierra Nevada ist der südlichste dieser Seen.

Felswüsten
Den Süden Kaliforniens prägen große Wüstengebiete. Es sind jedoch überwiegend keine Sand-, sondern Felswüsten, die – teils im Verborgenen – ein überraschend reiches Tier- und Pflanzenleben beherbergen. Die Wüsten wie das **Mojave Desert** und das **Sonora Desert** nehmen mehr als ein Viertel der Bodenfläche des Bundesstaates ein. Zahlreiche kleinere Gebirge teilen die trockene und einsame Landschaft. Die Wüste des **Death Valley** ganz im Osten von Kalifornien liegt zwischen zweien dieser Höhenzüge. Hier wurden mit –86 m der tiefste und mit knapp 57 °C im Schatten auch der heißeste Punkt der USA gemessen.

Plattentektonische Verschiebungen
Die fast 1000 km lange **San-Andreas-Verwerfung** (San Andreas Fault; ▶ Baedeker Wissen, S. 360), eine tektonische Verschiebung der Erdplatten, bei der die Nordamerikanische Festlandsplatte und die Pazifische Platte aneinander reiben, zieht sich von Süden bis an die Pazifikküste bei Point Reyes nördlich von San Francisco.
Dazu kommen weitere tektonische Störungen, vor allem im Bereich des Küstengebirges. Die durch die gegenläufigen Bewegungen der Platten entstehenden Spannungen entladen sich immer wieder in kleineren und größeren **Erdbeben**. Eine aktuelle Übersicht über alle Beben in Kalifornien und anderswo bietet die Website http://earthquake.usgs.gov.

Pflanzen- und Tierwelt

Ausgedehnte Wälder
Trotz großflächiger Rodungen in früheren Zeiten ist mehr als die Hälfte Kaliforniens bewaldet. Ausgedehnte Areale unberührter Wildnis stehen unter Naturschutz. Die fruchtbaren Täler wurden jedoch weitgehend in Kulturlandschaft umgewandelt und zählen heute zu den ertragreichsten Obst-, Gemüse- und Weinbaugebieten der USA.
In den Trockenwüsten des Südens gedeihen Hartlaubsträucher (Chaparral), Kakteen und Palmen unter schwierigen Bedingungen. Vor allem die **Mammutbäume** (▶ Baedeker Wissen, S. 336) machten Kalifornien berühmt. Die ausschließlich im Süden des Staates wachsende **Fächerpalme** (Washingtonia filifera) ist eine von 1200 Palmenarten, die es auf der Welt gibt.
Zu den einheimischen Fichten- und Kiefernarten gehören die berühmte Monterey Pine (Monterey-Kiefer, Pinus radiata) in und um

HINTERGRUND
DAS LAND UND SEINE MENSCHEN

Monterey, die Torrey Pine (Pinus torreyana), die vor allem in La Jolla anzutreffen ist, und die uralten, knorrigen Borstenkiefern Bristlecone Pines (Langlebige Kiefern, Pinus longaeva) in höheren Berglagen.

Den einheimischen **Joshua Tree** (Yucca brevifolia), eine Palmlilienart, findet man auch in Arizona, Nevada und Utah. Eichen sind mit einem Dutzend Arten so weit verbreitet, dass ihre spanische Bezeichnung »roble« in wenigstens 130 Ortsnamen auftaucht.

Etwa ein Viertel Kaliforniens wird von den im Süden gelegenen Wüsten eingenommen. Im Death Valley und vielen anderen Landstrichen gedeihen streckenweise nur **Kreosotbüsche**, deren giftige Wurzeln alle umliegenden Pflanzen absterben lassen, die ihnen überlebenswichtige Feuchtigkeit streitig machen könnten.

In den Wüstengebieten beheimatet sind zahlreiche Kakteen, die in ihren Stämmen und Blättern Wasser speichern können, darunter neun verschiedene **Cholla-Kakteen** (Cylindropuntia cholla) und 14 Arten der

Wüstenvegetation

Die Farben explodieren, wenn der Goldmohn, Kaliforniens Staatsblume California Poppy, im Walker Canyon blüht.

stacheligen Prickly Pear, einer Opuntienart (Opuntia ficus indica), die nach einem regenreichen Winter im Frühling in vielen Farben blüht, und deren Früchte als Delikatessen gelten.

Säugetiere an Land ... Der **Grizzlybär** (Ursus arctos horribilis), eine Unterart des Braunbären und Flaggentier des Bundesstaates, gilt bereits seit Anfang der 1920er-Jahre in Kalifornien als ausgestorben. Sein kleinerer Artgenosse, der Amerikanische Schwarzbär (Ursus americanus), lebt in der Sierra Nevada. Der Coyote oder Steppenwolf (Canis latrans) kommt fast in allen Teilen des Bundesstaates vor.
Die Gabelantilope (Pronghorn, Antilocapra americana), vor Jahren ebenfalls fast ausgerottet, konnte sich dank eines temporären Jagdschutzes inzwischen wieder auf mehrere Tausend Exemplare vermehren und ist vor allem in den Bergen des Nordens heimisch. Dort begegnet man auch Murmeltieren und dem in Kalifornien einst fast ausgerotteten **Wapiti-Hirsch** (Cervus canadensis). Häufig trifft man auch auf Waschbären, Dachse, Hasen, Füchse, Stinktiere, Opossums und diverse Hörnchenarten.

Seeotter scheinen ein entspanntes Dasein zu führen.

HINTERGRUND
DAS LAND UND SEINE MENSCHEN

An den Küsten, in Buchten und Höhlen tummeln sich verschiedene Meeressäuger, darunter Seeotter (Enhydra lutris), bis Anfang des 20. Jh.s wegen ihrer Felle fast ausgerottet, und diverse Robbenarten, besonders **Kalifornische Seelöwen** (Zalophus californianus) und See-Elefanten (Mirounga angustirostris). Dazu kann man in Küstennähe Grauwale (Eschrichtius robustus) auf ihrem Zug zwischen Alaska und Mexiko beobachten (▶ Baedeker Wissen, S. 262).

... und im Meer

Besonders artenreich ist die Welt der Wasservögel. An Stränden, Buchten, Lagunen und Flussmündungen kann man Möwen, Pelikane, Kormorane, Odinshühner, Uferschnepfen, Säbelschnäbler, Seeschwalben, Strandläufer, Austernfischer, Wildenten, Reiher und sogar Weißkopfseeadler (Haliaeetus leucocephalus) beobachten.
Landeinwärts in den Berggebieten ist der Steinadler (Aquila chrysaetos) der König der Lüfte. Hier haben auch Eichelhäher, Wachteln, Eulen und sogar Schneehühner ihren Lebensraum. Der in Kalifornien beinahe ausgestorbene **Kalifornische Kondor** (Gymnogyps californianus) konnte vor einigen Jahren im Gebiet von Big Sur erfolgreich ausgewildert werden.

Reiche Vogelwelt

Im Pazifik vor Kaliforniens Küste tummeln sich vielerlei Fische, wie Seezunge, Salm, Heilbutt, Kabeljau, Makrele, Barsch, Thunfisch und Hai. Das Meer birgt auch andere Schätze wie die Kalifornische Languste (Spiny Lobster, Panulirus interruptus) und Austern (u. a. Morro Bay, Point Reyes, Humboldt Bay). In den Küstengewässern kann man auch Meerohren (Abalone, Haliotis) finden, eine Schneckenart, die bei Feinschmeckern begehrt und deren Schalen wegen ihres Perlmuttglanzes gesucht sind. In den Binnengewässern leben Bach- und Seeforellen, Hechte und verschiedene andere Süßwasserfische.

Fische, Krebse und Mollusken

Besuchermagnete – und Kristallisationspunkte des Tourismus – sind die **neun Nationalparks** Kaliforniens (▶ Das ist ..., S. 15), die neben State Parks und weiteren Schutzgebieten die große Vielfalt an Naturwundern einer zunehmenden Touristenzahl aus dem In- und Ausland zugänglich machen.

National Parks und Schutzgebiete

▌ Bevölkerung

Der mit fast 40 Mio. Einwohnern bevölkerungsreichste Bundesstaat der USA, in dem knapp **12 % aller US-Bürger** leben, ist Sammelbecken vieler Ethnien und Nationalitäten. Mehr als ein Viertel der heutigen Bevölkerung (fast 11 Mio.) wurden in einem anderen Land geboren, doppelt so viele wie im US-Durchschnitt.
Als die Amerikaner in den 1840er-Jahren Kalifornien von Mexiko eroberten, lebten dort schätzungsweise 140 000 Ureinwohner und

Bevölkerungsreichster Bundesstaat

HINTERGRUND
DAS LAND UND SEINE MENSCHEN

etwa 14 000 Menschen anderer Herkunft. Der wenig später einsetzende Goldrausch (▶ Baedeker Wissen, S. 238) brachte Kalifornien eine **Einwanderungswelle** von 300 000 Menschen; Städte wie Sacramento und San Francisco erlebten einen wahren Bevölkerungsboom, während die aus dem Erdboden geschossenen Goldgräberorte nach Erschöpfung der Goldadern bald verlassen wurden und zu Geisterstädten verkamen.

In der Folgezeit gesellten sich zu Europäern und Afro-Amerikanern, Mexikaner, Chinesen, Japaner, Koreaner, Vietnamesen und Kambodschaner. Die Gruppe der weißen Bevölkerung ohne Hispanic- bzw. Latino-Hintergrund schrumpfte in den letzten Jahren auf etwa 38 %, womit erstmals die **Hispano-Latino-Amerikaner** (38 %) auf Platz 1 der bevölkerungsreichsten Gruppe des Staats liegen. In Los Angeles leben bereits mehr Mexikaner als in jeder mexikanischen Großstadt, ausgenommen Mexiko-Stadt und Guadalajara. Platz 3 und 4 belegen Asiaten (15 %) und Afro-Amerikaner (6,5 %).

Weiterhin Einwanderung

Die jährliche Bevölkerungszunahme aus dem Ausland (rund 60 000) beweist, dass die Attraktivität Kaliforniens als Einwanderungsland sich ein wenig abgeschwächt hat. Zuwanderer aus Mittelamerika, vor allem aus Mexiko, zieht die Hoffnung auf einen Job an und lässt sie die Gefahren bei der Überwindung der Grenze und ein Leben in der Illegalität auf sich nehmen.Besonders die Ballungsgebiete der Millionenstädte Los Angeles, San Diego und San Jose/Silicon Valley, erlebten dadurch einen gewaltigen Bevölkerungszuwachs. Abzuwarten bleibt, ob und wie sich die **restriktive Politik der Trump-Adminstration** auswirkt, die zudem den Bau einer Grenzmauer angekündigt hat.

Staat und Verwaltung

Regierung und Parlament

Kalifornien trat am 9. September 1850 als 31. Staat der Union bei. Es ist in **58 Counties** (58) eingeteilt, von denen San Bernardino County mit 52 400 km² das größt und San Francisco County mit 113 km² das kleinste ist.

An der Spitze des Staats steht ein **Gouverneur**, der wie sein Stellvertreter und der Justizminister alle vier Jahre vom Volk gewählt wird. Er ernennt die weiteren Mitglieder des Kabinetts, die vom 40-köpfigen Senat bestätigt werden müssen. Jeweils die Hälfte der Senatoren wird alle zwei Jahre neu gewählt. Die zweite Kammer, das Repräsentantenhaus (»Assembly«), besteht aus achtzig Abgeordneten, die ebenfalls alle zwei Jahre gewählt werden. Viele Gesetzesinitiativen werden durch Volksabstimmungen entschieden. Im Kongress in Washington ist Kalifornien mit 53 Abgeordneten und zwei Senatoren vertreten.

HINTERGRUND
DAS LAND UND SEINE MENSCHEN

Ein Demonstrant schwenkt die Staatsflagge vor dem California State Capitol in Sacramento.

Wirtschaft

Der »Golden State« trägt mit rund 2746 Mrd. $ etwas mehr als 14 % zum Bruttoinlandsprodukt (BIP) der Vereinigten Staaten bei (Stand: 2016). Ein von den USA losgelöstes Kalifornien wäre somit die **fünftstärkste Wirtschaftsmacht der Welt**. Fast 84 % des BIP entfällt auf Dienstleistungen aller Art inkl. der Behörden.

Gemessen an der Zahl der Arbeitsplätze ist besonders der Dienstleistungssektor wichtig – Handel, Verkehr, Transport, Verwaltung und Management, Erziehungs- und Gesundheitswesen sowie Gastgewerbe, Erholungs- und Freizeitbereich. Hinsichtlich des finanziellen »Outputs« sind jedoch **Handel** und **Finanzgewerbe** die mit Abstand wichtigsten Sparten. Im Tourismus erwirtschafteten ca. 900 000 Beschäftigte 2020 über 165 Mrd. US-Dollar. In der **Unterhaltungsindustrie** (Film, TV, Freizeitparks) stieg die Zahl der Beschäf-

Womit man Geld verdient

 Fläche:
423 970 km²
Drittgrößter US-Bundesstaat
nach Alaska und Texas
Küstenlinie: **2024 km**
Ausdehnung in der Länge: **1248 km**
Ausdehnung in der Breite:
zwischen **240 km und 560 km**
Höchste Erhebung:
Mt. Whitney 4418 m
Tiefster Punkt: **Death Valley -86 m**

 Einwohner: **39,5 Mio.** (2020)
Los Angeles: **4 Mio.**
(Stadtgrenze),
13 Mio. (Metropolitan Area)
San Francisco: **870 000** (Stadtgrenze),
4,7 Mio. (Metropolitan Area)
San Diego: **1,4 Mio.** (Stadtgrenze),
3,3 Mio. (Metropolitan Area)
San Jose: **1 Mio.** (Stadtgrenze),
2 Mio. (Metropolitan Area)

 Bevölkerungsdichte:
97 Einwohner/km²
Abstammung weiß und
nicht Latino 38%, Latinos 39%,
Asiaten 15%, Afro-Amerikanisch 6,5%,
indianische Ureinwohner 1,5%

▶ Staat

Bundesstaat der Vereinigten
Staaten von Amerika
Verwaltung: 58 Countys
Hauptstadt: Sacramento
Gouverneur, alle 4 Jahre direkt gewählt
Zweikammer-Parlament aus Senat und
Repräsentantenhaus, deren Mitglieder für
2 bzw. 4 Jahre gewählt werden.

▶ Flagge

Hymne: »I love you, California«
von F.B. Silverwood und
A.F. Frankenstein

▶ Tourismus

Die meisten ausländischern Besucher Kaliforniens in 2017 kamen aus: ca. 100 000

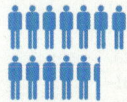     

1,36 Mio. China | **693 000** Großbritannien | **604 000** Australien | **548 000** Japan | **470 000** Südkorea | **442 000** Frankreich

Wirtschaft

Bruttoinlandsprodukt:
2900 Mrd. US $ (2018)

Im Vergleich (in Mio. US $)

Kalifornien	2900
Texas	1780
New York	1680
Florida	1040
Illinois	865
Deutschland	3810

Arbeitslosenquote: **6,9 %** (2021)

Wichtigste Wirtschaftsbereiche
(nach Anteilen am BSP):
Finanz- und Versicherunginsdustrie, Unternehmens- und Fachdienstleistungen, Öffentlicher Dienst, Informationsbranche; Bildungsdienstleistungen und Gesundheitswesen, Fertigungsindustrie

Wichtigste Exportländer
Angaben in Mrd. US $ (2018)

Mexiko	30,76
Kanada	17,7
China	16,4
Japan	13,0
Südkorea	9,9
Deutschland	6,6

Summe aller Exporte:
178 Mrd. US $ (2018)

Wichtigste Exportgüter:
Hightech-Produkte, Transportequipment, sonstige Industriegüter, chem. Produkte, Maschinen

Naturschutzgebiete

Die meistbesuchten Naturschutzgebiete
Angaben in Mio. Besuchern (2019)

Yosemite National Park	4,5
Joshua Tree National Park	2,9
Point Reyes National Seashore	2,3
Sequoia & Kings Canyon National Park	1,9
Death Valley National Park	1,7
Muir Woods National Monument	0,3

HINTERGRUND
DAS LAND UND SEINE MENSCHEN

tigten in den letzten Jahren kontinuierlich und liegt heute ebenfalls bei rund einer Million.

n der **Film- und TV-Produktion** von Burbank, Century City und Universal City erwirtschaften über 200 000 Beschäftigte von Metro-Goldwyn-Mayer, Universal Studios u. a. einen Umsatz von rund 30 Mrd. US-$ jährlich. Darüber hinaus fließen durch Besucher aus aller Welt, die L. A. als Ort der Hollywood-Filmproduktionen besuchen (▶ Das ist ..., S. 10), rund 100 Mio. US-$ ins Land.

Bodenschätze und Energie

Eindrucksvolle Wachstumsraten verzeichnet die Erzeugung von Elektrizität aus **Windkraft** und **Photovoltaik**. Bis 2030 sollen fast zwei Drittel des Strombedarfs aus erneuerbaren Energiequellen gedeckt und damit weit über 200 000 neue Arbeitsplätze geschaffen werden.

Elektronik und Life Sciences

Die **IT-Industrie** konzentriert sich im Silicon Valley (▶ Baedeker Wissen, S. 314) zwischen Palo Alto und San José. Neben Global Players wie Apple, Adobe, Hewlett-Packard oder Oracle gibt es zahlreiche kleinere Unternehmen, die forschen und produzieren. Etliche **Software-** und **Social-Media-Unternehmen** wie Google, Twitter, Facebook, Mozilla (Firefox) und Linkedin betreiben ihre Geschäfte vom »Valley« aus. Daneben konnte sich auch der Bereich **Biotechnologie** etablieren. Gut ein Viertel aller US-Unternehmen, die sich mit »Life Sciences« beschäftigen, sind in Kalifornien ansässig. Sie generieren knapp 180 Mrd. US-$ im Jahr. Allein das Pharma- und Biotechnologie-Unternehmen Gilead Sciences mit Sitz in Foster City südlich von San Francisco erwirtschaftet jährlich etwa 24 Mrd US-$ weltweit.

Landwirtschaft

Fruchtbare Böden und günstige Klimabedingungen in weiten Teilen Kaliforniens ermöglichen eine hoch produktive Landwirtschaft. Gut **77 000 Farmbetriebe** erzeugten 2017 Güter im Wert von etwa 31 Mrd. US-$, was aber nur etwas mehr als ein Prozent zum BIP beiträgt. 40–70 % des Gesamtbedarfs der USA an Obst und Gemüse kommen aus Kalifornien. Jedes fünfte Glas Milch, das in den USA getrunken wird, stammt aus Kalifornien. Landwirtschaft betrieben wird vor allem im San Joaquin Valley, im südlichen Sacramento Valley, im Tal des Salinas River und im Imperial Valley. Sechs Counties im San Joaquin Valley erzeugen mehr als die Hälfte des Gesamtvolumens kalifornischer Landwirtschafts- und Gartenbauprodukte.

Etwa 85 % aller amerikanischen **Weine** und Trauben kommen aus dem Sonnenstaat. Führende Anbaugebiete sind Napa Valley und Sonoma Valley nördlich von San Francisco (▶ Das ist ..., S. 26).

Das warme Klima begünstigt auch die Blumenzucht und machte Kalifornien zum wichtigsten Blumenlieferanten Nordamerikas. Zentren sind die Counties Monterey und Santa Clara und die Täler nördlich von Santa Barbara.

HINTERGRUND
DAS LAND UND SEINE MENSCHEN

Es wird eng für die Boote in der Marina des Silverthorn Resort am Lake Shasta. Im August 2014 sank der Wasserspiegel um etwa 12 cm täglich.

Ein riesiges Problem für die Landwirtschaft ist die Bewässerung, denn sie benötigt mehr als 80 % des aufbereiteten Wassers, das von weit her herbeigeschafft werden muss.

Auch für Kaliforniens Großstädte gerät die Wasserversorgung damit zunehmend zur **Existenzfrage**. 70 % der Wasservorräte liegen in dünn besiedelten Gebieten, während rund 80 % davon im Süden benötigt werden. **San Francisco** »bedient« sich mit Wasser aus dem Hetch Hetchy Valley in der Sierra Nevada, wo der O'Shaughnessy Dam den Oberlauf des Tuolumne River im Yosemite National Park staut. **Los Angeles** errichtete bis 1913 einen 233 mi/375 km langen Aquädukt, um Wasser aus dem Owens Valley umzuleiten; als dieses nicht mehr ausreichte, wurd der Colorado River mit dem Hoover Dam aufgestaut. Roman Polanskis »Chinatown« spielt vor dem Hintergrund der Wasserknappheit in L. A. Durch den 130 km langen All-American Canal werden das Imperial Valley und das Coachella Valley ganz im Süden aus dem Colorado bewässert; auch Sacramento, Joaquin, McCloud, Pit, Feather oder Stanislaus River werden angezapft. Hunderte von Dämmen und Reservoirs sind entstanden, um den Durst Südkaliforniens zu stillen. Gleichzeitig verschlechtern Klimaveränderungen die Genauigkeit von Wettervorhersagen.

Bewässerung

GESCHICHTE

Kalifornien gilt spätestens seit dem Goldrausch im 19. Jh. als Sehnsuchtsort der Glücksritter, Bleibe der Heimatlosen und Experimentierfeld für Wagemutigen aus aller Welt.

Vor Ankunft der Europäer

Jäger und Sammler

Einwanderer aus Ostasien, Jäger und Sammler, folgten vermutlich **vor knapp 20 000 Jahren** dem Wild über eine **Landbrücke** nach Amerika. Während der Eiszeit waren gewaltige Wassermassen der Ozeane im dicken Eispanzer gebunden, der große Teile der nördlichen Erdhalbkugel bedeckte. Der Meeresspiegel lag daher deutlich niedriger als heute. Vor etwa 12 000–15 000 Jahren erreichten die Nachkommen der ersten Neuankömmlinge das Gebiet von Kalifornien. Andere Theorien gehen von einer früheren Besiedlung aus.
Seit etwa 500 n. Chr. lässt sich die Entwicklung differenzierter **Siedlungsgemeinschaften** nachweisen. Gute Bodenbedingungen, mildes Klima und Nahrung zum Sammeln und Jagen ließen unter den rund 60 Stämmen der Ureinwohner nur wenige Konflikte entstehen. Siedlungen umfassten bis zu 1000 Mitglieder. Frauen spielten in den Clan-Gesellschaften eine wichtige Rolle, bei einigen auch als Schamaninnen, die die Verbindung zu den verstorbenen Vorfahren herstellten und über Wissen zum Heilen von Krankheiten verfügten. **Schnitzereien** an Holzlöffeln oder dekorativ gestalteter **Speckstein**, Körbe und Taschen mit kunstvollen Mustern und Schmuck aus Perlmutt oder Hirschhorn zeugen von einer hohen Kunstfertigkeit.
Als spanische Geistliche und Soldaten mit dem Bau von Missionsstationen und militärischen Befestigungen begannen lebten nach unterschiedlichen Schätzungen etwa 300 000 Ureinwohner im heutigen Kalifornien.

Ein Land wird »entdeckt«

Spanier und Engländer

Der Spanier Garci Ordóñez de Montalvo (1510) benutzt erstmals in seinem Roman »Las sergas de Esplandián« den Namen »**California**« für eine mythische Insel mit reichen Goldschätzen, bewohnt von schwarzen Amazonen. Fortún Jiménez entdeckt 1533 im Auftrag des spanischen Konquistadors Hernán Cortéz die Halbinsel Baja California, Hernando de Alarcón 1540 den Colorado. Er setzte als erster Weißer seinen Fuß auf Alta California, den heutigen US-Bundesstaat Kalifornien. **Juan Rodríguez Cabrillo** segelt 1542 in die San Diego Bay und entdeckt die vorgelagerten Inseln.

HINTERGRUND
GESCHICHTE

Der Entdecker Juan Rodríguez Cabrillo wird auf seiner Expedition von 1542 an der Küste von einem einheimischen Stamm empfangen.

Sir Francis Drake landet 1579 mit seinem Schiff »Golden Hind« wahrscheinlich nördlich des heutigen San Francisco und nimmt das Land als Nova Albion für die englische Königin Elisabeth I. in Besitz.
Sebastián Vizcaíno segelt entlang der Küste und landet 1601 in der Nähe des heutigen San Diego.
Der spanische Franziskanermissionar und Chronist Juan Torquemada vertritt 1613 die Auffassung, Kalifornien sei eine Insel. Der Jesuit Eusebio Francisco Kino überquert 1701 als Erster den Colorado River und gelangt nach Alta California.

Vizekönigreich Neuspanien und mexikanische Provinz

Die spanische Kolonialregierung (1769–1822) ersetzt die Jesuiten durch den Franziskanerorden. Pater **Junípero Serra**, dessen missionarisches Oberhaupt in Baja California, gründet 1769 in San Diego die Mission San Diego de Alcalá, die erste von 21 Missionsstationen in Alta California. 1770 erfolgt die Gründung der zweiten Mission San Carlos Borromeo del Río Carmelo (Carmel Mission) im heutigen Carmel.
1775 wird Monterey Hauptstadt Alta Californias. Ein Jahr später erfolgt die Gründung der Mission San Francisco de Asis (Mission Dolores) im späteren San Francisco und der Mission San Juan Capistrano nordöstlich von Dana Point.

Franziskanische Missionsstationen

CAMINO REAL

Auf dem Weg des Königs: Eine Kette von nicht weniger als 21 franziskanischen Missionskirchen zieht sich von der Basilica San Diego de Alcalá in San Diego ganz im Süden Kaliforniens bis zur Kirche San Francisco Solano im Sonoma Valley im Norden des US-Bundesstaats – jede mindestens einen ordentlichen Tagesmarsch von der nächsten entfernt.

Das erste, noch ziemlich roh gezimmerte Gotteshaus der **Mission San Diego de Alcalá** (▶ S. 259) wurde 1769 errichtet – relativ spät, denn die Spanier hatten schon über 250 Jahre zuvor begonnen, in der von Christoph Columbus 1492 entdeckten Neuen Welt ein Kolonialreich aufzubauen und auszubeuten. Innerhalb weniger Jahrzehnte war Spanien zum mächtigsten Staat der Erde aufgestiegen. Eine Armada von Segelschiffen transportierte die geraubten Kostbarkeiten aus den Kolonien ins spanische Mutterland.

Das Gebiet des heutigen US-Bundesstaates Kalifornien stand seinerzeit nicht im Mittelpunkt des Interesses der **Konquistadoren**. Mexiko und andere Regionen Mittel- und Südamerikas schienen ihnen lukrativer. Dabei lagen die gewaltigen Goldvorkommen, die im 19. Jh. entdeckt wurden, nicht weit abseits der Routen der spanischen Eroberer.

Bau der Missionen

Erst als starke britische Interessen an der pazifischen Küste Nordamerikas offenbar wurden und russische Pelztierjäger und Händler von Alaska bis nach Santa Catalina vordrangen, sah sich die spanische Krone zum Handeln veranlasst. Wieder sollte die bewährte kirchlich-militärische **Doppelstrategie** zum Einsatz kommen.

Der Franziskanerpater **Junípero Serra** (1717–1784), dem die Kirchen im südlichen Baja California unterstanden, erhielt die Aufgabe, auch die »armen Seelen« der Indianer in Alta California (Oberkalifornien) zu retten. Bei San Diego, Santa Barbara, Monterey und San Francisco verliehen Soldaten in den von mächtigen Wällen umgebenen und mit Kanonen bestückten **Presidios** dem spanischen Herrschaftsanspruch den

San Diego de Alcalá im Mission Valley – die Mutter der kalifornischen Missionskirchen

In San Miguel Arcángel bei Morro Bay wird nach wie vor die Messe gelesen.

entsprechenden Nachdruck.
Der Trampelpfad, der die Missionsstationen miteinander verband, wurde später zum **Camino Real** ausgebaut. Dieser konnte auch von Reitern und Fuhrwerken benutzt werden. So war man nicht mehr allein von den Nachschubwegen über See abhängig.
Der Preis, den die **Ureinwohner** für die Kolonialisierung zu zahlen hatten, war gewaltig: Zwangsarbeit auf den Feldern der Missionen, Strafexpeditionen bei Unruhen, Krankheit und vieltausendfacher Tod, da sie den von den Spaniern eingeschleppten ansteckenden **Krankheiten** wie Masern oder Windpocken keine körpereigenen Abwehrkräfte entgegenzusetzen hatten.

Highway 101

Die knapp 70-jährige **Kolonialepoche** war mit der mexikanischen Revolution und der Machtübernahme durch die Vereinigten Staaten von Amerika 1848 schnell beendet. Die Ländereien der Missionen wurden säkularisiert und an interessierte Siedler verkauft. Heute folgt der US-101 zwischen San Diego im Süden und San Rafael im Norden Kaliforniens über weite Strecken dem historischen Camino Real. Die Siedlungen rund um die ehemaligen Missionsstationen waren nicht selten Keimzellen bedeutender Städte wie **San Diego**, Santa Barbara und San Francisco.

Glaubenszentren

Durch den Zustrom von Einwanderern aus dem südlich angrenzenden Mexiko und aus Mittelamerika wurden viele der Gotteshäuser im kirchlichen Besitz inzwischen wieder belebte Mittelpunkte **katholischer Gemeinden**.

HINTERGRUND
GESCHICHTE

EPOCHEN

VOR ANKUNFT DER EUROPÄER
18 000 v. Chr.	Nomaden wandern während der letzten Eiszeit über eine Landbrücke von Nordostasien nach Nordamerika.
Um 500 n. Chr.	In Kalifornien bilden sich Stammesgesellschaften.
Um 1500	300 000 Ureinwohner leben in etwa 60 Stämmen.

EIN LAND WIRD »ENTDECKT«
1533	Der Spanier Fortún Jiménez entdeckt Baja California.
1579	Francis Drake landet nördlich von San Francisco und beansprucht das Gebiet für England.
1701	Der Jesuit Eusebio Francisco Kino überquert den Colorado und gelangt nach Alta California.

VIZEKÖNIGREICH NEUSPANIEN UND MEXIKANISCHE PROVINZ
1769	Mexiko wird spanische Kolonie (1769–1822). Junípero Serra gründet die erste von 21 Missionsstationen.
1781	Gründung der Siedlung Los Angeles
1804	Teilung Kaliforniens in Alta und Baja California
1812	Russische Pelzhändler gründen Fort Ross nördlich von San Francisco.
1821	Die Mexikaner schütteln nach langen Kämpfen die spanische Kolonialherrschaft ab. Alta California wird mexikanische Provinz (1822–1836).
1839	Der deutschstämmige Johann August Sutter gründet die Kolonie Neu-Helvetien im Sacramento-Tal.

REPUBLIK KALIFORNIEN UND BUNDESSTAAT DER USA
1846	Die USA erklären Mexiko den Krieg. Amerikanische Siedler rufen die kurzlebige Republik Kalifornien aus, die kurz darauf von den USA annektiert wird.
1848	James W. Marshall entdeckt Gold am American River. Goldrausch und Einwanderungswelle
1850	Kalifornien tritt als 31. Bundesstaat der Union bei.
1864	Im Amerikanischen Bürgerkrieg bleibt Kalifornien bei der Union.
1869	Erste Eisenbahnverbindung zwischen Ost- und Westküste
1890	Gründung des Yosemite und Sequoia National Park

AUF DEM WEG IN DIE NEUZEIT
1891	In Los Angeles wird Erdöl gefunden.
1906	Ein schweres Erdbeben verwüstet San Francisco.
1911	Das erste Filmstudio eröffnet in Los Angeles.
1929	Erste Oscar-Preisverleihung in Hollywood
1937	Eröffnung der Golden Gate Bridge in San Francisco

HINTERGRUND
GESCHICHTE

DIE NACHKRIEGSZEIT BIS HEUTE

1945	Gründung der Vereinten Nationen in San Francisco
1966	In Oakland gründet sich die militante Bürgerrechtsorganisation »Black Panther Party«.
1967	»Summer of Love« in San Francisco
1980	Wahl des Schauspielers und ehem. Gouverneurs Ronald Reagan zum 40. US-Präsidenten
1992	Rassenunruhen in Los Angeles
2000	Börsencrash von Dot.com-Unternehmen
2007–2011	Finanz- und Wirtschaftskrise
2013–2017	Wegen schwerer Dürre wird 2014 der Notstand ausgerufen. Wald- und Buschbrände
2016	Donald Trump wird US-Präsident, in Kalifornien erhält er nur 30 % der Stimmen.
2019	Der Demokrat Gavin Newsom wird Gouverneur von Kalifornien
2020	Der riesige Waldbrand zwischen Mendocino und Shasta zerstört über 4000 km² Naturlandschaft und fast 1000 Gebäude.

An der Spitze einer mexikanischen Expedition gelangt **Juan Bautista de Anza** auf dem Landweg bis in die Gegend von San Francisco. **Los Angeles** wird 1781 von Felipe de Neva als »El Pueblo de Nuestra Señora La Reina de Los Angeles de Porciuncula« mit 44 Siedlern gegründet. 1786–1798 folgen weitere Missionsstationen: Santa Barbara im gleichnamigen Ort (1786); La Purísima Concepción bei Lompoc (1787); Santa Cruz (1791); Soledad (1791); San José de Guadalupe östlich von Fremont (1797); San Juan Bautista nordöstlich von Salinas (1797); San Miguel Arcángel nördöstlich von Morro Bay; San Fernando Rey de España in der gleichnamigen Stadt (1797) und San Luis Rey de Francia nahe Oceanside (1798).

Der englische Kapitän George Vancouver kommt 1791 auf der ersten von vier Reisen nach Kalifornien, um eine Karte der Küste zu erstellen. Ein Großteil der **indianischen Bevölkerung** im Umkreis der Missionen stirbt an Krankheiten wie Windpocken oder Masern, die von den Europäern eingeschleppt wurden. Ihre sozialen Strukturen lösen sich auf.

Kalifornien wird 1804 in die beiden Provinzen Alta California und Baja California geteilt, der baskische Offizier **José Joaquin de Arrillaga** wird erster Gouverneur von Alta California.

Teilung in Provinzen

Nikolai Petrowitsch Resanow, Gründer der Pelzhandelsfirma **Russian American Co.**, segelt 1806 in die San Francisco Bay, verlobt sich aus politischen Gründen mit der 16-jährigen Tochter des zweiten Gouverneurs José Dario Arguella, stirbt jedoch auf der Rückfahrt nach St. Petersburg in Sibirien. Drei Jahre später beginnen die Russen mit

Russische Pelzhändler

der Besiedlung der Bodega Bay und errichten 1812 **Fort Ross** als südlichsten Handelsvorposten.

Deutsche in Kalifornien
1816 hält sich eine russische Flottenexpedition unter dem Kommando des aus Deutschland stammenden Otto von Kotzebue einen Monat in der Bucht von San Francisco auf; an Bord befindet sich auch Adelbert von Chamisso, der seine kalifornischen Erlebnisse in »Reise um die Welt« (1836) beschreibt.

Letzte der Missionen
Die Missionen Santa Barbara, La Purísima Concepción, San Buenaventura in Ventura (gegr. 1782) und San Juan Capistrano fallen 1812 einem Erdbeben zum Opfer. Die letzte der 21 Missionsstationen, San Francisco Solano, wird 1823 in Sonoma gegründet. 1820 wird die nicht indigene Bevölkerung auf 3500 Einwohner geschätzt.

Mexikanische Provinz
Mexiko erringt seine Unabhängigkeit von Spanien. Der mexikanische Feldherr und Kaiser Agustín I. (reg. 1822–1823) erklärt Alta California zur mexikanischen Provinz (1822–1836).
Der Entdecker und Kartograf **Jedediah S. Smith** (1799–1831) ist der erste Weiße, der mit Trappern die Sierra Nevada bezwingt. Gouverneur José Figueroa proklamiert auf Druck der mexikanischen Rancher die Säkularisierung der Missionsstationen.

Republik Kalifornien und Bundesstaat der USA

Kurzlebige Republik
Am 12. Mai 1846 erklärt US-Präsident James K. Polk Mexiko den Krieg. Ziel ist die Annexion großer Gebiete des Südwestens (Teile von Texas, New Mexico, Arizona, Nevada) und Kaliforniens. Dort hatten unmittelbar vor Kriegsausbruch amerikanische Siedler revoltiert und ihre **Bärenflagge** einer unabhängigen **Republik Kalifornien** – noch heute Staatsflagge Kaliforniens – über dem Fort von Sonoma gehisst (▶ »Bärenrevolte«, S. 341). Amerikanische Truppen besetzen im Juli 1846 Monterey, und schon im Januar 1847 übernehmen die USA die Kontrolle über Alta California.

California Gold Rush
Wenige Tage vor Unterzeichnung der Kapitulationsurkunde entdeckt James W. Marshall, ein Mitarbeiter Sutters, beim Bau einer Sägemühle am **American River** Gold. Schnell verbreitet sich die Nachricht. In kurzer Zeit machen sich etwa 300 000 Menschen, vorwiegend aus dem Osten Nordamerikas, auf den Weg zu den Goldfeldern Kaliforniens (▶ Das ist..., S. 23; Baedeker Wissen, S. 238).

Staat Kalifornien
Die Staatsverfassung wird 1849 ratifiziert und am 9. September 1850 Kalifornien als 31. Staat in die Union aufgenommen. Erste Hauptstadt ist San José. Die Einwohnerzahl des jungen Staates wird auf 92 600

HINTERGRUND
GESCHICHTE

Ein Planwagentreck auf dem Weg nach Kalifornien

geschätzt; in Los Angeles leben 1611 Menschen, während in San Francisco, schon 24 000 Einwohner gezählt werden.
Die Hauptstadt Kaliforniens wird 1854 endgültig nach **Sacramento** verlegt. In dieser Zeit werden mehrere Universitäten eröffnet (Santa Clara, San José, San Francisco). Die Bevölkerung des Staates ist auf etwa 255 000 angewachsen.
Mit der Entdeckung des reichen Gold- und Silbervorkommens Comstock Lode bei Virginia City 1859 erhält der Goldrausch in Kalifornien einen neuen Schub und zieht weitere Abenteurer an.

Erste Planwagentrecks treffen 1857 in San Diego ein. 1860 zählt Kalifornien 360 000 Einwohner (San Francisco 56 802, Los Angeles 4385). 1862 wird die erste transkontinentale Telegrafenlinie von New York nach San Francisco fertiggestellt, 1869 die **transkontinentale Eisenbahn** eröffnet.
Im Amerikanischen **Bürgerkrieg** schlägt sich Kalifornien auf die Seite der Union, beteiligt sich mit Geld und Freiwilligen. Hohe Arbeitslosigkeit führt zu Demonstrationen gegen chinesische Arbeiter in San Francisco (1867) und Los Angeles (1871). Mit dem Chinese Exclusion Act (1882) wird Chinesen für ein Jahrzehnt die Einwanderung

Systematische Erschließung

HINTERGRUND
GESCHICHTE

1903 im Yosemite Valley: John Muir, Gründer des Sierra Club, und Präsident Roosevelt (beide Bildmitte) posieren vor einem Mammutbaum.

untersagt. 1868 trifft der Naturforscher, Wissenschaftler und Reisende **John Muir** (▶ Interessante Menschen) in Kalifornien ein, der sich für die Erhaltung von dessen eindrucksvoller Natur einsetzt. 1873 wird der erste **Cable Car** in San Francisco in Dienst gestellt. Im Staat Kalifornien leben 1870 rund 560 000 Menschen (150 000 in San Francisco, 5700 in Los Angeles). Die **Santa Fe Railroad** erreicht 1885 Los Angeles. Viele kommen per Zug in den Süden und lassen dort den Grundstückshandel boomen. 1890 ist die Bevölkerung in Kalifornien auf 1,2 Mio. gestiegen – San Francisco (300 000 Einw.) ist noch immer größte Stadt, gefolgt von Los Angeles (50 000 Einw.).

Nationalparkgründung

Ebenfalls 1890 feiert die Naturschutzbewegung einen ersten großen Erfolg: Der US-Kongress ruft die beiden **Nationalparks Yosemite** und **Sequoia** (Sequoia & Kings Canyon National Parks) ins Leben. Die Bevölkerung der Ureinwohner hat sich von 1848 bis zur Jahrhundertwende um 90 % auf 16 000 Personen verringert.

HINTERGRUND
GESCHICHTE

Auf dem Weg in die Neuzeit

Mit der Entdeckung von **Erdöl** 1891 in Los Angeles beginnt der wirtschaftliche Aufschwung Kaliforniens. Die Stanford University in Palo Alto und das Throop Institute, Vorläufer des California Institute of Technology, in Pasadena werden gegründet. 1900 werden 1 485 053 Einwohner gezählt, davon fast 343 000 in San Francisco. Los Angeles überspringt erstmals die 100 000-Einwohner-Marke.

Aufschwung durch Öl

John Muir gründet mit Gleichgesinnten 1892 die einflussreiche Naturschutzorganisation Sierra Club. Ein schweres **Erdbeben** und Brände verwüsten 1906 die Stadt San Francisco.

Naturschutz und Katastrophen

1906 wird in Los Angeles das erste Filmatelier in Betrieb genommen, 1908 in Hollywood der erste Stummfilm produziert. Drei Jahre später öffnet **das erste Filmstudio**. Die Panama-Pacific Exposition findet anlässlich der Eröffnung des Panamakanals 1915 in San Francisco statt. Mit 576 673 Einwohnern hat Los Angeles 1920 erstmals San Francisco (506 676 Einw.) überholt; die Gesamtbevölkerung Kaliforniens beläuft sich auf 3 426 861 Einwohner. Zum ersten Mal wird 1929 der **Oscar** verliehen (▶ Baedeker Wissen, S. 156).

Filmindustrie und Weltausstellung

Die Weltwirtschaftskrise erreicht auch Kalifornien. Hunderttausende Landarbeiter aus dem Mittleren Westen wollen in Kalifornien ein neues Leben beginnen. 1932 finden erstmals in Los Angeles **Olympische Spiele** statt. Die Bevölkerung Kaliforniens ist binnen zweier Jahrzehnte bis 1940 um 3,5 Mio. auf knapp 7 Mio. gewachsen (. Nach dem Angriff der Japaner auf Pearl Harbor auf Hawaii (1941) treten die USA in den Zweiten Weltkrieg ein. Das Flottenkommando wird nach San Diego verlegt. Die USA internieren daraufhin fast 100 000 japanischstämmige US-Bürger aus Kalifornien in Lagern.

Wirtschaftskrise und Zweiter Weltkrieg

Die Nachkriegszeit bis heute

Nach dem Zweiten Weltkrieg gründen 51 Länder 1945 in San Francisco die **Vereinten Nationen** (UNO). Der Kongressausschuss für »Unamerikanische Aktivitäten« unter Senator McCarthy betreibt in der Nachkriegszeit eine »Hexenjagd« unter Filmschaffenden Hollywoods, denen kommunistische Umtriebe zur Last gelegt werden. Walt Disney eröffnet 1955 den ersten nach ihm benannten Themenpark **Disneyland** in Anaheim bei Los Angeles. Die Bevölkerung ist in zwei Jahrzehnten bis 1960 um etwa 9 Mio. auf 16 Mio. Einwohner gewachsen (Los Angeles: 2 480 000). Mit 17,3 Mio. Einwohnern übertrifft Kalifornien 1963 den Bundesstaat New York und ist **bevölkerungsreichster Staat** der USA.

Hexenjagd und Themenpark

HINTERGRUND
GESCHICHTE

Surf-Sound, Literatur und Bürgerrechte

Die **Beach Boys** treffen mit ihren Songs das kalifornische Lebensgefühl (▶ Das ist ..., S. 18). Der Schriftsteller **John Steinbeck** (▶ Interessante Menschen) aus Salinas erhält 1962 als erster gebürtiger Kalifornier den Nobelpreis für Literatur.
In Oakland gründen 1966 Bobby Seale und Huey Newton die **Black Panthers**, eine militante Bürgerrechtsorganisation junger Schwarzer. Der ehem. Schauspieler **Ronald Reagan** wird 1967 zum 33. Gouverneur gewählt und nach vier Jahren bestätigt.

Flower Power, Watergate, Olympiade

1967 feiern Hippies mit dem »**Summer of Love**« in San Francisco den Höhepunkt der Flower-Power-Bewegung (▶ Baedeker Wissen, S. 276). Die Proteste gegen den Vietnamkrieg nehmen zu. 1968 wird der demokratische Präsidentschaftskandidat Robert Kennedy kurz nach seinem Sieg in den kalifornischen Vorwahlen in Los Angeles erschossen. Im gleichen Jahr wird der kalifornische Republikaner

Protest und Happening sind nicht voneinander zu trennen im Summer of Love: eine von vielen Demonstrationen gegen den Vietnamkrieg in San Francisco.

HINTERGRUND
GESCHICHTE

Richard M. Nixon zum 37. Präsident der USA gewählt. Zwei Jahre nach seiner Wiederwahl 1972 muss er wegen seiner Verstrickung in die Watergate-Affäre zurücktreten.
Die Einwohnerzahl Kaliforniens ist bis 1980 auf 23,6 Mio. angestiegen, hat sich damit in 50 Jahren fast verfünffacht. Ronald Reagan, 1967–1975 Gouverneur von Kalifornien, ist 1981–1989 40. Präsident der USA. In Los Angeles finden 1984 zum zweiten Mal **Olympische Sommerspiele** statt.

Der Franziskanerpater Junípero Serra, der im 18. Jh. die ersten Missionsstationen gegründet hatte, wird 1988 selig gesprochen; die Ureinwohner sehen in ihm jedoch einen Unterdrücker ihrer Vorfahren und protestieten. 1989 erschüttert das Loma-Prieta-Erdbeben am gleichnamigen Berg in den Santa Cruz Mountains als **stärkstes Beben seit 1906** die Bucht von San Francisco. Der Sachschaden beträgt 6 Mrd. US-$. Nach dem Freispruch von vier weißen Polizisten, die einen afroamerikanischen Autofahrer wegen Geschwindigkeitsüberschreitung vor laufender Kamera misshandelten, kommt es 1992 zu **Unruhen** in Los Angeles.

Unruhige Zeiten

Arnold Schwarzenegger (geb. 1947), Einwanderer aus der Steiermark, erfolgreicher Bodybuilder und Hollywood-Mime, wird im Herbst 2003 zum neuen Gouverneur Kaliforniens gewählt. Zwei Jahre später hat sich die Wirtschaft etwas erholt. Auch im **Silicon Valley**, Standort zahlreicher Hochtechnologie- und Software-Firmen, schreibt man wieder schwarze Zahlen.

Gouverneur Schwarzenegger

Die landesweite **Immobilien- und Finanzkrise** stürzt ab 2007 auch in Kalifornien Investmentbanken, Hedgefonds und Versicherungsgesellschaften in heftige Turbulenzen und wächst sich zur Weltwirtschaftskrise aus. Diese wird noch durch den **Finanznotstand** des »Golden State« verschlimmert. Gouverneur Schwarzenegger sieht sich zu massiven Haushaltskürzungen veranlasst.

Am Rand des Staatsbankrotts

Jerry Brown, bereits 1975–1983 Gouverneur von Kalifornien, übernimmt Anfang Januar 2011 die Amtsgeschäfte von Schwarzenegger. Die wirtschaftlichen Verhältnisse verbessern sich allmählich. Mit aller Macht wird der Ausbau erneuerbarer Energiequellen vorangetrieben. Es entstehen riesige **Wind- und Solarparks**.

Governeur Jerry Brown

In den Jahren 2011 bis 2018 und auch darüber hinaus herrscht in Kalifornien eine katastrophale Trockenheit. Immer wieder wüten verheerende Wald- und Buschbrände, denen auch zahlreiche Wohnhäuser zum Opfer fallen. Aufgrund der Wasserknappheit werden drastische Beschränkungen der Wassernutzung verfügt. Mit Gavin Newsom wird 2019 erneut ein Demokrat zum Gouverneur gewählt.

Jahre der Trockenheit

HINTERGRUND
KUNST UND KULTUR

KUNST UND KULTUR

Kaliforniens Kulturleben ist äußerst vielfältig. Es reicht von den Kunstfertigkeiten der Nachkommen indianischer Ureinwohner über die Einflüsse der spanisch geprägten Mission im 18. und 19. Jh. bis hin zum reichen Theater- und Musikleben vieler Großstädte, der alles überragenden Filmkunst Hollywoods und spektakulären Beispielen moderner Architektur.

▍ Bildende und Darstellende Kunst

Kultur der Ureinwohner Auf dem Gebiet des heutigen Kalifornien lebten vor Ankunft der Europäer etwa 300 000 Ureinwohner in 60 Stämmen. Von ihnen ist wenig überliefert, man fand Pfeilspitzen, Feuersteine und bearbeitete Muscheln. Der Stamm der **Chumash**, der um 650 v. Chr. in der Region von Santa Barbara und den Channel Islands siedelte, hinterließ erstaunliche, teils mehrfarbige Wandmalereien mit Hinweisen auf ihr Glaubenssystem, das sich an den Jahreszeiten orientierte.
Die Ureinwohner Zentralkaliforniens flochten hoch funktionale und dekorative Körbe und Schüsseln mit geometrischen Mustern (»**Basketmaker**«). Künstler der **Karok** und **Yurok** ganz im Norden Kaliforniens schnitzten Gebrauchsgegenstände wie Löffel mit kunstvollen Mustern und Dekorationen aus Hirschgeweihen. Schmuck wurde aus Muscheln, Steinen, Knochen, Geweihen und Federn gefertigt.
Medizinmänner der **Pomo** im Gebiet des heutigen Mendocino schnitzten filigrane Knochenpfeifen. Zwischen Oktober und Mai hielten die **Patwin** aus dem Tal des Sacramento eine Serie heiliger Zeremonien ab, die Regen, Jagd und Ernte beeinflussen sollten. Dazu tanzten sie, begleitet von Trommeln und Gesang, bekleidet mit Federkostümen und hoch aufragendem Kopfschmuck, mit Rasseln in den Händen.

Maler Im 19. Jh. lebte eine ganze Reihe von Malern in Kalifornien. Sie waren entweder eingewanderte Europäer wie der Deutsche **Albert Bierstadt** (1830–1902) aus Solingen und der Engländer Thomas Hill (1829–1908) aus Birmingham oder hatten zumindest in Europa eine akademische Ausbildung genossen. Erst nach dem Zweiten Weltkrieg machten sich in Kalifornien gebürtige oder hier arbeitende Künstler einen Namen, darunter Richard Diebenkorn (1922 bis 1993), Robert Motherwell (1922–1993), Sam Francis (1923–1994) oder der Engländer **David Hockney** (geb. 1937), der 1964 nach Los Angeles zog.

»La Lucha Continua« – »Der Kampf geht weiter«
ist dieses Mural in der Mission Street in San Francisco betitelt.

HINTERGRUND
KUNST UND KULTUR

Ausdrucksvolle Wandgemälde

Wandgemälde (**Murals**) entstanden besonders in Mexiko, wo nach der Revolution politisch engagierte Künstler, beeinflusst von Diego Rivera, David Alfaro Siqueiros oder José Clemente Orozco, »Murales« mit politischen Motiven schufen. Einige von ihnen waren auch in Kalifornien tätig (Wandgemälde »América Tropical« von Siqueiros im Pueblo de Los Angeles; ▶ S. 135), wo sie die lokale Kunst beeinflussten. Ausdrucksstarke Wandgemälde findet man heute u. a in San Diego (▶ Magischer Moment, S. 259), besonders jedoch in San Francisco – im Coit Tower oder im Mission District.

Führende Theater

San Francisco und Los Angeles besitzen Dutzende großer und kleiner Bühnen und auch in San Diego, Sacramento, San José, Santa Barbara, Monterey und anderen Orten gibt es feste Theaterensembles. Zu den **besten Bühnen** zählen heute das A.C.T. (American Conservatory Theater) in San Francisco, das La Jolla Playhouse der University of California at San Diego und das Berkeley Repertory Theatre.

Klassische Musik

In **Los Angeles** gehören der Dorothy Chandler Pavilion und Frank O. Gehrys spektakulärer Bau der Disney Concert Hall zu den erstrangigen Aufführungsorten. Die Sommerkonzerte in der riesigen Hollywood Bowl, »Symphony Under The Stars«, können 20 000 Zuhörer sitzend und weitere 10 000 stehend erleben.

Pop, Rock und Rap

Anfang der 1960er-Jahre betrat mit den **Beach Boys** eine Gruppe die Bühne, die mit Songs wie »Good Vibrations« oder »Surfin' USA« dem Lebensgefühl der jungen Generation Ausdruck verlieh (▶ Das ist ..., S. 18). Ihnen folgten in den 1970er- und 1980er-Jahren Formationen wie die Doors, Grateful Dead oder Jefferson Airplane, die einen neuen, kritischen Zeitgeist verkörperten. Dann trafen Gruppen wie Guns n' Roses und Metallica den Nerv der Jugend, später war es vor allem die in L. A. blühende Rapper-Szene, die in den 1980er- und 1990er-Jahren mit radikalen Texten und Interpreten wie Tupac Shakur, Snoop Dogg oder Dr. Dre weltweit Resonanz fanden, was Kendrick Lamar und The Game erfolgreich fortsetzen. Zu Beginn der 2020er-Jahre scheinen EDM (Elektronische Tanzmusik), Rock und Indie die Spitzenränge der Popularität zu belegen.

Architektur

Stilrichtungen

Die spanischen Franziskaner des 18. Jh.s passten sich beim Bau ihrer **Missionsstationen** der mexikanisch-indianischen Pueblo-Bauweise an. Als Material diente ihnen dabei neben Baumstämmen vor allem **Adobe** aus luftgetrocknetem Lehmmörtel, der mit Pflanzenfasern vermischt wird. Die in der zweiten Hälfte des 18. Jh.s entstandenen Missionsbauten waren die ersten Gebäude Kaliforniens, die nicht rei-

HINTERGRUND
KUNST UND KULTUR

Mit der Walt Disney Concert Hall erhielt L. A. nicht nur ein erstklassiges Konzerthaus, sondern auch erstklassige Architektur von Frank O. Gehry.

nen Wohnzwecken dienten. Nach Eintreffen der US-Amerikaner von der Ostküste entstand eine Mischung aus neuenglischen Architekturformen und spanisch-mexikanischen Elementen, die als Monterey-Stil bezeichnet wird.

Mit der Errichtung von Sägewerken wurden zunehmend **Holzschindelhäuser** gebaut und verschiedene Hölzer als Baustoff verwendet. Wegen deren Brandanfälligkeit wurden Geschäfts- und Bürohäuser zunehmend aus **Ziegel** oder anderen Steinen errichtet, doch für den Privatgebrauch wird noch heute viel mit Holz oder Spanplatten gebaut. Eklektizismus war Trumpf in der kalifornischen Bauweise: So findet man in den Städten, vor allem in San Francisco, Stilelemente aus Neoklassizismus, Romantik oder Renaissance.

Eklektizismus ist Trumpf

Ganze Stadtteile San Franciscos waren von 1870 bis zum Erdbeben von 1906 durch **viktorianische Häuser** aus Holz geprägt. Die Formen des »Eastlake« Style gingen auf englische Möbelentwürfe zurück, während der Queen Anne Style sich durch asymmetrische Häuser mit hohen Giebeldächern und verzierten Türmen auszeichnet. Ein schönes Beispiel für Letzteren ist die Carson Mansion in Eureka.
Los Angeles stand lange im Abseits, doch mit dem gewaltigen Wachstum der Stadt stieg auch die Zahl das Stadtbild prägender Architekten. Um die Wende zum 20. Jh. hatten Henry und Charles Green den »**California Bungalow**« mit klaren, rechteckigen Formen, Flachdach und zum Garten hin offener Terrasse entwickelt, ein kostengünstiges Privathaus und jahrzehntelang Exportschlager.

San Francisco und Los Angeles

HINTERGRUND
KUNST UND KULTUR

Wolkenkratzer

Gemessen an amerikanischen Verhältnissen entstanden in Kalifornien erst **recht spät** Wolkenkratzer, auch wegen der ständigen Gefahr von Erdbeben. In Los Angeles waren bis Ende der 1920er-Jahre Hochhausbauten ganz verboten. Erst mit der Entwicklung erdbebensicherer Konstruktionen konnte man höher bauen, und bis heute ist vor allem in **Downtown Los Angeles** kein Ende abzusehen. San Francisco mit seinen zahlreichen Hügeln schien lange für Wolkenkratzer ungeeignet; schließlich wurden sie doch gebaut, allerdings nicht so hoch wie in Manhattan oder Chicago.

Exzentrische Entwürfe

Die Entwürfe heutiger Architekten werden immer gewagter, ihre geistige Nähe zu den Kulissenbauern Hollywoods lassen sich kaum verleugnen. So hat sich eine Art »L. A. Freestyle« herausgebildet, eine Denkschule, deren bekanntester Vertreter **Frank O. Gehry** (geb. 1929) exzentrische Gebäude mit dekonstruktivistischen Formen aus Stahl und Glas in der Stadt selbst mit der Walt Disney Concert Hall und über die ganze Welt verstreut hinterließ (z. B. mit dem Guggenheim Bilbao in Nordspanien).

▌Traditionelle Feiern

Indianische Feste

Traditionelle Feste der Ureinwohner entwickelten sich im Lauf der Jahre zunehmend zur touristischen Attraktion. Trotzdem vermitteln diese **Powwows**, jährliche Zusammenkünfte mit Tänzen, Musik und Kunsthandwerk, einen guten Einblick in ihre heutigen Lebensverhältnisse.

Europäische Traditionen

Die kulturellen Traditionen der verschiedenen Einwanderergruppen sind vielfältig. **Thanksgiving** und **Christmas** können ihre britische Herkunft nicht verleugnen. Irischstämmige Kalifornier feiern wie überall auf der Welt den **St. Patricks Day**. Von der deutschen Kultur sind nur wenig mehr als Oktoberfeste mit viel Bier, Brezeln und Volksmusik erhalten. Die Dänen pflegen ihr Erbe recht folkloristisch in Solvang nördlich von Santa Barbara.

Mexikaner und Asiaten

Eine größere Rolle spielen inzwischen die Traditionen der mexikanischen Einwanderer, vor allem im Süden des Landes. Der **Cinco de Mayo** (5. Mai; ▶ Baedeker Wissen, S. 414) ist das bedeutendste Festereignis im Jahreslauf. Der Sieg über eine französische Expeditionsarmee, bei der die mexikanische Unabhängigkeit verteidigt wurde, ist Anlass für Umzüge, Tanzveranstaltungen und Darstellung von Kunsthandwerk und Folklore. Einwanderer aus Fernost und die Nachfahren chinesischer Einwanderer feiern ihre eigenen Feste. Besonders farbenprächtig wird das Chinesische Neujahrsfest Ende Januar begangen (▶ S. 413).

INTERESSANTE MENSCHEN

Take Five: Dave Brubeck

Der herausragende Jazz-Pianist und Komponist wurde am 6. Dezember 1920 in Concord, nicht weit von Oakland, geboren. Nach einer Ausbildung in klassischer Musik – seine Mutter unterrichtete Klavier – widmete er sich früh seiner Leidenschaft zu komponieren und mit Takt und Arrangement zu experimentieren. Nach Militärdienst im Zweiten Weltkrieg – er diente in General Pattons Armee während der Ardennenschlacht – gründete er verschiedene Jazzformationen und schließlich das **Dave Brubeck Quartet**, in dem auch sein langjähriger musikalischer Partner, der Saxophonist Paul Desmond (1924–1977), mitspielte. Das bekannteste Album, »Time Out« (1960), erreichte unter Fans schnell Kultstatus und brachte der Gruppe eine Platin-Schallplatte. Desmonds Komposition »**Take Five**« wurde ein Welthit. Nach dem Tod Paul Desmonds 1977 formierte Dave Brubeck mit dreien seiner Söhne und anderen Musikern neue Gruppen, mit denen er erfolgreich weltweit auftrat und Alben einspielte.

Das **Dave Brubeck Institute** an der University of the Pacific in Stockton organisiert ein jährliches Musikfestival im April und musikalische Sommercamps, vergibt Stipendien und archiviert eine der weltweit bedeutendsten Sammlungen von Ton- und anderen Dokumenten zur Jazzmusik (www.pacific.edu/brubeck-home.html).

1920–2012
Jazz-Pianist
und
Komponist

Lebende Legende: Clint Eastwood

Der Schauspieler, Regisseur, Filmproduzent und Lokalpolitiker erblickte am 31. Mai 1930 in San Francisco das Licht der Welt. Er besuchte ein knappes Dutzend Schulen, da sich sein in der Zeit der Großen Depression Arbeit suchender Vater immer wieder an anderen Orten niederließ. Eastwood war Gelegenheitsjobber und Soldat, ehe er mit kleineren Rollen in Hollywood Fuß fasste. Seinen Durchbruch erlebte er in den 1960er-Jahren mit »**Für eine Handvoll Dollar**« (1964) und »Zwei glorreiche Halunken« (1966) von Sergio Leone. Seine Verkörperung des abgebrühten Inspektor Callahan in den »Dirty Harry«-Filmen (ab 1971) brachte ihm auch kritische Diskussionen über die offene Propagierung von Gewalt. Mit dem Spätwestern »Erbarmungslos« (»Unforgiven«, 1992), in dem er selbst die Hauptrolle spielte, erhielt Eastwood seinen ersten Regie-Oscar. Gleich zwei

geb. 1930
Schauspieler,
Regisseur,
Filmproduzent

HINTERGRUND
INTERESSANTE MENSCHEN

Oscargekrönt: Clint Eastwood mit Hillary Swank in »Million Dollar Baby«

Auszeichnungen (bester Film, beste Regie) gab es für **»Million Dollar Baby«** (2004). Die Liste seiner Filme reicht von dem melodramatischen düsteren Thriller »Mystic River« (2003) und ambitionierten Kriegsfilmen wie »Letters from Iwo jima« (2006) bis zu einer Episode aus dem Leben Nelson Mandelas (»Invictus«, 2009).

Bislang spielte Eastwood in 45 größeren Produktionen die Hauptrolle, führte in mehr als 30 Filmen Regie und produzierte zwei Dutzend Streifen. Schon 1996 wurde vom American Film Institute (AFI) für sein Lebenswerk geehrt. Und 1986 wurde der Republikaner Eastwood für zwei Jahre zum **Bürgermeister** seines Wohnorts Carmel gewählt.

Vater der Maus: Walt Disney

1901–1966
Trickfilmzeichner und Filmproduzent

Walter Elias Disney wurde am 5. Dezember 1901 in Chicago geboren. Seine Jugend verbrachte er in Illinois, Missouri und Kansas. Der Versuch, eine eigene Firma mit der Produktion von Cartoons zu starten, endete mit einer Pleite. Mit 21 Jahren machte sich Disney auf an die Westküste. Mit Bruder Roy gründete er das »**Disney Brothers Studio**«, das erfolgreich Comicstrips an Zeitungen verkaufte. In dem Comicfilm »Steamboat Willie« (1928) hatte eine Maus namens **Mickey** ihren ersten großen Auftritt. Die meisten rieten ihm ab, einen abendfüllenden Zeichentrickfilm zu produzieren, doch »Schneewittchen« (1937) wurde zum Kassenschlager. Mit weiteren Filmen fürs Kino und TV-Produktionen blieb Walt Disney auf Erfolgskurs.

Sein nächstes Projekt, ein »Magisches Königreich«, einen nie gesehenen Vergnügungspark für Kinder und Erwachsene, zu schaffen, erschien riskant. Doch **Disneyland** in Anaheim war vom ersten Tag an ein riesiger Erfolg. Mit dem Projekt, in Florida einen noch größeren Vergnügungspark zu errichten, war Walt Disney noch befasst, doch er konnte die Eröffnung von »Walt Disney World's Magic Kingdom« in Orlando 1971 nicht mehr erleben. Am 15. Dezember 1966 starb er an Lungenkrebs.

Sensationen, Sensationen: William Randolph Hearst

Hearsts Vater kam 1850 aus dem Mittelwesten zu Fuß nach Kalifornien und gehörte innerhalb eines Jahrzehnts dank des Erwerbs von Silberminen in Nevada und anderen Bergwerken zu den Neureichen San Franciscos. William Randolph, der einzige Sohn, kam dort am 29. April 1863 mit dem sprichwörtlichen Silberlöffel im Mund zur Welt, wurde im Alter von 24 Jahren von seinem Vater zum Herausgeber der Tageszeitung »San Francisco Examiner« ernannt, baute aber sein **Zeitungs- und Zeitschriften-Imperium** von New York aus auf. Hearsts Publikationen waren durch Sensationsmache und extremen Patriotismus gekennzeichnet; er war es auch, der Comics in die Tagespresse einführte. Später kaufte er Rundfunkstationen, Filmstudios und Grundstücke auf; daneben vernachlässigte er aber nicht die väterlichen Bergwerke.

1863–1951
Zeitungsmagnat und Medien-Tycoon

Hearst lebte auf großem Fuß, ließ sich in San Simeon das pompöse Anwesen **Hearst Castle** errichten (▶ Baedeker Wissen, S. 90), in dem seine Geliebte, die Schauspielerin Marion Davies, residierte und Partys mit illustren Gästen veranstaltete. Orson Welles setzte Hearst in seinem Film »**Citizen Kane**« (1941) ein nicht gerade schmeichelhaftes Denkmal. Hearsts **Enkelin Patricia** (»Patty«; geb. 1954) wurde 1974 von Terroristen der maoistischen Symbionese Liberation Army (SLA) entführt. Sie wurde nach 60 Tagen und der Zahlung von mehreren Millionen Lösegeld freigelassen und gab zwei Monate später an, sich der SLA angeschlossen zu haben. 1975 wurde sie vom FBI gefasst, 1976 wegen Beteiligung an Verbrechen zu 35 Jahren Haft verurteilt, aber schon 1979 begnadigt.

HINTERGRUND
INTERESSANTE MENSCHEN

Computer-Visionär: Steve Jobs

1955–2011
IT-Unternehmer

Der kleine Steve, am 24. Februar 1955 in San Francisco geboren, wurde von Clara und Paul Jobs adoptiert und wuchs in Mountain View auf, heute ein wichtiger Ort im Silicon Valley. Nach seinem High-School-Abschluss 1972 und Studienabbruch jobbte er beim damals führenden Computer- und Spielekonsolenhersteller Atari. Wenig später gründete er mit Steve Wozniak und Ronald Wayne eine eigene Firma. Sie brachten 1976 einen Computer auf den Markt, den sie in Steve Jobs Garage in Palo Alto zusammenbastelten und »**Apple I**« nannten. Der »**Macintosh**« (Mac), erster PC mit grafischer Benutzeroberfläche, wurde 1984 ein riesiger kommerzieller Erfolg. Nach internen Auseinandersetzungen verließ Jobs 1985 die Firma und gründete das Computerunternehmen NeXT. Parallel stieg er 1986 bei **Pixar** ein, einem auf Computeranimationen spezialisierten Unternehmen. Der Börsengang von Pixar machte Jobs zum Milliardär. Als Disney 2006 Pixar kaufte und Jobs mit Disney-Aktien bezahlte, wurde er zum größten Einzelaktionär des Konzerns.

1996 kehrte Steve Jobs an die Spitze seines alten Unternehmens zurück und brachte es mit spektakulären, perfekt inszenierten Neuerungen wieder auf die Erfolgsspur. Zwei Jahre später erblickte der »iMac« das Licht der Öffentlichkeit, es folgte der »iPod« mit der eigenen Software »iTunes«, bald darauf das revolutionäre Mobiltelefon »**iPhone**«. 2010 kam das »**iPad**« auf den Markt. Als 2009 publik wurde, dass Jobs länger an Krebs erkrankt war, zog er sich zeitweise aus dem operativen Geschäft zurück. Am 5. Oktober 2011 starb er im Kreis seiner Familie.

Tragischer Abenteurer: Jack London

1876–1916
Schriftsteller

Der uneheliche Sohn eines Wanderastrologen und einer wenig liebevollen Mutter kam am 12. Januar 1876 in San Francisco zur Welt. Mit 14 verließ er die Schule und schlug sich als Fischer, Hafenpolizist und Seemann durch. Als Obdachloser wurde er zum ersten Mal verhaftet, ein zweites Mal wegen einer sozialistischen Brandrede. 1897 ging er am kanadischen Fluss Klondike auf **Goldsuche**.

London begann seine schriftstellerische Arbeit mit Kurzgeschichten, die er in Magazinen und 1900 gesammelt als Buch unter dem Titel »The Son of the Wolf« herausbrachte. Im Verlauf der nächsten anderthalb Jahrzehnte schrieb er 40 Romane, darunter »Ruf der Wildnis« (1903), »**Wolfsblut**« (1906) und der politische Thriller »Die eiserne Ferse« (1907). In **Glen Ellen** ließ sich er ein Haus bauen, das unmittelbar nach seiner Fertigstellung im Jahr 1913 abbrannte (Jack London State Historic Park, ▶ S. 342). Im Alter von nur 40 Jahren verstarb er aus nicht geklärten Gründen am 22. November 1916 in Glen Ellen.

HINTERGRUND
INTERESSANTE MENSCHEN

OBEN: Jack London 1911 an Bord seines Segelboots »Roamer«
RECHTS: Marilyn Monroe als »Schaumgeborene« in den 1950ern

HINTERGRUND
INTERESSANTE MENSCHEN

Opfer der Idol-Fabrik: Marilyn Monroe

1926–1962
Schauspielerin

Als **Norma Jean Baker** oder Mortenson am 1. Juni 1926 in Los Angeles geboren, begann Marilyn Monroe ihre steile Laufbahn als Artischocken-Schönheitskönigin und Fotomodell, wurde dann in Hollywood als Sexbombe entdeckt und als solche in fast dreißig Filmen vermarktet. Nachdem sie 1948–1952 größtenteils kleinere Rollen gespielt hatte, wurde sie durch den Film »Niagara« (1953) über Nacht berühmt. »Blondinen bevorzugt« (1953), »Der Prinz und die Tänzerin« (1957), vor allem jedoch »**Manche mögen's heiß**« (1959) in der Regie von Billy Wilder – teilweise gedreht im legendären »Hotel del Coronado« bei San Diego (▶ S. 260) – waren einige ihrer bekanntesten Filme. Die begabte Schauspielerin wurde ein tragisches Opfer der Idol-Fabrik Hollywood. Erwiesen sind ihre Affären mit den Brüdern John F. und Robert Kennedy. In dritter und letzter Ehe war sie mit dem Schriftsteller Arthur Miller (1915–2005) verheiratet. Die Umstände ihres Todes am 2. Februar 1962 bleiben unklar. Sicher ist nur, dass ein Mix verschiedener Medikamente zu Herzversagen führte.

>>
Hollywood ist der Ort,
an dem man dir 1000 Dollar
für einen Kuss bezahlt
und 50 Cents für deine Seele.
<<

Marilyn Monroe

Schützer der Sierra Nevada: John Muir

1838–1914
Naturforscher, Wissenschaftler, Reisender

Als Elfjähriger kam der am 27. Juli 1838 geborene John Muir mit seiner Familie aus Schottland in die Vereinigten Staaten, wuchs in Wisconsin auf und besuchte Kalifornien 1868, wo er seine Lebensaufgabe fand und blieb. Er hatte Chemie, Geologie und Botanik studiert und betrieb zunächst zehn Jahre lang eine Obstfarm in der Nähe von Martinez, östlich von San Francisco. Muir war fasziniert von der Sierra Nevada, die er »**Berge des Lichts**« nannte. Sie waren für ihn in ihrer Schönheit eine Schöpfung Gottes, die es zu bewahren galt. Zu einer Zeit, als nur wenige an den Schutz der Natur dachten, setzte er sich für deren Erhalt in Nationalparks ein. Der **Yosemite National Park** wurde 1890 vom US-Kongress beschlossen und 1905 auf Druck von Muir erweitert. 1892 begründete er die Naturschutzorganisation **Sierra Club**, die noch heute über großen Einfluss verfügt, und war bis zu seinem Tod 22 Jahre später ihr Präsident.

HINTERGRUND
INTERESSANTE MENSCHEN

Trickser im Weißen Haus: Richard M. Nixon

Richard Milhous Nixon wurde am 9. Januar 1913 in Yorba Linda östlich von Anaheim geboren. Obwohl er aus bescheidenen Verhältnissen stammte, konnte er ein College besuchen und Jura studieren. Er ließ sich als Anwalt nieder, diente im Zweiten Weltkrieg in der Marine und wurde 1946 zum Abgeordneten gewählt. Vier Jahre später erfolgte seine Wahl zum Senator und 1952 zum Vizepräsidenten unter Dwight D. Eisenhower. Machenschaften bei der Senatswahl brachten ihm den Spitznamen »**Tricky Dicky**« ein. 1960 verlor er die Präsidentschaftswahl gegen John F. Kennedy und unterlag 1962 auch in der Gouverneurswahl von Kalifornien. 1968 wurde Nixon zum Präsidenten der USA gewählt und vier Jahre später bestätigt. Er betrieb eine Politik der Entspannung zwischen den beiden Weltmächten, der Anerkennung der Volksrepublik China und der Einleitung des Waffenstillstands im Vietnam-Krieg. Sein zunehmend autoritärer Regierungsstil und die Verwicklung in die **Watergate-Affäre** zwangen ihn als bisher einzigen der 45 US-Präsidenten am 8. August 1974 zum Rücktritt. Richard Nixon starb am 22. April 1994 in New York. Er liegt in **Yorba Linda** bei Anaheim begraben, wo sein Geburtshaus und die Presidential Library über sein Leben und seine Amtszeit informieren (▶ S. 83).

1913–1994
US-Präsident

Häufig verfilmt: John Steinbeck

In den Romanen des am 27. Februar 1902 in ▶ Salinas geborenen Steinbeck findet man immer wieder Reminiszenzen an seine Heimat. Er studierte an der Stanford University ohne Abschluss, hatte mehrere Stellungen von kurzer Dauer, ehe er 1929 den Roman »Cup of Gold« (»Eine Handvoll Gold«) veröffentlichte. Seine wichtigsten Werke schrieb Steinbeck in den 1930er-Jahren, »Of Mice and Men« (1937; »Von Mäusen und Menschen«) und »**The Grapes of Wrath**« (1939; »Früchte des Zorns«), das die Tragödie der durch die Wirtschaftskrise und Dürre von ihrem Land vertriebenen Menschen schildert (1940 verfilmt mit Henry Fonda; Regie: John Ford). Nach dem Krieg knüpfte Steinbeck mit »**Cannery Row**« (1945; »Die Straße der Ölsardinen«) thematisch an die großen Romane der 1930er-Jahre an. Mit dem epischen Roman »**East of Eden**« (1952; »Jenseits von Eden«; 1955 verfilmt von Elia Kazan mit James Dean in der Hauptrolle) und dem Drehbuch zum Film »Viva Zapata!« (1952; Regie: Elia Kazan) gelangen ihm auch in den 1950er-Jahren große Würfe. 1962 wurde ihm für sein Gesamtwerk der **Nobelpreis für Literatur** verliehen. Am 20. Dezember 1968 erlag er einem Herzversagen. Das National Steinbeck Center in Salinas (▶ S. 242) dokumentiert sein Leben und seine Zeit.

1902–1968
Schriftsteller

Erfinder der Jeans: Levi Strauss

1829–1902
Textilhändler und Industrieller

Der aus dem fränkischen Buttenheim stammende Levi (Löb) Strauss, dessen seit 1850 in San Francisco hergestellte **Blue Jeans** Weltruhm erlangten, kam als 14-Jähriger nach Amerika. Vor Antritt einer dreimonatigen Schiffsreise um Kap Hoorn hatte er sich in der brüderlichen Textilhandlung in New York mit Stoffen und einigen Ballen Segeltuch für die Planwagen eingedeckt. Noch ehe er in San Francisco ankam war er seine Ware losgeworden – mit Ausnahme des Segeltuchs. Eines Tages beschwerte sich ein Goldgräber, dass bei der Arbeit die Hosen so leicht zerrissen. Strauss kam auf die Idee, aus dem Segeltuch Beinkleider anfertigen zu lassen, die sofort ein Verkaufsschlager wurden. 1853 gründete er mit seinen Brüdern die heute noch bestehende Firma. Die Idee, die Hosentaschen mit Kupfernieten zu verstärken, kam von einem ortsansässigen Schneider; sie wurde 1873 patentiert. Statt des Segeltuchs wurde später widerstandsfähiger Drillich benutzt, nach seinem französischen Herkunftsort »Serge de Nîmes« genannt, woraus »**Denim**« wurde.

»Kaiser von Kalifornien«: Johann August Sutter

1803–1880
Großgrundbesitzer

Eine unglückliche Ehe und der Konkurs seines Kurzwarengeschäfts waren der Anlass für den **aus Kandern im Südschwarzwald** gebürtigen Johann August Sutter, in das Paradies der »schwarzen Schafe«, 1834 nach Amerika, auszuwandern. Nach abenteuerlichen Fahrten, die ihn über Frankreich bis Alaska und sogar nach Hawaii führten, kam er 1839 in Kalifornien an. Er wurde mexikanischer Bürger, erhielt vom damaligen mexikanischen Gouverneur das größtmögliche Landlehen und betrieb seine Landwirtschaft mit Hilfe indianischer Sklaven. »General« Sutter errichtete ein Fort auf dem Gelände und nannte sein Reich »**Nueva Helvetia**«. Er kaufte die russischen Besitzungen in Fort Ross und Bodega Bay und unterstützte die Amerikaner bei der Eroberung Kaliforniens, wurde zum Delegierten der verfassunggebenden Versammlung bestimmt und nannte sich John Augustus Sutter.

In der Nähe der von ihm gegründeten Hauptstadt **Sacramento** entdeckte James W. Marshall 1848 das erste Gold (heute Marshall Gold Discovery State Park). Bei der Errichtung einer Sägemühle auf Sutters Grund wurde 1849 ebenfalls Gold entdeckt, und bald war sein Besitzung von Glücksrittern überrannt, die zerstörten, was nicht niet- und nagelfest war. Sutter verlor alles und lebte 16 Jahre lang in Pennsylvania von einer kleinen Pension, die ihm der Senat aussetzte, seine Schadensersatzansprüche wurden jedoch nie anerkannt. Er starb am 18. Juni 1880 völlig verarmt.

Der Erfinder des Reiseführers: Karl Baedeker

Als Buchhändler kam Karl Baedeker viel herum, und überall ärgerte er sich über die »Lohnbedienten«, die die Neuankömmlinge gegen Trinkgeld in den erstbesten Gasthof schleppten. Nur: Wie sollte man sonst wissen, wo man übernachten könnte und was es anzuschauen gäbe? In seiner Buchhandlung hatte er zwar Fahrpläne, Reiseberichte und gelehrte Abhandlungen über Kunstsammlungen. Aber wollte man das mit sich herumschleppen? Wie wäre es denn, wenn man all das zusammenfasste?

1801–1859
Verleger

Gedacht, getan: Zwar hatte er sein erstes Reisebuch, die 1832 erschienene »Rheinreise«, noch nicht einmal selbst geschrieben. Aber er entwickelte es von Auflage zu Auflage weiter. Mit der Einteilung in »Allgemein Wissenswertes«, »Praktisches« und »Beschreibung der Merk-(Sehens-)würdigkeiten« fand er die klassische Gliederung des Reiseführers, die bis heute ihre Gültigkeit hat. Bald waren immer mehr Menschen unterwegs mit seinen »Handbüchlein für Reisende, die sich selbst leicht und schnell zurechtfinden wollen«. Die Reisenden hatten sich befreit, und sie verdanken es bis heute Karl Baedeker. Kalifornien beschreibt er erstmals im 1893 erschienenen Band »Baedeker's Nordamerika«.

>>
Von der Thalsohle aus sieht der Besucher nach keiner Richtung einen Ausweg und fühlt sich von der übrigen Welt völlig abgeschnitten. Kein schweizerisches Thal vereinigt auf so kleinem Raum eine solche Fülle und Mannigfaltigkeit großartiger und wildromantischer Landschaften wie das Yosemite.
<<

Baedeker's Nordamerika. 1. Auflage 1893

E
ERLEBEN &
GENIESSEN

Überraschend, stimulierend, bereichernd

Mit unseren Ideen erleben und
genießen Sie Kalifornien.

Was in Rock und Pop Rang und Namen hatte, trat schon im
Roxy am Sunset Strip in Los Angeles auf. ▶

BEWEGEN UND ENTSPANNEN

Rund 1600 km Küste mit wilden Klippen und herrlichen Sandstränden, dahinter Gebirge und Urwälder, etwas weiter im Osten die Sierra Nevada mit bis zu 4000 m hohen Bergriesen und einer geradezu spektakulären Naturkulisse, dann die Wüsten und Savannen des Südens, in denen nach einem Winterregen Blumen aus dem vermeintlich kargen Boden sprießen. Sie alle fordern Besucher geradezu heraus, ihren Urlaub aktiv zu gestalten, sich sportlich zu betätigen.

Easy goin ...

Jogging am Strand

Kein Wunder, dass Kalifornien als Outdoor-Paradies gilt, dass hier mehr gejoggt, Rad gefahren oder gesurft wird als anderswo in den USA. Selbst der Fußweg entlang des **Embarcadero** in San Francisco ist morgens, in der Mittagspause und auch am Feierabend fest im Griff gesundheitsbewusster Jogger. An den breiten Stränden in der Bucht von Los Angeles sind zu jeder Tageszeit Jogger zu sehen. Im Norden reicht die sandige Laufstrecke bis zu den Stelzenhäusern von **Malibu**.

Radfahren, Volleyball

Auf asphaltierten Wegen kurven **Radfahrer** durch die Strandidylle. Und Dutzende von Plätzen für **Beach Volleyball** an den Stränden zwischen Santa Barbara und San Diego zeigen, von wo die junge olympische Trendsportart einst ihren Ausgangspunkt genommen hat.

Golf und Tennis

»Easygoin'« auch beim Golf. Hunderte von Plätzen, davon einige mit der Brandung des Pazifiks im Blick, ziehen Golf-Fans in Scharen nach Kalifornien. Allein die Städte San Francisco, San Diego und Los Angeles verfügen über Dutzende davon. Platzreife vorausgesetzt, können Gäste auch bei den meisten privaten Clubs gegen Zahlung einer »Green Fee« ihre Schläger schwingen, ohne selbst Mitglied zu sein. Auch Tennis gehört zu den beliebtesten Aktivsportarten. So unterhalten die Stadt San Francisco mehr als 100, San Diego und Los Angeles 70 öffentliche Tennisplätze.
Golf: www.golfcalifornia.com

Skigebiete

Obwohl man Kalifornien von Europa aus wohl nicht in erster Linie mit Wintersport assoziiert, gibt es dort hervorragende Gebiete für alpinen Abfahrtslauf: **Lake Tahoe** (Squaw Valley, Heavenly, Alpine Meadows und Northstar at Tahoe), Mammoth Mountain, Mount Shasta oder

ERLEBEN & GENIESSEN
BEWEGEN UND ENTSPANNEN

Bear Valley. Selbst im südlichen Kalifornien fährt man Ski (Snow Valley, Green Valley oder San Jacinto Mountains). Ein Naturerlebnis der besonderen Art bieten die gespurten Langlaufloipen im **Yosemite National Park**.

Entspannung am und im Wasser

Zwischen San Francisco und der Grenze nach Oregon im Norden liegen unzählige wunderschöne Strände. Da das Wasser des Pazifiks hier durch eine **kalte Meeresströmung** auch im Sommer empfindlich kühl bleibt, findet man an diesen Stränden fast nur Sonnenanbeter oder Surfer im Neoprenanzug. Ab Santa Barbara südwärts, werden die Wassertemperaturen angenehmer. An beliebten Stränden wachen Rettungsschwimmer (»Life Guards«) über die Sicherheit.

Wassertemperaturen

Nach so viel Bewegung am Strand von Santa Barbara braucht es Entspannung.

DIE PERFEKTE WELLE

Drei Prinzen des hawaiianischen Königshauses, die im kalifornischen San Mateo die Schule besucht haben, sollen es gewesen sein, die um 1855 erstmals an Kaliforniens Stränden als Wellenreiter auf Redwood-Brettern in Erscheinung getreten sind.

▶ **Die Kunst des Wellenreitens**

A Auf das Meer hinauspaddeln und auf eine Welle warten

B Umdrehen und paddeln. Die Welle im Auge behalten

C Hat die Welle das Surfboard erreicht, Rails (Kanten) greifen und Körper hochdrücken

▶ **Ausrüstung eines Surfers**

Leash
Leine, die am Surfbrett befestigt und um das Sprunggelenk gebunden wird, damit das Board nicht verloren geht

Wachs
Das Surfboard wird mit Wachs eingerieben. Es sorgt für optimale Bodenhaftung.

Sonnencreme
Zum Schutz vor starker Sonnenstrahlung

Wetsuit
Schützt vor Auskühlung des Körpers

California's Top 10 – die besten Surfstrände

1. Huntington Beach (Long Beach)
2. Blacks Beach (San Diego County)
3. Lower Trestles (San Diego County)
4. Zuma Classic (Malibu)
5. El Porto (Manhattan Beach)
6. Redondo Breakwater (Manhattan Beach)
7. Rincon (Santa Barbara)
8. Steamer Lane (Santa Cruz)
9. Cowells Cove (Santa Cruz)
10. Mavericks (San Mateo)

E *Stellung einnehmen, Gleichgewicht halten*

F *Schwerpunkt verlagern, geduckte Haltung, die Welle entlanggleiten*

G *An der Wellenbrechung entlang surfen*

Hochstützen und auf das Board springen

Surfboardarten

Zu Beginn wurden die Surfboards noch aus Holz gefertigt. Heute werden vorwiegend Materialien wie Glasfaser und Hartschaum verwendet. Die Boards wiegen keine 1000 Gramm und können bis zu 3 Meter lang sein.

Fish | Egg | Shortboard 1,7 – 1,85 m | Hybrid | Gun 2,2 – 3,65 m | Funboard 2,2 – 2,75 m | Longboard 2,1 – 3,0 m

ERLEBEN & GENIESSEN
BEWEGEN UND ENTSPANNEN

Traumhafte Strände

Stinson Beach, nördlich der Golden Gate Bridge, ein besonders schönes Fleckchen, ist beliebt bei **Wellenreitern** und Sonnenanbetern. Die Strände rund um **Santa Cruz** sind über 30 km lang. Auf dem Boardwalk ist am meisten los, im Sommer mit Partystimmung. An den weißen Sandstränden tummeln sich viele Familien, auf den Wellenkämmen sind die Surfer zu Hause.
Zuma Beach bei Malibu mit seinen Stelzenhäusern am Strand spielte schon in vielen Filmen eine Nebenrolle. Am benachbarten **Surfrider Beach** treffen sich die Wellenreiter (▶ Baedeker Wissen, S. 402) mit ihren Brettern.
Hermosa Beach bei Los Angeles gilt als Mekka der Beach-Volleyballer. Der sichelförmige Strand von **Laguna Beach** südlich von Newport Beach zieht sich dekorativ die ganze Bucht entlang.
La Jolla, am nördlichen Rand von San Diego, besitzt einige der schönsten Strände Kaliforniens: Windandsea mit langen Wellen oder La Jolla Shores, ideal zum Schwimmen und Baden. **Coronado Beach** auf der gleichnamigen Halbinsel bei San Diego gehört zu den schönsten Stränden der USA. Allein der breite Hauptstrand ist etwa 2,4 km lang (▶ Das ist..., S. 18).

Segeln

Vorzüglich segeln kann man im rauen Norden (u. a. in der Bucht von San Francisco), Anfänger sollten den sanfteren Süden vorziehen, etwa die **Mission Bay** bei San Diego. **Segelboote** kann man in den meisten Marinas mieten. **Binnengewässer** wie Lake Shasta, Lake Tahoe oder Sacramento River Delta Lands eröffnen ebenfalls ausgezeichnete Gelegenheiten zum Segeln.

Schnorcheln und Tauchen

Für Schnorchelfreunde bietet der Pazifik reiche Fischgründe und eine üppige Meeresflora (▶ Santa Catalina Island; ▶ Channel Islands; Bucht von ▶Monterey). Für Taucher sind die Südküste (gesunkene Schiffe, Seesterne in La Jolla Cove bei San Diego) und die Nordküste (Abalonemuscheln) gleichermaßen geeignet. Über mögliche Gefahren (Strömungen, Haie) informieren die »Life Guards« vor Ort.

Wandern und Klettern

Netz von Wanderwegen

Ein Netz von Wanderwegen durchzieht den Bundesstaat von der Sierra Nevada bis zur Pazifikküste, in den Nationalparks und sogar durch die Wüsten des Südens.
Der **Pacific Crest Trail** (in Kalifornien: John Muir Trail; ▶ S. 338), ein Fernwanderweg von Kanada bis nach Mexiko, erstreckt sich auch durch die schönsten Gebirgs- und Wüstenlandschaften Kaliforniens. Auf verschiedenen **Websites** (z. B. www.pctmap.net) findet man detaillierte Übersichten zu den Wanderrouten im Bundesstaat.
In jedem **National Park** gibt es ein Visitor Center mit vielfältigen Infor-

mationen zu Park und Wanderrouten (Adressen ▶ Ziele von A–Z). Hier bieten **Park Ranger** die Gelegenheit, an Ausflügen und Touren teilzunehmen (▶ Das ist ..., S. 15).

Mit ihren steilen Felswänden und -nadeln ist die **Sierra Nevada** ein Eldorado für Sportkletterer. — Kletter-Dorado

▎Zuschauen und Mitfiebern

In keinem anderen Bundesstaat ist der amerikanische Nationalsport Baseball so gut vertreten wie in Kalifornien. Es gibt fünf Mannschaften der Major League der ersten Spielklasse: Die Giants (San Francisco), die Dodgers (Los Angeles) und die Padres (San Diego) spielen in der National League, die Angels (Los Angeles/Anaheim) und die Athletics (Oakland) in der American League. Spielsaison ist von Ende März bis Anfang Oktober. — Baseball

Drei erstklassige Profi-Football-Mannschaften gibt es in Kalifornien, die **San Francisco 49'ers**, Los Angeles Rams und Los Angeles Chargers. Spielsaison ist von September bis Februar. — Football

Die wohl bekannteste Basketball-Mannschaft sind die **L. A. Lakers**, daneben spielen in der Profiliga der NBA (National Basketball Association) die L. A. Clippers, die Sacramento Kings und die Golden State Warriors aus Oakland. Die Frauenmannschaft der Los Angeles Sparks spielt in der höchsten Spielklasse der Women's NBA. — Basketball

Soccer erlebte in den USA vor allem über die Schulen einen großen Aufschwung. Nach wie vor aber steht Profi-Fußball im Schatten der typischen US-Sportarten. In Kalifornien spielen drei Mannschaften in der Major League Soccer: L. A. Galaxy (Carson/Los Angeles), Los Angeles FC (Los Angeles) und San José Earthquakes (San José).
www.mlssoccer.com — Fußball

Pferderennen mit Totalisator- und Buchmacherwetten gibt es auf den Golden Gate Fields in Berkeley, in Del Mar bei San Diego, im Santa Anita Park in Arcadia und in Los Alamitos im Orange County. — Pferderennen

Die Saison der Professional-Rodeo-Reiter dauert in Kalifornien von Anfang April bis in den Oktober. Bei Dutzenden von Rodeos im Bundesstaat geht es darum, bei Wildpferden und Bullen so lange wie möglich im Sattel zu bleiben, kunstvoll mit dem Lasso zu werfen und Kälber einzufangen. Im Herbst werden die kalifornischen Meisterschaften der Besten ausgetragen, die landesweiten Finals finden im Dezember statt.
www.ccpra.com — Rodeo

ERLEBEN & GENIESSEN
ESSEN UND TRINKEN

ESSEN UND TRINKEN

»Have a nice one!« *Mit elegantem Schwung lässt der gut gelaunte Kellner den Teller mit der Pizza auf den Tisch gleiten. Aber natürlich keine mit Salami und Tomatensauce, schließlich sind wir im Wolfgang Puck Express Restaurant am Santa Monica Boulevard in West Hollywood. Der österreichische Szene-Koch ist nicht nur für das offizielle Dinner bei der Oscar-Preisverleihung zuständig und besitzt diverse Gourmetrestaurants in San Francisco, Los Angeles und vielen weiteren Städten. Er gilt auch als Erfinder der kalifornischen Designer-Pizza. Es ist sein Klassiker, der regelmäßig variiert wird. Heute ist sie mit leicht scharfer kalabresischer Soppressata-Wurst, Peperoni, Mortadella, roten Zwiebeln, Chili Flakes und Basilikum belegt.*

Aufregende California Cuisine

Puck und andere eingewanderte oder in Kalifornien geborene Köche stehen für die California Cuisine, eine aufregende, moderne und leichte Küche, die ohne Scheu Traditionen aus diversen Kochkulturen der Welt aufgreift, miteinander verbindet und optisch gefällig präsentiert. Man nennt diese Art zu kochen auch **Pacific Rim Cuisine**, da viele ihrer kulinarischen Einflüsse aus Asien, Ozeanien oder Südamerika stammen.

»Bio« und regional

Der neue Trend zu umweltbewusstem Leben, das auch biologisch produzierte Lebensmittel einschließt, findet in Kalifornien viele Anhänger. So kommen Lebensmittel in Restaurants mit einem **Bio-Label** von »organisch« produzierenden Farmen, meist aus der näheren Umgebung oder aus Aquakulturen, die alle Meeresschutzauflagen erfüllen. Viele der verarbeiteten Produkte haben es ohnehin nicht weit von den Feldern bis auf den Teller. Schließlich gehört die Landwirtschaft des westlichen US-Bundesstaats zu den produktivsten der Welt. Rund 5 Mio. Rinder sorgen für exzellente Steaks, im Central Valley gedeihen Artischocken, Avocados, Knoblauch, Auberginen, Tomaten und Zitrusfrüchte. Dattelpalmen finden im Coachella Valley südlich von Palm Springs beste Bedingungen.
Aus Bächen und Seen stammen delikate Fische. Der Pazifik steuert Schalentiere und Seefische wie die Goldmakrele Mahi-mahi bei. Aus dem Napa Valley und ▶ Sonoma Valley stammen einige der köstlichsten Weine der Welt (▶ Das ist …, S. 26).

Schnell und günstig

Natürlich sind auch alle bekannten US-amerikanischen **Fastfood**-Ketten in Kalifornien flächendeckend vertreten. Vor allem entlang der Freeways sowie in den Einzugsbereichen von San Francisco, Los Angeles und San Diego herrscht kein Mangel an McDonalds, Burger King, der kalifornischen Kult-Kette In-N-Out Burger, an Pizza Hut, Taco's oder Kentucky Fried Chicken. in vielen nostalgischen **Dinern** werden Klassiker wie Hamburger, Hot-Dog, Spare-Ribs und French Fries (Pommes Frites) serviert.

Besonders die vielen mexikanischen Einwanderer brachten ihre eigenen Kochtraditionen und Gerichte mit, und kaum irgendwo außerhalb von Mexiko kann man besser **Burrito**, **Taco** oder **Enchilada** essen als im Süden Kaliforniens.

Ethno-Küche

Dazu haben auch Einwanderer anderer Regionen in Kalifornien kulinarischen Spuren hinterlassen. Selbst wer heute baskisch morgen kambodschanisch und übermorgen peruanisch speisen möchte, ist hier am richtigen Ort.

FRÜHSTÜCK TAG UND NACHT

Eggs, Bacon, Hash Browns, Pfannkuchen. Im Downtown Diner von Los Angeles wird traditionelles amerikanisches Frühstück serviert. Rund um die Uhr und das jeden Tag seit 1924. Schon Marilyn Monroe und Dr. Martin Luther King Jr. haben es sich im »The Original Pantry Cafe« schmecken lassen, auch wenn sie nicht an einem Tisch gesessen haben. Ab mittags gibt's einige Extras: Rippchen, Pasta, Steaks und leckere Desserts. An Gesundheitsbewusste wird auch gedacht. Für die steht Haferbrei mit frischen Früchten auf der Karte.
(877 S Figueroa St, Los Angeles, Tel. 1-213-972–9279, https://pantrycafe.restaurant)

TYPISCHE GERICHTE

Eine Vorspeise mit Shrimps gehört in vielen kalifornischen Restaurants zum Standard. Teurer, aber auch schmackhafter, sind Riesengarnelen, die, in der Pfanne gebraten, mit einer Limonen-Vinaigrette, Römersalat, Avocado, Cocktailtomaten und grünem Spargel im Glas serviert, nicht nur optisch ansprechen, sondern auch wunderbar schmecken.

Basis der **Tacos** sind **Tortillas** (unten) runde Maisfladen, für deren Füllung der Fantasie kaum Grenzen gesetzt sind, bevor man sie zusammenrollt. Hühnchenfleisch, Rinderstreifen, geriebener Käse, Salate, Zwiebeln, Tomaten, Avocados, gewürzt mit scharfer Sauce oder Koriander – alles ist möglich. Trendy sind gerade Fish Tacos mit Fischfilets und/oder gegrillten Shrimps aus Baja California. Taco-Stände sind vor allem im Süden von Kalifornien mit seinem hohen Anteil an mexikanischen Einwanderern bzw. Wanderarbeitern allgegenwärtig. Sie bilden eine sehr schmackhafte Alternative zu den einschlägigen Tex-Mex-Fast-Food Ketten.

Etwas ausgefallener ist schon **Poke** eine Art Salat aus rohem Fisch und Oktopus. Das Gericht stammt aus der polynesischen Kultur, der Inselwelt im Pazifischen Ozean, und gelangte von Hawaii nach Kalifornien. Roher Tintenfisch, ausgenommen und mundgerecht geschnitten, gehört dazu, in der Luxusvariante auch ein Stück Gelbflossen-

thunfisch-Filet (yellow fin). Dazu mischt man Tomaten, Paprika, grüne und rote Zwiebeln, Soja-Sauce, Sesamöl und Meersalz. Wer es gerne schärfer hat, fügt scharfe Paprika hinzu oder etwas Sambal.

Der **Cobb Salad** (oben) wurde 1937 in Kalifornien erfunden, und zwar von Robert Cobb in seinem Restaurant »The Brown Derby« in Hollywood. Die herzhafte Mischung besteht aus unterschiedlichen Blattsalaten, mit gegrilltem Speck (bacon), gewürfelter Hühnerbrust und gekochten Eiern, dazu Avocado, Blauschimmelkäse und fein gewiegte Frühlingszwiebeln, angemacht mit einer kräftigen Vinaigrette. Ein Salat nicht nur als Vorspeise, sondern auch als Hauptgericht

Tropical Salsa (unten) passt gut zu kurz gebratenem Filet von Mahi-mahi (Goldmakrele), einem Seebarsch oder Schwertfisch. Bei der »Tropischen Sauce« mischen sich besonders anregend pikante und süße Aromen. Der Saft frisch gepresster Limonen verbindet sich mit Koriander, fein gehackter Peperoni, Ananas- und Papayawürfeln zu einer aufregenden Mischung.

Als Dessert und zum nachmittäglichen Kaffee geschätzt ist **Apple Pie** ein gedeckter Kuchen aus Granny-Smith-Äpfeln. Diese Früchte stammen vielfach aus dem Raum um die südkalifornische Ortschaft Julian östlich von San Diego, wo sich in jüngerer Zeit eine richtige »Julian Apple Pie Industry« entwickelte (▶ S. 268).

ERLEBEN & GENIESSEN
ESSEN UND TRINKEN

Herzhaftes Frühstück

Der Tag fängt meist mit einem herzhaften **Breakfast** (Frühstück) an, das seine angelsächsische Herkunft nicht verleugnen kann. Eier und Speck, Würstchen, dazu Toast und gebratene Kartoffelstreifen (Hash Browns), vielleicht noch Pfannkuchen mit Ahornsirup könnten auch hart arbeitende Holzfäller oder Goldwäscher mühelos durch den Tag bringen. In vielen Hotels oder – meist preisgünstiger – in Frühstücksrestaurants lassen sich auch leichtere Varianten wählen: Getreideflocken, Müsli oder frische Früchte.

Bescheidener Mittagssnack

Der **Lunch** (das Mittagessen) fällt eher bescheiden aus. Salate Bowls, Suppen, Pasta, Kurzgebratenes und Sandwiches werden meist zum »lunchbreak« serviert.

Besonders beliebt in Kalifornien sind inzwischen auch **Foodtrucks** mit internationaler Küche, die mittags im Zentrum vieler Großstädte, bei Shopping-Zentren oder vor Bürotürmen auftauchen.

Going out for Dinner

Abends zwischen 18 und 22 Uhr nimmt man das Dinner ein, die **Hauptmahlzeit** des Tages. In Restaurants mit einer Salatbar kann man sich gegen einen Pauschalbetrag dort oft unbegrenzt bedienen. Überhaupt gehören **vegetarische** oder **vegane** Gerichte und Restaurants in den Städten entlang der Pazifikküste bereits zum Mainstream.

Gäste steuern im Restaurant nicht einfach auf einen freien Tisch zu. Ein Schild »**Please wait to be seated**« weist darauf hin, dass die Bedienung einen Platz zuweist. Wasser mit Eiswürfeln wird oft ohne Bestellung an den Tisch gebracht.

»Doggy bag«

Übrigens: Wer von seinem bestellten Gericht einen nennenswerten Teil übrig lässt, kann sich diesen üblicherweise als »doggy bag« zum Mitnehmen einpacken zu lassen. Gerade wer mit einem Wohnmobil mit Küchenzeile und Mikrowelle unterwegs ist oder ein Ferienapartment bewohnt, dürfte diese Sitte zu schätzen wissen.

Trinkgeld

»**Gratuity**« (Trinkgeld) ist ein wichtiger Bestandteil des ansonsten sehr geringen Gehalts von Bedienungen. Er ist nur ausnahmsweise in der Rechnung enthalten. Üblicherweise gibt man bei ordentlichem Service 15 bis 20 % des Rechnungsbetrags. Meist können die Gäste das Geld bar auf dem Tisch liegen lassen, oft kann man den Betrag auch auf dem Kreditkartenbeleg in der Rubrik »**Tip**« eintragen.

Kaffee für jeden Geschmack

Der Kaffee ist meist dünn, wird aber ohne Aufpreis nachgeschenkt. Doch inzwischen haben sich auch, ausgehend von Seattle und Portland im Norden, **Kaffeebars** mit Kaffeespezialitäten über den ganzen nordamerikanischen Kontinent verbreitet, in denen Cafe Latte, Espresso, Venti Latte und diverse andere Kaffeespezialitäten serviert werden. Und mit fast 3000 Filialen ist die Coffeeshop-Kette »Starbuck's« in Kalifornien praktisch überall präsent.

ERLEBEN & GENIESSEN
FEIERN

Wer ein **Bier** trinken möchte, hat die Auswahl unter verschiedenen amerikanischen Leichtbieren wie Miller's, Budweiser, Busch oder Coors. Außerdem finden sich inzwischen auch in kleineren Städten **Microbrews** wie die »Gordon Biersch Brewery« in San Francisco oder die »Mendocino Brewing Company« in Mendocino, die für regionale Märkte süffige Biere brauen. In Kalifornien sind zudem **mexikanische Biere** wie Corona, Sol oder Dos Equis XX gut vertreten. Kalifornien ist ein wichtiger Produzent von **Weinen**. In den Hauptanbaugebieten Napa Valley und Sonoma Valley (▶ Plan S. 193; Adressen S. 192, 345) sowie im Santa Ynez Valley kann man viele Weingüter zu Verkostungen (»Tastings«) besuchen (▶ Das ist ..., S. 26).

Alkoholisches

Alkohol, vor allem Bier und Wein, werden in Kalifornien nur an Konsumenten ausgeschenkt oder verkauft, die mindestens **21 Jahre** alt sind. Wer in den Augen des Verkaufs- bzw. Bedienungspersonals zu jung aussieht, muss seinen Ausweis vorlegen.

»Gesichtskontrolle«

Überall angeboten werden **Fruchtsäfte** und **Soft Drinks**. Zu Mahlzeiten erhält man in der Regel Eiswasser. Doch Achtung: Hier handelt es sich meist um Leitungswasser mit gestoßenem Eis.
Wer **Mineralwasser** möchte, bestellt »spring water« oder »soda water« mit Kohlensäure. Der oft hausgemachte erfrischende Eistee wird süß und ungesüßt (»unsweetened«) serviert und meist kostenfrei nachgeschenkt.

Weitere Getränke

FEIERN

Drachen ziehen zum Chinesischen Neujahrsfest mit schrillem Getöse durch die Straßen von San Francisco, Knallfrösche knattern um die Wette. In San Diego schäumt die Stimmung beim mexikanischen Volksfest »Cinco de Mayo« über, in Laguna Beach stellen perfekt geschminkte Darsteller weltberühmte Gemälde beim »Pageant of the Masters« nach, beim »Garlic Festival« in Gilroy wird das stark aromatische Lauchgewächs in tausenderlei Arten zubereitet. Auch wer den Zweikampf der beiden besten College Football Teams oder ein wildes Softballturnier mit 50 000 anderen Zuschauern erleben möchte, ist in Kalifornien richtig.

Die Kultur Kaliforniens ist so vielfältig, die Zahl der ursprünglichen Heimatländer seiner Bewohner so groß, dass es in jeder beliebigen Woche im Jahr irgendwo etwas zu feiern gibt. Und da Kalifornien

Immer irgendwo ein Fest

einer der weltweit wichtigsten Produzenten von Gemüse und Obst ist, wundert es nicht, dass von der Dattelpalme und der Weintraube bis zur Artischocke alle möglichen **Erntefeste** Farmer und Konsumenten aufs Fröhlichste zusammenführen.

Offizielle Feiertage

Offizielle Feiertage hat Kalifornien nur wenige, und selbst an diesen sind mit Ausnahme von Thanksgiving, Ostersonntag, Weihnachten und Neujahr viele **Geschäfte geöffnet**. Banken, Börsen, Behörden und Schulen bleiben jedoch geschlossen. An Ostern, Pfingsten und Weihnachten gibt es keinen zweiten Feiertag.

In der Datierung variabel

Die überwiegende Mehrzahl der offiziellen Feiertage – mit Ausnahme des Unabhängigkeitstages – wird alljährlich neu datiert und zur Verlängerung der Wochenenden auf einen Montag vor oder nach dem eigentlichen Feiertag verlegt. Man sollte für diese Tage sein Urlaubsdomizil auf jeden Fall **rechtzeitig im Voraus** buchen!

Mit Schwung ins neue Jahr: Die Chinese New Year Parade in der Chinatown von San Francisco ist der Höhepunkt im Kalender der chinesischen Community.

VERANSTALTUNGSKALENDER

OFFIZIELLE FEIERTAGE
1. Januar: New Year
3. Mo. im Januar: Martin Luther King's Birthday (15.01.)
3. Mo. im Februar: President's Day
31. März: Cesar Chavez Day
Letzter Mo. im Mai: Memorial Day
4. Juli: Independence Day
1. Mo. im September: Labor Day
2. Mo. im Oktober: Columbus Day (in Kalifornien nicht offiziell gefeiert oder mit einen »Indigenous Day« zusammengelegt)
11. November: Veterans Day
4. Do. im November: Thanksgiving
24. Dezember: Christmas Eve
25. Dezember: Christmas Day

JANUAR

TOURNAMENT OF ROSES
Parade mit blumengeschmückten Wagen und Rosenkönigin. Die beiden besten US-College-Mannschaften im Football treten gegeneinander an.
In Pasadena
www.tournamentofroses.com

CAREERBUILDER CHALLENGE
Beim Golfturnier der Spitzenklasse werden große Geldsummen für karitative Zwecke gesammelt.
In La Quinta
www.careerbuilderchallenge.com

FEBRUAR / MÄRZ

CHINESE NEW YEAR
Das chinesische Neujahrsfest wird in Los Angeles und vor allem in San Francisco prächtig begangen – mit Umzügen und spektakulären Feuerwerken.
Ende Januar/Anfang Februar in Los Angeles und San Francisco,
www.chineseparade.com

INTERNATIONAL FILM FESTIVAL
Zahlreiche unabhängige Produktionen und ausländische Filme.
Im Februar in Santa Barbara
www.sbiff.org

NATIONAL DATE FESTIVAL
Zum Dattelfest am Ufer des Salzsees von Südkalifornien (▶ S. 209) treten Kamele und Strauße zu Wettrennen an. Dazu gibt es ein Straßenfest und die Krönung einer Dattelkönigin.
Im Februar in Indio
www.datefest.org

MARDI GRAS
Karneval im Stil von New Orleans am Faschingsdienstag.
Anfang Februar/Anfang März in Los Angeles, San Diego, Nevada City

APRIL

COACHELLA VALLEY MUSIC AND ARTS FESTIVAL
Mit bekannten Acts wie Lady Gaga, Radiohead oder Kendrick Lamar. Auch viele Stars und Sternchen mischen sich mit Gummistiefeln und Hippiekleidung unter das Partyvolk.
Im April in Indio (Coachella Valley), www.coachella.com

TOYOTA GRAND PRIX
Autorennen der Indy-Klasse mit internationaler Besetzung, dazu gibt es ein buntes Straßenfest mit Imbiss-Ständen und Musik.
Mitte April in Long Beach
www.gplb.com

INTERNATIONAL FILM FESTIVAL
Filme und TV-Produktionen aus drei Dutzend Ländern.
Im April/Mai in San Francisco
www.sffilm.org

»CINCO DE MAYO«

In den Schulen werden mexikanische Banner entrollt, Umzüge in patriotischer Stimmung und mit viel Folklore ziehen die Straßen entlang, Mariachi-Bands spielen zum Tanz. Auf der Plaza im Pueblo de Los Angeles im historischen Zentrum gleich bei der Olvera Street erreicht die Stimmung ihren Höhepunkt. Mit derselben Begeisterung, mit der die irischstämmige Bevölkerung in den Vereinigten Staaten den St. Patricks Day feiert, herrscht bei den vielen aus Mexiko stammenden Kaliforniern am 5. Mai allergrößte Feierlaune.

Auch wenn »Cinco de Mayo« noch nicht zu den offiziellen Feiertagen in den USA gehört, forderte der Kongress in Washington inzwischen die Bevölkerung zu ehrendem Gedenken an den mexikanischen Festtag auf. Es geht dabei nicht um die Unabhängigkeit Mexikos von Spanien, die Mitte September gefeiert wird, sondern lediglich **um den Sieg in einer Schlacht**.

5. Mai 1862

Am 5. Mai 1862 gelang es einer schlecht bewaffneten Truppe von 4000 Soldaten der noch jungen mexikanischen Armee, die professionell ausgebildeten Regimenter einer doppelt so starken französischen Invasionsarmee bei der mexikanischen Stadt **Puebla** zu schlagen und deren Vormarsch nach Mexiko-Stadt zu stoppen. Der nach kriegerischen Auseinandersetzungen mit den USA und einem Bürgerkrieg nahezu bankrotte, von **Benito Juarez** geführte mexikanische Staat hatte es gewagt, die Zahlungen an ausländische Gläubiger vorübergehend auszusetzen. Daraufhin setzte vor allem Frankreich umgehend seine Militärmaschinerie in Gang. Jede gewonnene Schlacht wurde zu einem Symbol für die Kraft der jungen mexikanischen Nation auf ihrem Weg zur Unabhängigkeit.

Trotz weiterer schwerer Rückschläge gelang es Mexiko schließlich, nicht nur die Franzosen zu vertreiben. So steht der 5. Mai noch heute für den **Nationalstolz** und den Behauptungswillen der mexikanischen Kultur.

Fiesta in den USA

Anfänglich wurde der große Sieg nur in der Gegend um Puebla und einigen Orten Mexikos gefeiert. Doch Einwanderer von dort brachten das Fest mit ins »Gelobte Land« der USA, wo es sich rasch verbreitete. Heute feiern **mehr als 150 US-Städte** »Cinco de Mayo«: Durch das schnelle Wachstum der Latino-Communities in Los Angeles, Denver oder Chicago wurde der Feiertag in den 1950er- und 1960er-Jahren populär, als es um die gute Nachbarschaft von Latinos und angloamerikanischen US-Bürgern ging. Darüber hinaus verbindet sich die Erinnerung an die siegreiche Schlacht bei den meisten »Mexican Americans« mit einer anti-imperialistischen Botschaft, was bei vielen Fiestas an diesem Tage zum Ausdruck kommt.

Kommerzialisierung

Seit den 1980er-Jahren gerieten die Ursprünge der Fiesta allmählich in Vergessenheit. Sie wurde mehr und mehr zum »**Drinking Holiday**« für eine überwiegend junge mexikanisch-

Cinco de Mayo auf dem Fiesta Broadway in Los Angeles

amerikanische Festgemeinde, unterstützt von US-Brauereien und anderen Interessenten, die sich von dem Ereignis Gewinne erhoffen.
Durch Millionen-Investments der US-Bierbrauer für Marketing in spanischer Sprache wurden 2017 in den USA allein am »Cinco de Mayo«-Wochende über 700 Mio. $ für Bier ausgegeben, mehr als beim St. Patricks Day oder dem Superbowl, dem Finale der Profi-Fooötball-Liga NFL.

Fiesta Broadway in L. A.

Die **größte Fiesta** anlässlich des »Cinco de Mayo« findet alljährlich in Los Angeles auf dem sog. Fiesta Broadway statt (▶ S. 122). Viele Tausend Menschen feiern dort in Downtown. Es ist derzeit das größte Event der Hispanics in den Vereinigten Staaten von Amerika.

ERLEBEN & GENIESSEN
FEIERN

FISHERMAN'S FESTIVAL
Volksfest mit Imbiss-Ständen, Foodtrucks und Musik nördlich von San Francisco.
Im April/Mai in San Francisco und Bodega Bay
www.bbfishfest.org

MAI

CINCO DE MAYO
Das wichtigste Fest der mexikanischen Einwanderer wird eine Woche lang gefeiert (▶ Baedeker Wissen, S. 414).
Anfang Mai in Los Angeles, San Diego und anderen mexikanisch geprägten Orten

PASO ROBLES WINE FESTIVAL
Größte Weinverkostung im ganzen Bundesstaat (4 Tage). Drumherum findet auch einiges statt, von Sportwettbewerben bis zu musikalischen Darbietungen.
Mitte Mai in Paso Robles, https://pasowine.com/events/winefest/

REDWOOD COAST MUSIC FESTIVAL
Vier Tage gibt es Jazz und Pop vom Feinsten an der nordkalifornischen Pazifikküste.
Mitte Mai in Eureka und an der Redwood Coast
www.rcmfest.org

CARNAVAL SAN FRANCICO
Über 1 Mio. verzückte Teilnehmer und Zuschauer kommen in den Mission District von San Francisco zum traditionell recht umtriebigen karibischen und lateinamerikanischen Karneval mit farbenprächtiger Parade.
Memorial Day Weekend
www.carnavalsanfrancisco.org

JUNI

HOT AIR BALLOON CLASSIC
Dutzende Heißluftballons fliegen in den kalifornischen (Nacht-)Himmel. Die Winzer schenken gute Weine aus, an Ständen werden leckere Delikatessen serviert.
Mitte Juni in Sonoma
www.schabc.org

LGBT PRIDE PARADE
Zur farbenprächtigen »San Francisco Lesbian, Gay, Bisexual, Transgender Pride Celebration and Parade« mit Umzug und Aktivitäten in der ganzen Stadt strömen eine halbe Mio. Teilnehmer und Zuschauer herbei.
Ende Juni in San Francisco
www.sfpride.org

MARIACHI USA
Zu dem mexikanischen «Volksfest kommen Familien mit Picknickkörben und genießen die folkloristischen Darbietungen auf der Bühne der Hollywood Bowl.
Ende August in Los Angeles
http://mariachiusa.com

JULI

INDEPENDENCE DAY
Den Nationalfeiertag zelebriert ganz Kalifornien mit Brillant-Feuerwerk, besonders spektakulär in Pasadena.
Am 4. Juli in Pasadena und anderen größeren Städten

WORLD CHAMPIONSHIP OVER-THE-LINE TOURNAMENT
Wer ein wildes Softball-Turnier mit 1200 ausgelassenen Dreier-Teams und 50 000 Zuschauern erleben möchte, sollte nach Fiesta Island in der Mission Bay von San Diego kommen.
Mitte Juli in San Diego
www.ombac.org

FESTIVAL OF ARTS & PAGEANT OF THE MASTERS
Höhepunkt des Kulturfestivals mit Ausstellungen, Auktionen und Musik-

aufführungen ist der Wettbewerb »Festzug der Meister««, in dem berühmte Gemälde als lebende Bilder vorgeführt werden (▶ unten).
Juli-Sept. in Laguna Beach
www.foapom.com

GARLIC FESTIVAL
Freunde des Knoblauchs strömen in die »Knoblauch-Hauptstadt« (Santa Clara County) zum Festival der aromatischen Zwiebel. Natürlich stehen die an vielen Ständen mit Knoblauch zubereiteten Speisen im Vordergrund, von der Lammkeule bis zum Knoblaucheis. Daneben spielen Musikgruppen auf, Kunsthandwerker verkaufen Geschnitztes und Gewebtes.
Letztes Juli-Wochenende in Gilroy
https://gilroygarlicfestivalassociation.com

US OPEN OF SURFING
Um die offenen US-Meisterschaften im Wellenreiten und Darbietungen von Surf-Profis gruppiert sich ein Strandfestival mit vielen Tausend Teilnehmern und Besuchern. Es gibt gute Musik, diverse Verkaufsstände und eine lockere Party-Atmosphäre.
Juli/Aug./Sept. in Huntington Beach
www.surfcityusa.com

LEBENDIGE BILDER
Seit 1933 wetteifern Künstler und Hunderte Helfer, um beim achtwöchigen Festival »Pageant of the Masters« (»Festzug der Meister«) bekannte Kunstwerke mit kostümierten und geschminkten Darstellern, Licht und Kulissen nachzustellen – ein Gemälde von Rembrandt, Meißener Porzellean oder ein Motiv der amerikanischen Geschichte, das im Amphitheater von Laguna Beach täuschend echt zum Leben erwacht. (▶ oben)

ERLEBEN & GENIESSEN
FEIERN

CALIFORNIA STATE FAIR
Zur Leistungsschau des Bundesstaates Kaliforniern wird allerlei geboten, von Bierbrau-Wettbewerben und halsbrecherischer Motorradakrobatik bis zum farbenfrohen Jahrmarkt.
zweite Julihälfte in Sacramento
www.castatefair.org

AUGUST

OLD SPANISH DAYS FIESTA
Das spanische Erbe der Stadt am Pazifik wird hier besonders deutlich – mit bunten »mercados«, auf denen Kunsthandwerk verkauft wird, mit Umzügen zu Pferd, Kutschen, Tanzvorstellungen und einem Rodeo.
Anfang August in Santa Barbara
https://oldspanishdays-fiesta.org

SEPTEMBER

SAUSALITO ART FESTIVAL
Die Künstlergemeinde veranstaltet ihr großes Kunstfestival. Fast 200 Künstler stellen ihre Werke aus, Musikgruppen aller Richtungen unterhalten die vielen Besucher.
Labor Day Weekend in Sausalito
http://sausalitoartfestival.org

MONTEREY JAZZ FESTIVAL
Jazzgrößen pilgern mit Tausenden Zuhörern zu einem der ältesten Jazzfestivals der Welt.
Mitte September in Monterey
www.montereyjazzfestival.org

DANISH DAYS
Zum dänischen Volksfest fährt auch eine von Pferden gezogene Carlsberg-Bierkutsche durch den Ort. Es wird dänische Küche geboten, dazu gibt es Musik und Kunsthandwerk.
Mitte September in Solvang
www.solvangdanishdays.org

WATTS TOWERS DAY OF THE DRUM FESTIVAL
Rund um die Watts Towers in Los Angeles ertönen Trommeln. Gruppen aus Afrika und Lateinamerika bringen die Luft zum Vibrieren und die Besucher zum Tanzen.
Ende September in Los Angeles
https://www.wattstowers.org/events

OKTOBER

SONOMA COUNTY HARVEST FAIR
Ein Wochenende lang geht es um die Ernte, vor allem um die wunderbaren Weine aus dem Sonoma Valley.
Anfang Oktober in Santa Rosa
www.harvestfair.org

THE HALF MOON BAY ART & PUMPKIN FESTIVAL
Wer schon immer wissen wollte, was man mit Kürbissen alles anstellen kann, sollte nach Half Moon Bay an der Westküste der San-Francisco-Halbinsel fahren. Hier gibt es Rezepte, Figuren und einen Wettbewerb um den größten Kürbis.
Mitte Oktober in Half Moon Bay
http://pumpkinfest.miramarevents.com

HALLOWEEN
Nirgends wird so schrill und schräg gefeiert wie in San Francisco. Dort gibt es u.a. eine fantastische Parade im Castro District.
31. Oktober in San Francisco

NOVEMBER

DOO DAH PARADE
Diese abgedrehte Parade kurz nach Thanksgiving mit verrücktesten Kostümideen ist eine Persiflage auf die Rose Parade Anfang Januar.
Anfang November in Pasadena
https://pasadenadoodahparade.info

ERLEBEN & GENIESSEN
SHOPPEN

CHRISTMAS PARADE
Vorgezogene Weihnachtsparade mit Marching Bands, Magiern und haushohen Heißluftballon-Figuren durch Hollywood.
Ende November in Hollywood
http://thehollywoodchristmas parade.org

DEZEMBER

BALBOA PARK DECEMBER NIGHTS
Traumhaftes Wochenende im Balboa Park mit Konzerten, Lampionfest und Kunsthandwerkvorführungen.
Anfang Dezember in San Diego
www.sandiego.gov/december-nights

CHRISTMAS BOAT PARADE OF LIGHTS
Bootsbesitzer dekorieren ihre Schiffe, die mit Lichtern geschmückt in einer Parade durch den Hafen oder an der Küste entlangziehen.
Dezember-Sonntagabende in San Diego, Ventura, Long Beach, Half Moon Bay und anderen Häfen

NEW YEAR'S EVE TORCHLIGHT PARADE
Mit der Fackelabfahrt Dutzender Skiläufer wird im Skigebiet von Big Bear Lake traditionell das Jahr beschlossen.
31. Dezember am Big Bear Lake
www.bigbearlake.net/ETNews/Torchlight-Parade

SHOPPEN

Umfragen beweisen: Einkaufen gehört zu den beliebtesten Urlaubsaktivitäten. Die Stimmung ist entspannt, die Kreditkarte sitzt lockerer als gewöhnlich – und Zeit für einen Shopping-Bummel ist auch da. Kein Wunder, dass die offensichtliche Nachfrage schnell das entsprechende Angebot schafft.

Museumsshops und Besucherzentren von Nationalparks bieten originelles **Kunsthandwerk** an, das man anderswo nicht bekommt. Die Shops in Vergnügungsparks und an viel besuchten Attraktionen wie der Pier 39 in San Francisco sind Fundgruben für **schrille T-Shirts** und dekorativen Kitsch. Auch elektronische Gadgets, Kameras usw. können je nach Wechselkurs günstig zu haben sein. Doch Vorsicht: Verkäufer technischer Geräte sind oft sehr gerissen.
Computerspiele werden in Großbuchhandlungen günstig angeboten. Wer Englisch kann, freut sich über **Software**-Sonderangebote in Universitätsbuchhandlungen in Berkeley oder Stanford.

Souvenirs

Wichtig: Zu den ausgezeichneten Preisen muss noch die **Verkaufssteuer** von ca. 7.25 % (örtlich bis zu 10.25 %) addiert werden. Das inzwischen auf 23 kg reduzierte Reisegepäck setzt dem Kaufrausch zusammen mit den Beschränkungen der zollfreien Einfuhr nach Europa (▶ S. 431) ebenfalls Grenzen.

Steuern, Zoll

ERLEBEN & GENIESSEN
SHOPPEN

Öffnungszeiten

Eine gesetzliche Regelung der Öffnungszeiten (Business Hours) gibt es in den USA ebenso wenig wie eine Polizeistunde. Jeder Geschäfts- oder Restaurantinhaber kann sein Unternehmen so lange geöffnet halten, wie es ihm beliebt. Shopping Malls sind oft bis spätabends offen, Gallerias und Passagen (Marketplaces) öffnen in der Regel Mo.–Fr. 9/10–20/21, Sa. 10–19, So. 11–18 Uhr, andere Geschäfte in Stadtzentren meist Mo.–Sa. 10–18 Uhr.

Einkaufszentren

Einkaufszentren, durchgestylte **Gallerias** in Stadtzentren – wie die Horton Plaza in San Diego oder das San Francisco Centre am Drehteller der Cable Cars am Fuß der Powell Street – und die **Malls** an den Ausfallstraßen sind mit ihren Geschäften, Restaurants, Cafés und Kinos beliebte Freizeittreffs und Ausflugsziele geworden.

Supermärkte

Wer mit einem Camp-Mobil auf Tour ist, wird die riesigen Supermärkte mit ihrem breiten Angebot am Rande der Ortschaften kennenlernen. Die Einkaufstüten werden an der Kasse von »bag boys« gefüllt und bei Bedarf bis zum Auto gebracht.

Einkaufsparadies San Francisco

San Francisco ist ein Einkaufsparadies. **Internationale Labels**, wie Prada oder Cartier, Edelkaufhäuser wie Macy's oder Bloomingdales sowie alle möglichen schicken Boutiquen in der **Westfield Centre** Shopping Mall (www.westfield.com) konzentrieren sich rund um den Union Square. Eine ganz andere Szene bietet sich im **Mission District**. Vor allem entlang der Valencia Street (zw. 14th und der 25th St.) verkaufen originelle kleine Geschäfte Mode, Schmuck, Antiquitäten und Schnick-Schnack. Kleine Cafés ermöglichen Stärkung im Kaufrausch. Mode von morgen, Schmuck oder witzige Deko-Artikel für zu Hause haben kleine Geschäfte im **Hayes Valley** entlang der Hayes Street und nicht weit vom **Alamo Square** im Angebot. In **Chinatown** quellen die Geschäfte über von Angeboten, die von teurem Jadeschmuck bis zu getrockneten Meerestieren aller Art reichen. Rund um die **Pier 39**, die **Fisherman's Wharf** und den **Ghirardelli Square** (www.ghirardellisq.com) wird eher der schnelle Dollar mit T-Shirts und San-Francisco-Erinnerungsstücken in einer riesigen Auswahl gemacht.

Los Angeles: Rodeo Drive & Co.

Berühmteste Einkaufsmeile von L. A. ist der exklusive **Rodeo Drive** in Beverly Hills mit der höchsten Konzentration von Edelmarken. Ganz anders die leicht schräge **Melrose Avenue**, wo teure Designer-Anzüge neben Punk Outfit oder gewagte Dessous angeboten werden. Entlang der Third Promenade in **Santa Monica** sind reihen sich die Filialen der angesagten Marken: von Banana Republic bis Anthropologie, ebenso im Beverly Center von Beverly Hills (www.beverlycenter.com). Entland der **West 3rd St.** (zw. Fairfax und La Cienega) finden Shopaholics interessante Mode.

ERLEBEN & GENIESSEN
SHOPPEN

Luxus-Vintage bei »Decades of Fashion« in Haight-Ashbury, S. F., 1653 Haight St.

Das exklusive Einkaufszentrum **The Grove** gegenüber vom Farmer's Market (https://thegrovela.com/) ist wie ein Platz mit Brunnen angelegt, um den sich Nordstrom und andere große Kettengeschäfte gruppieren, aber auch zahlreiche Boutiquen und ein Kino.

Die verschachtelte bunte **Westfield Horton Plaza** im Zentrum mit mehreren Dutzend Geschäften auf verschiedenen Ebenen wirkt schon seit 30 Jahren wie ein Magnet auf Besucher und Einheimische.
Im **Gaslamp Quarter** findet man Kunstgalerien und Antiquitätenläden, in **La Jolla/Golden Triangle** modische Boutiquen, **Fashion Valley** nennt sich die freundlich gestaltete Mall im Mission District mit mehr als 200 Geschäften für angesagte Mode und Restaurants.
Am nördlichen Stadtrand von Los Angeles, einen kleinen Ausflug wert, liegt der Cedros Avenue Design District im Städtchen **Solana Beach**. Zwischen Via De La Valle und Lomas Santa Fe Drive reihen sich über 80 Geschäfte mit Mode, Schmuck, Schuhen, Kunst und Deko-Stücken für zu Hause.

San Diego: nicht nur Horton Plaza

ERLEBEN & GENIESSEN
ÜBERNACHTEN

ÜBERNACHTEN

... Traum und Alptraum, eine Gemeinschaft auch mit Abgründen, so besang die kalifornische Pop-Gruppe Eagles 1976 in ihrem Mega-Hit »Hotel California« das Leben im US-Bundesstaat Kalifornien. Das Hotel steht für die Fragwürdigkeit des kalifornischen Traums vom Glück, doch Suchtpotenzial haben die vielfältigen Eindrücke in Natur und Gesellschaft tatsächlich. Da ist es gut, dass auch reale Hotels – es sind mehrere Tausend – auf die häufig wiederkehrenden Gäste eingerichtet sind.

Die richtige Unterkunft

Der Eintrittspreis zum Glück ist so vielfältig wie das Angebot. Ob einfacher Campingplatz in einem State Park oder Budget-Hotel entlang einer Interstate, ob Villa mit Pool in einem Golfresort in Palm Springs, eine Suite in einem Hotelturm auf dem noblen Nob Hill in San Francisco oder in einem Wellness-Spa mit Blick auf den Pazifik in Big Sur, jeder dürfte ein für sein Budget passendes Angebot finden.
Besonders beliebt sind nostalgische **Historic Country Inns**, mit Antiquitäten eingerichtete Bed & Breakfast-Unterkünfte, sowie **Lodges** in Nationalparks. Alle sollte man lange im Voraus reservieren.

Hotels und Motels

Hotels haben meist ein innen gelegenes Treppenhaus mit Fluren, von denen die Zimmer abgehen. Häufig besitzen sie Restaurants oder Cafés, Fitness-Einrichtungen, Geschäfte oder besondere Tagungsräume. Motels sind in der Regel einfacher ausgestattet, ein- bis zweistöckig, mit Parkplätzen vor der Tür und häufig offenen Treppenhäusern.

Condominiums

Ein »**Condo**«, wie man es häufiger in den Strandzonen zwischen Los Angeles und San Diego findet, ist ein mehrstöckiges **Apartmenthaus** mit voll eingerichteten Wohnungen einschließlich Küchenzeile, Bettwäsche wird üblicherweise gestellt. Diese Unterkünfte sind beliebt bei Familien, die eine Woche oder länger bleiben möchten.

Am Strand und in den Bergen

Nobel-rustikale **Lodges** in den Bergen und elegante **Resorts** am Strand oder in den Bergen sind eher etwas für wohlhabende Kalifornien-Reisende. Unter **Cabins** versteht man kleine Häuschen, oft Blockhäuser, mit Bettwäsche und Kücheneinrichtung. Auf privaten Campingplätzen in vielen State- oder National Parks von Kalifornien gehören sie zu den beliebtesten Unterkünften.

Bed & Breakfast

Bed & Breakfast-Unterkünfte sind eine Alternative zu Hotels. Anders als in Großbritannien werden in den USA selten einzelne Zimmer mit Familienanschluss vermietet. Meist handelt es sich um kleine, persönlich geführte Pensionen mit mehreren Zimmern, die nicht selten geschmackvoll eingerichtet sind. Einschlägige Verzeichnisse

ERLEBEN & GENIESSEN
ÜBERNACHTEN

listen diese Unterkünfte auf. Eine größere Vereinigung von B & B Inns mit über 200 Häusern in Kalifornien ist die **California Association of Boutique & Breakfast Inns** (https://cabbi.com).

Ist ein Bed & Breakfast rund **75 Jahre** alt und erfüllt noch einige andere Voraussetzungen, darf es sich als **Country Inn** und als »historisch« bezeichnen. Gehobene Ausstattung, ein gepflegtes Ambiente und ein »Hot Breakfast« mit besonderen Extras, wie frisch gebackenen Croissants, einem »Egg Benedict« oder »Belgian Waffles« mit Früchten, gehören auch dazu. Die nachmittägliche »Happy Hour«, die man natürlich statt mit Wein oder Cocktail auch alkoholfrei mit Saft oder Eistee zelebrieren kann, ist eine gern genutzte Gelegenheit, um mit anderen Reisenden und häufig auch mit den Gastgebern einer Country-Inn-Herberge zwanglos ins Gespräch zu kommen. »Historisch« heißt aber nicht altmodisch, was moderne Annehmlichkeiten und technische Ausstattung betrifft. WLAN-Netze, Flachbildschirme, beste sanitäre Einrichtungen verstehen sich von selbst. Leider haben so viel Komfort und individueller Charme auch ihren Preis. Für weniger als 160 $ wird es eher schwierig, ein angenehmes, nostalgisch angehauchtes Zimmer zu finden. Und für gut ausgestattete oder besonders schön gelegene Häuser kann leicht auch das Doppelte fällig werden.

Jugendherbergen/ Youth Hostels

Die amerikanischen Jugendherbergen (American Youth Hostels; www.hiusa.org) preiswerte Übernachtungsmöglichkeiten (25–75 US-$). Der Aufenthalt in ein und derselben Unterkunft ist zeitlich begrenzt. Voraussetzung für die Benutzung von Jugendherbergen ist ein gültiger **Jugendherbergsausweis** von Hostelling International USA (HI USA) oder Hostelling International. Nichtmitglieder zahlen höhere Preise. Eine Altersgrenze gibt es nicht. Obwohl das Netz der Jugendherbergen in den USA bei Weitem nicht so dicht ist wie in Europa, gibt es in Kalifornien 14 solcher Hostels. Man findet sie überwiegend in Küstennähe zwischen dem Redwood National Park im Norden und San Diego im Süden. Sie sind meist 7.30–10 und 17–22 Uhr geöffnet, in Großstädten länger. Reservierungen sind per Internet möglich.

Airbnb

Private Unterkünfte, v.a. Wohnungen, werden über die Plattform Airbnb (www.airbnb.de) vermittelt. Zahlungen und Kommunikation mit dem Vermieter werden über die Plattform im Internet abgewickelt.

Camping

Wer mit Zelt, Wohnwagen oder Camp-Mobil unterwegs ist, hat die Wahl unter zahlreichen, oft sehr schön gelegenen Campingplätzen. Beliebt sind die Naturplätze in den **National** und **State Parks** sowie den ausgedehnten National Forests. Die Campgrounds in den staatlichen Parks können bereits ein halbes Jahr im Voraus per Internet oder Telefon reserviert und gebucht werden.

Darüber hinaus findet man häufig bestens ausgestattete **private Plätze** in den Bergen, im Inland und entlang der Pazifikküste.

ERLEBEN & GENIESSEN
ÜBERNACHTEN

NÜTZLICHE ADRESSEN

CAMPING

IN NATIONALPARKS
Tel. 1-877-444-6777
www.recreation.gov

IN STATE PARKS
Tel. 1-800-777-0369
www.parks.ca.gov
www.reserveamerica.com

CALIFORNIA ASSOCIATION OF RV PARKS AND CAMPGROUNDS
Tel. 1-888-782-9287
www.gocampingamerica.com
www.camp-california.com

KOA (KAMPGROUND OF AMERICA)
Tel. 1-888-562-0000
https://koa.com

BED & BREAKFAST

AMERICAN HISTORIC INNS
Tel. 1-949-481-7276
www.iloveinns.com

BED & BREAKFAST ONLINE
Tel. 1-800-215-7365
www.bbonline.com

CALIFORNIA ASSOCIATION OF BOUTIQUE & BREAKFAST INNS
Tel. 1-800-373-9251
www.cabbi.com

HOTELS & MOTELS

COMFORT INN
Tel. 1-877-424-6423
www.choicehotels.com

CROWNE PLAZA
Tel. 1-800-181-6068
www.ihg.com/crowneplaza

BEST WESTERN
1-800-564-2515
www.bestwestern.com

ECONO LODGE
Tel. 1-877-424-6423
www.choicehotels.com/econo-lodge

HILTON
Tel. 1-800-445-8667
www3.hilton.com

HOLIDAY INN
Tel. 1-800-181-6068
www.ihg.com/holidayinn

HOWARD JOHNSON'S
Tel. 1-800-221-5801
www.wyndhamhotels.com/hojo

HYATT
Tel. 1-888-233-1234
www.hyatt.com

MARRIOTT
Tel. 1-888-236-2427
www.marriott.com

MOTEL 6
Tel. 1-800-899-9841
www.motel6.com

RADISSON
Tel. 1-800-000-4469
www.radisson.com

WYNDHAM
Tel. 1-800-181-9098
www.wyndhamhotels.com

RED ROOF INN
Tel. 1-800-733-7663
www.redroof.com

SHERATON
Tel. 1-800-325-3535
https://sheraton.marriott.com/

ERLEBEN & GENIESSEN
ÜBERNACHTEN

TRAVELODGE
Tel. 1-800-525-4055
www.wyndhamhotels.com/travelodge

WESTIN
Tel. 1-800-937-8461
https://westin.marriott.com/

JUGENDUNTERKÜNFTE

HOSTELLING INTERNATIONAL USA (HI USA)
Tel. 1-240-650-2100
www.hiusa.org

RANCHAUFENTHALT
www.duderanches.com
https://duderanch.org
www.guestranches.com

P
PRAKTISCHE INFOS

Wichtig, hilfreich präzise

Unsere Praktischen Infos helfen in allen Situationen in Kalifornien weiter.

Das muss einfach einmal sein: mit der Cable Car durch San Francisco. ▶

KURZ & BÜNDIG

ELEKTRIZITÄT
Die Stromspannung beträgt 110 Volt, 60 Hertz. Für Geräte nach europäischer Norm braucht man einen **Adapter**, erhältlich in vielen einschlägigen Geschäften, z. B. Radio Shack (Abt. Appliances).

NOTRUFE

POLIZEI, AMBULANZ, FEUERWEHR
Tel. 911

NOTRUFSÄULEN
Entlang viel befahrener Fernverkehrsstraßen (Interstates) sind Notrufsäulen aufgestellt.

US-AUTOMOBILKLUB AAA (PARTNER DES ADAC)
Tel. 1-800-AAA-HELP
Tel. 1-800-222-4357

NOTRUFE NACH EUROPA

AUSWÄRTIGES AMT - BÜRGERSERVICE
Tel. +49 30 18 17 20 00
E-Mail: buergerservice@diplo.de

ADAC-NOTRUFZENTRALE MÜNCHEN
Tel. +49 89 22 22 22

DRK-FLUGDIENST DÜSSELDORF
Tel. + 49 211 91 74 99 0

DRF LUFTRETTUNG
Tel. + 49 711 70 07 0

NOTRUFDIENST ÖSTERREICH
ÖAMTC-Notrufzentrale Wien
Tel. +43 12 51 20 00

NOTRUFDIENST SCHWEIZ
Rega - Schweizerische Rettungsflugwacht
Tel. +41 4 46 54 33 11

ÖFFNUNGSZEITEN
Geschäfte öffnen Mo.–Sa., in den Malls meistens 10–21, So. 12–17 Uhr. **Banken** sind Mo.–Fr. 9–16.30, **Postämter** Mo.–Fr. 9–16.30 bzw. 18 und Sa. von 9–12 Uhr geöffnet. Viele **Museen** haben Mo. geschlossen. **Apotheken** haben in größeren Städten teilweise 24 Std. geöffnet.

ZEIT
Der Westen der Vereinigten Staaten und damit auch Kalifornien liegt in der **Pacific Time Zone** (PT). Gegenüber der Mitteleuropäischen Zeit liegt sie neun Stunden zurück. Von Mitte März bis Anfang November wird auf **Sommerzeit** (»Daylight Saving Time«) umgestellt.

WAS KOSTET WIE VIEL?
Becher Kaffee: ab 2 $
Becher Softdrink: ab 2 $
Frühstück: ab 8 $
3-Gänge-Dinner: ab 30 $
Einfache Unterkunft: ab 50 $
Gehobene Unterkunft: ab 140 $
1 Gallone (3,8 l) Benzin: ca. 3,90 $
1 Gallone (3,8 l) Diesel: ca. 4,60 $
Mietwagen (1 Woche): ab 190 $

Hilfreich ist die **App GasBuddy**, welche jeweils die günstigste Tankstelle der Umgebung anzeigt.
www.gasbuddy.com

ANREISE · REISEPLANUNG

Von Europa aus werden vor allem Los Angeles und San Francisco angeflogen. British Airways bietet auch Verbindungen nach San Diego an. Kleinere Flughäfen in Kalifornien erreicht man über Los Angeles. Da Einreise- und **Zollkontrolle** jeweils am ersten Flughafen in den USA stattfinden, sind Anschlussflüge an die Westküste Inlandsflüge ohne weitere Gepäck- oder Passkontrolle.
Ein Non-Stop-Flug von Frankfurt nach Los Angeles dauert etwa 11 Std., eine Umsteigeverbindung bis zu 20 Std.

Mit dem Flugzeug

Etliche an der amerikanischen Pazifikküste operierende **Kreuzfahrtschiffe** laufen regelmäßig San Diego, Los Angeles und San Francisco an.

Mit dem Schiff

NÜTZLICHE ADRESSEN

FLUGGESELLSCHAFTEN

AIR FRANCE
Tel. +49 069 29 99 37 72 (D)
Tel. +33 1 58 68 68 68 (FR)
Tel. +41 8 48 74 71 00 (CH)
Tel. 1-800-237-2747 (USA)
www.airfrance.com

AMERICAN AIRLINES
Tel. +49 69 29 99 32 34 (D)
Tel. +43 1 36 02 77 39 60 (A)
Tel. +41 848 289 289 (CH)
Tel. 1-800-433-7300 (USA)
www.aa.com

BRITISH AIRWAYS
Tel. +49 421 55 75 758 (D)
Tel. +43 1 79 56 75 67 (A)
Tel. +44 800 92 22 (CH)
Tel. 1-800-847-9297 (USA)
www.britishairways.com

DELTA AIR LINES
Tel. 1-800-241-4141 (USA)/Internat. Service
www.delta.com

DEUTSCHE LUFTHANSA
Tel. +49 69 86 799 799 (D)
Tel. +43 720 380 05 23 (A)
Tel. +41 435 478 631 (CH)
Tel. 1-800-645-3880 (USA)
www.lufthansa.com

KLM
Tel. +49 69 299 93 770 (D)
Tel. +43 13 602 77 34 60 (A)
Tel. +41 84 887 44 44 (CH)
Tel. 1-800-618-0104 (USA)
www.klm.com

UNITED
Tel. +49 69 50 985 051 (D)
Tel. +44 800 92 12 (CH)
Tel. 1-800-864 8331 (USA)
www.united.com

PRAKTISCHE INFORMATIONEN
ANREISE · REISEPLANUNG

SCHIFFSREISEN

**HAPAG LLOYD
KREUZFAHRTEN**
Ballindamm 25, 20095 Hamburg
Tel. +49 40 30 70 30 555
www.hl-cruises.de

CARNIVAL CRUISE LINES
Tel. +49 89 51 703 130 (D)
Tel. 1-800-764-7419 (USA)
www.carnival.com

KUONI REISEN AG
DER Touristik Suisse AG
Herostrasse 12
8048 Zürich
www.kuoni.ch
Tel +41 (0)58 702 71 71

Ein- und Ausreisebestimmungen

Vorab-Information
Wer eine Reise in die USA plant, sollte vorab unbedingt die tagesaktuellen Informationen von der US-Botschaft im jeweiligen Heimatland (▶ S. 433) einholen.

Reisedokumente
Deutsche, österreichische und Schweizer Staatsangehörige nehmen am **Visa Waiver Program** (**VWP**) teil und können als Touristen oder Geschäftsreisende bis zu einer Dauer von 90 Tagen **ohne Visum** einreisen, sofern sie mit einer regulären Fluglinie oder Schifffahrtsgesellschaft ankommen und ein Rückflug- bzw. fahrticket vorweisen können.
Die US-Behörden akzeptieren nur **biometrische Pässe** für die visumfreie Einreise. Auch Kinder benötigen einen eigenen Pass; Kinderausweise oder Einträge in den Dokumenten der Eltern werden nicht anerkannt. Bei der Einreise werden digitale Abdrücke sämtlicher Finger sowie ein digitales Porträtfoto angefertigt. Auch bei der Ausreise werden Fingerabdrücke genommen. Über aktuelle Information zu Corona-Restriktionen informieren die Airlines und US-Konsulate.

Aufenthaltsdauer
Die erlaubte **Aufenthaltsdauer** wird individuell festgelegt und soll dem Reisezweck entsprechen. Eine spätere Verlängerung ist nur für Personen möglich, die mit gültigem Visum eingereist sind. Der Tag, an dem man die USA spätestens wieder verlassen muss, wird bei der Einreise in den Pass gestempelt.

ESTA
Staatsangehörige aus Ländern, die am Visa Waiver Program teilnehmen, müssen eine **Elektronische Einreiseerlaubnis** (ESTA; Electronic System for Travel Authorization) vorweisen. Diese ist vor der Einreise gebührenpflichtig im Internet einzuholen (14 $ pro Antrag; https://esta.cbp.dhs.gov) und berechtigt, innerhalb eines Zeitraums von zwei Jahren beliebig oft einzureisen. Die Gebühr kann nur per Kreditkarte (MasterCard, VISA, Discover, American Express) oder Online-Bezahlsystem Pay Pal entrichtet werden. Bei Buchungen im Reisebüro kann sie auch mit der Sammelkreditkarte des Reisebüros bezahlt werden.

In folgenden Fällen ist ein **Visum** erforderlich: Personen, die nicht mit einem regelmäßigen Verkehrsmittel einreisen; Personen, die eine Ausbildungsstätte besuchen wollen; Teilnehmer an Austauschprogrammen; Personen, die eine (auch nur vorübergehende) Tätigkeit ausüben wollen (auch Journalisten und Au-Pair-Mädchen!); Personen, die eine Forschungsarbeit planen; Personen, die in den USA heiraten und anschließend dort wohnen wollen. — Visumspflicht

Bei der Grenzkontrolle müssen genügend finanzielle Mittel nachgewiesen werden können, um den Aufenthalt bestreiten bzw. ein Weiter- oder Rückreiseticket besorgen zu können. — Ausreichende Finanzmittel

Ein Impfzeugnis wird dann verlangt, wenn man aus gefährdeten Gebieten einreist. Es ist ratsam, sich vor Reiseantritt beim zuständigen Konsulat über die aktuellen Vorschriften zu erkundigen. — Impfbestimmungen

Wer seinen **Hund** mitnehmen möchte, muss ein tierärztliches Gesundheits- und Tollwutimpfzeugnis vorlegen, das mindestens einen Monat bzw. maximal 12 Monate vor der Abreise ausgestellt sein muss und nicht länger als ein Jahr gilt; aktuelle Bedingungen beim Center for Diseae Control and Prevention (cdc.gov). Für alle anderen Haustiere wird ein tierärztliches Gesundheitszeugnis verlangt. — Haustiere

Wer selbst ein Auto steuern möchte, muss einen gültigen nationalen Führerschein vorweisen. Der internationale Führerschein wird nur zusammen mit dem nationalen Dokument anerkannt. — Nationaler Führerschein

Im Luft- und Seeverkehr werden äußerst penible Sicherheitskontrollen durchgeführt. Deshalb sollte man unbedingt genügend Zeit einplanen, um die Kontrollstellen rechtzeitig vor der Abreise passieren zu können. — Sicherheitskontrollen

| Zollbestimmungen

Bei der Einreise muss man eine **Customs Declaration** (Zollerklärung) ausfüllen. Zollfrei eingeführt werden dürfen Gegenstände des persönlichen Bedarfs (u. a. Kleidungsstücke, Toilettenartikel), Foto- und Videokameras, Filme, Fernglas, Sportausrüstung; für über 21-Jährige 1 Quart (ca. 1 l) alkoholische Getränke, 200 Zigaretten und 100 Zigarren; zusätzlich pro Person Geschenke im Gegenwert von bis zu 100 US-$ (Alkohol und Zigaretten sind davon ausgenommen). **Verboten** ist die Einfuhr vieler Lebensmittel, lebende Pflanzen und Obst (akt. Ausnahmen siehe www.esta-online.org/einreisebestimmungen-in-die-usa). — Einreise in die USA

Zollfrei sind alle in die Vereinigten Staaten von Amerika mitgenommenen persönlichen Gebrauchsgegenstände, ferner Reiseandenken — Wiedereinreise in EU-Staaten bis zu einem Gesamtwert von 430 € (Reisende unter 15 Jahren 175 €, für Österreich 150 €). Darin können sein (für Personen über 15 Jahre): 500 g Kaffee oder 200 g Pulverkaffee und 100 g Tee oder 40 g Teeauszüge, 50 g Parfüm und 0,25 l Eau de Toilette; (für Personen über 17 Jahre) 1 l Spirituosen mit mehr als 22 Vol.-% Alkohol oder 2 l alkoholische Getränke mit höchstens 22 Vol.-% Alkohol sowie 4 l nicht schäumende Weine und 16 l Bier sowie 200 Zigaretten oder 100 Zigarillos oder 50 Zigarren, 250 g Rauchtabak, max. 250 g Wasserpfeifenwatte, sowie Liquids oder EHTP für E-Zigaretten.

Wiedereinreise in die Schweiz

Für die Schweiz gelten folgende Freimengengrenzen: Alle eingekauften Waren, inkl. Tabakprodukte oder alkoholische Getränke dürfen bis zu einem Wert von 300 CHF zollfrei eingeführt werden.

Reiseversicherungen

Kranken- und Unfallversicherung

Problematisch können die Kosten für eine medizinische Behandlung werden. Vor allem Krankenhausaufenthalte sind oft extrem teuer. Behandlungen erfolgen gegen Vorkasse oder direkte Bezahlung. Eine Krankenversicherung unter Einschluss der USA wird ebenso dringend empfohlen wie eine belastbare Kreditkarte.

Vor einer Reise in die Vereinigten Staaten von Amerika sollte man also unbedingt mit seiner Kranken- und Unfallversicherung Rücksprache halten, wie weit sich deren Schutz erstreckt. In den meisten Fällen empfiehlt sich zusätzlich der Abschluss einer Reisekranken- und einer Reiseunfallversicherung.

Kfz-Versicherung

In den USA besteht Versicherungspflicht. Allerdings wird die heimische Haftpflichtversicherung nicht anerkannt. Man sollte sich vor der Abreise in die USA um eine entsprechende Risikodeckung bei der Anmietung eines Mietwagens kümmern.

AUSKUNFT

Keine Zentrale

Die USA betreiben zurzeit **keine zentralen Fremdenverkehrsbüros** in Deutschland, Österreich und der Schweiz. Doch es gibt eine Reihe von Agenturen, die über Städte und Regionen von Kalifornien informieren. Hinweise für Reisen in die USA findet man auf der Website des **Visit USA Committee Germany e. V.** (www.vusa.travel), auf dem es Links zu allen Bundesstaaten sowie vielen Städten und Regionen gibt.

PRAKTISCHE INFORMATIONEN
AUSKUNFT

ADRESSEN

AUSKUNFT IN DEUTSCHLAND

VISIT CALIFORNIA
Anfragen und Infomaterial auch speziell zu Greater Palm Springs, Mammoth Lakes Tourism, San Diego Tourism Authority, Santa Monica Travel & Tourism, Yosemite Mariposa County Tourism Bureau
c/o Marketing Services International (MSI) GmbH
Frankfurter Straße 175
63263 Neu-Isenburg
Tel. +49 61 02 8 84 79-119
www.msi-germany.de

PALM SPRINGS BUREAU OF TOURISM
c/o BZ.-COMM
Hanauer Landstr. 136
60314 Frankfurt
Tel. +49 69 2 56 28 88 0
www.bz-comm.de
www.palm-springs.de

AUSKUNFT IN KALIFORNIEN

VISIT CALIFORNIA
Infos über Städte, Regionen und Landschaften sowie die dazugehörende touristische Infrastruktur (Beherbergung, Vergnügungsparks etc.). 20 über Kalifornien verstreute **Welcome Center** informieren persönlich und mit diversen Broschen über den Bundesstaat und die jeweilige Region.
555 Capitol Mall, Suite 1100,
Sacramento, CA-95814
Tel. 1-916-444-4429
www.visitcalifornia.com
www.visitcalifornia.com/welcome-centers/

DIPLOMATISCHE UND KONSULARISCHE VERTRETUNGEN

US-BOTSCHAFT DEUTSCHLAND
Pariser Platz 2, 10117 Berlin
Visa- u. Postadresse: Clayallee 170
14191 Berlin, Tel. 030 83 05-0
https://de.usembassy.gov/de/

US-BOTSCHAFT ÖSTERREICH
Boltzmanngasse 16, A-1090 Wien
Tel. +43 1 31 33 90
https://at.usembassy.gov/de/

US-BOTSCHAFT SCHWEIZ
Sulgeneckstr. 19, CH-3007 Bern
Tel. +41 3 13 57 70 11
https://ch.usembassy.gov

DEUTSCHE GENERALKONSULATE
6222 Wilshire Blvd., Suite 500
Los Angeles, CA-90048-5193
Tel. 1-323-930-2703
www.germany.info
1960 Jackson St., San Francisco
CA-94109, Tel. 1-415-775-1061
www.germany.info

ÖSTERREICHISCHE GENERALKONSULATE
11859 Wilshire Blvd., Suite 501
Los Angeles, CA-90025
Tel. 1-310-444-9310
www.bmeia.gv.at/en/austrian-consulate-general-los-angeles

SCHWEIZERISCHE GENERALKONSULATE
Pier 17, Suite 600
San Francisco, CA-94111
Tel. 1-415-788-2272
www.eda.admin.ch/sf

PRAKTISCHE INFORMATIONEN
ELEKTRIZITÄT

KALIFORNIEN IM INTERNET

**WWW.VISITCALIFORNIA.COM,
WWW.VISITCALIFORNIA.DE**
Website von California Tourism; Infos zu allen Städten und Regionen, zahlreiche Links

WWW.CA.GOV
Portal des Bundesstaates Kalifornien; Infos über Politik, Wirtschaft, Verwaltung, Bevölkerung, Kultur etc.

WWW.PARKS.CA.GOV
Infos über alle kalifornischen State Parks

WWW.NPS.GOV
Infos zu den US-Nationalparks

WWW.VISITTHEUSA.DE
Reiseportal für die gesamten USA

WWW.USATIPPS.DE
Reise-Infos und Tipps für die USA

ELEKTRIZITÄT

Adapter mitnehmen — Europäische Geräte müssen, sofern dies nicht automatisch passiert, auf die richtige Spannung umgeschaltet und bei der Rückkehr wieder zurückgestellt werden! Die **Frequenz** beträgt 60 Hertz (Europa 50 Hz). **Steckdosen** sind nur mit Blattsteckern (»2 pin plug«) verwendbar. Für europäische Geräte sind Adapter erforderlich (am besten zu Hause besorgen; in US-amerikanischen Drugstores oder Warenhäusern unter »appliances« erhältlich).

ETIKETTE

Easy going — »Casual« kann man mit ungezwungen, lässig oder salopp übersetzen, und so geben sich die meisten Kalifornier. Formelle Kleidung wird selten erwartet. Einige elegante Restaurants verlangen zumindest ein Jackett. Eine legere Grundhaltung heißt jedoch nicht, dass jede Kleidung willkommen ist. »No shoes, no shirt – no service« steht in einigen Badeorten an Restaurants – etwas mehr als Badehose oder Bikini sollten Gäste dann schon tragen. In **Restaurants** ist es unüblich, sich zu anderen an den Tisch zu setzen. Zum Lebensstil der Westküste gehört auch, dass man sich schnell **mit Vornamen** anspricht, ohne dass man hieraus den Beginn einer tiefen Freundschaft ableiten sollte.

Small Talk — Ein unverbindliches Gespräch kommt an der Hotelbar, in einer Warteschlange oder auf dem Campingplatz schnell in Gang. Einem freundlichen Interesse am Touristen aus Europa sollte man nicht mit tief schürfenden Analysen über die wirtschaftliche und politische Lage begegnen, so weit gehen die Auskunftswünsche der Amerikaner selten. Wer auf die übliche Begrüßungsformel »How are you today?« (Wie geht's denn heute?) nicht mit »Just great and how about you?« (Toll, und dir?) antwortet, sondern ausführlich die eigene Befindlichkeit ausbreitet, erntet meist keine größere Anteilnahme, sondern eher höflich distanzierte Blicke. Auch ein schnell hingeworfenes »Kommen Sie doch mal bei uns vorbei« ist meist nicht mehr als eine nette Floskel.

Alleinreisende treffen in Kalifornien auf keine besonderen Schwierigkeiten, wenn sie Problemviertel meiden und die vergleichsweise höheren Übernachtungspreise – man zahlt meist pro Zimmer und nicht pro Person – in Kauf nehmen. Das Fahren per **Anhalter** (»hitchhiking«) ist weniger üblich als früher und mit einem gewissen Risiko verbunden. Es muss von jedem individuell entschieden werden. — Allein unterwegs

In Hotels und Restaurants ist das Trinkgeld (»tip«) selten im Endpreis enthalten. Angestellte in Restaurants und Hotels haben oft Mini-Löhne und sind auf Trinkgelder angewiesen. **Taxifahrern** gibt man 15–20% des Betrags, bei kurzen Strecken gelegentlich auch mehr. Friseurinnen und Friseure erwarten 15–20 %, Kofferträger erhalten 1–2 $ pro Koffer, eine Zimmerreinigungskraft 2–3 $ pro Tag, **Parking Valets** am Hotel oder Restaurant 2–3 $ pro Auto Pick-Up. — Trinkgeld (Tip)

Kalifornien ist einer der radikalsten **Anti-Raucher-Bundesstaaten** der USA. Inzwischen hat sich der Raucheranteil in seiner Bevölkerung auf gut ein Zehntel reduziert. An öffentlichen Plätzen, in Bürogebäuden, Restaurants und Bars oder auf Flughäfen darf überhaupt nicht geraucht werden. Nur im eigenen Auto, auf dem Gehweg, auf einigen ausgewiesenen Stränden und Parks ist Rauchen noch erlaubt, außerdem in **Raucherklubs**, bei denen man eine kleine Eintrittsgebühr bezahlt, um damit für einen Tag Mitglied zu werden. — Rauchen

GELD

Währungseinheit ist der **US-Dollar** (US-$). Außer Geldscheinen zu 1, 2, 5, 10, 20, 50 und 100 US-$ sind Münzen im Wert von 1 (Penny), 5 (Nickel), 10 (Dime) und 25 (Quarter) Cent, seltener von 50 Cent (»half-dollar«) und 1 US-$ im Umlauf. Alle Geldscheine haben **dieselbe Größe und Farbe** und unterscheiden sich nur durch den aufgedruckten Nennwert und die Motive auf der Vorderseite. — Landeswährung

PRAKTISCHE INFORMATIONEN
GELD

Geldwechsel

Die **Wechselkurse** ändern sich täglich. Beim Umtausch in den USA muss man mit einem schlechteren Kurs und höheren Bankprovisionen als in Europa rechnen. Man sollte also schon **im Heimatland** Euros bzw. Schweizer Franken in US-Dollar umtauschen und sich mit **kleinen Scheinen** zum Bestreiten der ersten Ausgaben in Übersee versorgen. Ausländische Währungen sind nicht gebräuchlich.

WECHSELKURS (variabel!)

1 EUR = 1,14 US-$	1 CHF = 1,08 US-$
1 US-$ = 0,87 EUR	1 US $ = 0,92 CHF

Aktuelle Wechselkurse: www.oanda.com

Devisenbestimmungen

Die Ein- und Ausfuhr ausländischer und amerikanischer Zahlungsmittel unterliegt keinen Beschränkungen. Die Einfuhr von mehr als 10 000 US-$ muss deklariert werden.

Banken

In großen Einkaufszentren sowie auf den Flughäfen gibt es meist eine Bankfiliale oder einen **Geldautomaten** (ATM: Automatic Teller Machine). Banken öffnen in der Regel Mo.–Fr. 9–16.30 Uhr, Filialen in Großstädten oft länger. An Wochenenden und Feiertagen haben nur die Schalter in den internationalen Flughäfen geöffnet.

Reiseschecks

Die früher gebräuchlichen Reiseschecks von American Express oder Barclays werden von vielen Geschäften nicht mehr angenommen, sie spielen inzwischen nur noch eine untergeordnete Rolle.

Kredit- und Bankkarten

Empfehlenswert sind die u. a. von Mastercard und Visa ausgegebenen **Kreditkarten**. Sie ermöglichen die bargeldlose Begleichung von Rechnungen aller Art, z. B. von Flugtickets, und werden in Hotels, Motels, Restaurants, Tankstellen und den meisten Geschäften akzeptiert. Die bei Anmietung eines Fahrzeugs (▶ S. 457) notwendige Kaution wird üblicherweise nur per Kreditkarte abgewickelt. Mit Kreditkarte kann man an den meisten Geldautomaten (ATM) gegen Gebühr Bargeld abheben.

Auch mit der **BankCard** der heimatlichen Hausbank lässt sich an vielen Geldautomaten Bargeld ziehen, sofern sie mit einer Maestro-Funktion versehen ist.

Sperr-Notrufe

Bei Verlust einer Kreditkarte oder BankCard sollte man diese unverzüglich **telefonisch sperren** lassen: Deutschland: Tel. +49 116 116 oder Tel. +49 30 40 50 40 50; Österreich: Tel. +43 17 17 01 45 00 (Für fast alle Bank-, Giro- und Kreditkarten, einige Mitarbeiterausweise und SIM-Karten).

Die Schweiz hat keine einheitliche Sperrnummer. Die wichtigsten sind: Swisscard: Tel. +41 4 46 59 69 00; UBS: Tel. +41 4 48 28 31 35; VISECA: Tel. +41 58 958 83 83; Post: Tel. +41 04 48 28 32 81.

GESUNDHEIT

Amerikanische Drugstores und Pharmacies ähneln eher deutschen Drogeriemärkten oder sind sogar kleine Kaufhäuser. Einige Drugstore-Ketten wie Rite Aid, Walgreen oder CVS haben Filialen im ganzen Bundesstaat. Frei zugänglich in Regalen findet man ein großes Sortiment an Medikamenten, die in Deutschland verschreibungspflichtig sind. Spezielle verschreibungspflichtige Medikamente für den eigenen Bedarf sollte man aus dem Heimatland mitbringen.
Öffnungszeiten: Drugstores bzw. Pharmacies sind meist von 9–18 Uhr geöffnet, manche haben auch bis 21 Uhr oder noch länger offen. Rund um die Uhr sind die Apotheken in vielen durchgehend geöffneten Supermärkten zugänglich.
Notdienst: Außerhalb der Ladenöffnungszeiten gibt es keine Not- oder Nachtdienste. Notfalls muss man sich an die nächste Notaufnahme (»Emergency Room«, ER) wenden. Auch Krankenhäuser sind durchgehend geöffnet und verfügen über eigene Apotheken.

Apotheken (Drugstore, Pharmacy)

Die medizinische Versorgung ist gut. Dies gilt nicht nur für die Kompetenz der niedergelassenen Ärzte und Zahnärzte, sondern auch für die Hospitäler. Touristen, die regelmäßig ein bestimmtes Medikament einnehmen müssen, sollten eine **Rezeptkopie** mitführen, damit ein amerikanischer Arzt das Rezept notfalls erneuern kann.
Ärztliche Hilfe ist teuer! Ein Krankenhausaufenthalt oder auch nur der Besuch in der Notaufnahme kann schnell das Reisebudget kippen. Man sollte daher unbedingt vor Antritt einer USA-Reise eine Reisekrankenversicherung fürs Ausland abschließen.
Ärztlicher Notdienst: Niedergelassene Ärzte, gemeinschaftlich betriebene Ärztehäuser und Arztpraxen sowie Kliniken findet man auch über Google und/oder Google maps. In akuten Notfällen wählt man die **Notrufnummer 911** oder die Nummer 0 des **Operators**, der einen mit dem nächsten Emergency Room (Notaufnahme) verbindet.

Medizinische Versorgung

Der größte gesundheitliche Risikofaktor ist die eigene Nachlässigkeit. Gern vergisst man – Kaliforniens **Sonne und Hitze** unterschätzend – bei Unternehmungen in der freien Natur Kopfbedeckung und Wasserflasche. Das kann sich jedoch böse rächen kann. Von 11–15 Uhr ist das Sonnenlicht am intensivsten. Reisende mit empfindlicher Haut sollten diese Zeit ganz im Schatten verbringen.
Neben einer Sonnencreme mit hohem Lichtschutzfaktor ist auch ein gutes Mückenspray unerlässlich, denn Stechmücken bzw. Moskitos sind überall dort anzutreffen, wo Wasser steht. Moskito-Saiso**n** ist von Juni bis November. In dieser Zeit empfiehlt es sich, langärmelige Hemden bzw. Blusen und lange Hosen zu tragen.

Gesundheitliche Risiken

PRAKTISCHE INFORMATIONEN
LESE- UND FILMTIPPS

LESE- UND FILMTIPPS

Bildatlas **DUMONT Bildatlas Nr. 111:** Kalifornien. DuMont Reiseverlag 2018. Der Sonnenstaat an der US-Pazifikküste in tollen Bildern von Christian Heeb und spannenden Texten von Axel Pinck.

Sachbücher **Thomas Blubacher:** Paradies in schwerer Zeit. Sandmann 2011. Bekannte Kulturschaffende aus dem deutschsprachigen Raum, wie Thomas Mann, Bertolt Brecht und Lion Feuchtwanger, ließen sich zwischen 1933 und 1945 in Pacific Palisades nieder.

Heinrich Lienhard: Wenn Du absolut nach Amerika willst, so gehe in Gottesnamen! Limmat Verlag 2011. Der Autor blickt auf seine abenteuerlichen Jahre in Kalifornien während des Goldrauschs zurück.

Mike Love: Good Vibrations. My Life as a Beach Boy. Faber and Faber 2016. Insider Storys von einem der Beach-Boys-Gründer.

Cheryl Strayed: Wild. From Lost to Found on the Pacific Crest Trail. Vintage 2013. Abenteuerliche Fernwanderung, spannend und mit Humor. Der Text wurde 2014 mit Reese Witherspoon in der Hauptrolle verfilmt (»Wild«).

Romane **T. C. Boyle:** Ein Freund der Erde. dtv 2003. Bitterböse Endzeitgroteske, in der Kalifornien und der Rest der Welt zu einer Mischung aus Müllkippe und Wüstenplanet heruntergewirtschaftet wurde.

Charles Bukowski: Kaputt in Hollywood. Fischer Verlag 2003. Zehn der stärksten Kurzgeschichten über apokalyptische Träume und die alltägliche Hölle.

Raymond Chandler: Die Tote im See. Diogenes Verlag 1980. Privatdetektiv Marlowe wird beauftragt, eine verschwundene Frau zu finden. Ist die Gesuchte tot? Einer der sieben ironisch-lakonischen Marlowe-Krimis aus den 1940er-Jahren, die überwiegend in Kalifornien spielen.

Jack Kerouac: Unterwegs. Rowohlt Verlag 2004. Manifest der »Beat Generation« über Freiheit, ein ungebundenes Leben und Glück.

John Steinbeck: Früchte des Zorns. dtv 1985. Der 1939 veröffentlichte Roman des späteren Literaturnobelpreisträgers (▶ S. 395) beschreibt das Schicksal einer Familie, die ihren Hof in Oklahoma aufgeben muss, und ihren Kampf um einen Neuanfang in Kalifornien.

David Foster Wallace: Kleines Mädchen mit komischen Haaren. Rowohlt Verlag 2002. Die literarische Achterbahnfahrt mit Kurzgeschichten spielt nicht nur, aber auch in Kalifornien, z. B. in der elitären Welt der TV-Macher, oder handelt von den absonderlichen Freizeitgelüsten eines Anwalts für Produkthaftung.

Hollywood ist die Filmmetropole der Welt (▶ Das ist ..., S. 10; Baedeker Wissen, S. 156). Hier werden jedes Jahr unzählige Filme für Kino und TV-Sender gedreht. Für die Außenaufnahmen geht es häufig in die Stadt oder in die Region. Los Angeles und seine Umgebung spielen in diversen Streifen eine Rolle. Inzwischen gibt es Filme, die L. A. als Filmkulisse selbst zum Thema haben:
In einem heruntergekommen L. A. spielt der Kultfilm der 1990er – »**Pulp Fiction**« (1994; Regie: Quentin Tarantino) mit John Travolta und Uma Thurman.
Beverly Hills ist nicht nur das Zuhause von Prominenten, sondern wie bei »**Pretty Woman**« (1990; Regie: Garry Marshall) mit Julia Roberts und Richard Gere auch einer der beliebtesten Drehorte der Filmindustrie.
In »**L. A. Confidential**« (1997; Regie: Curtis Hanson) mit Russell Crow, Kevin Spacey und Kim Basinger geht es, basierend auf dem Roman »Stadt der Teufel« von James Ellroy (1990), um Mord und Korruption in den 1940er-Jahren.
Bosch (2014-2021, Amazon Prime) heißt die US-amerikanische TV-Krimiserie nach Romanen von Michael Connelly. Sieben Staffeln lang löst Hieronymus »Harry« Bosch als Detective des LA Police Departments in Hollywood komplizierte Fälle. Eine ungewöhnlich gute und vielschichtige Handlung, mit wenig bekannten, doch ausgezeichneten Schauspielern.

Kalifornien im Film

MASSE UND GEWICHTE

KONFEKTIONSGRÖSSEN

HERRENBEKLEIDUNG
Anzüge:
USA	36	38	40	42	44	46	48
D	46	48	50	52	54	56	58

Hemden:
USA	14½	15	15½	16	16½	17	17½
D	37	38	39	40	41	42	43

Schuhe:
USA	7	7½	8	8½	9	9½	10
D	38½	39	39½	40	41	42	43

DAMENBEKLEIDUNG
Kleider:
USA	6	8	10	12	14	16	18
D	36	38	40	42	44	46	48

Blusen/Pullover:
USA	32	34	36	38	40	42	44
D	40	42	44	46	48	50	53

Schuhe:
USA	6	6½	7	7½	8	8½	9
D	36	37	37½	38	38½	39	40

PRAKTISCHE INFORMATIONEN
PREISE · ERMÄSSIGUNGEN

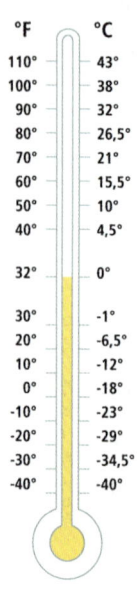

LÄNGENMASSE
1 inch (in; Zoll) = 2,54 cm
1 cm = 0,39 in
1 foot (ft; Fuß) = 30,48 cm
10 cm = 0,33 ft
1 yard (yd; Elle) = 91,44 cm
1 m = 1,09 yd
1 mile (mi; Meile) = 1,61 km
1 km = 0,62 mi

FLÄCHENMASSE
1 square inch (in²) = 6,45 cm²
1 cm² = 0,155 in²
1 square foot (ft²) = 9,288 dm²
1 dm² = 0,108 ft²
1 square yard (yd²) = 0,836 m²
1 m² = 1,196 yd²
1 square mile (mi²) = 2,589 km²
1 km² = 0,386 mi²
1 acre = 0,405 ha
1 ha = 2,471 acres

RAUMMASSE
1 cubic inch (in³) = 16,386 cm³
1 cm³ = 0,061 in³
1 cubic foot (ft³) = 28,32 dm³
1 dm³ = 0,035 ft³
1 cubic yard (yd³) = 0,765 m³
1 m³ = 1,308 yd³

FLÜSSIGKEITSMASSE
1 gill = 0,118 l
1 l = 8,474 gills
1 pint (pt) = 0,473 l
1 l = 2,114 pt
1 quart (qt) = 0,946 l
1 l = 1,057 qt
1 gallon (gal) = 3,787 l
1 l = 0,264 gal

GEWICHTE
1 ounce (oz; Unze) = 28,35 g
100 g = 3,527 oz
1 pound (lb; Pfund) = 453,59 g
1 kg = 2,205 lb
1 stone = 6,35 kg
10 kg = 1,57 stone
1 troy ounce (t oz; Feinunze, Einheit für Edelmetalle) = 31,1 g

TEMPERATUREN
Umrechnung:
Fahrenheit = 1,8 × Celsius + 32
Celsius = (Fahrenheit – 32) × 5, geteilt durch 9

PREISE · ERMÄSSIGUNGEN

Allgemeines Preisniveau — Bei einem Dollarkurs von etwa 0,90 Euro liegt das Preisniveau in Kalifornien ähnlich wie in Deutschland. Bei einigen Artikeln wie Fotooptik, Software, Sportartikel oder Bekleidung, kann man eventuell Preisvorteile erzielen. Restaurants und Hotels sind nicht generell preisgünstiger, das Betanken für den Mietwagen schon.

Nettopreise ohne Steuern — Da in Kalifornien jedoch die meisten Preise ohne die Verkaufssteuer ausgezeichnet werden, muss man die **State** und **City Tax** (zwischen 7,25 und 10,25%) jeweils noch dazurechnen.

PRAKTISCHE INFORMATIONEN
PREISE · ERMÄSSIGUNGEN

Eigentlich ist immer irgendwo ein »**Sale**« mit deutlichen Rabatten. Es lohnt sich trotzdem, einen kühlen Kopf zu behalten, die Angebote mit anderen Preisen zu vergleichen – und immer an möglicherweise fällig werdende Einfuhrzölle zu denken (ab 430 € Warenwert). — Rabatte

Fabrikverkaufsstellen mit über 100 Markenfabrikanten und reduzierten Preisen findet man häufig an den Ausfallstraßen der großen Städte. — Factory Outlets

Der Internationale Studentenausweis (www.isic.de) bietet auch in Kalifornien viele Vorteile von verbilligten Unterkünften bis hin zum ermäßigtem Eintritt in Museen und Theater. — ISIC-Card

Der Jugendherbergsausweis ist Voraussetzung für die Buchung einer günstigen Jugendherbergsunterkunft (Hostelling International USA, HI USA; www.hiusa.org). In Kalifornien gibt es z. Zt. 14 dieser Hostels (▶ S. 424). — Jugendherbergsausweis

Der **California Rail Pass** der Eisenbahn-Personenverkehrsgesellschaft AMTRAK ermöglicht sieben Reisetage im Zeitraum von 21 Tagen für 159 US-$ (Kinder 79,50 US-$; https://deutsch.amtrak.com). — Bahnpass

Wer einen der drei großen Ballungsräume San Francisco, Los Angeles/Anaheim oder San Diego besuchen möchte, kann mit Touristenpässen im öffentlichen Nahverkehr und bei der Besichtigung von Attraktionen einiges an Fahrt- und Eintrittsgeldern sparen. — Touristenpässe
Die SFMTA, der Verkehrsverbund von **San Francisco**, verkauft einen **MUNI Mobile Passport** (www.sfmta.com; 1 Tag 13 US-$; 3 Tage 31 US-$; 7 Tage 41 US-$), mit dem man Busse, Straßenbahnen, U-Bahn und Cable Cars (nicht jedoch die BART-Verkehrsmittel!) benutzen kann. Der **CityPass** für San Francisco (www.citypass.com) kostet für 4 Attraktionen 76 US-$.
Vier Attraktionen nach Wahl kann man mit dem **LA Explorer Pass** in Los Angeles besuchen (123 US-$/erm. 103 US-$; www.smartdestinations.com).
Der 5 Tage gültige **Southern California Pass**, der zwei Tage Disneyland und andere Attraktionen in San Diego einschließt, kostet 229 US-$ (www.citypass.com/southern-california).
Die **Go San Diego Card** bietet Ermäßigungen beim Eintritten in zahlreiche Parks, Historic Sites und Museen der Stadt sowie für diverse Exkursionen (1 Tag 92 US-$/erm. 85; 3 Tage 179 US-$/erm. 170 US-$; 7 Tage 295 US-$/erm. 260 US-$; https://gocity.com).

PRAKTISCHE INFORMATIONEN
PREISE · ERMÄSSIGUNGEN

REGIONALTYPISCHE KLIMASTATIONEN

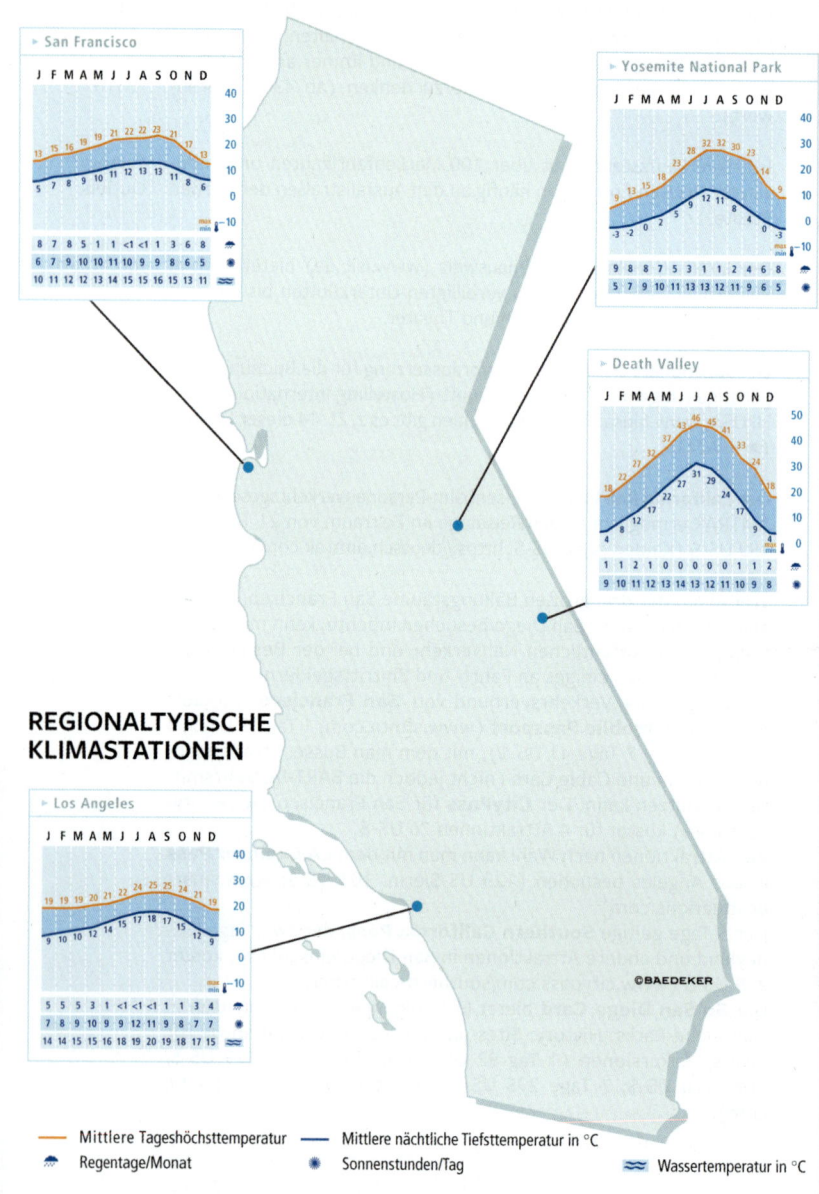

— Mittlere Tageshöchsttemperatur   — Mittlere nächtliche Tiefsttemperatur in °C
Regentage/Monat   Sonnenstunden/Tag   Wassertemperatur in °C

REISEZEIT · KLIMA

Die **günstigste Reisezeit** sind Frühjahr, Frühsommer (April–Juni), Spätsommer und Frühherbst (September–Anfang Oktober). Im Juli und August ist es meist unerträglich heiß, vor allem in Südkalifornien, den Wüstengebieten, im Central Valley und in den Weintälern des Nordens. In dieser Zeit machen zudem die meisten Amerikaner Urlaub. Im **Frühjahr** dagegen steht die Landschaft in voller Blüte, die Hügel sind grün (bereits im Frühsommer ist das Gras vertrocknet). Andererseits kann es durchaus passieren, dass die Pass-Straßen im Hochgebirge bis Ende Mai/Anfang Juni mit Schnee bedeckt sind. Im September sind die Temperaturen wieder deutlich angenehmer. Im Hochgebirge und in Nordkalifornien kann es jedoch Anfang Oktober schon empfindlich kalt werden.

Lieber nicht im Hochsommer

Kalifornien hat ein überwiegend **subtropisches Klima**, das dem des europäischen Mittelmeerraumes ähnelt. Typisch ist der jahreszeitliche Wechsel der Niederschläge mit Winterregen und einer nach Süden zunehmenden Sommerdürre. Der küstenparallele Verlauf der Gebirge, quer zu den Regen bringenden Westwinden, ihre Höhe und der nach Süden zunehmende Hochdruckeinfluss bewirken deutliche regionale Unterschiede, die sich in einer Abnahme der Niederschläge von Nordwesten nach Südosten und der Zunahme der Temperaturgegensätze spiegeln. Nimmt man 3–5 Regentage im Monat als Maßstab, dauert die **sommerliche Trockenzeit** im Norden von Juni–September, in San Francisco von Mai–Oktober, im Süden (Fresno, Los Angeles) sogar von April–November.

Regionale Unterschiede

Drei Klimabereiche lassen sich grob unterscheiden: der **ozeanisch geprägte Küstensaum** mit ganzjährig gemäßigten Temperaturen sowie reichlich Winterniederschlägen im mittleren und nördlichen Abschnitt; das **kontinentale Trockenklima** der Senken und Plateaus im Regenschatten der Gebirgsketten, das im Death Valley und der Mojave Desert extreme Ausmaße erreicht; das niederschlagsreiche und **winterkalte Gebirgsklima** der mittleren und höheren Sierra Nevada sowie um die nördlichen Vulkanriesen Mount Shasta und Lassen Peak.

Drei klimatische Bereiche

Relativ feucht sind die Nordküste und die Westseiten der Küstengebirge und der Sierra Nevada. Dagegen leiden das Central Valley sowie alle Niederungen und Plateaus östlich der Bergketten unter **ständiger Trockenheit**. Im Jahresmittel fallen an der kalifornischen Nordküste bei Eureka 1000, in der Sierra Nevada bis zu 2000, in Fresno 270 und im Death Valley lediglich 40 Liter/m² Niederschlag. Hier bleibt es in einzelnen Jahren auch ganz trocken. Der **Süden Kalifor-**

Niederschläge

PRAKTISCHE INFORMATIONEN
REISEZEIT · KLIMA

niens kann nur im Winter auf Regen hoffen, wenn pazifische Tiefdruckgebiete das Subtropenhoch einmal weit nach Süden abdrängen. Ergiebige Niederschläge mit Überschwemmungen sind dann bis in die Mojave Desert hinein möglich. Albert Hammonds legendärer Song »It Never Rains in Southern California« ist also nicht wörtlich zu nehmen.

Temperaturen

Im **Sommer** klettert das Thermometer in den Niederungen regelmäßig auf 33–35 °C, in der Mojave-Wüste auf über 40 °C, im Death Valley und der Anza-Borrego Desert, den heißesten Regionen Nordamerikas, auf 45 °C. Hitzewellen sind in den letzten Jahren häufiger aufgetreten. Dagegen gibt sich der Sommer am Pazifik geradezu unterkühlt. Zwischen San Francisco und Eureka lassen der kalte Kalifornienstrom und ein kräftiger Seewind selbst an wolkenlosen Tagen nur maximal 18 °C (Eureka) bis 22 °C (San Francisco) zu, bei Nebel sind es noch weniger. Merklich milder wird es erst südlich von Monterey. San Diego bringt es in der Regel auf 22–24 °C, Los Angeles sogar auf 25–28 °C. Berüchtigt wegen der Gefahr ausgedehnter Buschfeuer sind die extrem heißen und trockenen **Santa-Ana-Winde** aus den Wüstengebieten von Arizona. Noch im Januar können sie das Thermometer auf 30 °C treiben. Insgesamt sind die Temperaturen in Südkalifornien im letzten Jahrhundert um etwa 1,5 Grad gestiegen.

Ansonsten zeigt sich der **südkalifornische Winter** von seiner milden und sonnigen Seite. Im Januar und Februar liegen die mittleren Höchsttemperaturen in Los Angeles und San Diego bei 17–19 °C, landeinwärts etwas darunter. Kalt und schneereich ist der **Winter in der Sierra Nevada**. In den Gipfellagen kann sich Schnee bis in den Hochsommer halten, in mittleren Lagen bis April.

Sonnenschein

Die Sonne, Markenzeichen Kaliforniens, scheint 3000–3500 Stunden im Jahr. Spitzenreiter ist die Mojave Desert (fast 4000 Std., 80 % der möglichen Zeit), Schlusslicht ist die neblige Nordküste (2100 Std.).

Küstennebel

In den Sommermonaten tritt an der Küste oft Nebel auf. Feuchte Luft kondensiert über dem kühlen Pazifik zu flachen Nebel- und Hochnebelfeldern, die tagsüber landeinwärts ziehen und sich hier auflösen, über einem schmalen Küstenstreifen aber oft nur zögerlich oder gar nicht. Besonders zäh halten sich die Nebelschwaden nördlich von San Francisco. Zwischen San Francisco und Monterey reißt es meist über Mittag auf, südlich davon schon am Vormittag.

Hitzegewitter und heiße Winde

Hitzegewitter über der Sierra Nevada gibt es im Sommer häufig. Sie sind auch Ursache für viele **Wald- und Buschbrände** in der trockenen Jahreszeit. Auch im Herbst wehen in Südkalifornien die Santa-Ana-Winde. Hierbei fließt warme, trockene Luft aus den Wüstengebieten aus dem Landesinneren in Richtung Pazifik. Je höher die Luftdruckunterschiede zwischen Wüste und Küste sind, desto stärker die Winde.

SICHERHEIT

Meiden Sie, wie auch anderswo auf der Welt, problematische oder unbekannte Stadtviertel und tragen Sie keine großen Bargeldbeträge mit sich herum. Ungeniertes Fotografieren sozialen Elends könnte unwillige Reaktionen provozieren. Sollte es zu einem Übergriff kommen, geben Sie ohne zu zögern Ihr Geld heraus. Fahren Sie nur mit lizenzierten Taxis bzw. Uber- oder Lyft-Fahrzeugen und nehmen Sie im Mietwagen keine Anhalter mit. Übernachten Sie nicht am Straßenrand im geparkten Pkw. Werden Sie von der Polizei gestoppt, fahren Sie an den rechten Straßenrand, drehen Sie das Seitenfenster herunter, bleiben Sie im Auto sitzen und lassen Sie die Hände auf dem Lenkrad. Bei Notfällen wählen Sie die kostenfreie Notrufnummer **911**.

Verhaltenstipps

SPRACHE

In Kalifornien wird meist **Englisch** gesprochen. Überall dort, wo Einwanderer aus Mittelamerika stark vertreten sind wie in Südkalifornien, kann man sich auch auf **Spanisch** verständigen. Das **amerikanische Englisch** unterscheidet sich vom britischen Englisch und vom deutschen Schulenglisch nicht nur in Aussprache und Betonung, sondern auch im Wortschatz. Nachfolgend eine Übersetzungshilfe:

Englisch und Spanisch

KLEINER SPRACHFÜHRER ENGLISCH

AUF EINEN BLICK

Ja	**Yes**
Nein	**Yes**
Vielleicht.	**Perhaps./Maybe.**
Bitte	**Please.**
Danke.	**Thank you.**
Vielen Dank!	**Thank you very much.**
Gern geschehen.	**You're welcome.**
Entschuldigung!	**Excuse me!**
Wie bitte?	**Pardon?**
Ich verstehe Sie/Dich nicht.	**I don't understand.**
Ich spreche nur wenig...	**I only speak a bit of ...**
Können Sie mir bitte helfen?	**Can you help me, please?**
Ich möchte...	**I'd like ...**
Das gefällt mir (nicht).	**I (don't) like this.**

PRAKTISCHE INFORMATIONEN
SPRACHE

Haben Sie …?	**Do you have …?**
Wieviel kostet es?	**How much is this?**
Wieviel Uhr ist es?	**What time is it?**
Wie heißt dies hier?	**What is this called?**

KENNENLERNEN
Guten Morgen!	**Good morning!**
Guten Tag!	**Good afternoon!**
Guten Abend!	**Good evening!**
Hallo! Grüß Dich!	**Hello!/Hi!**
Mein Name ist …	**My name is …**
Wie ist Ihr/Dein Name?	**What's your name?**
Wie geht es Ihnen/Dir?	**How are you?**
Danke. Und Ihnen/Dir?	**Fine thanks. And you?**
Auf Wiedersehen!	**Goodbye!/Bye-bye!**
Gute Nacht!	**Good night!**
Tschüs!	**See you!/Bye!**

AUSKUNFT/UNTERWEGS
links	**left**
rechts	**right**
geradeaus	**straight ahead**
nah / weit	**close / far**
Bitte, wo ist …?	**Excuse me, where's …, please?**
… der Bahnhof	**… the train station**
… die Bushaltestelle	**… the bus stop**
… der Hafen	**… the harbour**
… der Flughafen	**… the airport**
Wie weit ist das?	**How far is it?**
Ich möchte ein Auto mieten.	**I'd like to rent a car.**
Wie lange?	**How long?**

STRASSENVERKEHR
Ich habe eine Panne.	**My car broke down.**
Gibt es hier in der Nähe eine Werkstatt?	**Is there a service station nearby?**
Wo ist die nächste Tankstelle?	**Where's the nearest gas station?**
Ich möchte	**I want**
… Gallonen (3,8 l) …	**… gallons of …**
… Normalbenzin.	**… regular.**
… Super.	**… premium.**
… Diesel.	**… diesel.**
Volltanken, bitte.	**Fill it up, please.**
Hilfe!	**Help!**
Achtung!	**Attention!**
Vorsicht!	**Look out!**
Rufen Sie bitte …	**Please call …**
… einen Krankenwagen.	**… an ambulance.**
… die Polizei.	**… the police.**

PRAKTISCHE INFORMATIONEN
SPRACHE

Es war meine (Ihre) Schuld.	**It was my (your) fault.**
Geben Sie mir bitte Namen und Anschrift.	**Please give me your name and address.**
Vorsicht vor ...	**Beware of ...**
Ortsumgehung	**Bypass**
Umgehungsstraße	**Bypass (Byp)**
Brücke, Damm	**Causeway**
Achtung! Vorsicht!	**Caution!**
Bauarbeiten	**Construction**
Kreuzung, Überweg	**Crossing (Xing)**
Sackgasse	**Dead End**
Umleitung	**Detour**
Straße mit Mittelstreifen	**Divided Highway**
Einfahrt verboten	**Do not enter**
Ausfahrt	**Exit**
Steigung/Gefälle (unübersichtlich)	**Hill** (Überholverbot)
Behindertenparkplatz	**Handicapped Parking**
Kreuzung, Abzweigung, Einmündung	**Junction (Jct)**
Abstand halten ...	**Keep off ...**
Ladezone	**Loading Zone**
Einmündender Verkehr	**Merge (Merging Traffic)**
Schmale Brücke	**Narrow Bridge**
Parken verboten	**No Parking**
Absolutes Parkverbot, Abschleppzone	**Tow away Zone**
Überholen verboten	**No Passing**
Rechtsabbiegen bei Rot verboten	**No Turn on Red**
Wenden erlaubt (verboten)	**(No) U Turn**
Einbahnstraße	**One Way**
Ein- und Aussteigen erlaubt	**Passenger Loading Zone**
Fußgängerüberweg	**Ped Xing**
Zeitlich begrenztes Parken erlaubt	**Restricted Parking Zone**
Vorfahrt	**Right of Way**
Straßenbauarbeiten	**Road Construction**
Schleudergefahr bei Nässe	**Slippery when wet**
Langsam fahren	**Slow**
Straßenbankette nicht befestigt	**Soft Shoulders**
Geschwindigkeitsbegrenzung	**Speed Limit**
Benutzungsgebühr, Maut	**Toll**
Vorfahrt beachten	**Yield**

EINKAUFEN

Wo finde ich ... eine/ein ..?	**Where can I find a ...?**
... Apotheke	**... pharmacy**
... Bäckerei	**... bakery**
... Kaufhaus	**... department store**
... Lebensmittelgeschäft	**... food store**
... Supermarkt	**... supermarket**

PRAKTISCHE INFORMATIONEN
SPRACHE

ÜBERNACHTUNG

Können Sie mir ... empfehlen?	**Could you recommend ... ?**
... ein Hotel/Motel	**... a hotel/motel**
... eine Frühstückspension	**... a bed & breakfast**
Haben Sie noch ...?	**Do you have ...?**
... ein Einzelzimmer/Doppelzimmer	**... a room for one/two**
... mit Dusche/Bad	**... with a shower/bath**
... für eine Nacht/Woche	**... for one night/week**
Ich habe ein Zimmer reserviert.	**I've reserved a room.**
Was kostet das Zimmer	**How much is the room**
... mit Frühstück?	**... with breakfast?**

ARZT

Können Sie mir einen guten Arzt empfehlen?	**Can you recommend a good doctor?**
Ich brauche einen Zahnarzt.	**I need a dentist.**
Ich habe hier Schmerzen.	**I feel some pain here.**
Ich habe Fieber.	**I've got a temperature.**
Rezept	**Prescription**
Spritze	**Injection/shot**

BANK/POST

Wo ist hier bitte eine Bank?	**Where's the nearest bank?**
Geldautomat	**ATM (Automated Teller Machine)**
Ich möchte Euros in Dollars wechseln.	**I'd like to change euros into dollars.**
Was kostet ...	**How much is ...**
... ein Brief ...	**... a letter ...**
... eine Postkarte ...	**... a postcard ...**
nach Europa?	**to Europe?**

KAMERA / COMPUTER

Weitwinkelobjektiv	**winde angle lens**
Auslöser	**shutter release**
Auflösung	**resolution**
Belichtungszeit	**exposure time**
Bildchip	**image chip**
Bildstabilisator	**image stabilizer**
Blende	**aperture**
Brennweite	**focal length**
Farbtiefe	**color depth**
Helligkeitsrauschen	**luminance noise**
ad-blocker	**Werbeblocker**
data protection	**Datenschutz**
fiber optic cable	**Glasfaserkabel**
high-speed network	**Hochgeschwindigkeitsnetz**
mobile network	**Mobilfunknetz**
roaming	**Nutzung eines Fremdanbieters**

PRAKTISCHE INFORMATIONEN
SPRACHE

social media	**Soziale Medien (facebook, Twitter, Youtube, ...)**
Voice over IP	**Internettelefonie**
WiFi	**WLAN**

RESTAURANT
Wo gibt es hier ein gutes Restaurant?	**Is there a good restaurant here?**
Reservieren Sie uns bitte für heute Abend einen Tisch!	**Would you reserve us a table for this evening, please?**
Die Speisekarte bitte!	**The menu please!**
Auf Ihr Wohl!	**Cheers!**
Bezahlen, bitte.	**Could I have the check, please?**
Wo ist bitte die Toilette?	**Where is the restroom, please?**

FRÜHSTÜCK — BREAKFAST
Kaffee (mit Sahne / Milch)	**coffee (with cream / milk)**
koffeinfreier Kaffee	**decaffeinated coffee**
heiße Schokolade	**hot chocolate**
Tee (mit Milch / Zitrone)	**tea (with milk / lemon)**
Zucker	**sugar**
Spiegeleier	**eggs sunny side up**
Rühreier	**scrambled eggs**
pochierte Eier	**poached eggs**
Eier mit Speck	**bacon and eggs**
harte / weiche Eier	**hard-boiled / soft-boiled eggs**
(Käse- / Champignon-)Omelett	**(cheese / mushroom) omelette**
Pfannkuchen	**pancake**
Brot / Brötchen / Toast	**bread / rolls / toast**
Butter	**butter**
Honig / Marmelade	**honey / jam**
Joghurt / Obst	**yoghurt / fruit**

VORSPEISEN UND SUPPEN — STARTERS AND SOUPS
Fleischbrühe	**broth/consommé**
Hühnercremesuppe	**cream of chicken soup**
Tomatensuppe	**cream of tomato soup**
gemischter / grüner Salat	**mixed / green salad**
frittierte Zwiebelringe	**onion rings**
Meeresfrüchtesalat	**seafood salad**
Garnelen- / Krabbencocktail	**shrimp / prawn cocktail**
Räucherlachs	**smoked salmon**
Gemüsesuppe	**vegetable soup**

FISCH UND MEERESFRÜCHTE — FISH AND SEAFOOD
Kabeljau	**cod**
Krebs	**crab**
Aal	**eel**

PRAKTISCHE INFORMATIONEN
SPRACHE

Schellfisch	**haddock**
Hummer	**lobster**
Muscheln	**mussels / clams**
Austern	**oysters**
Barsch	**perch**
Scholle	**plaice**
Lachs	**salmon**
Jakobsmuscheln	**scallops**
Seezunge	**sole**
Tintenfisch	**squid**
Forelle	**trout**
Tunfisch	**tuna**

FLEISCH UND GEFLÜGEL	MEAT AND POULTRY
gegrillte Schweinerippchen	**barbecued spare ribs**
Rindfleisch	**beef**
Hähnchen	**chicken**
Geflügel	**poultry**
Kotelett	**chop/cutlet**
Filetsteak	**fillet**
(junge) Ente	**duck(ling)**
Schinkensteak	**gammon**
Fleischsoße	**gravy**
Hackfleisch vom Rind	**ground beef**
gekochter Schinken	**ham**
Nieren	**kidneys**
Lamm	**lamb**
Leber	**liver**
Schweinefleisch	**pork**
Würstchen	**sausages**
Lendenstück vom Rind, Steak	**sirloin steak**
Truthahn	**turkey**
Kalbfleisch	**veal**
Reh oder Hirsch	**venison**

NACHSPEISE UND KÄSE	DESSERT AND CHEESE
gedeckter Apfelkuchen	**apple pie**
Schokoladenplätzchen	**brownies**
Hüttenkäse	**cottage cheese**
Sahne	**cream**
Vanillesoße	**custard**
Obstsalat	**fruit salad**
Ziegenkäse	**goat's cheese**
Eiscreme	**icecream**
Gebäck	**pastries**

GEMÜSE UND SALAT	VEGETABLES AND SALAD
gebackene Kartoffeln in der Schale	**baked potatoes**

PRAKTISCHE INFORMATIONEN
SPRACHE

Pommes frites	**french fries**
Bratkartoffeln	**hash browns**
Kartoffelpüree	**mashed potatoes**
gebackene Bohnen in Tomatensoße	**baked beans**
Kohl	**cabbage / kale**
Karotten	**carrots**
Blumenkohl	**cauliflower**
Gurke	**cucumber**
Knoblauch	**garlic**
Lauch	**leek**
Kopfsalat	**lettuce**
Pilze	**mushrooms**
Zwiebeln	**onions**
Erbsen	**peas**
Paprika	**peppers**
Kürbis	**pumpkin**
Spinat	**spinach**
Mais	**sweet corn**
Maiskolben	**corn-on-the-cob**

OBST	**FRUIT**
Äpfel	**apples**
Birnen	**pears**
Aprikosen	**apricots**
Orange	**orange**
Brombeeren	**blackberries**
Pfirsiche	**peaches**
Kirschen	**cherries**
Ananas	**pineapple**
Weintrauben	**grapes**
Pflaumen	**plums**
Himbeeren	**raspberries**
Zitrone	**lemon**
Erdbeeren	**strawberries**
Preiselbeeren	**cranberries**

GETRÄNKE	**BEVERAGES**
Bier (vom Fass)	**(draft) beer**
Apfelwein	**cider**
Rotwein / Weißwein	**red wine / white wine**
trocken / lieblich	**dry / sweet**
Sekt, Schaumwein	**sparkling wine**
alkoholfreie Getränke	**soft drinks**
Fruchtsaft	**fruit juice**
gesüßter Zitronensaft	**lemonade**
Milch	**milk**
Mineralwasser	**mineral water / spring water**

PRAKTISCHE INFORMATIONEN
TELEKOMMUNIKATION · POST

ZAHLEN

0	**zero/none**	17	**seventeen**
1	**one**	18	**eighteen**
2	**two**	19	**nineteen**
3	**three**	20	**twenty**
4	**four**	21	**twenty-one**
5	**five**	30	**thirty**
6	**six**	40	**forty**
7	**seven**	50	**fifty**
8	**eight**	60	**sixty**
9	**nine**	70	**seventy**
10	**ten**	80	**eighty**
11	**eleven**	90	**ninety**
12	**twelve**	100	**one hundred**
13	**thirteen**	1000	**one thousand**
14	**fourteen**	$1/2$	**a half**
15	**fifteen**	$1/3$	**a third**
16	**sixteen**	$1/4$	**a quarter**

TELEKOMMUNIKATION · POST

Telefon

Besonderheiten
Die Telefonwähltasten sind **auch mit Buchstaben** belegt, sodass viele Nummern als Kennworte angegeben sind, die man sich leicht merken kann (z. B. landesweite Pannenhilfe: Tel. 1 800 AAA HELP).

Öffentliche Telefone
Verschwindend wenige Münzfernsprecher gibt es noch für Ortsgespräche (»local calls«), bei anderen wird eine **Telefonkarte** oder Kreditkarte verlangt. Gespräche von **Hoteltelefonen** sollte man lieber vermeiden, da hier deftige Gebührenzuschläge (»surcharges«) anfallen.

Gebührenfreie Nummern
Gespräche mit 800-, 888-, 877-, 866-, 855- und 844-Vorwahlnummern sind kostenfrei. Sie können nur aus dem **US-Festnetz** geführt werden.

So geht's
Bei **Ortsgesprächen** innerhalb eines Telefonbezirks wählt man die »1« und nur die Teilnehmernummer. Innerhalb der USA wählt man zunächst die »1«, dann die Ortsvorwahl (»Area Code«) und schließlich die Teilnehmernummer.

Für **internationale Gespräche** (»international calls«) gilt: Von Privatanschlüssen wählt man »011«, dann die Länder- und Ortsnetzkennzahl ohne die »0« und schließlich die Teilnehmernummer.
In öffentlichen Telefonen wählt man die »0«. Es meldet sich der **Operator**, der alle weiteren Instruktionen erteilt. Für ein **R-Gespräch** wird ebenfalls die »0« gewählt, dann folgt die Rufnummer, und es meldet sich der Operator.

Wer ein Tri- oder ein Quad-Band-Telefon besitzt, das den US-Standard von 1900 MHz unterstützt, kann mit seinem heimischen Handy auch in den USA telefonieren, allerdings zu recht hohen Gebühren. Für internationale Telefongespräche empfiehlt es sich, Messaging-Dienste wie Skype, Signal oder WhatsApp zu benutzen, wenn wie in vielen Hotels, Restaurants, Attraktionen oder Hot Spots **kostenfreies WLAN** zur Verfügung steht. Dieses kann natürlich auch für Laptops oder Tablets genutzt werden. Einige höherpreisige Hotels verlangen recht hohe Kostenpauschalen für die Nutzung des hauseigenen WLAN.

Mobiltelefon und Internet

Wer viel telefoniert, sollte wegen hoher Kosten nicht roamen, sondern eine lokale **Prepaid-Simkarte** kaufen (z. B. bei Walmart oder Walgreens). Wer auf »Nummer Sicher« gehen möchte, schaltet die internationale Datenübertragung ab. Üblicherweise informiert der heimische Provider über mögliche Datenpakete und Kosten in den USA.
Übrigens: »Handys« heißen in den USA »**Mobile Phone**«, »Cellular Phone« oder schlicht »Cell«.

PORTO

INNERHALB USA
Postkarte normal: 40 Cents
Standardbrief (1 oz): 58 Cents
(jede weitere oz + 30 Cents)

NACH EUROPA
Postkarte oder Standardbrief
bis 1 oz: 1,30 $

TELEFONVORWAHLEN

VOM AUSLAND
in die USA: 001

VON DEN USA
nach Deutschland: 0 11 49
nach Österreich: 0 11 43
in die Schweiz: 0 11 41

TELEFONAUSKUNFT

NATIONAL
Tel. 411

INTERNATIONAL
Tel. 555 12 12

VERMITTLUNG
Tel. 0

TELEFONGEBÜHREN

ORTSGESPRÄCH AM
MÜNZTELEFON
ca. 16 Cents p. Min.

NACH MITTELEUROPA
je nach Telefongesellschaft: AT&T
ca 2,71 $ p. Min., T-Mobile 3 $, Verizon 2 $.

Post- und Paketdienste

United States Postal Service
Der United States Postal Service (**USPS**) ist nur für die Brief- und Paketbeförderung zuständig, Telefon- und Telegrammdienste sind privaten Gesellschaften übertragen.
Briefmarken kann man in USPS-Niederlassungen sowie an Automaten in Flughäfen, an Bahnhöfen, Busstationen, in einigen Drugstores oder Hotellobbys kaufen. Doch Vorsicht: An vielen in Hotels aufgestellten Automaten erhält man oft nicht den vollen Gegenwert in Briefmarken. **Briefkästen** sind blau und tragen die Aufschrift »United States Postal Service« sowie einem stilisierten Adler. **Postleitzahlen** (ZIP Codes) sind fünfstellig und stehen hinter dem Ortsnamen und dem abgekürzten Namen des Bundesstaats (CA für Kalifornien).

VERKEHR

Mietwagen (Rent-a-car)
Für das Anmieten genügt der nationale **Führerschein** (»driver's licence«), ein internationaler Führerschein kann abseits der touristischen Zentren ergänzend hilfreich sein. Dringend erforderlich ist eine **Kreditkarte** zur Hinterlegung der Kaution. **Mindestalter** für die Anmietung sind 25 Jahre, gegen einen Risikozuschlag kann man in Kalifornien bereits ab einem Alter von 21 Jahren ein Fahrzeug mieten.
Zur Grundmiete kommen **Zusatzkosten**: Steuern sowie die Kosten für Versicherungsschutz (Haftpflicht, Kasko, Selbstbeteiligung). Solche Pakete können jedoch ziemlich teuer sein. Wer den PKW bereits im Heimatland bucht, hat zumeist Steuern und die wichtigen Versicherungen eingeschlossen. **Einwegmieten** auch in andere Bundesstaaten sind möglich, müssen aber vorher angemeldet sein. Einige Mietwagenunternehmen berechnen auch bei Abgabe an einem anderen Ort innerhalb Kaliforniens keine Gebühren. Mietwagenausflüge ins benachbarte **Mexiko** sind in der Regel nicht gestattet. Preiswerter als in den USA ist die **Buchung im Heimatland**. Bei einigen Mietwagenunternehmen lassen sich bereits E-Fahrzeuge, wie Tesla mieten. Man findet sie i.d.R. in der Luxusklasse.
Ähnlich dem Geschäftsmodell von Uber oder Airbnb werden inzwischen eine nennenswerte Zahl von Privat-PKWs über Buchungsplattformen, wie Turo (https://turo.com) angeboten. Der Zustand des Wagens und sein Versicherungsschutz sollten vor Anmietung dringend geklärt sein.

PRAKTISCHE INFORMATIONEN
VERKEHR

MIETWAGENFIRMEN

ALAMO
Tel. 1-844-354-6962
www.alamo.de

AVIS
Tel. 1-800-230-4898
www.avis.com

BUDGET
Tel. 1-800-404-8033
www.budget.com

DOLLAR
Tel. 1-800-800-5252
www.dollar.de

ENTERPRISE
Tel. 1-855-266-9565
www.enterprise.com

HERTZ
Tel. 1-800-654-3131
www.hertz.com

THRIFTY
Tel. 1-800-847-4389
www.thrifty.com

Urlaub mit dem Campmobil ist in den USA und besonders im Westen äußerst populär. Derartige Campingfahrzeuge (**Recreational Vehicle / RV**, »Erholungsfahrzeug«) lassen sich in allen Größenordnungen am besten über die Kataloge von Reiseveranstaltern bzw. im Reisebüro buchen. **Campingplätze** (▶ S. 424) sind fast immer auf ihre besonderen Bedürfnisse eingerichtet (Anschlüsse für Elektrizität, Frischwasser, Abwasser). In Städten wie San Francisco oder Los Angeles sind die großen RVs eher unbequem, zudem liegen Campingplätze meist an der Peripherie. Ideal lässt sich mit ihnen jedoch die Natur abseits der großen Ballungsräume erkunden.

Urlaub mit dem Campmobil

Wer innerhalb von **National** oder **State Parks** übernachten möchte, sollte die Plätze langfristig im Voraus reservieren. Bei einigen Vermietern gelten allerdings Einschränkungen für bestimmte Reisegebiete, etwa abseits asphaltierter Straßen oder im Death Valley. **Wildes Camping** ist nicht üblich, oft findet man an allgemeinen Parkplätzen sogar Verbotsschilder mit der Aufschrift »no overnight parking«.

Mit dem Auto unterwegs

Die **American Automobile Association** (**AAA**, »Triple A«) ist der größte Automobilklub der USA, in dessen Geschäftsstellen Mitglieder des deutschen ADAC, des österreichischen ÖAMTC und des schweizerischen TCS kostenlos Broschüren, Unterkunftsverzeichnisse und sonstige Auskünfte erhalten.

Automobilklubs

Bei einer **Panne** mit dem Mietwagen sollte man zunächst den Autovermieter verständigen und dessen Anweisungen folgen. Das Abschlep-

Panne

VERKEHRSZEICHEN

Vorschriftszeichen

Halt!
Vorfahrt
gewähren

Stopsignal
für 4 Fahrspuren

Einfahrt
verboten

Vorfahrt
beachten

Falsche Richtung

Rechtsabbiegen
verboten

Wenden verboten

Radfahrverbot

Höchst-
geschwindig-
keit

Voranzeige für
Geschwindigkeitsbegrenzung

Kriechspur

Höchstgeschwindigkeit
mit vorgeschriebener
Mindestgeschwindigkeit

Einbahn-
straße

Schulzone
Höchst-
geschwindigkeit

Getrennte
Fahrbahn

Nur tangentiales
Linksabbiegen
gestattet

Bei Rot
nicht abbiegen

Gefahrzeichen

Kreuzung

Einmündung

Voranzeige
Getrennte Fahrspuren

Gegenverkehr

Engpass

Bahnübergang

Überholverbot

Schmale Brücke

Kurven

Doppelkurve
rechts beginnend

Kurvenreiche
Strecke

Voranzeige
Stopstelle

Voranzeige
Vorfahrt beachten

Schule

Schulbushaltestelle
Überholverbot!

Fußgänger

Gefährliches
Gefälle

Schleudergefahr

Maximale
Höhe

LKW-Einfahrt

Achtung!
Bären

Wildwechsel

Viehtrieb

Straßenbau-
arbeiten

Voranzeige
Signalisations-
person

Höchst-
geschwindigkeit
auf Autobahn-
ausfahrten

Richtzeichen

©BAEDEKER

Rastplatz

Telefon

Krankenhaus

Campingplatz

Caravaning

PRAKTISCHE INFORMATIONEN
VERKEHR

pen ist oft mit hohen Kosten verbunden, es sei denn, man ist Mitglied der American Automobil Association (AAA) bzw. einer ihrer Partnerklubs, die kostenlose Reparatur- und Abschleppdienste anbieten.

Verkehrsvorschriften

Jeder Staat in den USA hat neben bundesweiten auch seine eigenen Verkehrsvorschriften. Gegenüber den Bestimmungen in Europa bestehen keine großen Unterschiede. Nachstehend einige Regelungen, die unbedingt beherzigt werden sollten.

In verkehrsberuhigten Innenstädten und Wohngebieten betragen die zulässigen **Höchstgeschwindigkeiten** zwischen 20 mph/32 km/h und 35 mph/56 km/h; liegen Schulen, Altenheime oder Krankenhäuser in Straßennähe, sind sie oft auf nur 15 mph/24 km/h beschränkt! Auf Ausfall- und Überlandstraßen mit Gegenverkehr darf man in der Regel bis zu 45 mph/72 km/h schnell sein. Führt die Straße durch Gebiete mit Wildwechsel, so sind bei Nacht nur noch 35 mph/56 km/h erlaubt. Auf mehrspurigen Straßen und Autobahnen (Highways) darf man bis zu 55 mph/88 km/h schnell sein. Auf verkehrsarmen Autobahnabschnitten sind z. T. auch 70 mph/112 km/h erlaubt.

Wenn ein orangegelber **Schulbus** Kinder ein- und aussteigen lässt, muss man anhalten. Dies gilt auch für den Gegenverkehr.

In den Vereinigten Staaten hängen **Verkehrsampeln** hinter (!) der Kreuzung. **Rechtsabbiegen** trotz roten Ampelsignals ist nach vorherigem vollständigem Anhalten und bei Beachtung der Vorfahrt meist erlaubt. Wer bei Verkehrsverstößen, wie überhöhter Geschwindigkeit im Bereich von Straßenbaustellen erwischt wird, muss mit einer Verdoppelung der Geldbuße rechnen.

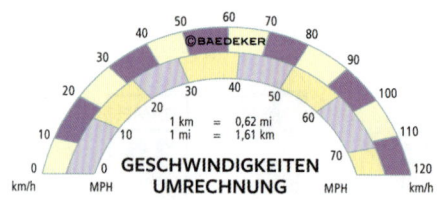

Stoppschilder mit dem Zusatz »4 way« zeigen an, dass sich dieser Kreuzung nähernden Fahrzeuge anhalten müssen. Danach hat Vorfahrt, wer zuerst an der Kreuzung war.

In der Zeit des Sonnenauf- und -untergangs, bei Sichtweiten unter 300 m sowie auf langen, schnurgeraden Straßen mit Gegenverkehr muss mit eingeschaltetem **Abblendlicht** gefahren werden.

An Fernverkehrsstraßen außerhalb geschlossener Siedlungen darf **nicht geparkt** werden. Sollte es erforderlich sein anzuhalten, muss man auf das Bankett fahren.

Es gilt die **0,8-Promillegrenze** (bei Mietautos oft niedriger). Fahren unter Alkoholeinfluss (DUI, »driving under influence«) ist verboten und wird hart geahndet. Geöffnete alkoholische Getränke dürfen nicht im Fahrzeuginnern mitgeführt werden. Unter 21-Jährige dürfen keinen Alkohol dabeihaben.

Die meisten **Tankstellen** in Kalifornien werden vollautomatisch betrieben. Ferner wird an vielen Tankstellen bei Bezahlung mit einer Kreditkarte die Eingabe eines ZIP Code (Postleitzahl) gefordert. Man gibt dann entweder einen auf der Karte bereits vermerkten Code oder den ZIP Code seines Hotels bzw. Autovermieters ein. Sollte das nicht funktionieren, muss man seine Karte an der Kasse hinterlegen oder vorab eine Barzahlung leisten.

Tanken

Inlandsverkehr

In den USA ist das Flugzeug wegen der großen Entfernungen immer noch das bevorzugte Beförderungsmittel. Die wichtigsten »Einfallstore« in den Westen sind die **Flughäfen** von Los Angeles (Los Angeles International Airport, LAX; ▶ S. 119) und San Francisco (San Francisco International Airport, SFO; ▶ S. 272), gefolgt vom kleineren San Diego International Airport (SAN; ▶ S. 249) nordwestl. der Innenstadt.
Im Großraum L. A. gibt es noch den bei Hollywood gelegenen Hollywood Burbank Airport (BUR), ferner im Südosten den Long Beach Airport (LGB) und den John Wayne Airport Orange County (SNA;).

Am liebsten mit dem Flugzeug

NÜTZLICHE ADRESSEN

FLUGGESELLSCHAFTEN

ALASKA AIRLINES
Tel. 1-800-252-7522
www.alaskaair.com

AMERICAN AIRLINES
Tel. 1-800-433-7300
www.aa.com

DELTA AIR LINES
Tel. 1-800-221-1212
www.delta.com

JET BLUE
Tel. 1-800-538-2583
www.jetblue.com

SOUTHWEST AIRLINES
Tel. 1-800-435-9792
www.southwest.com

UNITED AIRLINES
Tel. 1-800-864-8331
www.united.com

VIRGIN AMERICA
Tel. 1-877-359-8474
www.virginamerica.com

BAHN UND BUS

AMTRAK
Tel. 1-800-872-7245
www.amtrak.com

GREYHOUND
Tel. 1-800-231-2222
Tel. 1-214-849-6246 (Gepäck)
www.greyhound.com

PRAKTISCHE INFORMATIONEN
ZEIT

Bahnverkehr
Oakland und Los Angeles sind die Endpunkte transkontinentaler Strecken der Eisenbahngesellschaft **Amtrak**. Ein **California Rail Pass** ermöglicht unbegrenzte Fahrten an sieben Tagen innerhalb von drei Wochen.

Busverkehr
Die **Greyhound-Busse** verkehren zwischen den großen und mittleren Städten Kaliforniens. Die Busbahnhöfe liegen häufig in der Nähe der Stadtzentren. Bustickets kann man für einzelne Fahrten lösen.

ZEIT

Pacific Time Zone
Kalifornien gehört wie der ganze Westen der Vereinigten Staaten zur Pacific Time Zone (PT), d. h. es liegt gegenüber der mitteleuropäischen Zeit (MEZ) um 9 Std. zurück. Beispiel: Frankfurt 18 Uhr,, Los Angeles 9 Uhr. Während der **Sommerzeit** (»Daylight Saving Time«) vom 2. So. im März bis zum 1. So. im November werden die Uhren um 1 Std. vorgestellt. Die Stunden von Mitternacht bis 12 Uhr mittags werden mit **a. m.** (ante meridiem) bezeichnet, die übrigen zwölf Stunden mit **p. m.** (post meridiem).

REGISTER

17 Mile Drive **185**
49-Mile Scenic Drive **276**

A

Abalone **365**
Academy of Motion Picture Arts and Sciences **156**
Adobe-Bauten **386**
Afro-Amerikaner **366**
Aktivurlaub **401**
Alabama Arch **96**
Alabama Hills **97**
Alarcón, Hernando de **372**
Alcatraz Island **282**, **306**
Alkohol **458**
All-American Canal **209**, **371**
Alpine Meadows **104**
Alta California **116**, **181**, **232**, **372**, **373**, **376**, **377**
American Automobile Association (AAA) **455**
American River **23**, **41**, **221**, **232**, **378**
Amtrak **460**
Anacapa Island **68**, **69**
Anaheim **77**
Ancient Bristlecone Pine Forest **95**
Anderson Valley **297**
Angel Island **37**, **307**
Angels Camp **42**
Anreise **429**
Antelope Valley California Poppy Preserve **176**
Anza-Borrego Desert State Park **47**, **50**
Anza, Juan Bautista de **50**, **377**
Apotheken **437**
Artist's Drive **45**, **76**
Ärzte **437**
Assembly **366**
ATM **436**
Auburn **35**, **41**, **235**, **237**
Auburn Ravine **41**
Auskunft **432**
Autohilfe **455**
Automobilclubs **455**
Avalon **325**, **327**
Avenue of the Giants **230**
Avila Beach **317**

B

Badeurlaub **401**
Badwater **74**, **76**
Bahnverkehr **460**
Baja California **376**, **377**
Balboa Park, San Diego **253**, **258**, **419**
Balboa Peninsula **195**
BankCard **436**
Bankfilialen **436**
Barstow **44**, **176**, **246**
Baseball **405**
Basketball **405**
Basketmaker Kultur **331**, **384**
Battery Point Lighthouse, Crescent City **231**
Beach Boys **382**, **386**
Beach Volleyball **400**
Bear Valley **244**, **401**
Beat Generation **57**, **271**, **288**, **438**
Bed & Breakfast **422**
Berkeley **38**, **52**
Beverly Hills **125**, **141**, **142**
Bevölkerung **365**, **366**
Bewässerung **371**
Bier **411**
Bierstadt, Albert **384**
Big Bear Lake **245**, **246**, **419**
Big Pine **96**
Big Sur **40**, **56**
Biotechnologie **370**
Bishop **95**
Black Panthers **200**, **382**
Blumenkinder **271**
Blumenzucht **370**
Bodega Bay **223**
Bodie **35**, **180**
Bolinas **297**
Borax **71**, **246**
Borrego Springs **47**, **51**
Borstenkiefer **363**
Botschaften **433**
Breakfast **410**
Bridal Veil Fall **353**
Bristlecone Pines **363**
Brown, Jerry **383**
Brubeck, Dave **389**
Buena Park **82**
Bumpass Hell **108**
Burbank **164**, **370**
Burney Falls **34**
Busverkehr **460**

ANHANG
REGISTER

C

Cabins **422**
Cable Cars, San Francisco **284**, **380**
Cabrillo, Juan Rodríguez **248**, **261**, **318**, **372**
Cabrillo National Monument **261**, **262**
Calico **46**, **246**
California Cuisine **406**
California Institute of Technology (CalTech) **47**, **381**
California Poppy (Kalifornischer Mohn) **176**
California Rail Pass **441**
Calistoga **60**, **190**, **191**
Cambria **88**, **93**
Camino Real **374**
Campgrounds **423**
Camping **422**, **423**, **455**
Cannery Row **181**
Cap Rock Natural Trail **101**
Carlsbad **62**
Carmel **39**, **64**
Carson Mountains **102**
Carson, William **84**
Cascade Range **108**, **187**, **338**, **359**
Catacombs Cave **110**
Cathedral Spires **353**
Cave Loop Road **111**
Cedar Grove **335**
Central Valley **359**, **406**
Chamisso, Adelbert von **378**
Channel Islands National Park **68**
Chaparral **362**
Chinesen **41**, **284**, **379**
Cholla-Kakteen **99**, **363**

Coachella Valley **209**, **371**, **406**, **413**
Coast Ranges **359**
Coit, Lillie **290**
Coloma **23**, **41**, **219**, **221**
Colorado Desert **50**, **100**, **204**
Columbia **42**, **347**
Columbia State Historic Park **21**, **23**, **347**
Condominium **422**
Coronado **250**, **251**, **259**, **404**
Cortéz, Hernán **372**
Cottonwood Springs **101**
Counties **366**
Country Inn **423**
Coyote **364**
Crescent City **229**, **230**
Crystal Cave **334**
Culver City **151**

D

Dalí, Salvador **185**
Dana Point , **5**, **196**, **197**
Dana, Richard Henry **198**
Dante's View **45**, **71**
Darstellende Kunst **384**
Datteln **209**
Dean, James **161**, **395**
Death Valley **44**, **71**, **362**
Devil's Golf Course **45**, **76**
Devil's Postpile National Monument **171**
Devisenbestimmungen **436**
Dinner **410**
Disneyland **77**

Disneys California Adventure **81**
Disney, Walt **77**, **201**, **303**, **390**
Donner Memorial State Park **35**, **106**, **107**
Donner Pass Road **107**
Drake, Sir Francis **221**, **373**
Drugstores **437**

E

Eagle Falls **103**
Eastwood, Clint **64**, **389**
Edison, Thomas A. **10**
Edna Valley **317**
Eichen **363**
Einkaufszentren **420**
Einreisebestimmungen **430**
Einwanderung **366**
El Capitán **351**, **353**
Elefant Seals **58**
Elektrizität **428**, **434**
Elk **173**
Empire Gold Mine Historic Park **240**
Energie **370**
Erdbeben **221**, **381**
Erdbebenweg **222**
Ermäßigungen **440**
Escondido **46**, **256**, **267**, **268**
ESTA **430**
Etikette **434**
Eureka **84**, **416**
Events **411**, **412**

F

Fächerpalme **362**

Factory Outlets **441**
Fauna **331**, **362**, **364**
Feiertage **412**
Feininger, Lionel **166**
Ferlinghetti, Lawrence **271**, **288**
Ferndale **86**, **229**
Feste **388**, **411**, **412**
- Chinese New Year **413**
- Cinco de Mayo **414**, **416**
- Mardi Gras **413**
- Monterey Jazz Festival **418**
- Pageant of the Masters **417**
- Paso Robles Wine Festival **416**
Filmindustrie **10**, **117**
Flora **362**
Fluggesellschaften **429**
Flugverkehr **459**
Football **405**, **413**
Fort Bragg **33**, **173**, **174**
Fort Ross State Historic Park **223**
Fortuna **229**
Fortynine Palms **101**
Fox, William **10**, **154**
Fremont **38**
Fresno **35**, **333**, **339**
Führerschein **431**
Furnace Creek **45**, **72**, **73**, **74**

G

Gabelantilope **364**
Gallerias **420**
Garberville **229**
Gaviota **43**
Gay-Lesbian Community **271**, **278**, **298**, **416**
Gehry, Frank O. **118**, **130**, **139**, **386**, **388**
Geld **428**, **435**
Geldautomaten **436**
General Grant Tree **334**
General Sherman Tree **334**
Generals Highway **338**
Geografische Gliederung **358**
Geschichte **372**
Gesundheit **437**
Getty, Jean Paul **144**, **146**, **168**
Gewichte **439**
Geyserville **344**, **345**
Gilroy **40**, **417**
Ginsberg, Allen **271**, **288**
Glacier Point **351**, **353**
Glendale **163**
Glen Ellen **342**, **345**
Golden Chain Highway (CA-49) **41**
Golden Gate Bridge **299**
Golden Gate National Recreation Area **302**
Gold Fever Trail **246**
Goldfish, Samuel **154**
Goldrausch **22**, **35**, **40**, **42**, **84**, **180**, **220**, **226**, **232**, **237**, **240**, **246**, **268**, **287**, **346**, **366**, **378**, **379**
Goleta **323**, **324**
Golf **400**
Gouverneur **366**
Grammy Awards **128**
Grant Grove **334**
Grass Valley **35**, **41**, **240**
Grauman, Sid **136**, **155**, **158**
Grauwale **58**, **222**, **261**, **262**, **365**

Graves, Morris **86**
Great Basin **359**
Greyhound-Busse **460**
Grizzlybären **364**
Grizzly Giant **355**

H

Half Dome **353**
Half Moon Bay **38**, **418**
Harmony Borax Works **72**, **76**
Hash Browns **410**
Haustiere **431**
Healdsburg **344**
Hearst Castle **40**, **87**, **90**
Hearst, Patty **391**
Hearst, William Randolph **90**, **391**
Heavenly Valley **105**
Henry Cowell Redwood State Park **329**
Hermosa Beach **122**, **170**, **404**
High Sierra **355**
High Sierra Trail **338**
Hispano-Amerikaner **366**, **415**
Hitchcock, Alfred **162**, **223**, **299**
Höchstgeschwindigkeiten **458**
Hollywood **10**, **117**, **118**, **155**, **156**, **158**, **162**, **381**
Hope, Bob **165**, **204**
Hotels **422**
Humboldt Redwoods State Park **33**, **230**
The Huntington, Pasadena **216**
Huntington Beach **18**, **417**

ANHANG
REGISTER

I

Imperial Valley **359, 370**
Independence **97**
Indian Caves **353**
Indianer
▶ Ureinwohner
Indio **52, 101, 209, 413**
Inyo National Forest **94**
Impfbestimmungen **431**
IT-Industrie **370**

J

Jack London State Park **342**
Jackson **42, 220**
Jazz **418**
Jedediah Smith State Park **230**
Jiménez, Fortún **372**
Jobs, Steve **392**
John Muir Trail **338**
Johnson, Albert **76**
Joshua Tree National Park **99**
Joshua Tree (Ort) **101**
Joshua Tree (Yucca brevifolia) **99, 363**
Jugendherbergen **423, 441**
Julian **47, 268**
Julia Pfeiffer Burns State Park **16, 58, 262**
June Lake **181**

K

Kaffeebars **410**

Kakteen **363**
Kalksintertürmchen **179**
Kaskadengebirge **359**
Kenwood **345**
Kerouac, Jack **271, 288, 438**
Kings Canyon National Park **36, 331, 334, 335, 338**
Kirkwood **105**
Klettern **405**
Klima **362, 443**
Knott's Berry Farm **82**
Kolonisation **379**
Kondor, Kalifornischer **56, 244, 365**
Konfektionsgrößen **439**
Kotzebue, Otto von **378**
Krankenversicherung **432**
Kreditkarte **436**
Kunst und Kultur **384**

L

Lady Bird Johnson Grove Trail **230**
Laemmle, Carl **154, 162**
Laguna Beach **195, 196, 404**
La Jolla **250, 265, 404**
Lake Arrowhead **245**
Lake Cachuma **43**
Lake Helen **109**
Lake Merritt **200, 201**
Lake Shasta **226, 404**
Lake Shasta Caverns **226**
Lake Sonoma **345**
Lake Tahoe **35, 102, 362**
Lancaster **176**
Landwirtschaft **370**

La Quinta **207**
Lassen Peak **108, 109, 359**
Lassen Volcanic National Park **107**
Latinos **366**
Lava Beds National Monument **109**
Lava Tubes **110**
Lee Vining **181**
Legoland California **62**
Lesetipps **438**
Little Petroglyph Canyon **178**
Lodges **422**
Loma-Prieta-Erdbeben **383**
Lompoc **340**
London, Jack **342, 392**
Lone Pine **96**
Long Beach **111, 327, 413**
Los Angeles
– Academy of Motion Picture Arts and Sciences **156**
– Ahmanson Theatre **129**
– Angel's Flight **131**
– Bel Air **143**
– Bevölkerung **117**
– The Broad **115, 130**
– Broadway **136**
– Bunker Hill **131**
– California African American Museum (CAAM) **139**
– California Science Center **139**
– Center Theatre Group **129**
– Central Library **126**
– Chinatown **136**
– Chinese American Museum **135**
– City Hall **126**

ANHANG
REGISTER

- Dorothy Chandler Pavilion **129**, **386**
- Downtown **123**
- El Pueblo de Los Angeles **123**, **133**
- EXPO Center **139**
- Farmers Market **123**, **154**
- Flughäfen **119**, **459**
- Fowler Museum at UCLA **149**
- Getty Center **144**, **146**
- Grammy Museum **128**
- Grand Central Market **123**
- Grauman's Chinese Theatre **158**
- Griffith Park **161**
- Hammer Museum **150**
- Hollywood **8**, **125**, **154**, **156**
- Hollywood Boulevard **155**
- Hollywood Museum **158**
- Japanese American Cultural & Community Center **129**
- Japanese American National Museum **129**
- Kodak/Dolby Theatre **157**, **158**
- Koreatown **140**
- La Brea Tar Pits & Museum **150**
- LA Plaza de Cultura y Artes **134**
- Little Tokyo **128**
- Los Angeles County Museum of Art (LACMA) **89**, **115**, **152**
- Los Angeles Music Center Opera **129**
- Los Angeles Philharmonic **130**, **158**
- Los Angeles Zoo **161**
- Museum of Contemporary Art (MOCA) **131**
- Museum of Tolerance **143**
- Music Center **129**
- Natural History Museum **139**
- Ocean Front Walk (Venice) **169**
- Pacific Design Center **133**, **143**
- Pacific Palisades **166**
- Pershing Square **126**
- Petersen Automotive Museum **150**
- San Pedro **170**
- South Central **117**
- Staples Center **123**, **126**
- Strände **122**
- Universal Studios Hollywood **162**, **370**
- University of California (UCLA) **118**, **149**
- Venice **125**, **169**
- Walk of Fame **158**
- Walt Disney Concert Hall **130**, **388**
- Watts **140**
- Watts Towers of Simon Rodia **122**, **140**, **152**, **418**
- Wells Fargo History Museum **131**
- Westside **141**
- Westwood **123**, **149**
- Wilshire Boulevard **150**

Los Olivos **341**
Los Padres National Forest **43**
Lost Coast **32**
Lost Grove **334**
Lower Yosemite Falls **352**

M

MacKerricher State Park **175**
Mackintosh **392**
Malerei **386**
Malibu **124**, **167**, **400**
Mammoth Lakes **171**
Mammoth Mountain **171**, **400**
Mammutbäume **362**
Manhattan Beach **122**, **170**
Mann, Thomas **166**
Manzanar **98**
Mariposa Grove **348**, **351**, **355**
Marshall Gold Discovery State Historic Park **41**, **221**
Marshall, James W. **41**, **221**, **378**
Marvin Braude Coastal Bike Trail **18**
Maße **439**
McCarthy, Michael **123**
McWay Falls **16**, **58**
Meerohren **365**
Mendocino Coast **27**
Menlo Park **211**
Merced **351**
Merced Grove of Giant Sequoias **355**

ANHANG
REGISTER

Merced River **352**, **353**
Mercer Caverns **347**
Methuselah Grove **96**
Mexikaner **366**, **388**, **407**, **414**, **416**
Miller, Henry **57**
Mirror Lake **353**
Mission Bay **261**, **404**
Missionen **218**, **374**, **377**, **386**
Mission La Purísima Concepción **43**, **377**, **378**
Mission La Purísima Concéption **340**
Mission San Buenaventura **325**, **378**
Mission San Carlos Borromeo del Río Carmelo **39**, **66**, **373**
Mission San Diego de Alcalá **248**, **258**, **373**, **374**
Mission San Fernando Rey de España **165**, **377**
Mission San Francisco de Asis (Mission Dolores) **299**, **373**
Mission San Francisco Solano **342**, **374**, **378**
Mission San Gabriel Arcángel **218**
Mission San José de Guadalupe **310**, **377**
Mission San Juan Bautista **243**, **377**
Mission San Juan Capistrano **197**, **373**, **378**
Mission San Luis Obispo de Tolosa **316**
Mission San Luis Rey de Francia **64**, **377**
Mission San Miguel Arcángel **94**, **377**

Mission Santa Barbara **43**, **322**, **377**, **378**
Mission Santa Clara de Asis **38**, **312**
Mission Santa Inés **43**, **340**
Moaning Caverns **347**
Mojave Desert **44**, **99**, **175**, **245**, **362**
Mojave National Preserve **45**
Monarchfalter **197**
Mono Lake **35**, **178**
Monroe, Marilyn **394**
Monterey **39**, **181**
Monterey Jazz Festival **418**
Monterey Peninsula **185**
Monterey-Stil **387**
Morgan, Julia **88**
Moro Rock **36**, **334**
Morro Bay State Park **88**, **93**, **94**
Motels **422**
Mother Lode County **42**, **220**
Mountain View **212**
Mount Palomar Observatory **47**
Mount Rose Ski Tahoe, Nevada **105**
Mount San Jacinto **207**
Mount Shasta **32**, **108**, **109**, **187**, **226**, **359**, **400**
Mount St. Helena **61**
Mount Tamalpais **308**
Mount Whitney **94**, **97**, **359**
Muir, John **308**, **348**, **380**, **381**, **394**
Muir Beach **308**
Muir Grove **334**
Muir Woods National Monument **37**, **308**

Mulholland Drive **164**
Murphy **347**

Nacimiento-Fergusson Road **57**
Napa **191**, **192**, **194**
Napa Valley **26**, **188**, **190**
Natur **358**
Naturschutz **362**
Neu-Helvetien **378**
Nevada City **35**, **41**
Nevada Fall **353**
Newport Bay **195**
Newport Beach **195**, **196**
Newton, Huey **200**
Niederschläge **444**
Nixon, Richard Milhouse **395**
Noguchi, Isamu **129**
Notfall-Telefon **453**
Notrufe **437**

O

Oakhurst **352**
Oakland **38**, **198**
Oakville **193**
Obst- und Gemüseanbau **370**
Oceano **317**
Oceanside **64**
Öffnungszeiten **420**, **428**, **437**
Old Faithful Geyser of California **61**
Ontario **120**
Operator **453**
Oppenheimer, J. Robert **54**

ANHANG
REGISTER

Orick **230**
Oscar **150**, **156**, **158**, **381**
Owens Valley **371**
Oxnard **324**

P

Pacific Crest Trail **338**, **404**
Pacific Grove **185**
Pacific Palisades **166**
Pacific Rim Cuisine **406**
Pacific Time **428**, **460**
Palisade Glacier **94**
Palm Canyon **207**
Palm Desert **204**, **208**
Palmen **362**
Palm Springs **204**, **207**
Palo Alto **38**, **209**
Palomar Mountain **47**
Panama-Pacific Exposition **270**, **293**, **299**, **303**, **381**
Pannenhilfe **455**
Panorama Trail (Yosemite) **15**, **352**
Pasadena **212**, **416**, **418**
Paso Robles **27**, **317**, **416**
Patriarch Grove **96**
Petrified Forest **62**
Pfeiffer Big Sur State Park **58**
Piedras Blancas **58**
Pinnacles National Park **40**, **243**
Pionierzeit **378**
Pismo Beach **317**
Pixar **392**
Placerville **42**, **219**
Point Cabrillo Light Station **173**

Point Lobos State Natural Reserve **39**, **67**
Point Loma **259**
Point Reyes National Seashore **37**, **221**, **262**
Politik **365**
Portola, Gaspar de **248**
Post **452**, **454**
Powwows **388**
Prairie Creek **230**
Preise **440**
Puck, Wolfgang **406**

Q

Queen Anne Style **387**

R

Rancho Mirage **204**, **207**
Randsburg **178**
Rauchen **435**
Recreational Vehicle **455**
Red Bluff **34**
Redding **225**
Red Rock Canyon State Park **176**
Redwood Empire **226**
Redwood Highway **33**
Redwood Mountain Grove **334**
Redwood National Park **230**
Redwoods **33**, **37**, **58**, **226**, **230**, **308**, **313**, **329**, **331**, **359**
Reisedokumente **430**
Reisepass **430**

Reiseplanung **429**
Reiseschecks **436**
Reiseversicherungen **432**
Reisezeit **443**
Resanow, Nikolai Petrowitsch **377**
Resorts **422**
Ridgecrest **178**
Rim of The World Scenic Byway **245**
Ring of Fire **108**
Rio de los Santos Reyes **334**
Robben **365**
Robert Louis Stevenson State Park **61**
Rodeo **405**
Rodia, Simon **140**
Roosevelt, Franklin D. **200**
Rosenkreuzer **311**
Route 66 **212**, **213**, **244**, **245**, **246**
Russen **374**, **376**, **377**, **378**
Russian American Co. **223**, **224**, **377**

S

Sacramento **35**, **232**, **418**
Sacramento River **225**, **232**
Sacramento Valley **232**, **370**
Saint Helena **192**, **194**
Salinas **240**
Salk, Jonas **266**
Salton Sea **47**, **51**
San-Andreas-Verwerfung **221**, **270**, **362**
San Bernardino **244**, **245**

ANHANG
REGISTER

San Bernardino Mountains **244, 359**
San Diego **46, 247, 419**
– Air & Space Museum **254**
– Balboa Park **253, 258, 419**
– Birch Aquarium **266**
– Coronado **249, 259, 404**
– Coronado Ferry **249**
– La Jolla **250, 265, 404**
– Maritime Museum **252**
– Mission Beach **261, 404**
– Museum of Art **254**
– Old Town **258**
– Pacific Beach **261**
– San Diego Bay **252**
– Sea World **264**
– Shopping **421**
– USS Midway Museum **253**
– Zoo **47, 256, 267**
San Diego Bay **252**
San Fernando **165**
San Fernando Valley **164**
San Francisco **37, 269**
– 49-Mile Scenic Drive **276**
– Aquarium of the Bay **295**
– Asian Art Museum **293**
– Cable Cars **284, 380**
– California Academy of Sciences **303**
– California Palace of the Legion of Honor **303**
– Cartoon Museum **294**
– Castro District **271, 277, 298**
– Chinatown **270, 284, 420**
– Civic Center **292**
– Coit Tower **290, 386**
– Davies Symphony Hall **278, 293**
– Embarcadero **294, 400**
– Embarcadero Center **279, 287**
– Exploratorium **295**
– Ferry Building **287**
– Financial District **287**
– Fisherman's Wharf **279, 294**
– Golden Gate Park **282, 303**
– Haight-Ashbury **271, 278**
– Japan Center **279, 294**
– Japanese Tea Garden **305**
– Japantown **293**
– Lombard Street **290**
– Maritime Museum **296**
– Market Street **284**
– M. H. de Young Memorial Museum **304**
– Mission District **269, 277, 386, 416, 420**
– Morrison Planetarium **304**
– Nob Hill **290**
– North Beach **269, 277, 288**
– Palace of Fine Arts **299**
– Pier 39 **295**
– Presidio **272, 302**
– San Francisco Maritime National Historical Park **296**
– San Francisco Opera **278, 293**
– San Francisco Symphony **278, 293**
– San Francisco Museum of Modern Art **296**
– SoMa (South of Market) **272, 277, 296**
– Steinhart Aquarium **303**
– Telegraph Hill **288**
– Transamerica Pyramid **287**
– Union Square **277, 279, 284**
– Walt Disney Family Museum **303**
– War Memorial Opera House **278**
– Wellen-Orgel **297**
– Wells Fargo History Museum **287**
– Yerba Buena Center for the Arts **278, 296**
San Francisco Bay **201, 306, 307, 359**
San Gabriel **218**
San Gabriel Mountains **115**
San Giorgio Pass **208**
San Jacinto Mountains **204**
San Joaquin River **171**
San Joaquin Valley **35, 331, 339**
San José **38, 309**
San Juan Bautista **243**
San Juan Bautista State Park **243**

ANHANG
REGISTER

San Juan Capistrano **197**
San Luis Obispo **316**
San Miguel Arcángel **94**
San Miguel Island **68, 70**
San Pedro **116, 170**
San Rafael **37**
San Rafael Mountains **341**
San Simeon **88, 93**
Santa-Ana-Winde **444**
Santa Barbara **43, 317, 418**
Santa Barbara Island **70**
Santa Catalina Island **325**
Santa Clara **38, 309, 312**
Santa Clara Valley **310**
Santa Clarita **165**
Santa Cruz **329**
Santa Cruz Island **68, 69**
Santa Fe Railroad **380**
Santa Lucia Mountains **56, 57, 88**
Santa Monica **10, 123, 125, 165**
Santa Monica Mountains **118, 154, 164**
Santa Monica Mountains National Recreation Area **168**
Santa Rosa **343, 345, 418**
Santa Rosa Island **68, 70, 266**
Santa Ynez **340, 341**
Santa Ynez Mountains **341**
Santa Ynez Valley **43, 318, 339, 340, 341**
Sausalito **37, 276, 307, 418**

Schnorcheln **404**
Schulz, Charles M. **83, 343**
Schwarzenegger, Arnold **383**
Schwefelquellen **107**
Scotty's Castle **76**
Seale, Bobby **200**
See-Elefanten **58, 70, 222, 365**
Seelöwen **68, 186, 230, 264, 295**
Segeln **404**
Sentinel Cave **110**
Sequoia National Park **36, 331, 334, 338**
Serra, Junípero **67, 197, 258, 316, 373, 374, 383**
Shasta-Trinity National Forest **34**
Shopping **419**
Sicherheit **445**
Sierra-at-Tahoe **105**
Sierra Club **381, 394**
Sierra Nevada **30, 34, 41, 95, 96, 171, 331, 338, 359, 405**
Silicon Valley **38, 209, 309, 310, 370, 383**
Silicon Valley View **212**
Silverado Trail **60, 189**
Siqueiros, David Alfaro **135**
Six Flags Discovery Kingdom **38, 194**
Skigebiete **400**
Skull Cave **110**
Smith, Jehedia S. **378**
Social-Media-Unternehmen **370**
Solana Beach **421**
Solartechnik **175**
Solvang **43, 339, 418**
Sommerzeit **460**
Sonoma **190, 345**

Sonoma State Historic Park **342**
Sonoma Valley **26, 341**
Sonora **42, 346**
South Lake Tahoe **102, 104, 105, 106**
Souvenirs **419**
Sport **400**
Sprache **445**
Squaw Valley **35, 102, 105, 400**
Stanford University **210, 381**
Stateline **102, 106**
Steinbeck House, Salinas **241**
Steinbeck, John **181, 240, 241, 243, 382, 395, 438**
Stein, Gertrude **201**
Steppenwolf **364**
Stevenson, Robert Louis **61, 183**
Stinson Beach **37**
Stovepipe Wells **76**
Strände **16, 404**
Straßenverkehr **455**
Strauss, Levi **396**
Surfen **18, 62, 122, 123, 168, 170, 329, 417**
Sutter, Johann August **232, 237, 378, 396**
Sutter's Fort State Historic Park **232, 237**

T

Tahoe City **106**
Tahoe Paradise **104**
Tahoe Rim Trail **103**
Tahoe Vista **106**
Tankstellen **459**
Tauchen **404**
Telefon **452**

ANHANG
REGISTER

Telekommunikation **452**
Telescope Peak **71**, **75**
Temperaturen **444**
Tenaya Creek **353**
Tenaya Lake **355**
Tennis **400**
Tiburon **276**, **288**, **307**
Tioga Pass **351**, **355**
Tioga Pass Road **355**
Tollwutimpfzeugnis **431**
Tomales Bay **221**, **223**
Torrey Pines State Natural Reserve **266**
Touren **30**
Touristenpässe **441**
Trinity Lake **34**
Trinkgeld **410**, **435**
Truckee **106**, **107**
Tuolumne Grove of Big Trees **355**
Tuolumne Meadows **355**
Tuolumne River **355**
Twentynine Palms **101**

U

Ubehebe Crater **76**
Übernachten **422**
Ukiah **173**
Unfall **455**
Unfallversicherung **432**
UNO **381**
Unterhaltungsindustrie **367**
Ureinwohner **377**
– Ahwahnee **348**
– Chumash **322**, **325**, **340**, **384**
– Gabrilenos **116**
– Hiouchi **229**, **230**
– Hupa **86**
– Karok **86**, **384**
– Kaweah **331**
– Miwok **223**, **348**
– Modoc **109**
– Nisean **237**
– Paiute **97**
– Patwin **384**
– Pomo **344**, **384**
– Potwisha **331**
– Washoe **102**
– Wiyot **86**
– Yurok **86**, **384**

V

Vallecito **347**
Vallejo **37**, **192**, **194**
Vallejo, Mariano Guadalupe **194**, **341**, **342**
Valley Floor Loop **352**
Venice **123**
Ventura **321**, **324**, **419**
Verkehr **454**, **458**, **459**
Verwaltung **366**
Vikingsholm **103**
Visa Waiver Program **430**
Visum **430**, **431**
Vizcaíno, Sebastian **64**, **221**, **318**, **325**, **373**

W

Währung **435**
Waldbrände **444**
Wale **43**, **58**, **67**, **112**, **183**, **198**, **222**, **261**, **262**, **321**, **365**
Walters, Alice **52**, **54**
Wandern **404**
Wapiti-Hirsch **364**
Wassertemperaturen **401**
Wasserversorgung **371**
Wasservögel **365**
Wawona Road **355**
Wawona Tree **355**
Weaverville **34**
Weaverville Joss State Historic Park **33**
Weed **34**
Wein **26**, **188**, **189**, **193**, **297**, **310**, **317**, **341**, **343**, **344**, **345**, **370**, **406**, **411**
Weißkopfseeadler **365**
Wellness **190**
Wells Fargo Express Co. **287**
West Hollywood **123**, **142**
Whale Watching **67**, **112**, **198**, **222**, **261**, **262**, **321**
Whiskeytown-Shasta-Trinity National Recreation Area **30**
Wilcox, Harvey **154**
Windkraft **370**
Wine Country **190**
Wintersportgebiete **104**, **107**, **400**
Wirtschaft **365**, **367**
Wonderland of Rocks **100**
Wüsten **363**

Y

Yermo **246**
Yorba Linda **83**
Yosemite Falls **353**
Yosemite National Park **14**, **15**, **35**, **347**
Yosemite Valley **347**, **348**, **351**

Yosemite Village **351**, **352**
Yountville **191**, **193**
Youth Hostels **423**
Yreka **34**
Yucca Valley **101**

Z

Zabriskie Point **45**, **73**
Zahnärzte **437**
Zeit **428**, **460**

ZIP Codes **454**
Zollbestimmungen **431**
Zumwalt Meadow **335**

ANHANG
VERZEICHNIS DER KARTEN UND GRAFIKEN

VERZEICHNIS DER KARTEN UND GRAFIKEN

Baedeker-Sterneziele Umschlag vorne

Tourenüberblick 31
Tour 1 33
Tour 2 36
Tour 3 38
Tour 4 39
Tour 5 41
Tour 6 43
Tour 7 45
Tour 8 46
Berkeley, Campus 55
Carmel 66
Channel Islands National Park 68
Death Valley National Park 75
Disneyland 78
Hearst Castle (3D) 90/91
Joshua Tree National Park 100
Lassen Volcanic National Park 109
Los Angeles Metro 121
Los Angeles Downtown 124
El Pueblo de los Angeles 134
Getty Center (3D) 146/147
Hollywood 155
Monterey (Stadt) 184
Monterey Peninsula 186
Napa Valley und Sonoma Valley 193
Oakland 199
Stanford University 210
Pasadena 213
The Huntington (Park) 217
Huntington Gallery 218
Redwood Highway 228
Sacramento 234

Plenty of Gold ... (Infografik) 238/239
San Diego Downtown 251
San Diego Old Town 259
San Francisco Metro 273
»If you're going to San Francisco ...«
  (Infografik) 274/275
San Francisco 280/281
San Francisco Chinatown 285
San Francisco Cable Car 292
San Francisco Fisherman's Wharf 295
Golden Gate Bridge (3D) 300/301
San Francisco Golden Gate Park
  304/305
Silicon Valley (Infografik) 314/315
Santa Barbara 319
Sequoia und Kings Canyon National
  Park 332
Die Riesen unter den Bäumen
  (Infografik) 336/337
Yosemite National Park und
  Yosemite Valley 350
San-Andreas-Verwerfung (3D)
  360/361
Kalifornien auf einen Blick 368/369
Die perfekte Welle (Infografik)
  402/403
Maße und Gewichte 440
Klimastationen 442
Geschwindigkeiten 457
Verkehrszeichen 458/45
Zeitzonen 462

Übersichtskarte Umschlag hinten

BILDNACHWEIS

akg-images 393 oben, 380
DuMont Bildarchiv/Christian Heeb 27 u., 49, 50, 65, 72/73, 87, 116, 156, 182, 188/189, 227, 242 (2x), 247, 297, 308, 323, 328, 364, 385, 399, 401, 409, 427
Fotolia 92/93, 97; Leon Cleveland 415; James 16/17; NoraDoa 110
Getty Images 373; EddieHernandez-Photography/istock editorial 103; F. Woodward 24/25; K. Falkenberg/LA Times 306; L. Corona 408; M. Melcon/LA Times 170; Photonica/Tai Power Seeff 85 u.; Photographer's Choice/Guy Vandereist 302; R. Crane/The LIFE Picture Collection 382; S. Huffaker/Corbis 257; Tom Paiva 119; S. Proehl/Corbis Documentary 344; S. Cordier/Gamma-Rapho 5, 197; UIG 127; ULTRA.F 417; W. Skalij/LA Times 375; W. Bibikow/AWL Images RM 324; W. Skrypczak, Collection: Lonely Planet Images 85 o.; X. Arnau/istock 298; Y. Chen/Moment RM 53
Glow Images 59, 379
Huber images: G. Simeone 114, 138, 153; S. Kremer 142, 255, 357; Ripani 349; TC 3, 159
interfoto 393 rechts
istock 98/99
Jumping Rocks Photography 434, 435
laif: B. Steinhilber 20/21; G. Azumendi 270/271, 431; J. Gorin/PhotoAlto 335; K. McNeal/CCOPhotostock 95; M. Peterson/Redux 8/9; M. Ertman/R. Harding 174; P. Renault/hemis.fr 286, 342; Piepenburg 233; P. Oliosi/Polaris 311; Gonzalo Azumendi 421

LOOK-foto: Aurora Photos 19 o.; Blend Images 205; B. Cannon 7, 29, 166/167; R. Harding 11, 12/13; Travel Collection 157
Mauritius images: A. Schmitz/Novarc 277; Archivart/Alamy 214 (© Banco de Mexico Diego Riviera Frida Kahlo Museums Trust/VG Bild-Kunst, Bonn 2018); A. Cooper/Alamy 338; C. Place/Alamy 27 o.; Image Source/Yew! Images 2, 19 u.; J. Carlos MU–OZ/Alamy 70; M. J. Barrett/Alamy 267; N. Setchfield/Alamy 132 o.; N. Wheeler/Alamy 206; Novarc/A. Schmies 264/265; P. Bond/Alamy 202; Peter Horree / Alamy 279, 282; R. Landau/Alamy 132 u. (Robert Therrien, © VG Bild-Kunst, Bonn 2018); T. Gardner/Alamy 22; United Archives 390; W. Bibikow/age fotostock 83
Noriegas Restaurant 415
picture-alliance: dpa 374; dpa/Boesl 387; dpa/F. Heuer 80
R. Gerth 179, 231
Schapowalow: F. Carovillano 15
Shutterstock 57, 60, 63, 104, 130, 137, 145 o., 145 u., 160, 163, 169, 177, 180, 190, 208, 220, 222, 224, 236, 253, 260, 263, 268, 289, 291, 313, 326, 354, 358, 363, 367, 371, 407, 412, 433; R. Koch/View/REX/ 151, U7
StockFood 417

Titelbild: Adam Jeffery Photography/getty images

ANHANG
IMPRESSUM

IMPRESSUM

Ausstattung:
148 Abbildungen, 56 Karten und grafische Darstellungen, eine große Reisekarte

Text:
Axel Pinck, Helmut Linde, Henry Marx

Bearbeitung:
Baedeker-Redaktion
(Birgit Ulmer)

Kartografie:
Christoph Gallus, Hohberg
Franz Huber, München
Klaus-Peter Lawall, Unterensingen
MAIRDUMONT Ostfildern
(Reisekarte)

3D-Illustrationen:
jangled nerves, Stuttgart

Infografiken:
Golden Section Graphics GmbH, Berlin

Gestalterisches Konzept:
RUPA GbR, München

15. Auflage 2022

© MAIRDUMONT GmbH & Co KG; Ostfildern

Der Name Baedeker ist als Warenzeichen geschützt. Alle Rechte im In- und Ausland sind vorbehalten. Jegliche – auch auszugsweise – Verwertung, Wiedergabe, Vervielfältigung, Übersetzung, Adaption, Mikroverfilmung, Einspeicherung oder Verarbeitung in EDV-Systemen ausnahmslos aller Teile des Werkes bedarf der ausdrücklichen Genehmigung durch den Verlag.

Trotz aller Sorgfalt von Redaktion und Autoren zeigt die Erfahrung, dass Fehler und Änderungen nach Drucklegung nicht ausgeschlossen werden können. Infolge der Corona-Pandemie kann es darüber hinaus zu kurzfristigen Geschäftsschließungen und anderen Änderungen vor Ort gekommen sein. Dafür kann der Verlag leider keine Haftung übernehmen. Jede Karte wird stets nach neuesten Unterlagen und unter Berücksichtigung der aktuellen politischen De-facto-Administrationen (oder Zugehörigkeiten) überarbeitet. Dies kann dazu führen, dass die Angaben von der völkerrechtlichen Lage abweichen. Irrtümer können trotzdem nie ganz ausgeschlossen werden. Kritik, Berichtigungen und Verbesserungsvorschläge sind jederzeit willkommen. Schreiben Sie uns, mailen Sie oder rufen Sie an:

MairDumont: Baedeker Redaktion
Postfach 3162, D-73751 Ostfildern
Tel. 0711 4502-262
www.baedeker.com

Printed in China

ATMOSFAIR

nachdenken • klimabewusst reisen

Reisen verbindet Menschen und Kulturen. Doch wer reist, erzeugt auch CO2. Der Flugverkehr trägt mit bis zu 10% zur globalen Erwärmung bei. Wer das Klima schützen will, sollte sich nach Möglichkeit für die schonendere Reiseform entscheiden (wie z.B. die Bahn). Gibt es keine Alternative zum Fliegen, kann man mit atmosfair klimafördernde Projekte unterstützen.

atmosfair ist eine gemeinnützige Klimaschutzorganisation unter der Schirmherrschaft von Klaus Töpfer. Flugpassagiere spenden einen kilometerabhängigen Betrag und finanzieren damit Projekte in Entwicklungsländern, die den Ausstoß von Klimagasen verringern helfen. Dazu berechnet man mit dem Emissionsrechner auf **www.atmosfair.de** wieviel CO2 der Flug produziert und was es kostet, eine vergleichbare Menge Klimagase einzusparen (z.B. Berlin – London – Berlin 13 €).

atmosfair garantiert die sorgfältige Verwendung Ihres Beitrags. Alle Informationen dazu auf www.atmosfair.de. Auch der Karl Baedeker Verlag fliegt mit atmosfair.

ANHANG
VERLAGSPROGRAMM

BAEDEKER VERLAGSPROGRAMM

Viele Baedeker-Titel sind als E-Book erhältlich.

A
Ägypten
Algarve
Allgäu
Amsterdam
Andalusien
Australien

B
Bali
Baltikum
Barcelona

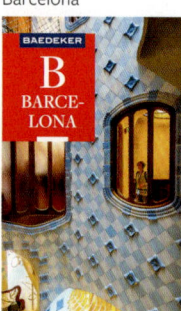

Belgien
Berlin · Potsdam
Bodensee
Böhmen
Bretagne
Brüssel
Budapest
Burgund

C
China

D
Dänemark
Deutsche
  Nordseeküste
Deutschland
Dresden
Dubai · VAE

E
Elba
Elsass · Vogesen
England

F
Finnland
Florenz
Florida
Frankreich
Fuerteventura

G
Gardasee

Golf von Neapel
Gomera

Gran Canaria
Griechenland

H
Hamburg
Harz
Hongkong · Macao

I
Indien
Irland
Island
Israel · Palästina
Istanbul
Istrien · Kvarner Bucht
Italien

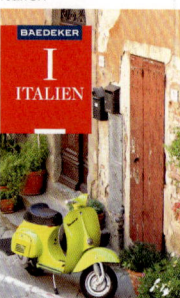

J
Japan

K
Kalifornien
Kanada · Osten
Kanada · Westen

ANHANG
VERLAGSPROGRAMM

Kanalinseln
Kapstadt ·
  Garden Route
Kopenhagen
Korfu · Ionische Inseln
Korsika
Kreta
Kroatische Adriaküste ·
  Dalmatien
Kuba

L
La Palma
Lanzarote
Lissabon
London

M
Madeira
Madrid
Mallorca
Malta · Gozo · Comino
Marrokko
Mecklenburg-
  Vorpommern
Menorca
Mexiko
München

N
Namibia
Neuseeland
New York
Niederlande

Norwegen

O
Oberbayern
Österreich

P
Paris
Polen
Polnische Ostseeküste ·
  Danzig · Masuren
Portugal
Prag
Provence · Côte d'Azur

R
Rhodos
Rom
Rügen · Hiddensee
Rumänien

S
Sachsen
Salzburger Land
Sankt Petersburg
Sardinien
Schottland
Schwarzwald
Schweden
Schweiz
Sizilien
Skandinavien
Slowenien
Spanien

Sri Lanka
Südafrika
Südengland
Südschweden ·
  Stockholm
Südtirol
Sylt

T
Teneriffa
Thailand
Thüringen
Toskana

U
USA · Nordosten
USA · Südwesten

Usedom

V
Venedig
Vietnam

W
Wien

Z
Zypern

ANHANG
NOTIZEN

Meine persönlichen Notizen

… ANHANG

Meine persönlichen Notizen